作为新型社会权_的环境权论

——以整体主义为方法论

刘清生◎著

ZUOWEIXINXINGSHEHUIQUANDE
HUANJINGQUANLUN

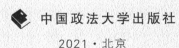

中国政法大学出版社

2021·北京

图书在版编目（ＣＩＰ）数据

作为新型社会权的环境权论/刘清生著. —北京:中国政法大学出版社,2021.12
ISBN 978-7-5764-0285-8

Ⅰ.①作… Ⅱ.①刘… Ⅲ.①环境权－研究 Ⅳ.①D912.604

中国版本图书馆 CIP 数据核字(2021)第 274128 号

出 版 者	中国政法大学出版社
地　　址	北京市海淀区西土城路 25 号
邮寄地址	北京 100088 信箱 8034 分箱　邮编 100088
网　　址	http://www.cuplpress.com (网络实名：中国政法大学出版社)
电　　话	010-58908586(编辑部) 58908334(邮购部)
编辑邮箱	zhengfadch@126.com
承　　印	北京中科印刷有限公司
开　　本	720mm×960mm　　1/16
印　　张	22.25
字　　数	380 千字
版　　次	2021 年 12 月第 1 版
印　　次	2021 年 12 月第 1 次印刷
定　　价	88.00 元

新思潮的优点就恰恰在于我们不想教条式地预料未来，而只是希望在批判旧世界中发现新世界。

—— ［德］ 马克思

前/言

　　学界分别以权利、权力、义务、程序、人权等可能通往权利的路径对环境权进行了尝试性论证，但仍留下了环境权主体和客体不清的遗憾。环境权否定论悄然登台。由此，不能不反思：表现为社会公共利益的环境究竟能否成就权利？反思环境权研究困境需要反思传统法学研究的个体主义方法论立场。本书围绕"传统法学个体主义方法论下环境权研究为何无果→法学整体主义方法论下环境权何以生成→整体主义方法论下环境权何以实现"展开论证，以为环境权作为新型社会权的生成和实现做较为系统的论证。全书分三部分共九章。

　　第一部分即第一、二章围绕"传统法学个体主义方法论下环境权研究为何无果"提出问题。第一章"环境权研究理论述评"对当前环境权研究学说做出了权利论、结合论、否定论等三大观点的梳理，澄清了环境权的主体与客体不明根源于环境利益的整体性与法学方法论个体主义之间的不可调和矛盾。第二章在追寻法学方法论发展史的基础上，论证了近代以来确立的传统法学个体主义方法论有着先天固有缺陷"只见个体不见整体"。环境利益的整体性需要法学整体主义方法论，环境权研究应以整体主义为方法论。

　　第二部分即第三、四、五、六章围绕"整体主义方法论下环境权何以成立"展开问题的分析，以证成环境权的生成。第三章从环境法的环境概念乱象入手，论证了环境的本质在于生态环境，生活环境是环境法不能承受之重；环境利益区别于传统个体利益，是因为环境利益具有生态性、公共性和社会性即非政治性等基本特征。法律对环境利益的承认不能以赋予传统个体权利的方式，公共性和社会性才是法律承认环境利益的基础。第四章"一驳一立"。在"驳"的立场上质疑了生态人假设问题，认为生态人假设是伪命题。在"立"的立场上，追寻了古代法律中的政治人、人性解放下近现代法律中的自然人的发展史，并论证了社会公共利益下现代社会人产生的必然。古代、近代法律分别以人的政治性、自然性为其人性根基。现代法律需要以人的政治性、自然性、社会性为其人性根据。环境公共利益下，环境权的主体基础不在自然人而在社会人。第五章分析了近代法学个体主义方法论下传统权利的个体性。近代以来的传统权利是对人的自然属性的法律承认方式，其实质是自然权利。自然人的社会化不足亟须人的社会属性的补足。而人的社会属性也亟须获得法律承认和尊重，其承认和尊重的方式是赋予人的社会属性以新型社会权。社会权是社会公众整体对社会公共利益享有整体意义上的新型权利。第六章在总结前述利益基础、主体基础、权利基础上，分析环境权是以整体形式存在的社会公众对环境公共利益所享有的权利，是社会权的表现内容之一。社会公众的环境权衍生公众成员的环境成员权。

　　第三部分即第七、八、九章围绕"整体主义方法论下环境权何以实现"解决问题，证成环境权的运用、维护和保障，以回应社会现实需求。享有环境权不仅是静态地享有环境利益，而且是动态地管理与维护环境利益，基于环境成员权，公众成员还享有环境利益管理权与维护权。第七章围绕环境权的运用，解析了环境利益国家管理权力下公众环境利益管理权的社会、政治、理性等成立基础。围绕"谁参与、参与什么、如何参与、参与效果"解答了环境利益管理权的运用——环境公众参与问题。环境公众参与的权利依据是环境利益管理权，其实质是管理环境利益。环境利益维护权的最终体现是环境公益诉讼。第八章以环境权为基础分析了当前环境公益诉讼在立法、司法、理论上的困境及症结，论证了环境公益诉讼的基础在于诉讼的权益根据、特殊标的与诉讼目标，指出环境公益诉讼是区别于民事、行政等传统诉讼的新型诉讼，不能将环境公益诉讼民事诉讼化或行政诉讼化，也不能（检察院）国家诉讼化。第九章立足环境权的保障，进一步论证了环境权侵权责任不同于以填补损害为目标的传统民事责任的特殊性——以预防损害为目标。概言之，环境权不是传统自然权利，而是新型社会权，其生成和实现均完全不同于近代以来形成的传统权利。

目录 | CONTENTS

一、研究缘起

（一）

当前，环境权学说分别从通往权利的可能途径（权利的对立面——权力、权利的对应面——义务、权利的扩展面——人权、实体权利的对应面——程序等）进行了尝试论证，然而至今学界都没能够对环境权形成共识性的认识，环境权学理研究仍然面临极大窘境。

首先，环境权的权利主体范围至今没有能够达成基本共识。

学者一般认为，体现环境权的国内法首先是国家宪法。如《葡萄牙共和国宪法》（1976 年）第 66 条规定："（生活环境与生活质量）1. 任何人都有享有有益健康与生态平衡的人类生活环境的权利和保护这种生活环境的义务……"《菲律宾共和国宪法》（1986 年）第 16 条规定："国家保护和促进人民根据自然规律及和谐的要求，享有平衡和健康的生态环境的权利。"《韩国宪法》（1988 年）第 35 条规定环境权："（一）全体国民均享有在健康、舒适环境中生活的权利。国家和国民应努力保护环境。（二）环境权的内容和行使由法律规定。（三）国家应通过住宅开发等政策，努力使全体国民享有舒适的居住条件。"《南斯拉夫联盟共和国宪法》（1992 年）第 52 条规定："每个人享有健康的生活环境和及时得到有关这方面情况的通报的权利。每个人都应保护和合理利用生活环境。国家关心健康的生活环境，并为此目的确定从事经济和其他活动的条件和方式。"《蒙古国宪法》（1992 年）第 16 条规定："蒙古国公民有保障地享有以下基本权利和自由：1. 拥有生存权。除非因犯有蒙古国刑法条文所指特大刑事罪，依据法院充分有效的判决施以极刑，严禁伤害人的性命。2. 有权要求在清洁、安全的环境中生活，当环境受到污染、自然失去平衡时要求得到保护。"《俄罗斯联邦宪法》（1993 年）第 42 条规定："每个人都有享受良好的环境、被通报关于环境状况的信息的权利，都有因破坏生态损害其健康或财产而要求赔偿的权利。"《朝鲜宪法》（1998 年）第 57 条规定："国家使环境保护措施先行于生产，保护和改善自然环境，防止环境污染，为人民创造文明卫生的生活环境和劳动条件。"20 世纪 70 年代末美国的《国家环境政策法》第 4331 条第 2 款第 6 目也规定，提高可更新资源的质量，使易枯竭资源达到最高程度的再循环。美国国会认为，每个人都可以享受健康的环境，同时每个人也都有责任参与对环境的改善与保护。从各国宪法或环境基本法所陈述的环境权而言，环境权主体或者是"一国国民"，或者是"所有人"，或者是诸如"每个人""任何人""人民""公民""所有公民""全体国民"以及"全体公民"。不难发现，这些主体只有翻译表述方式上的不同，其本质是群体而非个人。

就国际法律文件而言，学者也认为，体现环境权的主要有《人类环境会议宣言》和《关于环境与发展的里约宣言》等。1972 年斯德哥尔摩联合国《人类环境会议宣言》第 1 条原则宣布：所有人都有权利在体面而康乐的环境中自主地、公平地、富足地生活；为现世与后世，所有人都有不可推卸的义务防范环境遭到破坏与污染、增进环境质量。[1]1992 年《关于环境与发展的里约宣言》则宣称："人是可持续发展中备受存眷的核心，他们有权康乐而富有成效地生活在和睦融洽的大自然中。"[2]《人类环境会议宣言》《关于环境与发展的里约宣言》等国际性法律文件，几乎都用"人类"来表述环境权的主体。"人类"用语不仅没有国界，也没有政治倾向，更没有贫富差异之分。"人类"指代的是地球上的所有人，包括现代人甚至也包括后代人。

基于前述国际法律文件和各国宪法相关规定，部分学者提出了环境权人类权学说，将人类设为环境权的主体。然而，在当前法律语境下，法律权利的主体应当是明确而具体的。国内法上的"一国国民""所有人"等、国际法上的"人类"都是群体性意义上的人，而非个体意义上的人。将"一国国民""所有人"或"人类"等抽象概念作为环境权的权利主体，意味着环境权

---

[1] Man has the fundamental right to freedom, equality and adquate conditions of life in an environment of a quality that permits a life of dignity and well-being, and he bears a solumn responsibility to protect and improve the environment for presentand future generations.

[2] Human beings are at the centre of concerns for sustainable development. They are entitled to ahealthy and productive life in harmony with nature.

主体是抽象而缥缈的，背离了当前法学的权利主体理论。权利主体不明确，环境权便成了美丽的空中楼阁。由此，部分学者开始了环境权私权化的旅程，即将环境权主体具体到个人、公民或自然人，即个体享有环境权。对这种环境权私权学说，赞成者较多。然而，环境利益是公共利益，环境权私权学说难以证成作为公共利益的环境何以成为私人权利，私人又如何能够独自行使体现公共利益的环境权。相反，如果个人享有环境权，意味着个人可以对环境公共利益进行私自处分，这显然违背环境权的设置根本。

由此，环境权既是权利又是义务、环境权既是权利也是权力的学说开始产生。环境权权利义务结合说将环境权这一权利同时解析为义务，环境权权利权力结合说则将环境权这一私有权利同时解析为国家权力，已经背离了环境权作为权利的根本。毕竟，私有权利与国家权力有着根本区别，权利与义务有着完全不同的内在本质。环境权权利义务结合说、环境权权利权力结合说均没有涉及环境权的内在本质。同理，将环境权解释为既是实体权又是程序权的环境权实体程序混合说，也没有触及环境权的内在本质，而是通过"重程序内容"的方式规避对实质内容的探讨。

鉴于前述国际法律文件和各国宪法都认识到环境权对人类生存和发展的重要意义，环境权人权说获得了较多认同。然而，缥缈而不具体的西方人权不能给实证法上的环境权提供具体而有益的方案，无法将环境权落实到国家实在法层面，缥缈的人权也只能带出环境权一个缥缈的结果。环境权是社会权的论证者提出了一种全新的解析环境权的路径。然而，对社会权本身研究的不足、社会权本身的不确定性造成了环境权本质属性的证成困难。似乎，环境权主体成了一个无解的难题。这种无解，学者称之为"主体范围不确定"。

理论上，环境权主体范畴难以确认；实践中，环境权就难以落实到国家法律制度中。为维护环境权或者说环境利益的公益诉讼就成了立法难题和司法难题。尽管我国对环境公益诉讼作出了相关法律规定，环境公益诉讼立法走在了理论之前，然而，在立法实务中逻辑混乱的困境、司法实务中难以操作的问题无法避免。因为理论上的不自洽必然导致实务上的混乱。

其次，对环境权的客体范畴至今没能达成基本共识。

环境概念使用广泛，既有环境科学意义上的环境、生态学意义上的环境、宗教意义上的环境，也有地球大环境、人体血液循环小环境等环境。使用领域不同，环境内涵也不同。对环境做宏观含义的理解，学术上产生了环境权的人类中心主义与非人类中心主义（如生态核心主义等）之争。对环境做微观含义的理解，学术上又产生了环境权是否存在下位概念的日照权、通风权、景观权、清洁空气权和清洁水权等权利内容。环境内涵的广泛性导致了环境法学上环境概念的模糊性，从而导致了环境权客体范畴的模糊性。自研究环境权以来，环境、环境要素、生态利益，抑或健康、尊严与安全、社会福利，都曾被设想为环境权的客体。环境权的客体范畴学界至今没能达成共识。

当一项权利的客体对象无法确定时，该项权利的权利内容也必然无法确定。享有环境和利用环境究竟是否属于环境权范畴？日照权、清洁空气权究竟是否为环境权的组成部分？环境诉权、环境信息权、参与环境决策权是不是环境权？环境权的本质究竟是什么？这些问题的解答都需要反思环境法学中环境的本质。毕竟，环境权的核心是环境。只有甄别环境法学中的环境内涵，才能明确环境权的客体范畴。

应当说，环境权的权利主体不明与权利客体不明之间必然存在某种逻辑关系。环境权的主体不明在逻辑上一定会影响环境权客体对象研究结论，反之，环境权的客体不明在逻辑上也一定会影响环境权主体研究成果。无论环境权的主体范畴无法确定还是客体范畴难以明确，都是因为传统法学（本书所指传统法学系指近代权利概念产生以来的法学）难以阐释环境权。

（二）

当前法学理论和法律实践中，法律上的权利是个体的权利。质言之，权利主体是个体性的主体，无论是自然人个人的权利还是社会组织的权利，都是个体性的权利。纵使存在所谓的共有权，仍然强调的是主体的个体性。这是自近代权利概念产生以来的基本事实。当然，这一事实并非"显性"认识。个体权利根源于近代法学的个体主义哲学基础。在哲学整体主义与个体主义的对立中，近代以来的传统法学在历史进展中选择了以个体主义为其哲学基础，并截然地排斥了整体主义。由此，近代以来的传统法学是纯粹的个体主义法学。个体主义法学下的权利只能是个体的权利。

当前环境权研究是传统法学研究，是个体主义法学研究。在传统个体主义法学下，环境权研究的最终目标只能是传统法学意义下的个体权利，即环境权是个体权利。权利是利益的法律保障，利益则是权利的实质内容。利益确认为权利，是利益保障的需要。在传统法学下，个人的财产利益确认为个体的财产权利，个人的人身利益确认为个体的人身权利，为保障个人利益而采取的保障措施也可以确认为个体的程序权利。概言之，在传统个体主义法学下，个体利益可以确认为个体权利。然而，环境利益并非个体利益而是社会公共利益，作为社会公共利益的环境利益是否也可以确认为个体权利呢？不可否认，如果可以将公共利益确认为法律权利，该法律权利一定不是个体权利而是公共权利。作为公共利益的环境利益是无法成就为个体权利的。可见，在传统个体主义法学下，法律权利是以个体利益为核心的权利，以公共利益为核心的环境权是没有生存空间的。以传统法学为基础，无论何种论证都是无法成就环境权的。这正是国内外环境权学说无法自立的根源，是传统以通往法律权利的所有可能（权力、义务、人权、程序等）为路径对环境权研究进行所有尝试性论证而最终没能对环境权给出合理的解析的根源。

值得质疑的是，传统法学是否应当坚守纯粹的个体主义哲学基础呢？整体主义与个体主义的关系是对立统一关系。仅仅坚守整体主义或仅仅坚守个体主义都是非理性的。传统法学坚守纯粹的个体主义哲学基础和排斥整体主义，必然导致对个体的偏颇和对整体的忽视。以整体形式存在的公共利益包含国家利益和社会利益，国家利益以公权力为代表。在个体主义法学下，社会利益只能处于权利真空状态。因为在传统个体主义法学下，个体利益可以衍生个体权利，但整体性的公共利益却无法衍生个体权利也无法衍生非个体性的权利。环境有着系统性、整体性特征，环境利益是无法私有化的、整体性的社会公共利益。环境利益的公共属性与传统法学的个体主义之间是一种不可调和的矛盾。以公共利益为内核的环境权无法融入传统法学领域，这是环境权研究困境的根源，是传统个体主义法学无法应对整体性的公共利益保护的表现形式。对待整体利益问题，无法坚守传统个体主义法学思维。因此，在哲学基础上改变传统法学纯粹的个体主义，才能实现法学思维与整体性公共利益保护的吻合。环境利益等社会公共利益需要法学的整体主义思维。整体主义是解决环境权问题的关键。

二、法学方法论

在本体论方面，个体主义认为，社会不过是个体的数量加总，社会的实质就是个体。整体主义则认为，社会由个体联合而成，但社会不是个体的数量叠加而是一个新的独立整体。本体论的二元对立随哲学认识论转向而演化为方法论的二元对立，即个体主义方法论和整体主义方法论。个体主义方法论是指将个体作为学科分析的逻辑基点。整体主义方法论则是指将整体作为学科分析的基本研究单位。传统法学是个体主义法学，传统法律权利是个体的权利，传统法学的方法论是个体主义方法论，即传统法学以个体作为法学研究的基本单元。

环境是整体性的实体系统，环境利益是整体性的公共利益。整体不是个体的简单加总，而是独立于个体之外的新实体。传统法学以个体作为法学研究基本单元，自然无法应对以整体形式存在的环境问题。在传统法学个体主义方法论下，环境权研究只能走向绝境。环境权研究的出路在于法学的整体主义方法论。

当然，对环境问题采取整体主义方法论立场，并非彻底否定传统法学的个体主义方法论。整体主义方法论和个体主义方法论是对立的。个体主义方法论只能为如人身、财产等个体性问题的解决提供研究基础，是无法解决环境等整体性问题的。同样，整体主义方法论也只能为如公共环境等整体性问题的解决提供研究基础，而无法解决人身财产等个体性问题。一味地强调整体主义方法论或个体主义方法论都是非科学的。但整体主义方法论和个体主义方法论也是统一的。对个体性问题坚守传统法学的个体主义方法论，对整体性问题则以寻求整体主义方法论，是辩证看待两种方法论的哲学立场。

我国在《民事诉讼法》[1]《环境保护法》中均对公益诉讼作出了相关规定，最高人民法院也公布了有关环境公益诉讼的司法解释。纵观公益诉讼的规定不难发现，所谓的公益诉讼都已被私益诉讼所取代。因为无论民事诉讼还是行政诉讼都是私益诉讼，而我国立法、司法实践都将环境公益诉讼分别视为环境民事公益诉讼、环境行政公益诉讼。公益被私益化对待。而这正是前述以个体主义方法论应对整体性公共利益的表现，是对环境公共利益属性、对环境权本质的理解偏差所导致的。

不以传统法学的个体主义方法论而以整体主义方法论为立场，不以个体而以整体作为本书环境权研究的逻辑基点，是本书区别于当前环境权研究的基本立场。本书拟以环境整体、公众整体作为研究基本单元，对环境权的本质与实现做出阐释，以期能为环境权研究乃至环境法学研究提供一种新的探

---

〔1〕 本书涉及我国的法律直接用简称，省去"中华人民共和国"字样，全书统一，后不赘述。

索思路，以期能为环保实践、环保立法司法活动（尤其是环境权内容、公益诉讼、公益诉权等）做出合乎实际的理论论证。

三、研究思路

本书围绕"在法学个体主义方法论下环境权传统研究为何无果？→在法学整体主义方法论下环境权何以产生？→在法学整体主义方法论下环境权何以实现？"三大问题展开。

围绕第一大问题"在法学个体主义方法论下环境权传统研究为何无果"，本书拟在对当前环境权研究困境进行述评的基础上，以历史分析方法探索法学的方法论问题。所谓方法论不是论方法，而是指代以个体还是以整体作为基本研究单元的内涵，即个体主义方法论还是整体主义方法论意义上的内涵。古代法学以整体主义为方法论，近现代法学则以个体主义为方法论。近现代法学即是本书所称的传统法学。立足法学方法论立场，在基本理论层面探讨传统法学与环境权研究的不相容，环境权研究无法再坚守个体主义方法论，而只能以整体主义为方法论。解答第一大问题即"只能以整体主义方法论研究环境权"，是本书的基础前提。

在解答第一大问题的基础上，围绕第二大问题"法学整体主义方法论下环境权何以生成"，本书拟在讨论环境权生成的利益基础、主体基础和权利基础上，讨论整体主义方法论下的环境权是区别于传统个体权利的新型社会型权利。环境权保障的利益并非个体利益，而是体现为生态利益的社会公共利益。环境权的主体也并非以个体形式而存在的自然人或组织，而是以整体形式存在的公众整体。相应地，环境权也并非传统意义上的个体权利，而是新型的社会型整体权利。

围绕第三大问题"在法学整体主义方法论下环境权何以实现"，拟从环境权的运用、维护和保障三个角度解答环境权作为整体性权利的实现问题。环境权的运用是公众环境利益管理权的行使过程，是环境决策公众参与的基础内容。而环境权维护的核心体现则是环境公益诉讼的提起，环境权以维护环境利益为核心，环境公益诉讼也以维护环境利益为目标。环境权不同于传统个体权利，侵害环境权的责任也不同于侵害传统个体权利的责任。侵害传统个体权利的责任以填补损害为目标，环境权侵害责任不能遵循传统填补损害目标，只能以预防损害为目标。环境权侵害责任的特殊性是保障环境权的基本条件。

简而言之，以法学整体主义方法论为立场，本书围绕"为何无果？→何以产生？→何以实现？"三大问题，试图解答环境整体利益的权利衍生和权利实现。

本书具体研究思路与研究方法，可做如下图示。

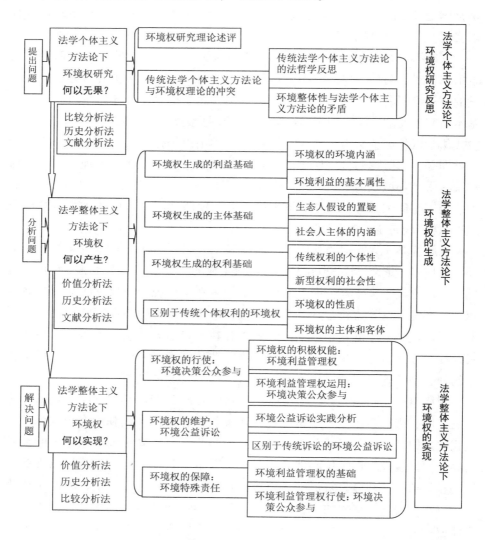

四、研究架构

依据提出问题、分析问题和解决问题的逻辑思路，本书分三大部分，共计九章内容。

第一部分提出问题。在对当前对环境权研究理论进行述评基础上，对环境权研究所坚守的个体主义方法论进行反思。环境的整体性、利益享有的公共性与传统法学个体主义方法论并不相融，法学整体主义方法论成为环境权研究的最佳选择。具体体现为第一、二章内容。

第一章"环境权研究理论述评"。本章的重心是对环境权研究理论进行述评。综合当前研究状况，本书研究将当前的环境权研究理论概括为环境权权利论（其中包括环境权人类权学说、环境权私权学说、环境权社会权学说、环境权人权学说等），环境权结合论（其中包括权利权力结合学说、权利义务结合学说、实体程序混合权学说等），以及环境权否定论。通过对已有研究成果的述评，可以发现环境权不仅主体和客体不明，甚至环境权本身遭受质疑，环境权研究陷入难以自拔的困境。

第二章"传统法学个体主义方法论与环境权理论的冲突"。从环境权研究理论述评也可以发现，环境权研究困境的根源不在环境权本身，而在法学研究。整体主义方法论与个体主义方法论的哲学之争为什么在法律研究中被忽略？法学方法论究竟是个体主义方法论还是整体主义方法论，抑或其他？法学方法论的历史颇值得探寻。本章核心在于追寻法学方法论的历史（从古希腊到古罗马、从中世纪到近现代），以论证法学个体主义方法论的近代确立以及法学个体主义方法论的固有缺陷，进而可以发现，法学个体主义方法论下形成的个体理性与个体权利，与环境的整体性无法相容。环境权研究需要法学整体主义方法论。

第二部分分析问题。拟解答法学整体主义方法论下环境权何以可能的问题。以整体主义方法论为立场，分析环境权生成的利益基础、主体基础以及权利基础。三大生成基础的明确可以彰显环境权的本质：不同于传统个体权利的新型的整体性权利。具体体现为第三、四、五、六章内容。

第三章"环境权生成的利益基础"。环境权的利益基础是什么，取决于如何理解环境权之环境。从我国环境法的立法历史可以看到环境概念的乱象。要明确环境内涵，需要对环境法的产生根源进行法哲学分析，生活环境是环境法所不能承受之重。只有确认了环境权之环境，才能解析环境利益的基本属性，环境利益不同于以个体性为特征的传统利益，环境利益有着生态性、公共性和社会性特征。这些特性与法学整体主义方法论相吻合。

第四章"环境权生成的主体基础"。"环境权主体究竟是谁"是环境权研究无法绕开的问题，当前环境法学研究以生态人假设为通说。但通说值得反思：生态人假设能否成立、有无人性基础、伦理学生态人理论能否成为生态人假设的基础等。由此，需要进一步思考：法学的人性基础究竟是什么？法律人性基础的逻辑前提与学科意义是什么？本章拟用历史分析方法，追寻古代法学的政治人形象、人性解放下近代法学的自然人形象，以及社会公共利益下的社会人形象。自然人是法学个体主义方法论的必然，社会人则是法学整体主义方法论的结果。环境权的主体基础在社会人，不在传统的自然人更不在生态人。

第五章"环境权生成的权利基础"。文艺复兴对个体自然人的思想解放、近代权利思想演化的个人主义趋向以及近代政治上个体人的解放，在近代法学个体主义方法论下，共同铸就了权利的个体性。个体权利体现了人的自然属性本质。这一权利特质与社会公共利益是相互排斥的。社会公共利益下，人不仅要体现出自然属性特征，也要体现人的社会属性特征。社会公共利益需要彰显出新型的权利类型，利益的个体性产生了传统的个体权利，利益的社会性也需要社会性的新型权利。这是环境权的权利基础。

第六章"整体意义上的环境权本质"。利益基础、主体基础和权利基础决定了环境权是一种不同于传统个体权利的新型权利类型。传统权利的权利主体表现为个人或组织的个体，所体现的利益是自然个体利益。新型权利的权利主体表现为公众的整体，所表现的利益是社会公共利益。作为新型权利类型，环境权所保障的利益是环境公共利益，其权利主体是享有环境公共利益的公众整体。

第三部分解决问题。环境权作为整体主义方法论下的新型权利如何得以实现？设立环境权的目的在于维护环境权主体的环境利益。环境利益的维护主要体现为两个方面：过程与结果。环境权在环境利益的维护过程中核心体现为环境利益管理权，而在环境利益的维护结果上则主要体现为环境利益维护权。环境利益维护权的最终体现就是环境公益诉讼。具体体现为第七、八、九章内容。

第七章"环境权的行使：环境决策公众参与"。在环境利益国家管理权力下，何以产生环境公众参与？环境权的内容——公众环境利益管理权有其社会基础即国家与社会关系的变化，也有其政治基础即权利与权力关系的变化，更有其理性基础即个体理性到公共理性的变化。环境权的环境利益管理权是环境公众参与实践的权利基础。由此，"如何实现环境公众参与？谁是公众？参与什么？如何参与？参与效果？"等环境公众参与的基本问题需要在本章予以解析，以解决环境利益管理权的实际运作问题。

第八章"环境权的维护：环境公益诉讼"。没来得及澄清理论，我国环境公益诉讼就登上了实践的舞台。实践先行，需要梳理环境公益诉讼司法与立法实践的具体困惑。环境公益诉讼的实践困惑源于环境公益诉讼已有理论的不自洽。环境公益诉讼的基础在于诉讼的权益根据、诉讼的特殊标的与表现以及公益诉讼与传统诉讼不同的诉讼目标。以公众的环境权以及公众成员的环境成员权为基础，可以发现环境公益诉讼是不同于传统诉讼的新型诉讼类型，需要新型的制度构建。

第九章"环境权的保障：环境责任的特殊性"。生态民事责任社会化忽视了生态损害后果的无法填补性，背弃了民事法律责任对行为人的功能，远离了环境保护目的，无法彰显生态民事责任的特殊性。近现代法学个体主义方法论下的传统民事责任具有个体性，但环境法学整体主义方法论下的生态民事责任却具有整体性，两者存在质的区别。因而，传统民事责任内容不能直接套用到生态民事责任上。传统民事责任"填补损害"目标源自也仅适用于具有可填补性的财产损害，"只见受害不见侵害"是传统民事责任"填补损害"的固有缺陷。生态损害的不可填补性决定了生态民事责任应以"预防损害"为核心目标，应当以停止侵害行为与消除危险因素等预防性责任作为首要责任形式，其责任核心构成要件是未来损害的不可填补性（损害事实）及损害发生概率的低盖然性（因果关系）。

第一部分

法学个体主义方法论下环境权研究反思

　　在当前环境权研究中，有将环境权定性为人类权的，有将环境权定性为诸如财产权、人身权等私权的，也有将环境权定性为社会权的，还有将环境权陈述为权利与义务的结合、权利与权力的结合、实体与程序的混合的。环境权研究的百花齐放也表明环境权主体、客体和内容等仍然无法达成学术共识。环境权否定论由此产生。

　　环境权研究为何无果？环境权研究对通往传统权利的可能途径悉已做出尝试而无果，环境权研究困境的根源恐怕不在环境权本身，而在法学研究。环境权保障的利益是环境利益。环境利益与传统利益的根本区别在于，传统利益是个体利益而环境利益则是社会公共利益。那么，传统法学研究是以个体还是以整体作为研究基本单元？简言之，传统法学方法论是法学研究需要明确的基本问题。追溯法学方法论的历史，可以发现，近代以来的传统法学是以个体作为研究基本单元的法学，即以个体主义为方法论。传统法学个体主义方法论是无法应对整体性的环境问题的，环境权研究不能坚守传统法学的个体主义方法论，法学整体主义方法论才是环境权研究的基础。

第一章

环境权研究理论述评

　　国外对环境权研究较多的是美国与日本。1969 年美国学者萨克斯根据公共信托理论提出了环境权概念，但美国对环境权的理论研究并未因此获得长足发展，美国环境权的发展主要通过司法手段予以促进。日本环境权研究对环境权有支持派、反对派和折中派之分，折中派认为环境权尚待进一步研究探讨。在实务中，"日本环境权说在立法、司法和环境行政实践中遭到了普遍怀疑和普遍拒绝"。[1] 日本环境立法、司法和行政实践对环境权的质疑态度源于环境权的主体不明、客体不明乃至内涵不明。其实，环境权主体、客体和内涵不明不仅是国外环境权研究的共同现状，也是我国环境权研究的现状。

　　我国对环境权研究曾呈现出火热情形，以环境权字样命名的学术论文达千余篇，著作有十余部。以环境权为关键词的学术论文每年约增加五六十篇。总之，国内环境权研究呈现出百花齐放、百家争鸣之态。关于环境权研究的理论大量涌现，本书将其梳理为：环境权人类权学说、环境权人权学说、环境权私权学说、环境权社会权学说、环境权权利义务结合学说、环境权权利权力结合学说、环境权实体程序混合权学说以及环境权否定学说。在百家争鸣的环境权学说中，环境权人类权学说、环境权人权学说、环境权私权学说、环境权社会权学说均以独立权利为结论，故而可以概括为权利论。而环境权权利义务结合学说、环境权权利权力结合学说、环境权实体程序混合权学说不同于权利论，是以复合性为特征，故可以概括为结合论。

---

　　[1] 徐祥民、宋宁而："日本环境权说的困境及其原因"，载《法学论坛》2013 年第 3 期，第 86 页。

第一节 环境权权利论

一、人类环境权学说

（一）人类环境权学说史

地球只有一个，非个人所能够享有。环境是人类的环境，并非个人的环境。因此，对环境享有的权利即环境权是人类的权利而非个人的权利，所谓人类，既可以包括现代人还可以包括后代人。这种环境权学说可以概括为环境人类权说。国内人类权学说最早见之于 1992 年。该观点认为，环境权是人类作为一个整体共同享有的权利。[1]1995 年，吕忠梅教授指出，环境权仅指公民环境权，法人与国家不享有环境权，但她将环境权的含义进一步解析为"环境权的主体包括当代人和后代人……环境权的对象包括人类环境整体"。[2]由此可见，其公民环境权主体是当代人和后代人，也即整个人类。尽管其认为人类权说不能实现公民权利化而过于笼统，但其将公民环境权的主体"公民"解析为当代人和后代人，该环境权学说并没有脱离人类权学说范畴。

1997 年，陈泉生教授将环境权界定为环境法律关系的主体享有的适宜健康和良好生活环境以及合理利用环境资源的基本权利，并进一步将环境权的权利主体界定为全体人民，包括公民、法人等其他组织、国家乃至全人类，不仅包括当代人也包括后代人。[3]对这一观点，陈泉生教授于 2001 年再次确认，指出"人类环境权是全人类共同拥有享受和利用环境资源的权利"，主体包括公民、国内组织、国家、国际组织、后代人。[4]

2000 年，蔡守秋教授直接冠名"人类环境权"，认为人类环境权的主体是整个人类，在国内法中指全国当代人和后代人的集合，在国际法中指全世界当代人和后代人的集合。[5]同年，吕忠梅教授再论公民环境权时进一步明确"环境权的主体包括当代人和后代人"，理由在于环境权的对象是人类的环

---

[1] 参见张文显：《法学基本范畴研究》，中国政法大学出版社 1993 年版，第 103 页。

[2] 吕忠梅："论公民环境权"，载《法学研究》1995 年第 6 期，第 60~67 页。

[3] 参见陈泉生："环境权之辨析"，载《中国法学》1997 年第 2 期，第 61~69 页。

[4] 陈泉生、张梓太：《宪法与行政法的生态化》，法律出版社 2001 年版，第 126 页。

[5] 参见蔡守秋主编：《环境资源法学教程》，武汉大学出版社 2000 年版，第 255 页。

境整体，而地球不仅属于我们当代更属于我们的后代，当代人和后代人共同享有环境权。[1]2008 年，吕忠梅教授在其环境权研究体系中提出，"环境权体系庞大，包括公民环境权、集体环境权、国家环境权和人类环境权"，环境权研究应当从公民环境权的角度切入，以公民环境权为重心对环境权进行研究。[2]

人类权思想也得到周训芳教授的支持。周训芳教授认为，所谓人类环境权是指全体国民和全世界人类共同享有的人身和财产上的环境利益，具有人身权、代际权、共享权的特点，受国际政治环境、经济与自然条件等的制约。人类环境权在国内表现为全部国民的整体环境权利，在国际上表现为全人类（包括未来人在内的全人类）的整体环境权利。[3]而后，周训芳教授进一步明确：环境权是共享权，法律主体虽然是整体概念的人类，但真正主体是当代人。[4]2003 年，周训芳教授对前述思想进一步深化，认为环境权是地球上的每一个人有在适宜于人类健康的环境中生活以及合理开发利用环境资源的权利。环境权在国际法上表现为人类环境权，具有宣言性、抽象性、人权性，在国内法上表现为公民环境权。因此，环境权有两种形式即人类环境权和公民环境权。[5]而后，周训芳教授进一步修正为，应该走环境权宪法化、具体化、公民权化之路，环境权的主体只能是公民，所谓"公民"是指作为公民个体的自然人和作为公民集合体的人类群体。[6]

在最近的学术研究中，仍有学者坚持环境人类权学说，认为"环境权是指当代和后代的公民（自然人）享用良好环境的权利，具体如清洁空气权、清洁水权、安宁权（也称为宁静权）、采光权、眺望权、通风权和景观权等"。[7]该观点将当代人和后代人都囊括在环境权的主体范围之内，其环境权是人类的环境权。

---

〔1〕 参见吕忠梅："再论公民环境权"，载《法学研究》2000 年第 6 期，第 129~139 页。

〔2〕 吕忠梅、刘超："环境权的法律论证——从阿列克西法律论证理论对环境权基本属性的考察"，载《法学评论》2008 年第 2 期，第 68 页。

〔3〕 参见周训芳："论可持续发展与人类环境权"，载《林业经济问题》2000 年第 1 期，第 9~12 页。

〔4〕 参见周训芳："欧洲发达国家公民环境权的发展趋势（一）"，载《林业经济问题》2002 年第 6 期，第 313~317 页。

〔5〕 参见周训芳：《环境权论》，法律出版社 2003 年版，第 168~169 页。

〔6〕 参见周训芳："环境权立法的困境与出路"，载《时代法学》2004 年第 2 期，第 54~59 页。

〔7〕 杨朝霞："论环境权的性质"，载《中国法学》2020 年第 2 期，第 289 页。

（二）人类环境权学说简评

从人类环境权学说史可以发现，虽然学者眼中的环境权是人类环境权，但他们均自觉不自觉地同时使用了"公民"概念，在确认环境权为人类环境权的前提下，同时使用"公民"概念以替代（抑或等同于）"人类"概念，形成人类环境权与公民环境权两种表述之象，人类环境权似乎也即公民环境权。与此不同的是，徐祥民教授严格区分了这两种概念，他认为环境权是人类环境权，但却坚决反对公民环境权。徐祥民教授认为，环境权指向整体环境、综合环境，环境义务指向的是局部环境、单项环境，因而环境权利与义务是不对称的。不对称的环境权利与义务说明环境权只能是人类整体的权利，不可能成为公民的个人权利。[1]他认为，纵观各国宪法规定，环境权的主体不是公民而是人类。政府的环保责任不能产生公民环境权，公民的环保义务也无法催生公民环境权。环境权是保有和维护适宜人类生存繁衍的自然环境的人类权利，这项自得权的权利主体和义务主体都是人类。[2]徐祥民教授进一步认为，对环境的权利不能由不同主体分别享有。[3]由此，人类环境权论产生了两大内部分歧：个别的纯粹人类环境权学说和一般性的人类（公民）环境权学说。

依人类权学说，环境权是人类整体（包括后代人）共同拥有的权利，它超越了国界、跨越了代际。因为从时、空双维度而言，世界是一个整体，环境（或者说地球）不分国界、不分代际。然而，法律毕竟不是伦理，法律与伦理有着本质的区别。马克思主义认为，法律是统治阶级意志的体现，真正的法律仅限于一国之内。伦理可以没有地域性和国别性，但法律一定具有国别性，伦理上我们渴望世界大一统，但在法律实践上这是遥不可及的。环境伦理可以不分国界、不分代际，但环境法律不仅分国界甚至分代际（如因政权交替而产生的法律变化）。从环境的不分国界、不分代际推导出环境权的不分国界、不分代际的普通逻辑推理着实值得质疑。

---

〔1〕 参见徐祥民："对'公民环境权论'的几点疑问"，载《中国法学》2004年第2期，第109~116页。

〔2〕 参见徐祥民："环境权论——人权发展历史分期的视角"，载《中国社会科学》2004年第4期，第125~138页。

〔3〕 参见徐祥民："宪法中的'环境权'的意义"，载《资源节约型、环境友好型社会建设与环境资源法的热点问题研究——2006年全国环境资源法学研讨会年会论文集》。

　　叶俊荣教授不仅对环境人类权学说持否定态度，更对环境权共有持反对态度。他认为，多数环境权学者主张环境权归全民共有是基于环境的共有理论。依据共有理论，诸如山、水、气体等自然之物均非个人所能够独享。而山、水、气体等自然之物却是每一个人所必须享有之物。犹如自由与工作都是宪法保障的基本人权内容，然而这些却无法成为全民共有。"一旦将某一基本人权定性为全民共有，在某些意义上已将该权架空，其意义何在颇值得玩味。"[1]

　　回到一般性的人类（公民）环境权学说，究竟是因为什么而形成人类环境权与公民环境权等同表述之象呢？陈泉生教授认为，环境是人类生存和发展的场所、为人类所共有，环境侵害的受害者是不特定的多数人（包括当代人，有时还包括后代人）或物，这就决定了公民环境权具有社会性。[2]在该论述中，公民环境权受侵害的主体实质上是包括当代人和后代人在内的人类。环境权"既是一项个人权利，也是一项集体权利，同时还是一项代际权利"。[3]吕忠梅教授也认为，环境权既是个人权利又是集体权利，作为集体权利可以使得当代人与后代人的主体地位得到明确，作为个人权利可以具体化对国家行使。[4]由此，环境权既是公民环境权也是人类环境权。

　　众所周知，人类用语并非法律概念，也非政治概念。环境是人类的环境，环境利益是人类的共同利益，这是一种伦理上的表达。环境伦理无国界，但政治也有国界，法律也有国界。当人类的环境利益具体体现在一国国界范围之内时，环境利益也被各个国家所"私有"，人类概念就被国家所拆分。在一国法律范围之内，无法成就一个凌驾于国家利益之上的独立的人类概念。简言之，人类不是法律概念，只要对环境权的讨论是在国家的法律内涵之下进行的，环境权主体就不可能超越国家范畴。毕竟，法学者所讨论的环境权是法律意义上的环境权，人类无法成为一国法律中的权利主体，法律意义上的环境权也就无法成为人类的环境权。笔者揣摩，环境人类权说将人类环境权（又称为公民环境权），是否已潜在地认识到人类不过是一个伦理概念而已，公民才是法律概念，当人类环境权落实到一国法律之内就需要有一个"国籍化"过程。由此，环境伦理上的"人类"在法律落实过程中被兑换为一国法

---

〔1〕　叶俊荣：《环境问题与法律》，元照出版公司 2002 年版，第 6 页。

〔2〕　参见陈泉生："公民环境权刍议"，载《福建学刊》1992 年第 1 期，第 58~63 页。

〔3〕　陈泉生："环境权之辨析"，载《中国法学》1997 年第 2 期，第 61~69 页。

〔4〕　参见吕忠梅："再论公民环境权"，载《法学研究》2000 年第 6 期，第 129~139 页。

律上的"公民"。

然而，严格意义上讲，公民是一个政治概念。依据通常的语言表达习惯，公民之前往往是需要加上国籍的，如中国公民、美国公民等。在我国 20 世纪 90 年代及之前，公民这一政治概念一直在私法领域中被使用。至 1999 年《中华人民共和国合同法》颁布以来，在私法领域中已完全不使用公民概念，而以自然人概念取代。在公法领域，公民用语也只用于宪法规定，指代拥有一国国籍的个人。简言之，公民的内涵是国家承认其国籍的、作为个体的个人。可见，将整体性的人类概念兑换为个体性的公民概念，存在逻辑上的不自洽。

环境人类权说的积极面是十分清楚的，该学说看到了环境的整体性、环境权客体的不可分割性，也看到了不可或缺的环境整体对人类整体所不可替代的意义，看到了人对环境的权利、人类对环境的基本需求。[1]环境是整体的，人们研讨环境问题时不会忘记环境的整体性，自觉地以整体作为研究的逻辑基点，"环境权的主体是作为整体存在的人类"的结论自在情理之中。然而，在当前法律传统下，尽管利益可以分为个体利益和公共利益，但个体利益可以成就为法律权利，公共利益却至今没有权利依靠。以利益为基础，人们研究环境利益乃至环境权时，自觉不自觉地遵从了传统的权利内涵即权利是个人的权利，也即以个体作为研究的基础和出发点。倘若仅以环境整体论为立场而不考虑当前法律的主体权利理论，环境人类权说就只有人类环境权而没有个体公民的环境权。倘若仅以个体为基础而不考虑环境的整体性内涵，环境人类权说也就无法产生。因为仅以个体为基础，环境权只能是个人的环境权而非人类的环境权。环境人类权学说是对待环境以整体为逻辑基点、对待权利则以个体为逻辑基点的逻辑结果。逻辑基点上的摇摆不定导致了人类环境权与公民环境权学术观点上的摇摆不定。在现代法律意义上，人类环境权学说最终未能明确环境权的主体内涵。

二、环境权私权学说

环境权私权学说认为环境权应当私权化、民事权利化，或者说环境权是私权、是民事权利。我国环境权私权说普遍认为环境权应当私化成为公民

---

〔1〕 参见徐祥民："环境权论——人权发展历史分期的视角"，载《中国社会科学》2004 年第 4 期，第 125～138 页。

（或自然人）个人的权利，如"在法权构造上，环境权的主体仅限于自然人，环境权的客体系指良好状态的环境，在权能方面环境权不具有支配权能"。[1]再如，"环境权在我国属于正在生成中的权利，其与一般民事权利的区别在于具有一定的公共性，但是仍然不失为个人的权利"。[2]然而，私权说的具体表现差异巨大。部分学者认为没有必要将环境权进一步界定为私权中的何种权利，部分学者认为应当将环境权界定为人格权、财产权（如环境物权），不一而足。由此，私权化过程中，环境权私权学说内部存在两大分歧：一是环境权民事性质的分歧，即环境权究竟属于何种民事权利；二是作为民事权利的环境权内容的分歧，即环境权包括几项民事权利内容。

（一）环境权私权学说的基本情况

环境权私权学说最早可以追溯到1892年。1892年，美国通过联邦最高法院对"伊利诺中央铁路公司 V. 伊利诺伊州案"的判决确认环境权是财产权。[3]1969年，美国学者萨克斯将普通法的"公共信托原则（the Public Trust Doctrine）"移植到环境法中创立了"环境公共财产论"，[4]开启了环境权的财产权研究学术之路。

日本明治维新后，工矿业迅速发展，环境污染随之呈现。20世纪50、60年代，日本进入高速经济增长期，环境危机开始全面爆发。[5]在这个被称为"公害先进国"的日本，公众健康因环境污染而受到极大威胁。在这一背景下，美国的"环境公共财产论"与环境权财产权利学说开始被引入日本。但从事环境法学研究的日本多数学者认为，环境污染的后果主要表现为对身体健康的损害，实质是对人身权益的损害，从而将美国环境权的财产权学说修

---

〔1〕　侯国跃、刘玖林："环境权的私法之维：理论证成与制度构建"，载《苏州大学学报（哲学社会科学版）》2019年第6期，第40页。

〔2〕　吴卫星："环境权的中国生成及其在民法典中的展开"，载《中国地质大学学报（社会科学版）》2018年第6期，第69页。

〔3〕　1869年，通过立法把密执安湖的部分水下土地所有权转让给伊利诺中央铁路公司。1873年，伊利诺伊州立法机关审查前述立法时撤销了该法律。据此，伊利诺伊州政府以确认前述所涉土地所有权为目标，对伊利诺中央铁路公司提起诉讼。联邦最高法院判决认为，水下土地所有权与其他土地所有权性质不同，确认了伊利诺伊州对该水下土地的所有权。参见王曦：《美国环境法概论》，武汉大学出版社1992年版，第75~76页。

〔4〕　程正康：《环境法概要》，光明日报出版社1986年版，第43页。

〔5〕　参见罗丽："日本环境权理论和实践的新展开"，载《当代法学》2007年第3期，第150~156页。

正为环境权的人格权学说。[1]

(二) 环境权人格权说

主张环境权是人格权的国内学者并不多。据可查资料显示，我国最早明确提出环境权为民事权利、属人格权的是钱水苗教授。1994 年，钱水苗教授认为，环境内容是公民人格的主要构成内容之一，公民环境权包括在良好健康环境中生活和享受优美环境、参与和监督环境管理、取得保护和赔偿权利等三个内容。钱水苗教授认为，"侵害公民环境权就是损害公民的完全人格"，[2]从而将环境权归于人格权。十余年后，钱水苗教授修改了"环境权归于人格权"的思想。他认为环境利益方面以个人私益取代环境公益显然是以偏概全，是不符合环境权的本质属性的，所谓"私权性环境权"更没有设立的必要。"环境权是由环境法确认和保护的一种公益性权利，不是私权。"[3]此后很长时间内，国内环境权的人格权说几乎绝迹。然而，由于《民法总则》中"绿色原则"的确立，最近研究成果显示，环境权人格权学说似有复苏之势。有学者直接认为，"人格权路径不失为环境权法定化的可行选择。本质上，这基于环境权的人格权属性"。[4]还有学者则较为隐晦，表述为"环境权是一项具有人格面向性的非财产性权利"。[5]

当然，国内对环境权人格权说的否定并没有影响国外对环境权人格权说的坚持。美国学者 James W. Nickel 倡导安全环境权，认为环境权是免于因环境恶化导致生命健康受损的权利。James W. Nickel 的安全环境权在实质意义上是关于生命健康等人格的民事权利。[6]2002 年，美国学者 Sumudu Atapattu 教授提出环境权即健康环境权，是不受环境污染的权利与环境保护的权利。[7]

---

〔1〕 转引自杨海坤主编：《跨入新世纪的中国宪法学——中国宪法学研究现状与评价》（上），中国人事出版社 2001 年版，第 351 页。

〔2〕 钱水苗："论公民环境权"，载《杭州大学学报（哲学社会科学版）》1994 年第 2 期，第 45 页。

〔3〕 钱水苗、杨慧芬："环境权的法制尴尬及其出路探析"，载《浙江工商大学学报》2009 年第 6 期，第 17 页。

〔4〕 刘长兴："环境权保护的人格权法进路——兼论绿色原则在民法典人格权编的体现"，载《法学评论》2019 年第 3 期，第 164 页。

〔5〕 杨朝霞："论环境权的性质"，载《中国法学》2020 年第 2 期，第 289 页。

〔6〕 See James W. Nickel, "The Human Right to a Safe Environment: Philosophical Perspectives on Its Scope and Justification", *Yale Journal of International Law*, 18（1993），117~142.

〔7〕 See Sumudu Atapattu, "The Right to a Healthy Life or the Right to Die Polluted? The Emergence of a Human Right to a Healthy Environment Under International Law", *Tulane Environmental Law Journal*, 16（2002），65~126.

健康环境权将环境视为手段而健康才是目的。立足于人体健康的环境权，是以健康为内容的人格权。2014 年，日本福冈大学教授玉蟲由樹坚持认为，环境污染对人的生命、身体及健康造成不良影响，环境权是保护生命、身体及健康等法益的权利。[1]国外对环境权人格权说的坚持说明，环境权与人的生命健康等人格利益不无关系，但环境权毕竟不同于健康权。

正如学者所指出，"在没有环境权作为权利依据的情况下，人们常常援引生命权、健康权等若干人权条款来防控和应对环境滥用行为"。[2]所谓健康环境权不过是健康权在环境领域的解说，并不是环境权的构成内容。[3]此外，人格有着与人不可分离的专属特性。环境权以公共性的环境利益为中心，而人格权以个体性的私有利益为内容，将环境权定性为人格权违背了两种权利产生的基本根据——利益归属不同的逻辑。而且，诸如"清洁空气权、清洁水权、安宁权（也称为宁静权）、采光权、眺望权、通风权和景观权等"[4]已经在现有民事人格权规定中实现，再行将其归于环境权范畴缺乏实际意义。

（三）环境权财产权说

主张环境权为财产权的学者也不多。这些学者认为，环境权呈现的不只是人与人的关系更是人与物的关系，主体人与客体物的关系是物权本质的体现，物权是主体人对客体物的权利。因此，环境权与物权并无本质区别，环境权属于物权，应该将环境权作为物权上的共有权对待。[5]周珂教授以人权为基础，提出环境权财产权说。他认为"借鉴财产权的'权利束'理论，并借鉴民法建筑物区分所有权的原理，创设环境区分所有权，以最大限度地消除具体权利的冲突及个人利益与集体利益的差异，形成共同利益和保护权利的动力。"[6]

该学说看到了将环境利益财产权利化的积极作用，如弥补仅强调政府环

---

[1] ［日］玉蟲由樹："環境権の権利構造"，载《福冈大学法学论丛》2014 年第 4 期，第 5~8 页。

[2] ［美］苏木杜 阿塔帕图："健康生活权还是消除污染权？——国际视野下良好环境权的兴起"，杨朝霞、林禹秋译，载《中国政法大学学报》2018 年第 6 期，第 66 页。

[3] 陈海嵩："健康环境权之溯源与辨正——司法适用的视角"，载《法学论坛》2017 年第 6 期，第 92 页。

[4] 杨朝霞："论环境权的性质"，载《中国法学》2020 年第 2 期，第 289 页。

[5] 参见吴亚平："论环境权是一种物权"，载《河北法学》2006 年第 6 期，第 94~97 页。

[6] 周珂、罗晨煜："论环境权'入法'：从人权中来，到人权中去"，载《人权》2017 年第 4 期，第 90 页。

境监管的不足、可以为公众环境诉讼提供权利依据等，却忽视了环境权究竟能否财产权化的基本前提。财产权是排他性的个体财产利益的法律表现形式，而环境利益却是非排他性的公共利益，将体现环境公共利益的环境权划归为体现个体利益的财产权范畴，显然是违背基本的逻辑推理的。尽管有学者提出环境"物权共有权"方案，该方案也无法解释环境公共利益为什么能够衍生出以个体利益为内容的财产权利。总而言之，环境权财产权学说清楚地看到了环境的整体性与公共性，当然也忽视了财产权利的个体性，在分析环境问题时以整体为研究基础，而在解说权利时又潜在地坚守以个体为逻辑基点。

（四）新型民事权利说

1994 年，李艳芳教授认为，环境权是公民在有益身体健康、有利于精神健康的环境中生活、参与政府环境管理的以及对环境利益进行自我保护的权利。[1]她认为，在民法上承认环境权是比较妥当的，将环境权民事权利化符合现实生活的需求和法律的观念，但环境权具有与人身权和财产权等传统民事权利不同的特点和内涵。显然，李艳芳教授认为，环境权既不是人身权也不是财产权，而是民法上的一项新型权利。值得注意的是，李艳芳教授在承认环境权在民法上的地位的同时，清楚地指出了环境的整体性和公共性、环境侵害的公共性、环境利益的公共利益属性，也清楚地指出环境权的公共属性（财产权和人身权等民事权利则是纯粹的私人属性）。由此，李艳芳教授又得出了"环境权是'社会性'权利"的结论。[2]在李艳芳教授看来，社会性使环境权区别于人格权和财产权等传统民事权利，但社会性仍然属于民事权利的范畴。

1995 年，吕忠梅教授在《论公民环境权》中认为，人格权说和财产权说都只反映了环境权的部分作用、部分特点，均失之偏颇，而人格权与财产权兼具说在本质上并没有确立环境权的本质内涵，因此应当将环境权界定为人权。[3]2000 年《再论公民环境权》再次确认环境权的人权本质。[4]2018 年，

---

[1] 参见李艳芳："环境权若干问题探究"，载《法律科学（西北政法学院学报）》1994 年第 6 期，第 61~64 页。

[2] 参见李艳芳："环境权若干问题探究"，载《法律科学（西北政法学院学报）》1994 年第 6 期，第 61~64 页。

[3] 参见吕忠梅："论公民环境权"，载《法学研究》1995 年第 6 期，第 60~67 页。

[4] 参见吕忠梅："再论公民环境权"，载《法学研究》2000 年第 6 期，第 129~139 页。

再一次明确"环境权是新兴的基本人权"。[1]"将环境权作为宪法权利加以规定,是环境法'新法理'转化成为'实有权利'的最高形式和最佳表达。"[2]吕忠梅教授的逻辑思路是:只有坚守环境权的人权本质,才有将环境权具体化的可能;只有确立环境权的宪法权本质,才能确认环境权的民事权利属性,从而获得诸如民事法律等私法的保障,最终实现环保目的。吕忠梅教授的这一思路得到张震教授的认同,他认为"公民环境权是环境治理的主要理论支撑,通过宪法解释可以证成公民环境权"。[3]显然,该公民环境权与前文人类环境权学说中所提及的公民环境权是有区别的。该公民环境权是一种私有权利。吕忠梅教授提出了环境权私权化的设想,并认为环境权私权化是环境权的权利本性的必然结果。[4]由此,她一边提出环境人格权的思想,[5]一边提倡环境使用权、环境保护相邻权以及体现环境保护要求的不动产物权法等内容。[6]

吕忠梅教授认为,为缓和环境资源的生态价值与经济价值的矛盾而利用国家权力,自然环境将遭受更大破坏。因此,寻求私法手段保障环境生态价值才是最佳手段。但私法手段必须首先解决环境公益性与民法私益本位的矛盾,在能够满足私法保障所需要的前提下,"构建公民环境权的民法保护制度不仅是可能的,而且是必要的"。[7]环境权在政府环境管理过程中所表现的公众参与权实际上"被赋予民事权利的性质"。[8]她将环境权的内容扩展为环境知情权、环境事务参与权、环境侵害请求权和环境资源利用权。从而,吕忠梅教授提出了环境权私权化的具体设想,诸如环境物权、环境合同、环境人格权、环境侵权责任等制度内容。[9]基于前述思想,在吕忠梅教授等学者的努力下,《民法总则》第9条确立了绿色原则。随着《民法总则》绿色原则

---

〔1〕 吕忠梅:"环境权入宪的理路与设想",载《法学杂志》2018年第1期,第29页。

〔2〕 吕忠梅:"环境法回归 路在何方?——关于环境法与传统部门法关系的再思考",载《清华法学》2018年第5期,第17页。

〔3〕 张震:"中国宪法的环境观及其规范表达",载《中国法学》2018年第4期,第16页。

〔4〕 参见吕忠梅:《环境法新视野》,中国政法大学出版社2000年版,第132~141页。

〔5〕 参见吕忠梅:《环境法新视野》,中国政法大学出版社2000年版,第112页。

〔6〕 参见吕忠梅:"关于物权法的'绿色'思考",载《中国法学》2000年第5期,第46~55页。

〔7〕 吕忠梅:"保护公民环境权的民法思考",载《清华法学》2003年第2期,第277~284页

〔8〕 吕忠梅主编:《超越与保守:可持续发展视野下的环境法创新》,法律出版社2003年版,第253页。

〔9〕 参见吕忠梅:《沟通与协调之途——论公民环境权的民法保护》,中国人民大学出版社2005年版,第1~5页。

的确立，张震教授进一步认为，民法典中环境保护及环境权的条款应体现在人格权、物权、侵权责任几个部分。[1]而吕忠梅教授则有着将民法全部绿化的思考。

纵观吕忠梅教授环境权思想，其所称的公民环境权不仅体现财产内容，也体现人身内容，还体现人身关系与财产关系所不能涵盖的内容。从这一意义上看，其公民环境权并非传统民事权利类型，而是民法中的新型权利。犹如吕忠梅教授所表示的："作为'新法理'的环境权，还只是一个抽象的、不确定的法律概念，至多是对应有权利的说明。"[2]

环境权为新型民事权利的观点在国内外都有体现。如日本学者松本和彦教授认为，环境权的存在目的是确立新的私权，也认为环境权是新型私权。[3]国内其他部分学者也认为，法学上确立民法意义上的环境权不仅是必需的而且是可行的。私法环境权是区别于传统人格权、相邻权、准物权等民事权利的一种新型民事权利。[4]"环境权是自然人享有适宜自身生存和发展的良好生态环境的法律权利。其主体限于自然人。""环境权与财产权、人身权等是属于同一且较高位阶的权利。"[5]有所不同的是，有些学者使用公民概念，有些学者则使用自然人概念。自然人是私法用语，公民是公法表达。从自然人以及"环境权与财产权、人身权等属同一位阶"的表述可知，该部分学者当然认为，环境权隶属私权，是一种不同于财产权、人身权的新型民事权利。

（五）环境权私权化的反对论

环境权私权化在国内环境法学界占有相当大的分量。而在民法学理论与立法实践中，早已经把环境侵权作为特殊侵权对待，并给出特殊的归责原则、特殊的举证责任分配、特殊的因果关系证明等。[6]但反对环境权私权化的声浪也从没有停息过。

---

〔1〕 张震："民法典中环境权的规范构造——以宪法、民法以及环境法的协同为视角"，载《暨南学报（哲学社会科学版）》2018 年第 3 期，第 9~12 页

〔2〕 吕忠梅："环境法回归 路在何方？——关于环境法与传统部门法关系的再思考"，载《清华法学》2018 年第 5 期，第 17 页。

〔3〕 ［日］松本和彦："憲法学から見た環境権"，载《人間環境問題研究会編集·特集 環境権と環境配慮義務》（環境法研究 31 号），有斐閣 2006 年版，第 19~26 页。

〔4〕 参见侯怀霞："关于私法环境权问题"，载《理论探索》2008 年第 2 期，第 135 页。

〔5〕 邹雄："论环境权的概念"，载《现代法学》2008 年第 5 期，第 38 页。

〔6〕 参见曹明德：《环境侵权法》，法律出版社 2000 年版，第 138~186 页。

日本学者原田尚彦教授就认为，环境权很难被解释为可以直接通过法院得以实现的绝对性私权。[1]我国民法学者王利明教授也认为，不可量物侵害的法益是受害人的生命、健康等人格利益，环境权不是独立的民事权利。[2]环境权私权化的实质是将整体性的环境利益分配给个体进行支配和使用，这与环境法保护整体环境、保护公共利益的初衷是背道而驰的。[3]环境权是在生态危机的背景下，由环境保护运动催生而来的。连早期认为环境权是新型民事权利的学者也认为，环境权应当是环境法确立和维护的、以保护环境为己任的、以保护公众环境利益为目的的权利。[4]

没有争议的是，环境权产生的基础是公共环境利益。渐渐地，人们清晰地看到，环境权与民事权利的基本立场是不同的：环境权是为维护公共利益（即环境利益）而产生的，而民事权利是为维护个人利益而产生的。民法关注的是财产权、人身权等个人权益，环境公共利益并不是民法的根本目的。人身权、财产权、相邻权等民事权利乃至整个民法在客观上对环境保护产生了有利结果，但并不等于以环境保护为根本的环境权就可以归结为民事权利。此外，将环境权归于私权利，最终还需要通过侵权责任法提供保护。然而，早在20世纪70年代美国学者就指出，企图以私权利为基础、以侵权保护为方式来保护环境是没有结果的，江河断流、天空被污染表明侵权责任法已经无能为力、力不从心。[5]

吕忠梅教授也认为，环境公益属性与民法保护的私益属性之间的矛盾、环境的生态价值与经济价值之间的矛盾不可调和。因此，并非所有环境资源问题均可以归入到民事法律的调整范围而得以解决，民法不可能解决所有的环境问题。[6]但反对者认为，环境权私权化尽管在一定程度上存在认识、情感上的合理性，但私权化的环境权概念含糊、主体与客体不明乃至权利内容不

---

〔1〕 参见 [日] 原田尚彦：《环境法》，于敏译，法律出版社1999年版，第34页。

〔2〕 参见王利明：《人格权法》，中国人民大学出版社2009年版，第96~97页。

〔3〕 参见钱水苗、杨慧芬："环境权的法制尴尬及其出路探析"，载《浙江工商大学学报》2009年第6期，第16~21页

〔4〕 李艳芳："论环境法的本质特征"，载《法学家》1999年第5期，第70页。

〔5〕 See Joseph L Sax, "The public trust doctrine in natural resource law: effective judicial intervention", *Michigan Law Review*, 68 (1970), 107.

〔6〕 参见吕忠梅："保护公民环境权的民法思考"，载《清华法学》2003年第2期，第277~284页。

明，自然法色彩浓重，"难以与私法体系相协调、缺乏可操作性"。[1]更有学者甚至直接给出结论："民法体系中构筑环境权无论是理论上还是实践中都行不通。"[2]

反对环境权私权化的理由还体现在环境权的内容上。部分环境权私权化学者主张环境使用权是环境权的内容，是环境权不可或缺的组成部分。这意味着环境权不仅包括良好环境的享有权，更包括环境的利用权。如吕忠梅教授认为，环境权是"公民享有的在不被污染和破坏的环境中生存及利用环境资源的权利"。[3]周训芳教授认为，环境权是有在适宜于人类健康的环境中生活并合理开发利用环境资源的权利，包括良好环境权和环境资源开发利用权两个方面。所谓环境资源开发利用权显然是个人利用自然资源的权利。[4]反对者认为，开发利用环境资源的权利虽然属于环境法权利体系，但绝非环境权。环境使用权实质上与财产权、健康权、相邻权等传统权利密不可分，不具有真正的独立性。开发利用环境资源的权利既可以表现为民事物权，也可以表现为如承包经营权等经济性权利，甚至还可以表现为经济职权。[5]

此外，环境权的产生根据是环境危机，但环境危机的产生根据却是因为对环境资源不恰当的开发利用。而如果没有对环境资源不恰当的开发利用就没有环境污染与破坏，没有环境污染与破坏就没有环境危机，也就谈不上环境权。显然，将对环境的开发利用设置为法律权利，与环境权产生初衷相悖。将对环境的开发利用设置为法律权利只会加速环境污染与破坏，促使环境危机的进一步恶化，对以保护环境为目的的环境权有百害而无一利。总之，"这样的制度设计无异于资敌——使妨碍人们实现其环境目标的对手更加强大"。[6]

无疑，赋予开发利用环境资源者以开发利用环境资源权的实质是，将环境资源物权化，将环境资源个体化，将体现为整体环境利益的环境资源个体利益化。随着对环境资源利用权反对声浪的扩大，将环境资源利用权归属于

---

[1] 王明远："论环境权诉讼——通过私人诉讼维护环境公益"，载《比较法研究》2008年第3期，第54页。

[2] 朱谦："对公民环境权私权化的思考"，载《中国环境管理》2001年第4期，第11页。

[3] 吕忠梅："再论公民环境权"，载《法学研究》2000年第6期，第129~139页。

[4] 参见周训芳：《环境权论》，法律出版社2003年版，第169页。

[5] 参见姜素红："环境权构成要素研究"，载《求索》2011年第1期。

[6] 徐祥民、张锋："质疑公民环境权"，载《法学》2004年第2期，第70页。

环境权的观点逐渐弱化，也渐次淡出了人们的视野。

三、环境权人权学说

无论坚持环境权是私权还是人类权抑或其他，绝大部分环境权研究者都同时认为环境权是人权。笔者将这种学说概括为环境权人权说。

20 世纪 70 年代，日本大阪律师协会提出，环境权是公民享有支配环境并享受良好环境的权利。在此基础上，日本学者松浦宽基于《日本宪法》第 13 条和第 25 条提出环境权是基本人权的观点。[1]在法国学术界，环境权是人权的观点几乎没有学术争议，只是法国的环境权人权学说有实体法上的环境人权[2]和程序法上的环境人权[3]之别。我国学者认为，环境权是人之与生俱来的新型人权，[4]"把环境权与人权联系在一起，有充分的法律根据"，[5]"公民环境权具有作为人权的本质属性"。[6]

当然，还有部分学者并没有直接提出环境权人权属性，而是通过环境权入宪或宪法环境权的方式间接地将环境权归属于人权。[7]如"通过对国家权力课予不同层次的义务，满足了'环境权入宪'的功能期待"。[8]有研究成

---

〔1〕　[日]松浦宽："環境権の根拠としての日本国憲法 13 条の再検討"，载《榎原古稀記念——現代国家の制度と人権》，法律文化社 1997 年版，第 155~162 页。

〔2〕　Marc Pallemaerts, *Le droit de l'homme à un environnement saint en tant que droit matériel*, In: Maguelonne Déjeant-Ponts et Marc Pallemaerts, Doits de l'homme et environnement, Editions du Conseil de l' Europe, 2002, pp. 9~19.

〔3〕　Maguelonne Déjeant-Pons, *Le droit de l'homme à l'environnement en tant que droit procedural*, In: Maguelonne Déjeant-Ponts et Marc Pallemaerts, Doits de l'homme et environnement, Editions du Conseil de l' Europe, 2002, pp. 21~43.

〔4〕　参见陈泉生："环境权之辨析"，载《中国法学》1997 年第 2 期，第 61~69 页。

〔5〕　李艳芳："环境权若干问题探究"，载《法律科学（西北政法学院学报）》1994 年第 6 期，第 61~64 页。

〔6〕　吕忠梅："论公民环境权"，载《法学研究》1995 年第 6 期，第 60~67 页。

〔7〕　参见刘海鸥、张小虎："宪法位阶的环境法：南非宪法环境权条款及其启示"，载《湘潭大学学报（哲学社会科学版）》2016 年第 3 期，第 30~34 页。陈海嵩："环境权实证效力之考察：以宪法环境权为中心"，载《中国地质大学学报（社会科学版）》2016 年第 4 期，第 10~17 页。吴卫星："派生性环境权宪法渊源的比较研究——兼论中国环境权宪法化的路径选择"，载《南京大学法律评论》2016 年第 1 期，第 305~315 页。[英]蒂姆·海沃德：《宪法环境权》，周尚君、杨天江译，法律出版社 2014 年版。吴卫星："环境权入宪之实证研究"，载《法学评论》2008 年第 1 期，第 77~82 页。吴卫星："环境权入宪的比较研究"，载《法商研究》2017 年第 4 期，第 173 页。

〔8〕　张翔："环境宪法的新发展及其规范阐释"，载《法学家》2018 年第 3 期，第 90 页。

果显示，学者对"宪法环境权"情有独钟。学者认为，"我国的环境权研究欲取得新的突破和发展，就应当回归宪法文本，对环境权条款进行详细的实证研究和规范分析。宪法环境权的中国生成有两种路径选择"。[1]"将环境权作为宪法权利加以规定，是环境法'新法理'转化成为'实有权利'的最高形式和最佳表达。"[2]"宪法环境权是所有人或公民（国民）享有适于人发展的、良好的、健康的、可持续的、和谐的环境的权利"。[3]"宪法环境权是指公众有享用清洁健康环境的权利，即'一切单位和个人都有享用清洁健康环境的权利'。"[4]而"在实证层面，环境权和宪法环境权具有相同的含义"。[5]由所有人或公民享有的宪法环境权，作为宪法文件规定的权利，当属人权范畴。

在确认环境权是人权的基础上，部分学者进一步探讨了环境权的具体人权属性。有学者认为，有利健康的环境是生存的基本条件，环境权是人权中的生存权的体现。[6]也有学者提出，环境是人的生存与发展的前提条件，没有健康的环境谈不上人权，环境权不仅是一项独立的基本人权，也"是其他人权的基础，更是对其他人权的控制"。[7]作为其他人权的基础，它与生存权是并行关系，与发展权是对立统一的关系。[8]还有学者在比较分析第一代、第二代和第三代人权（集体权利）后指出，环境权只有成为第三代人权才有环境保护的意义，因为作为第一代人权的环境权将产生人类中心主义，第二代人权的环境权难以实现司法保护目的。[9]徐祥民教授则将环境权的人权属性提到另一高度，认为人权发展史分三阶段即初创期的自由权、发展期的生存

---

　　[1]　吴卫星："环境权入宪的比较研究"，载《法商研究》2017年第4期，第173页。

　　[2]　吕忠梅："环境法回归　路在何方？——关于环境法与传统部门法关系的再思考"，载《清华法学》2018年第5期，第17页。

　　[3]　范进学："宪法上的环境权：基于各国宪法文本的考察与分析"，载《人权》2017年第5期，第105页。

　　[4]　蔡守秋："环境权实践与理论的新发展"，载《学术月刊》2018年第11期，第89页。

　　[5]　胡静："环境权的规范效力：可诉性和具体化"，载《中国法学》2017年第5期，第157页。

　　[6]　参见钱水苗："论公民环境权"，载《杭州大学学报（哲学社会科学版）》1994年第2期，第42~45页。

　　[7]　吕忠梅："再论公民环境权"，载《法学研究》2000年第6期，第133页。

　　[8]　参见侯怀霞："论人权法上的环境权"，载《苏州大学学报（哲学社会科学版）》2009年第3期，第32~37页。

　　[9]　参见那力、杨楠："环境权与人权问题的国际视野"，载《法律科学（西北政法大学学报）》2009年第6期，第59~65页。

权和升华期的环境权。[1]

尽管大部分学者认为环境权是人权，但也有旗帜鲜明的反对者。反对者明确指出，不能将环境权视为人权的内容。因为人权本身就是一个最富有争议的内容，而且人权还可能是有些国家滥用环境资源、破坏自然资源的良好借口。美国学者 Grunther Handl 反对将环境权视为人权的观点，他认为国际文件宣示了环境相关的人权但不能就此得出环境权的结论。环境权没有自然权利特性而人权具有不可转让性，如果环境权是人权，那么当代人与当代政府就无权利使用属于全人类的环境资源。[2]更有学者认为，将环境权视为人权"不但无助于环境权理论的发展，反而会造成更多的理论混乱"。[3]"人权的研究方法不可能指出环境权走出困境的正确道路。"[4]环境权只是实现诸如经济、社会和文化权利的手段，尽管与人权存在诸多联系，但环境权本身并非人权。[5]

另有学者则指出，发达国家的人权观下只有个人的权利（自由权）才能成为人权，环境权也并不是个人的自由权因而并非人权。社会权或集体权利并非个人的权利，而环境权具有整体共享性以及社会公共性因而是一种新型社会权。[6]由此，第三代人权概念上的环境权和国内法上的环境权，是性质上迥异的两个概念，不能混淆。[7]

有学者则从具体国家环境权人权化实践结果上，指出如美国伊利诺伊州等州在宪法上实现了环境权人权化，但也只能是一种政策宣告，其作用式微。[8]而日本尽管在宪法上有了环境权的纲领性规定，但在司法之中却遭受到了无

---

〔1〕　徐祥民："环境权论——人权发展历史分期的视角"，载《中国社会科学》2004 年第 4 期，第 125~138 页。

〔2〕　Grunther Handl, "Human Rights and Protection of the Environment：A Mildly 'Revisionist' View", in：A. Cancado Triandade（ed.）, *Human Rights and Environmental Protection*, 1995, 117.

〔3〕　周训芳："欧洲发达国家公民环境权的发展趋势（一）"，载《林业经济问题》2002 年第 6 期，第 315 页。

〔4〕　周训芳："环境权立法的困境与出路"，载《时代法学》2004 年第 2 期，第 57 页。

〔5〕　参见谷德近："论环境权的属性"，载《南京社会科学》2003 年第 3 期，第 66~73 页。

〔6〕　参见吴卫星："环境权的制度保障"，载南京大学-哥廷根大学中德法学研究所编：《中德法学论坛》（第 3 辑），南京大学出版社 2005 年版，第 197~201 页。

〔7〕　参见吴卫星："环境权主体之探析——国内法层面的考察"，载《南京大学法律评论》2004 年第 2 期，第 130~137 页。

〔8〕　参见王曦：《美国环境法概论》，武汉大学出版社 1992 年版，第 164 页。

情的否定。[1]在德国、意大利等国家，其宪法上对环境权作出明示也仅仅是基本国策的宣示，倘若没有进行具体法律化，司法实践当中也是无法运行的。[2]

人权概念本身模糊又极富争议，将环境权归属于这个内涵模糊的人权概念，只会使问题变得更加模糊，使环境权变得更加含糊不清、扑朔迷离。本书无意否认作为人权的环境权，因为将环境权上升到人权高度自有其法律意义。但是，从宪法上确立环境权虽然意义非凡，"但仍不足以为公民环境权的保障和救济提供有效的法律途径"。[3]而另一方面，如果事实上个人无法确切地取得某一权利，或者说某一权利无法为个人所掌控，那么这一权利无论有否保障，都将是无实际意义的权利，从而"不能具有法律权利的实质内容"。[4]如果国内法上仅仅将环境权停留在人权意义上，环境权就无法落实到现实生活，也就无法实现保护环境的最终目的。将环境权落实到国内实在法上，切实实现环境权保护环境的目的，才是环境权理论研究的最终目标。尽管"环境权的宪法化，是环境立法、执法、司法、守法的逻辑起点"，[5]但环境权的具体法律化才是环境权理论研究的根本。

四、环境权社会权学说

1992年，陈泉生教授指出"环境权具有社会性"。其社会性表现在与私益性传统权利的区别上，认为环境是人类共有环境，侵害环境就是侵害包括当代人和后代人不特定的多数人。[6]1994年，李艳芳教授提出"环境权是'社会性'权利"的说法，根据在于环境的整体性、共有性和环境侵害的公害性，侵害一个公民的环境权就是对"群体"环境权和社会利益的侵害，环境权不是"私人"权利。[7]至2001年，朱谦教授直接提出"环境权就是社会

〔1〕 参见汪劲：《环境法律的理念与价值追求——环境立法目的论》，法律出版社2000年版，第247~248页。

〔2〕 参见高家伟：《欧洲环境法》，工商出版社2000年版，第121~127页。

〔3〕 侯怀霞："关于私法环境权问题"，载《理论探索》2008年第2期，第135页。

〔4〕 吕忠梅主编：《超越与保守：可持续发展视野下的环境法创新》，法律出版社2003年版，第234页。

〔5〕 陈伯礼、余俊："权利的语境变迁及其对环境权入宪的影响"，载《法律科学（西北政法大学学报）》2009年第6期，第51页。

〔6〕 参见陈泉生："公民环境权刍议"，载《福建学刊》1992年第1期，第58~63页。

〔7〕 参见李艳芳："环境权若干问题探究"，载《法律科学（西北政法学院学报）》1994年第6期，第61~64页。

权"的观点。朱谦教授认为，公益性是环境权的本质属性，环境权是因解决环境问题而产生的、通过具有社会法性质的环境法来确立的新兴权利，[1]"是环境法确认和保护的社会权，而非由民法确认和保护的私权"。[2]他把环境权与民事权利相提并论，指出了两者不同的权利属性。

环境权社会权观点得到吴卫星等教授的支持。吴卫星教授认为，作为社会权的环境权，既不同于传统自由权也不同于其他社会权，其保障方式不同于其他基本权利，其实现依赖于国家的积极给付。[3]"环境权作为新兴人权……环境权属于基本权利体系中的社会权。"[4]在宪法学理论上，依积极权利和消极权利的性质，基本权利（人权）分为自由权和社会权。尽管吴卫星教授认为环境权是共享权，具有公益性和公共性，当属于社会权，但从其将环境权与其他社会权、自由权并列表达以及"传统的自由权是一种消极权利"等论述来看，其认为环境权所属的社会权是人权范畴下的社会权。而朱谦等教授认为环境权是社会权的根据是环境权的公益性，其社会权内涵与私权利同属具体法律权利之列，因而其环境权所属社会权并非人权意义上的社会权。可见，两学者所言"社会权"并非同一内涵：一种是社会法学意义上的社会权，一种是宪法人权视野下的社会权。

继前述社会权观点之后，白平则教授认为环境公益性、积极权利、实体权和程序权相结合、集体权利、义务性规范等几方面的内容决定了环境权是一种社会权。[5]究竟何为社会权，白平则教授没有给出论证或说明。

值得关注的是，朱谦教授和吴卫星教授在随后的研究中都改变了环境权是社会权的观点，回归到民事权利领域。朱谦教授认为，环境生态价值符合民法物的特征因而是民法物权的客体，公众享有或使用环境是环境物权权能的体现，进而将环境权归属于环境物权范畴。[6]"随着进一步研究越发对于所

---

　〔1〕　参见朱谦："对公民环境权私权化的思考"，载《中国环境管理》2001年第4期，第11~14页。

　〔2〕　朱谦："论环境权的法律属性"，载《中国法学》2001年第3期，第65页。

　〔3〕　参见吴卫星："环境权的制度保障"，载南京大学－哥廷根大学中德法学研究所编：《中德法学论坛》（第3辑），南京大学出版社2005年版，第197~201页。

　〔4〕　王锴："环境权在基本权利体系中的展开"，载《政治与法律》2019年第10期，第17页。

　〔5〕　参见白平则："论环境权是一种社会权"，载《法学杂志》2008年第6期，第63~65页。

　〔6〕　参见朱谦："环境权问题：一种新的探讨路径"，载《2004年中国环境资派法学研讨会（年会）论文集》，第1338~1345页。

谓的实体性的环境权持怀疑甚至是否定的态度。"[1]吴卫星教授新近认为，"环境权……仍然不失为个人的权利"，[2]从而将环境权划归到了民事权利范畴。

环境权社会权说从环境利益的公共性出发，将体现为公共利益的环境权（社会权）区分于私人利益的法律权利，着力关注了环境权的公共属性，看到了代表公共利益的环境权与私人化之间难以调和的矛盾，看到了环境利益的整体性与权利的私有化之间的矛盾。该观点的可贵之处还在于坚守了环境利益的整体性与权利的私有化两者之间的区别，没有将二者进行混同性判断。但遗憾的是，该观点并没有从根本上说明社会权的内涵，或者将与民事权利并列的社会权与人权的社会权混为一谈，从而导致该观点难以自足。因此，赞同支持者寥寥，甚至连该观点的最初提出者最后也走向了该观点的对立面。

第二节　环境权结合论

一、环境权权利权力结合说

私权利公权力结合说认为国家、公民均享有环境权，因而环境权既可以表现为权利也可以表现为权力。

环境权为国家所有，即成为国家环境权。首先提出国家环境权概念的是蔡守秋教授。1982 年他第一次论述环境权时认为，公民环境权、法人环境权及国家环境权等三个内容共同构成了环境权的统一整体。而国家环境权是国家主权的组成内容，是"国家行使保护本国环境的一切行为的权利"。[3]首次（1992 年）单独论述国家环境权的是郑少华教授。他也认为国家环境权是环境权的重要内容，是国家根据宪法授权保障公民环境权的特定权限，不仅包括关于环境方面的立法权、处理权、管理权、监督权、改善权，还包括国家的相关国际义务与赔偿责任。[4]1998 年，张梓太教授进一步论述了国家环

---

〔1〕 王曦、唐瑭："对'环境权研究热'的'冷'思考"，载《上海交通大学学报（哲学社会科学版）》2013 年第 2 期，第 10 页。

〔2〕 吴卫星："环境权的中国生成及其在民法典中的展开"，载《中国地质大学学报（社会科学版）》2018 年第 6 期，第 69 页。

〔3〕 蔡守秋："环境权初探"，载《中国社会科学》1982 年第 3 期，第 33 页。

〔4〕 参见郑少华："略论国家环境权"，载《上海环境科学》1992 年第 3 期，第 6~7 页。

境权由六大部分组成，即人类共同继承财产权、发展中国家优先发展权、国家对本国自然环境资源的永久主权、领土无害使用义务、控制污染物越境转移权利与义务、共同而有区别的环境责任。[1]

陈泉生教授虽然没有明示"国家环境权"概念，但她认为环境权的权利主体为全体人民，包括公民、社会组织、国家乃至全人类。[2]而人类环境权中，主体除包括公民、法人及其他组织外，还包括国家、国际组织以及后代人。[3]陈泉生教授将公民与国家并列为环境权的权利主体，其环境权内涵自然包括公民环境权与国家环境权等。吕忠梅教授明确提出了国家环境权概念。在她看来，环境权范围非常广，环境权主体不仅有公民，还有集体，更有国家甚至人类。因而，环境权是一项复合权利。[4]国家环境权思想在其他部分学者的学术思想中也有体现，他们认为环境权包括公民、区域、国家乃至国际的环境权。[5]

对国家环境权说，学界反对意见较多。从权利性质分析，环境权当属权利范畴而非权力内容。就学者们眼中国家环境权的内容来看，所谓的国家环境权要么是国家对外的主权，要么是国家对内的环境管理权力。无论是主权还是环境管理权力，均非法律意义上的权利内涵。如学者所言，"国内法意义上的国家环境权实际上是国家环境行政管理权，是权力而非权利"。[6]将国家的主权或者权力视为权利背离了现代法律的基本逻辑，并不足取。

从另一角度，反对者认为，生态利益是环境权的本质，只有生物体才会需要生态利益。因此，作为主权单位或政治实体的国家不可能成为环境权的主体。[7]周训芳教授也从实证角度，在对世界各国宪法的环境权规定作出比较分析后指出，普遍享有清洁、健康环境的权利主体只能是公民，国家无法

---

　〔1〕　参见张梓太："论国家环境权"，载《政治与法律》1998年第1期，第36~40页。

　〔2〕　参见陈泉生："环境权之辨析"，载《中国法学》1997年第2期，第61~69页。

　〔3〕　参见陈泉生、张梓太：《宪法与行政法的生态化》，法律出版社2001年版，第126页。

　〔4〕　参见吕忠梅、刘超："环境权的法律论证——从阿列克西法律论证理论对环境权基本属性的考察"，载《法学评论》2008年第2期，第66页。

　〔5〕　参见李印："再论环境权的性质和特点"，载《中国社会科学院研究生院学报》2016年第4期，第120~124页。

　〔6〕　王社坤："环境权理论之反思与方法论重构"，载《山东科技大学学报（社会科学版）》2012年第1期，第37页。

　〔7〕　徐祥民："对'公民环境权论'的几点疑问"，载《中国法学》2004年第2期，第109~116页。

成为环境权主体,〔1〕并认为环境权所反映的法律关系是国与民之间的权利义务关系,即公民享有环境权而国家承担环保职责。〔2〕在这一法律关系中,国家只能是义务主体和责任主体,而不能是权利主体。其实,蔡守秋教授提出国家环境权概念时也明确陈述:"有关国家环境权的规定都以国家职责这一名称出现","它是国家主权的一个组成部分"。〔3〕这一表述也言明,所谓的国家环境权不过是国家职责或国家主权。既然国家环境权实为国家职责或国家主权,而公民环境权是民事权利,那么,集合了国家职责、国家主权和民事权利的上位概念显然不是法律权利概念。可见,将公民环境权与国家环境权并列并统一隶属于环境权的提法,是缺乏理论根据的,与当前法律的基础理论相违背的。现代法律上,权利是私权利,权力是公权力,而职责体现的是责任乃至义务并不具有权利内涵。主权是一国与另一国相比较而言的内涵,绝非仅仅一国法律内部的内容。环境权权利权力结合说混淆了权利、权力、主权、职责等法律上的基本概念。这不仅有害于环境权作为权利的学术确立,也潜在地破坏了传统法学基本理论的根基。

二、环境权权利义务结合说

环境权权利义务结合说认为,环境权是环境方面的权利与义务的集合体。该观点肇始于1982年蔡守秋教授的《环境权初探》。他认为环境权既是权利也是义务,环境拥有的权利和环境保护的义务共同组成了环境权。蔡守秋教授反对环境权仅指享有良好环境的权利,不赞同学者们认为以义务等形式出现的法律规范不属环境权范畴的观点,认为应该从权利义务之间的统一联系出发研究环境权,而不能将环境权所涉问题在权利义务关系上予以割裂。由此,他认为环境权是一个综合体,不仅包括环境权利还包括环境义务,是"基本的环境法律权利和基本的环境法律义务的统一"。〔4〕这一思想得到部分学者的部分赞同。如吕忠梅教授在明确了"环境权是权利与义务的统一"之后所做的说明是,环保是所有人的权利更是所有人的义务,"享有环境权利的

---

〔1〕 参见周训芳:"环境权立法的困境与出路",载《时代法学》2004年第2期,第54~59页。

〔2〕 参见周训芳:"环境权立法的困境与出路",载《时代法学》2004年第2期,第54~59页。

〔3〕 蔡守秋:"环境权初探",载《中国社会科学》1982年第3期,第29~39页。

〔4〕 蔡守秋:"论环境权",载《金陵法律评论》2002年第1期,第112。

同时承担保护环境的义务是现代权利观的基本要求"。[1]

众所周知，权利与义务是两个有着完全不同内涵的法学概念。"权利之特质在于给所有者以利益。"[2]权利是权利主体依据法律规范，以法律关系为基础，为获得利益而可以自由作为或不作为的手段，[3]是"法律对法律关系主体能够作出或不作出一定行为，以及其要求他人相应作出或不作出一定行为的许可与保障"。[4]而法律义务却是为了保障权利主体获得其利益，依据法律规范，以法律关系为基础应当作为或不作为的约束。[5]"权利以其特有的利益导向和激励机制作用于人的行为，意味着对利益的获取与实现，义务以其特有的约束机制和强制机制作用于人的行为，意味着对利益的付出与负担"，[6]从自身利益出发，权利人有权选择行使还是不行使自己的权利，但义务人不履行义务却要承担相应的法律后果。将环境权视为权利义务的统一体，混淆了权利义务的本质内涵。权利就是权利，义务就是义务，权利绝不是权利义务的统一体。当然，环境权条款中可以规定保护环境的义务，这只是如果表述权利义务关系的立法技术问题，但这种立法技术问题不能说明环境权既是权利又是义务。

的确，权利义务是对立统一的关系。但权利义务的统一也以权利义务的对立为基础，不能无视权利义务的对立关系而孤立地看到权利义务的统一关系。我们不能将劳动权利义务的对立统一关系照搬到环境权上。因为环境保护不同于劳动提供。劳动是每个公民的权利，同时也是每个公民的义务。劳动能够作为义务而存在是因为社会的发展以社会成员提供劳动为前提，劳动作为权利而存在则是因为劳动者需要通过劳动获得利益。如果劳动中没有劳动者的个体利益内容，作为劳动者个人的劳动权就没有存在的基础。提供劳动可以集个体付出与个体利益于一身，因而能够集权利和义务于一身。然而，就环境而言，保护是付出而享受则是利益。保护环境与享受环境是两个层面

---

〔1〕　吕忠梅："再论公民环境权"，载《法学研究》2000年第6期，第129~139页。

〔2〕　[英]奥斯丁：《法理学的范围》（英文版），英国全盛出版社1954年版，第140页。

〔3〕　参见张文显：《法学基本范畴研究》，中国政法大学出版社1993年版，第82页。

〔4〕　中国大百科全书总编辑委员会《法学》编辑委员会、中国大百科全书出版社编辑部编：《中国大百科全书·法学》，中国大百科全书出版社1984年版，第458页。

〔5〕　参见张文显主编：《法理学》，高等教育出版社、北京大学出版社1999年版，第142页。

〔6〕　蔡守秋："确认环境权，夯实环境法治基础"，载《环境保护》2013年第16期，第24页。

上的内容，两者是一种并列的逻辑关系。保护环境只有个体付出而没有个体收益，享受环境才是个体收益的表现。因此，保护环境作为个体付出只能成为义务而无法成就权利，能够成就权利的只能是能够带来个体收益的享受环境。质言之，保护环境是公民的义务，而享受环境却是公民的权利。"所有人都承担环保义务、所有人都享受环境利益"并不意味着环境权利中包含环境义务，也不能得出"环境权是权利与义务的统一"的结论。享受环境利益的人承担环保义务，只能说明环境权与相关义务关系紧密，或者只能说"环境权是一项与义务结合十分紧密的权利"。[1]

环境权权利义务结合说的另一表现是环境权的义务本位论。义务本位论的基本观点是：保护环境不能从权利入手而应从义务入手。该观点的代表是徐祥民教授。该观点得到了部分学者的认同。有学者认为，应当虚化环境权而绕开环境权私权化与实体化，以强化国家环保义务为核心的理论进路。[2]钱水苗教授也认为，一般而言，人们只关心自身权利而忽视自身义务，导致权利凌驾于义务之上。在处理环境问题时，一味追求环境权而无视环境义务。"环境义务中心模式为人类处理人与自然关系提供了一种新的思路。"[3]义务本位论认为，以环境义务为中心，环境权的实现才能成为现实。

环境权的义务本位论认为，尽管妇女与青少年的环保作用在诸多文件中得到体现，但各国的环境保护实践不是唤起民众的权利，而是采取国际或国家行动，强制要求人民履行环保义务。[4]义务本位论通过"自得权"概念来回避环境权的应有目的。该学说认为，环境权是"保有和维护适宜人类生存繁衍的自然环境的人类权利"。[5]在否定公民环境权的基础上，将环境权设定为人类权利，通过"人类"这一广义概念虚化环境权的权利主体，从而建立"我与我"的关系，完成权利与义务的置换：所有的权利主体都同时是义务主

---

〔1〕 陈泉生："环境权之辨析"，载《中国法学》1997 年第 2 期，第 61~69 页。

〔2〕 参见李旭东："环境权私权化理论的检讨与启示"，载《社会科学战线》2013 年第 2 期，第 262~265 页。

〔3〕 钱水苗、杨慧芬："环境权的法制尴尬及其出路探析"，载《浙江工商大学学报》2009 年第 6 期，第 20 页。

〔4〕 参见徐祥民："对'公民环境权论'的几点疑问"，载《中国法学》2004 年第 2 期，第 109~116 页。

〔5〕 徐祥民："环境权论——人权发展历史分期的视角"，载《中国社会科学》2004 年第 4 期，第 125 页。

体。所谓自得就是自己满足自己的需要即自我满足，自我满足意味着无需他人帮助也没有他人的妨碍。徐祥民教授举三例以说明"自得"：收获是播种者的权利、赢利是股东的权利、安全而富足的生活是鲁滨孙的权利。他认为这些权利并不是不同播种者之间、不同股东之间的权利，也不是鲁滨孙与"星期五"等人之间的关系，而仅仅是"我与自己"之间的关系。义务本位论认为，环境权就是一种自得权，这种自得权中不存在对应的义务主体，因此无需义务主体履行义务而是通过权利主体自己的努力来实现其自身利益。

依现代法学理论，播种者对收获的权利是播种者的物权，即通过原始取得的方式获得物权，产生的是物权关系，是"一比其他所有"的绝对权关系，而不是"一比一"的相对权关系，更非"我比我"的关系。股东的赢利权利是股权的体现，体现的是股权法律关系，也是"一比其他所有"的绝对权关系，不是"我比我"之间的"一比一"相对关系。而鲁滨孙是劳动者同时又是资产者，如果产生法律关系的话，无论作为资产所有者还是劳动权利享有人，体现的也绝非"一比一"相对关系。环境权的义务本位论将人类整体抽象为法律关系的一方，当然无法在这个世界上找到法律关系的另一方，"我与我"似乎就成了必然。然而，法律关系是社会关系，社会关系是人与人之间的关系。没有法律关系的另一方，法律关系也就不复存在，自然更谈不上"我与我"之间的法律关系。因为作为人与人之间关系的社会关系涉及的人至少是两个。可见，"我比我"或"我与自己"之间的关系本身是难以成立的。质言之，自得是难以成立的，自得权是无法转变成为自负的义务的。

环境权的义务本位论在肯定环境权的前提下同时又回避环境权，而站在环境权的对立面——环境义务角度予以思考。这种换位思考方式颇值得思考。强调环境保护义务无疑是正确的。因为没有环境保护义务作为保障，就不可能有环境保护的结果。但是，环境义务来自何方？对谁履行环境义务？环境义务的对立面是什么？这些都是环境义务必须事前解决的问题。虚化或撇开环境权来讨论环境义务，就如同书写"人"字时，只关注了"人"字的这一撇而抛弃了那一捺，终将不成"人"。

享有环境利益的是人自己，造成环境危机的也是人自己。环境危机给人造成的损害不是部分人的损害，甚至不仅仅是当代人的损害而且更是后代人的损害。环境危机带来的损害是所有人的损害。那么，在环境保护问题上，

"谁给予谁权利？我们向谁主张权利？这是一个没有人解答过的历史性的难题"。[1]对于这个历史性难题，徐祥民教授为解决环境权问题提供了异于传统法律模式的论证进路。他不仅看到了环境权研究中环境整体论的重要性，[2]更看到了在环境问题上人类整体与人类个体之间的深层次的哲学关系问题。环境权权利义务结合说为环境权研究提供了新的思考角度。当然，不能否定的是，环境权的义务本位论仍然没有遵守现代法学理论上的权利义务对立统一关系原则。

三、环境权实体程序混合权说

持环境权实体程序混合权说的学者并不多，该观点认为环境权是一项既有实体权利又有程序权利的复合权利。王明远教授认为，应当同时从实体上和程序上来理解和把握环境权。他在肯定环境权理论对环境保护重要作用的同时，认为单纯依靠实体环境权或环境权私权化来保护环境、保护公民人身财产权利，虽然理论上具有合理性但缺乏实际可操作性。而诸如知情权、参与权等程序性环境权可以弥补实体性环境权的不足，实现排除环境侵害和填补环境损害的目的。王明远教授认为，理论上构建程序性环境权与构建实体性环境权有着异曲同工之效。因此，环境权应当包括实体性环境权与程序性环境权。[3]不难发现，实体性环境权概念模糊，环境权难以实现私权化且无法融入当前法律体系，通过环境权司法实践实现保障环境的目的难以实现，是环境权实体程序混合权说出现的原因。该学说的基本逻辑是：当前环境权理论不成熟而难以自立，不能实现环保目的，而从程序上设计环境权内容，可以使环境权具体化从而实现环保目的。环境权由实体性环境权和程序性环境权组成，但应当倚重程序性环境权内容而回避实体性环境权。

依据现代法学理论，权利可以分为第一性权利和第二性权利。第一性权利即原有权利，是直接由法律赋予或由有权主体依法创立的权利，如财产所

---

[1] 徐祥民："环境权论——人权发展历史分期的视角"，载《中国社会科学》2004年第4期，第134页。

[2] 对环境问题的整体性，可参阅徐祥民："从全球视野看环境法的本位"，载吕忠梅、徐祥民主编：《环境资源法论丛》（第3卷），法律出版社2003年版。

[3] 参见王明远："略论环境侵权救济法律制度的基本内容和结构——从环境权的视角分析"，载《重庆环境科学》2001年第2期，第17~20页。王明远："论环境权诉讼——通过私人诉讼维护环境公益"，载《比较法研究》2008年第3期，第52~65页。

有权等实体权利。第二性权利即救济性的权利，是在原有权利受到侵害时、以维护原有权利为目的而产生的权利，如请求权、诉权等程序性权利。所有权等物权作为第一性权利，其内在而当然地隐含了第二性权利——物权请求权。物权请求权是物权受到妨害或有被妨害危险时，物权人为维护物权而产生的请求妨害人为或不为一定行为的权利。物权请求权是物权的权能，作为一项独立的请求权，是救济物权的必然要求。然而，物权并没有因为存在救济性的物权请求权而被定性为是一项"既有实体权利又有程序权利的复合权利"。环境权莫不如此。

权利需要制度保障，诚如法谚所言，"没有救济就没有权利"（A Right without Remedy is not a Right）。所有的实体性权利都需要有程序性救济权利作为保障，没有程序性救济权就没有实体性权利。如果将实体性权利产生的第二性救济权利纳入该实体性权利之内，则所有的实体性权利都是"既有实体权利又有程序权利的复合权利"。显然，事实并非如此。所谓的程序性环境权只不过是实现环境权的程序工具而已，实体环境权所派生的第二性救济权利难以成立一个专门的"程序性环境权"概念，不能作为独立的环境权概念予以讨论。毕竟，实体环境权所派生的第二性救济权利是程序法上的程序权利。"将获得信息、参与决策与获得司法救济的程序权利放在环境权菜单中，是不合适的。"[1]

第三节　环境权否定论

一、环境权否定论的基本观点

当前环境权研究可谓是百家争鸣、各树一帜。环境法学界至今没能就环境权形成一个基本共识。前述环境权权利论、环境权综合论等学说为论证自己观点的正确性，都自觉或不自觉地对其他学说做出了较为合理的批判。这些批判中，有些批判观点对于该被批判的学说而言甚至是致命性的。环境权权利论、环境权综合论等学说的理论缺陷在这百家争鸣的批判中逐渐显露。部分学者开始冷眼观望环境权研究，甚至在 2012 年底组织了一场"环境权研

---

〔1〕 周训芳："欧洲发达国家公民环境权的发展趋势（一）"，载《林业经济问题》2002 年第 6 期，第 315 页。

究热"的反思论坛。[1]百家争鸣中,少部分学者认为,环境权权利论、环境权综合论等均没能为环境权找到合乎逻辑的足够根据,从而得出环境权不能成为一项法律权利的结论。这种否认环境权作为法律权利存在的学说,本书称之为环境权否定论。国内外都有持环境权否定论的学者,我国对环境权持否定态度的学者为数较少。

环境权否定论认为,环境权主体与内容界定不清,而环境利益可以通过现有法律和非法律手段获得保护,因而环境权不具有正当性。所谓的环境权学说歪曲了国内法和国际法的规定,所谓的环境权事实上也无法获得实践支持。印度学者就认为,只有在良好的环境中生命权才有可能性,环境利益应当以民事权利和政治权利方式得到实现。[2]而日本学者也认为,只能由政府行使职权、履行责任来保护环境公益,而公众参与环境公益事务也只能通过行政手段来实现,解决环境保护的关键是环境行政手段而不是环境权。[3]因此,通过增设新型环境权的方式来解决环境问题是无法获得成功。"环境权是一个有着良好动机的伪命题。"[4]否定论学者认为,环境权不能自足的根源是通过环境权达到环保的愿望与权利的本质不相融。权利是法律权利,需要通过具体法律制度发挥作用,必须遵循基本法学理论与法律规律。内容不确定、实务中无可操作性,环境权是无法转化为法律权利的。"即使被勉强写入立法,也只是一种口惠而实不至的虚化权利,难以发挥实际功效。"[5]

二、对环境权否定论的简评

当前环境权研究陷入了一个四处碰壁式的困境,这是一个不争的事实。但是,环境权否定论只看到当前环境权研究没有达成基本理论共识的现实,却没有看到环境权确立的客观需要。当前环境权研究没有达成理论共识,环

---

〔1〕 王曦、唐瑭:"对'环境权研究热'的'冷'思考",载《上海交通大学学报(哲学社会科学版)》2013年第2期,第5~17页。

〔2〕 [印度]穆罕默德·泽伐·马赫弗兹·诺曼尼:"印度环境人权——审视法律规则和司法理念",谷德近、王曦译,载王曦主编:《国际环境法与比较环境法评论》(第1卷),法律出版社2002年版,第471页。

〔3〕 参见 [日]原田尚彦:《环境法》,于敏译,法律出版社1999年版,第10页。

〔4〕 彭运朋:"环境权辨伪",载《中国地质大学学报(社会科学版)》2011年第3期,第49页。

〔5〕 巩固:"环境权热的冷思考——对环境权重要性的疑问",载《华东政法大学学报》2009年第4期,第132页。

境权内容尚未研究透彻，并不能说明环境权就无法成为法律权利，更无法得出环境权是伪命题的结论。环境权否定论者主张的"环境利益可以通过现有法律和非法律手段获得保护"显然不是客观事实，而只是单方猜想。环境危机的危害性、保护环境的紧迫性以及保护环境的政府失灵，对环境权提出了迫切需求。叶俊荣教授针对美国环境权理论的崛起指出，20世纪60、70年代社会对政府与大企业普遍不信任，因此希望寻求拥有权利以获得保障。

　　环境权否定论的核心根据是，当前环境权理论没有解决环境权主体和内容的确定性，没有解决环境权的可操作性。"大陆法系主要通过立法手段实现环境权，英美法系则主要通过司法手段促进环境权的发展"。[1]环境权概念发端地——英美法系国家的环境法治都较为成功，很难说这不是因为这些国家有了环境权理念。大陆法系经过多年理论研究而在理论上尚未提炼出合适的环境权理论，只能说明环境权理论与传统法律理论的契合尚需进一步的学术努力，还需要其他学术路径的开拓。毕竟，理论的成就不可能一蹴而就。当前，环境权主体和内容的不确定，只能说明环境权研究的方法或者方法论可能存在偏差，环境权理论目前没有证成并不等于该理论将不可能存在。以环境权研究困境为依据而得出环境权并非权利的结论，难免过于急躁。

---

〔1〕　陈伯礼、余俊："权利的语境变迁及其对环境权入宪的影响"，载《法律科学（西北政法大学学报）》2009年第6期，第51页。

第二章

传统法学个体主义方法论与环境权理论的冲突

第一节 传统法学个体主义方法论的法哲学反思

一、整体主义方法论与个体主义方法论的哲学论战——一个法学研究所忽略的问题

科学可以分为自然科学和社会科学。开展社会科学研究要面对的基本问题之一是个体与社会之间的关系问题。对此问题有着两大对立立场，即个体主义和整体主义。个体主义与整体主义之间一直存在着长期而激烈的争论。两者的核心分歧在于，个体主义用个体及其互动来解释社会现象，认为社会是个体的聚集、复合体；而整体主义则认为社会是一种统一的、有序整体，社会个体只是社会整体中的组成部分，应当从社会整体来解释社会现象。随着社会科学在哲学认识论上的转向，个体主义与整体主义之间的本体论争论逐渐集中在方法论之间的争论，个体主义的社会唯名论者坚持个体主义方法论（methodological individualism），而整体主义的社会唯实论者坚持整体主义方法论（methodological holism）。这两种方法论都预设了各自的本体论，即关于个体还是整体的本体论。个体主义方法论和整体主义方法论的二元对立实际上就是哲学本体论二元对立的反映。

（一）整体主义方法论与个体主义方法论的哲学论战

个体主义方法论也被称为方法论个体主义，是以个体的主体性作为研究社会现象的基本立场，将个体作为学科分析的逻辑起点与基本研究单元。所谓方法论整体主义即整体主义方法论，是指以整体的客观性作为研究社会现

象的基本立场，将整体作为学科分析的逻辑起点与基本研究单位。"个体主义方法论坚持通过个体及其互动来解说社会整体，整体主义方法论则主张通过某种整体（如结构、制度等）来解说社会。"[1]

个体主义方法论认为，只有通过分析个体才能解释社会现象，个体才是社会的真实本体，才是社会科学研究的基本单元。离开了个人，社会即不复存在，社会只是个人的简单聚合。社会是一个用来指代个体的集合和个体相互关系的"名称"而已，社会现象的实质就是个体及其互动。个人为了保障自己的权益才组成社会和国家，社会和国家是人的组合机构。因此，通过个体可以解释社会整体，对社会的解释必须立足于个体。哈耶克认为，要解释社会现象只有通过对个体及其相互活动，除此之外别无他法。[2]波普也认为，社会科学的研究对象只能是个体而绝不能是整体。其认为，人们无法观察或描述甚至是最小的整体，更无法观察或描述整个世界，因为任何描述都是有选择性的。总体而言，"整体不能成为科学的研究对象"。[3]可见，方法论个人主义预设了三种假设，即整体无法被量化、个人行为才是社会的基础、任何行为都是个人的行为。[4]

整体主义方法论认为，社会的基础不在个体而在整体，通过个体现象无法解释社会现象，整体才是社会科学研究的基点，社会科学研究只能立足于整体而不能立足于个体。黑格尔、德国古典哲学为方法论整体主义提供了重要思想。整体主义方法论的代表人物是迪尔凯姆等。默顿、帕森斯、卢卡其、阿尔杜塞、达伦多夫、葛朗西、沃勒斯坦、哈贝马斯等也是整体主义方法论的坚持者。迪尔凯姆认为，内容上整体大于部分的总和，整体决定着部分的本质。社会并非个体的简单加总，而是由个体联合而成的整体，"如果我们从孤立的个人出发去研究，我们就完全不能了解团体内部发生的一切"。[5]社会

〔1〕　Martin Hollis, *The Philosophy of Social Science：An Introduction*, London：Cambridge University Press, 2008, p. 109.

〔2〕　参见［奥］A. 哈耶克编著：《个人主义与经济秩序》，贾湛等译，北京经济学院出版社1989年版，第6页。

〔3〕　［英］卡尔·波普：《历史决定论的贫困》，杜汝楫、邱仁宗译，华夏出版社1987年版，第10页、第61页。

〔4〕　转引自张宇燕：《经济发展与制度选择——对制度的经济分析》，中国人民大学出版社1992年版，第34页。

〔5〕　［法］E. 迪尔凯姆：《社会学方法的准则》，狄玉明译，商务印书馆1995年版，第119页。

具有超越个人的强制力，社会形式、社会性质绝非个别人能够左右的，社会现象不同于个体现象，它具有独特属性即社会性。[1]独立于个体之外的社会现象可分为活动状态和存在状态两种，两种社会现象对个人有着不同程度的强制力。[2]这种强制力不因人们的顺从而消失。简言之，社会有着客观性、独立性、整体性和强制性。

　　个体主义方法论与整体主义方法论的对立不仅体现在整体观上，也体现在个体观上。整体观上，在个体主义方法论看来，社会整体与个体之间不存在质的区别，社会整体只不过是个体的汇总，社会整体可以化约、拆分或者还原为个体。这种化约主义或原子主义可知，通过个体可以解释与说明社会整体。在整体主义方法论看来，社会整体不只是所有个体的简单相加，在简单相加的基础之上获得了多于所有个体之和的属性即结构属性。这种结构属性在时空上均超越了个体的有限生命和有限活动而具有了独立性。社会与个体不仅存在量的差别更存在着质的区别。因此，对社会整体的分析基点只能是社会整体。个体观上，整体主义方法论从分析主义、外部归因、社会化和社会决定论立场看待个人；而个体主义方法论从非社会化和非社会决定论立场看待个人。[3]

　　整体主义方法论和个体主义方法论之间的论战旷日持久，不曾停息。两种方法论至今发生过三次大论战。第一次大论战是在19世纪后期到20世纪初期，从本体论和方法论两个角度，韦伯论述了个体主义方法论的观点，迪尔凯姆也从上述两个角度在社会科学中发展了整体主义方法论立场。第二次大论战发生在20世纪50至70年代，以哈耶克、波普尔和沃特金斯为代表的个体主义方法论遭到了坚持整体主义方法论学者的诸多批评。第三次大论战自20世纪80年代开始延续至今，以个体主义方法论为立场的经济学理性选择理论"入侵"到其他社会科学之中，掀起了个体主义方法论与整体主义方法论之间论战的又一次高峰。

---

　　[1]　参见[法]埃米尔·迪尔凯姆：《社会学方法的规则》，胡伟译，华夏出版社1999年版，第79~91页。

　　[2]　参见[法]埃米尔·迪尔凯姆：《社会学方法的规则》，胡伟译，华夏出版社1999年版，第1~13页。

　　[3]　参见王宁："个体主义与整体主义对立的新思考——社会研究方法论的基本问题之一"，载《中山大学学报（社会科学版）》2002年第2期，第125~128页。

通过百年来的三次论战，个体主义方法论与整体主义方法论均发生了表现为强弱分类的变化。强形式个体主义方法论在本体论上认为只有人才是社会中真实的存在，在方法论上认为社会现象都只能用个体及其互动来说明，社会规律则化约为个体规律。而弱形式个体主义方法论则不再无视社会结构在社会科学解释中的重要性。强形式整体主义方法论在本体论上认为社会事实都是真实的，并只能通过其他社会事实才能予以解释。而弱形式整体主义方法论在本体论上承认了人是社会的真实成分，在方法论上仍然坚持整体主义观点。概而言之，弱形式的个体主义方法论和整体主义方法论都在本体论上作出相当的让步、分别向对方作出了妥协，方法论的绝对对立开始向相对统一发展。

（二）法学对整体主义方法论与个体主义方法论论战问题的漠视

尽管整体主义方法论与个体主义方法论一直进行着激烈论战，但在当前实际生活中，处于主导地位的仍然是个体主义方法论。有学者认为，"'个体主义方法论'概念提出之时，本是仅仅指经济学所使用的方法论。而后，'个体主义方法论'被一般化为依个体及其行为解释社会整体的立场"。[1]个体主义方法论从经济学领域扩展到了几乎所有的社会科学。学者认为，这种扩展有经济学和社会学两方面原因。[2]社会学方面，是因为社会学秉承着个体主义方法论传统。经济学方面，是因为经济学本身就是对人性的抽象概括从而使经济学分析模式具有扩展性。个体主义方法论的扩展预设了一个基本前提，即"社会科学领域存在着普适的、唯一的科学方法论。根据这一预设，个体主义方法论就是普适的、唯一的科学方法论，它应该也能够面对和说明社会领域的所有现象"。[3]犹如哈耶克认为，要理解社会现象别无他法，只能通过对"个人活动的理解来理解社会现象"。[4]波普尔更极致地将个体主义方法论列为社会科学的公式，认为社会科学的任务是以个人及其态度、期望和关系等来建构与解析分析社会学——"这个公式可以称之为——方法论的个

---

[1]　Scott Gordon, *The History and Philosophy of Social Science*, London：Routledge, 1991, p. 651.

[2]　参见段培君："方法论个体主义的三种诠释及其合理性"，载《自然辩证法研究》2002年第9期，第52~56页。

[3]　段培君："方法论个体主义的三种诠释及其合理性"，载《自然辩证法研究》2002年第9期，第54页。

[4]　[奥] A. 哈耶克编著：《个人主义与经济秩序》，贾湛等译，北京经济学院出版社1989年版，第6页。

体主义"。[1]

但是，个体和整体的一般关系问题是社会科学必须面对的基本问题。方法论的纯粹个体主义必然会受到整体主义方法论的挑战。个体主义方法论是"否定结构影响，不承认多层次系统中存在着不同的'质'层级"。[2]在很多情形下，有些个体目标与行动只有于集体行动时才会显示，而集体行动体现了分散状态下的个体无法表达的选择行为。就这些行为而言，如果不考察集体行动就无法理解其本质。个体主义方法论能否面对社会科学领域的所有现象，就是一个不证自明的问题。

经济学中个体主义方法论立场明显，那么，在当前的法学中采纳的究竟是个体主义方法论立场还是整体主义方法论立场，抑或兼而有之？换句话说，当前法学研究究竟应当将个体作为法律问题分析的基点还是应当以整体作为法律问题分析的基点？对此问题，国内外法学界似乎早有定论，但却无人给出明确结论，更无人给出论证。

关于法学方法论的著作颇多。但仔细研读可知，无论是德国学者拉伦茨所著的《法学方法论》、日本学者中村宗雄、中村英郎所著的《诉讼法学方法论》，还是我国学者杨仁寿所著的《法学方法论》、王利明所著的《法学方法论》，以及其他法学方法论著作，[3]其所指"法学方法论"都不是社会科学研究的个体主义或整体主义意义上的方法论，均回避了个体主义方法论或整体主义方法论的立场问题。有个别学者认识到个体主义方法论"是基于一种个人本位的立场，强调个人的自主性与独立性"，[4]但他却坚持"方法论本

---

[1] [英]卡·波普尔：《历史主义贫困论》，何林等译，中国社会科学出版社1998年版，第119~120页。

[2] 杨虎涛："经济学方法论的个体主义、集体主义及其超越"，载《学术月刊》2012年第3期，第90页。

[3] 法学方法论著作如：[德]卡尔·拉伦茨：《法学方法论》，陈爱娥译，商务印书馆2003年版。[日]中村宗雄、中村英郎：《诉讼法学方法论——中村民事诉讼理论精要》，陈刚、段文波译，中国法制出版社2009年版。杨仁寿：《法学方法论》（第2版），中国政法大学出版社2013年版。王利明：《法学方法论》，中国人民大学出版社2012年版。葛洪义主编：《法律方法》，中国人民大学出版社2013年版。喻中：《法学方法论》，法律出版社2014年版。舒国滢等：《法学方法论问题研究》，中国政法大学出版社2007年版。舒国滢主编：《法学方法论》，厦门大学出版社2013年版。刘瑞复：《法学方法与法学方法论》，法律出版社2013年版。曹茂君：《西方法学方法论》，法律出版社2012年版。

[4] 胡玉鸿："论个人主义方法论在法学研究中的应用"，载陈金钊、谢晖主编：《法律方法》（第1卷），山东人民出版社2002年版，第67页。

身是一种分析的方法"使方法论与方法归于同类，最终抛弃了个体主义方法论或整体主义方法论的立场属性，因而没有一以贯之地将个体主义方法论或整体主义方法论作为法律研究的一种立场或者一种研究前提。我国学者杨奕华先生认为，人是法律的本源，法律以社会为基础，法学研究"以法律人本主义为基点，可谓顺理成章"。[1] "法律人本主义"似乎是法学个体主义方法论，但以人为本并非一定以个人为本。学者的闪烁其词也没有揭示其方法论立场。

在社会科学领域，整体主义方法论与个体主义方法论之间的激战一直不曾停息。然而，作为社会科学的法学对其方法论立场却并没予以关注与反思。从前述情况而言，法学界要么采取避绕的方式，要么采取以伦理学人本主义替代的方式，或者采取视方法论为方法的方式，回避了法学研究究竟应当以个体还是以整体为基本研究单元的方法论问题，忽视了法学研究的基本前提假设，回避了对法律研究基本立场的思考。但，作为社会科学，法学也必须回答"个体和社会的一般关系问题"，法学研究自然也需要对整体主义方法论或个体主义方法论做出思考。这是法学研究的基本哲学问题，是法学研究的基本前提。

二、法学整体主义方法论的古代盛行：古希腊、古罗马与中世纪

尽管整体主义方法论与个体主义方法论作为概念的提出是近代西方文化的产物，但作为问题分析的立场却可以追溯至法律文明的发源地——古希腊。

（一）古希腊：整体主义方法论下的个体主义方法论萌芽

古希腊由数百个城市国家即城邦组成，是欧洲最早产生国家与法的文明社会，而城邦则是古希腊人政治生活的中心。古希腊法律学说分为三个时期，即前苏格拉底时期、古典时期和希腊化时期。

法学整体主义方法论源于古希腊古典时期，也是古希腊政治、经济、文化全面繁荣时期。这一时期的法学代表人物是柏拉图和亚里士多德师徒。柏拉图认为，人天生就是社会动物，任何个人都只有通过城邦生活才能获得完全的自足。法律不是为了个人乃至阶级的利益，而是为了整个国家的整体利益。法律的目的"把他们团结成为一个不可分的城邦公民集体"。[2] 亚里士

---

[1] 杨奕华：《法律人本主义——法理学研究诠论》，汉兴书局有限公司1997年版，第24页。
[2] ［古希腊］柏拉图：《理想国》，郭斌和、张竹明译，商务印书馆1986年版，第279页。

多德师承柏拉图的整体观，从整体主义的角度出发理解个人，将个人根植于社会之中，认为人是社会性的、政治性的动物，强调个人是社会整体的组成部分。亚里士多德认为，个人组成家庭、家庭组成村坊、村坊组成城邦，"我们在城邦这个终点也见到了社会的本性"，[1]并直接指出"公民（城邦组成分子）"。[2]与柏拉图强调整体性、亚里士多德强调社会性相呼应，古典时期的古希腊是一种整体性的城邦生活，古希腊公民只是城邦的组成部分，城邦之外无个人，公民与城邦融为一体。

与柏拉图、亚里士多德学派相对应的是伊壁鸠鲁学派与斯多葛学派。伊壁鸠鲁继承了原子论。[3]公元前5世纪至公元前4世纪希腊城邦原子论哲学产生并延续到希腊晚期与罗马时期。"原子论哲学的特点是：哲学家们不满足于把整个世界的物质本原看作某种特殊事物，而是力图深入到事物的内部结构去发现世界的本原。"[4]伊壁鸠鲁学派为个体观的发展开拓了道路，而斯多葛学派则开创了以普遍性为核心的世界主义哲学。[5]

斯多葛学派是由出身于塞浦路斯岛的芝诺所开创的。该学派认为，世间万事万物都遵循自然规律与世界理性，人也不例外。而所有的个人理性组成了世界理性，基于个人理性人都认识自然规律与客观真理。斯多葛学派认为一切个体都是平等的，他们都是"世界公民"。[6]斯多葛学派强调人的理性，倡导人的平等观念，旗帜鲜明地表达了个体主义观念。在斯多葛学派看来，个人是独立而自足的，体现了其个体主义方法论的萌芽。个体主义观念和方法论与城邦体制的瓦解相互呼应，因而主要体现在希腊化时代。希腊化时代，城邦政治没落，古希腊人丧失了参政权力。个人与国家城邦的融合关系消退，

---

〔1〕 ［古希腊］亚里士多德：《政治学》，吴寿彭译，商务印书馆1965年版，第5~7页。

〔2〕 ［古希腊］亚里士多德：《政治学》，吴寿彭译，商务印书馆1965年版，第135页。

〔3〕 德谟克利特认为，宇宙是由原子和虚空共同组成的。"原子"一词在希腊语中的原意是指"不可分割"的东西，德谟克利特把它视作构成一切事物的最后单位。原子具有如下特点：①内部充实的、不可分水可入的基本粒子，原子虽然是构成一切具体事物的最后单位，但是原子本身却是不可感知的；②数始无限，性质相同，相互之间只有形状、次序和位置方面的差别，原子构成事物就如同字母构成单词一样；③在虚空中做直线运动，出于方向不同而相互碰撞，形成旋涡运动并构成万物，受因果必然性决定。④不生不灭的本原，万物的产生与毁灭不过是原子的聚散。邓晓芒、赵林：《西方哲学史》，高等教育出版社2005年版，第39~40页。

〔4〕 张尚仁：《欧洲哲学史便览》，江苏人民出版社1986年版，第8~9页。

〔5〕 参见刘日明：《法哲学》，复旦大学出版社2005年版，第63页。

〔6〕 参见邓晓芒、赵林：《西方哲学史》，高等教育出版社2005年版，第39~40页。

个人逐渐从国家城邦中分离出来，为个体独立于国家城邦准备了条件。

古希腊法律学说是以城邦政治为核心而展开的。古典时期，无论法律学说还是法律实践，个人都被视为国家的组成部分，个人融于国家之中，强调人的社会整体性，体现出了整体主义倾向。而古希腊后期即希腊化时期，因原子论哲学与理性自然法理念，法律学说开始凸显人的个体性，而在法律实践上也渐次出现个人脱离于国家的现象。从古典时期到希腊化时期，是从整体主义倾向到个体主义倾向的转变。当然，希腊化时期的个体思想也仍只是萌芽，"在古希腊的法哲学思想中，个人概念确实不突出，权利概念也似乎从未形成过，更没有现代人那种权利不可侵犯的观念"。[1]

（二）古罗马：整体主义方法论下的个体主义方法论萌芽

从以罗马城为中心的城邦国家发展成为地跨欧亚非的大帝国，奴隶制国家古罗马经历了王政时期、共和国时期和帝国时期。

古罗马王政时期，罗马社会的基本单位是氏族和胞族（胞族史称"库里亚"，在氏族基础上联合而成）。该时期的罗马法以习惯法为主，以维护氏族利益为目的。如作为全体氏族成员必须共同遵守的习惯法，同态复仇、血亲复仇、土地共有等[2]都是以氏族利益为目的的。某一氏族成员如受外族侵害，全体氏族成员必须共同复仇，也可共享赎金。同理，如个别氏族成员伤害了外族人，全体氏族成员也必须共同承担责任。简言之，氏族对重要事务必须采取一致态度。"至于个人意志，则无关紧要。后世的西方法学家把这种特点的法，称为团体中心法。"[3]显然，古罗马王政时期法律"只见氏族不见个人"呈现的是一种以氏族整体作为基础、作为起点的立场。

古罗马共和国时期，家庭是罗马国家的基本单位，也是罗马法律秩序的基本单元。罗马社会是许多家庭的联合体，而不是个人的集合。"最高政治机构并不像我们今天的国家那样直接对个人发号施令，而是对归属于它的团体行使权力，这种权力不是受个人自由的制约，而是受这些团体或其首领的权力的制约……在整个真正的罗马时代，罗马私法就是'家父'或家长的法。"[4]

---

〔1〕 刘日明：《法哲学》，复旦大学出版社 2005 年版，第 56 页。

〔2〕 参见 ［意］朱塞佩·格罗索：《罗马法史》，黄风译，中国政法大学出版社 1994 年版，第 1~25 页。

〔3〕 张中秋："西方个人本位法变迁述论"，载《江苏警官学院学报》2005 年第 3 期，第 95 页。

〔4〕 ［意］彼德罗·彭梵得：《罗马法教科书》，黄风译，中国政法大学出版社 1992 年版，第 115 页。

罗马家庭在事实上是一个封闭的"政治组织"。家长享有家长权,家长权具有"主权"性质。[1]依《十二铜表法》,所有家庭成员终身处于家长支配之下,家长对家子有生杀大权,纵使家子是国家工作人员。[2]足见,《十二铜表法》是以家庭为基础的。家子虽享有公权即选举权和荣誉权,但其私权如婚姻权、财产权等均受家长权控制,无实质权利可言。司法上,"遇到家族的门槛就要无条件地戛然而止,不得跨越雷池"。[3]共和国时期的古罗马法律展现的是家际关系的社会画面,没有个人关系的空间。该时期的古罗马法只见家庭(整体)不见个人(个体)的立场明显,其整体主义的立场昭然。如英国学者梅因所言,早期人类社会有一个非常显著的特点,即"人们不是被视为一个个人而是始终被视为一个特定的团体成员。……他的个性为其'家族'所吞没"。[4]

古罗马共和国末期与帝国时期,随着经济的发展和军事的扩张,具有"主权"属性的罗马家庭这种"政治组织"渐趋瓦解,家长权开始衰落,一度被遮蔽在家庭之下的家子等个人的主体性逐渐凸显,个人逐渐开始进入罗马法律秩序的视野。罗马共和国末期的著名思想家西塞罗,作为晚期斯多葛学派的代表人物之一,继承和发展了古希腊的法治思想,认为自然法的本质是正确理性,主张人人平等。西塞罗的法律思想对此后的罗马法产生了重大影响,其著作《论共和国》《论法律》与《论义务》代表了"罗马法灵魂的三部作品"。西塞罗在《论共和国》中指出,人民联合的"第一动因是人类自然的社会天性,而非个体弱小;因为人不是孤独的漫步者"。[5]在《论法律》中进一步指出,人是神明创造的唯一具有理性能力的生物。理性存于人,也存于神(自然),理性是人与神(自然)共有的。[6]在西塞罗看来,个体是独立的主体,个体因为理性而平等。在《论义务》中他更是将"officium"

---

〔1〕 参见 [意] 朱塞佩·格罗索:《罗马法史》,黄风译,中国政法大学出版社1994年版,第12~13页。

〔2〕《十二铜表法》(第2表第2条)规定:"家属终身在家长权的支配下。家长得监禁之、殴打之、使作苦役,甚至出卖之或杀死之;纵使子孙担任了国家高级公职的亦同。"参见法学教材编辑部、《罗马法》编写组编:《罗马法》,群众出版社1983年版,第365页。

〔3〕 [德] 马克斯·韦伯:《经济与社会》(下),林荣远译,商务印书馆1997年版,第5页。

〔4〕 [英] 梅因:《古代法》,沈景一译,商务印书馆1959年版,第105页。

〔5〕 [古罗马] 西塞罗:《论共和国 论法律》,王焕生译,中国政法大学出版社1997年版,第39页。

〔6〕 [古罗马] 西塞罗:《论共和国 论法律》,王焕生译,中国政法大学出版社1997年版,第192页。

作为罗马公民应尽的义务对待，罗马公民的义务是对天神、对国家、父母、其他人的义务。[1]西塞罗撕去了早期罗马的家庭外衣，消弭了个体对家族的依附关系，让公民个体直面国家，将个人（个体）而非家庭或氏族（整体）置身于法律面前，让个体进入了法律的视野。西塞罗认为，"法律的意义在于对所有的人适用和有效"。[2]"罗马法灵魂的三部作品"所反映的自然法思想直接影响着罗马共和国末期的法律意识和法律制度的变化——万民法的产生与发展。这种变化的意义"在于它对'个人'的重视。它对人类所作的伟大的贡献，就在于它把个人从古代社会的权威中解放出来"。[3]可见，罗马共和国末期及之后的帝国时期，西塞罗斯多葛派的个体主义倾向兴起。

综合前述，虽然古罗马分为王政时期、共和国时期和帝国时期，但在法律思想与制度上，古罗马却可以清晰分为两个时期：整体主义前期（包括王政时期以及共和国前期）和个体主义后期（共和国末期和帝国时期）。前期将氏族或家庭视为罗马法律的基本单位，后期则因晚期斯多葛学派代表西塞罗的影响，个人渐次进入了罗马法的视野。古罗马的这一变化与古希腊颇为相似，而且两者变化中，个体主义也仅仅是在整体主义大环境中的一个尝试或者一种萌芽。因为罗马时期的个人权利并非现代意义上的权利，而只仅仅是一种道德权利，"在古代人那里，个人在公共事务中几乎永远是主权者，但在所有私人关系中却是奴隶"。[4]

（三）中世纪：自始至终的整体主义方法论

西罗马帝国被日耳曼"蛮族"于476年灭亡后，欧洲进入长达一千多年的封建时期，史称中世纪"黑暗时期"。言其黑暗是指中世纪社会在一定意义上的历史倒退之意。在这个黑暗时期，"最流行的制度是仲裁，其目的不是秉公把应属于每个人的东西给予每个人，而是维持集体的团结、保证敌对集团之间的和平共存及保持和平局面。此外，社会应该保障个人权利的理想本身也被否定了"。[5]

---

〔1〕　参见王焕生："西塞罗的义务观评析"，载《比较法研究》1999年第Z1期，第532~536页。

〔2〕　［古罗马］西塞罗：《论共和国　论法律》，王焕生译，中国政法大学出版社1997年版，第278页。

〔3〕　［英］梅因：《古代法》，沈景一译，商务印书馆1959年版，第146页。

〔4〕　［法］邦雅曼·贡斯当：《古代人的自由与现代人的自由》，阎克文、刘满贵译，商务印书馆1999年版，第27页。

〔5〕　［法］勒内·达维德：《当代主要法律体系》，漆竹生译，上海译文出版社1984年版，第37页。

日耳曼蛮族取代西罗马帝国后，日耳曼原有的部族习惯逐步转化为日耳曼的法律。"各地的习惯法都是在日耳曼法律和罗马法的基础上发展起来的，因而，包含着日耳曼法和罗马法因素。这种以日耳曼法发展起来的习惯法，在西欧封建社会中始终是一种普遍适用的法律。"[1]"日耳曼的法律，即古代的马尔克法律。"[2]所谓马尔克是以地缘为基础的农村公社组织。马尔克法律既有封建法律的特征，又更多地含带原始社会习俗的内容，如公社土地公有制、血亲复仇等。家庭是日耳曼社会的基本法律单位，"是一种同伙关系和信赖关系的共同体"。[3]日耳曼社会如同罗马奴隶社会一样，家庭是社会的基本单位，家庭成员处于家长权力支配之下。

另一方面，蛮族入侵取缔了罗马奴隶制，建立了封建社会。在封建法制中，罗马法中以"身份"划分人的等级并没有被取缔，反而得到进一步利用。中世纪的社会关系都是以身份为基础、按等级确立的。个人由身份决定，身份实现等级差别，等级差别实现人身依附。由此，封建社会的人身依附关系得以建立，农民、农奴依附庄园主，附庸依附小领主，小领主依附大领主，封臣依附国王。这种人身依附关系吞噬了人的独立性、个体性。习惯法尊崇马尔克公社与家庭，封建法推崇人身依附关系，日耳曼法则是原始习惯法与封建法制的结合。在中世纪日耳曼法的法律关系中，不见个体、没有个人。

如果说物质上日耳曼征服了罗马帝国，那么精神上罗马的基督教则征服了日耳曼。随着教会神职人员司法权的扩展，以基督教神学为基础、以维护封建神权、确保封建土地使用权为根本任务的教会法得以产生，并成就了中世纪世俗法与教会法并存的二元法律格局。

"中世纪几乎没有纯粹的哲学问题，中世纪的哲学家同时就是神学家。"[4]基督教哲学分为两个阶段，即早期的教父哲学和后期的经院哲学（大致以公元11世纪为界）。教父哲学代表奥古斯丁继受了柏拉图的理念学说，在该理念中植入了上帝的精神，认为包括法在内的万物都是上帝创造的，上帝是最终统治者、法律的创造者，形成奥古斯丁的自然法学说。经院哲学的代表托马

---

〔1〕 刘艺工、王继忠主编：《外国法律史》，中国人民大学出版社2008年版，第66页。

〔2〕《马克思恩格斯全集》（第19卷），人民出版社1979年版，第363页。

〔3〕［美］伯尔曼：《法律与革命——西方法律传统的形成》，贺卫方等译，中国大百科全书出版社1993年版，第61页。

〔4〕 邓晓芒、赵林：《西方哲学史》，高等教育出版社2005年版，第85页。

斯·阿奎那认为，上帝主宰一切，"在上帝所建立的自然秩序中，低级的东西必须始终服从高级的东西，在人类事务中，低级的人也必须按照自然法和神法所建立的秩序，服从地位比他们高的人"。[1]阿奎那的法哲学思想迎合了封建等级观念、人身依附关系的要求。同时，虽然他认为"人类行动的准则和尺度是理性，因为理性是人类行动的第一原理"，[2]但他以上帝的理性来解释自然法，认为"法律的首要和主要的目的是公共幸福的安排"，主张个人的私利与公益融为一体。[3]

以奥古斯丁和阿奎那为代表，中世纪法哲学思想是神学自然法思想。这种思想以神权为前提，不是从人与人的关系而是从人与神的关系角度分析法律，以神取代人在法律中的作用。神权自然法思想与封建身份依附属性结合，个体权利被神权思想掩埋，被封建依附关系所吞没。由此，如学者所言，中世纪不存在"个人"这个词，[4]中世纪没有个人，没有个体。综合可见，无论日耳曼世俗法、封建法制还是神学自然法、教会法，个人被神所取代，被遮蔽于公社、家庭与国家之下。中世纪的法学思想中只有家国整体，没有个人个体。

综合古希腊、古罗马与中世纪可以发现，古希腊与古罗马有着相同之处即总体意义上其法学方法论是整体主义方法论，然而在古希腊与古罗马的后期都出现了个体主义萌芽，萌生了法学个体主义方法论。但在中世纪，无论在世俗法思想还是在神权法思想中，只见家国整体不见个人个体却是常态，个体主义失去了生存的土壤，个体主义方法论也无从谈起。但就整个古代而言，古代法学方法论是一种以氏族、家庭乃至国家为基本研究单元的整体主义方法论。

三、法学个体主义方法论的近现代确立

（一）罗马法复兴与文艺复兴的结合对法学个体主义方法论的兴起

12世纪，意大利发现《学术汇纂》，波伦那大学掀起了一场研习罗马法的热潮——罗马法复兴运动。罗马法研习大体经历了三个阶段：注释法学派

---

〔1〕《阿奎那政治著作选》，马清槐译，商务印书馆1963年版，第146页。

〔2〕《阿奎那政治著作选》，马清槐译，商务印书馆1963年版，第104~105页。

〔3〕刘艺工、王继忠主编：《外国法律史》，中国人民大学出版社2008年版，第73页。

〔4〕转引自陈弘毅：《法治、启蒙与现代法的精神》，中国政法大学出版社1998年版，第133页。

阶段（1100年至1250年）、评论法学派阶段（1250年至1400年）、人文主义法学派阶段（1400年至1600年）。

作为罗马法复兴的开端，注释法学派以经院哲学为理论基础，对罗马法典籍的法律名词、法律条文以及法律原则进行说明、阐释与注释，是"对《民法大全》中含义不明的段落或使人费解的法律给予一种简明的解说"。[1]注释法学派对于罗马法复兴的最大历史贡献在于认识了罗马法的现时可适用性。当然，罗马法是奴隶制法律，将罗马奴隶制法律适用于12世纪及以后的封建社会，必然存在社会历史条件不相符的问题。"注释"意味着不脱离文本甚至近乎照本宣科，由此，注释法学的必然结果是脱离当时社会实际、脱离法律实践的实际需要。

为使罗马法同西欧社会实践结合起来，评论法学派出现。评论法学派"对个别法律问题深入研讨，尤其解决社会实际面临的个案为主"，[2]弥补了注释法学派只针对原文注释的缺憾，为罗马法与当时西欧实践的结合作出了较大成就。评论法学派活动分为前期（12世纪初至13世纪中叶）与后期（13世纪中叶至14世纪）。14世纪末，奥斯曼帝国入侵东罗马，大量的古希腊和古罗马文化典籍从东罗马转移传到了西欧意大利。大量的古希腊和古罗马文化典籍的思想契合了新兴资产阶级的要求。新兴的资产阶级在此基础上掀起了一场复兴希腊罗马文化、弘扬资产阶级思想和文化的运动——文艺复兴运动。

文艺复兴运动从反对封建、反对神权开始。文艺复兴提出人是中心而不是神是中心，人是生活的主人，主张个性解放和平等自由，肯定没有人身依附关系的人的价值与尊严。追求人权以反对神权，追求自由平等以反对封建压迫，"人"在文艺复兴中成了中心。人文主义精神成了文艺复兴的核心。文艺复兴重视人性，以人性反对神性，充分肯定了人的价值，以人为中心看待世界，认为人才是衡量万物的尺度。[3]无疑，文艺复兴"以人为本、以人为重点"的人文主义的理念已非奴隶社会古希腊、古罗马古典文化思想所能涵盖。文艺复兴是一场"个人"的发现运动，是将个体——人作为认识世界的

---

〔1〕［葡］叶士朋：《欧洲法学史导论》，吕平义等译，中国政法大学出版社1998年版，第91页。

〔2〕戴东雄：《中世纪意大利法学与德国的继受罗马法》，元照出版公司1999年版，第83页。

〔3〕普罗泰戈拉认为："人是世间万物的尺度。"参见周辅成编：《西方伦理学名著选辑》（上卷），商务印书馆1987年版，第27页。

基点、出发点的运动，是个体主义运动。"个人主义是文艺复兴世界观的基础，而意大利文艺复兴的方方面面不外乎是个人主义的体现。"〔1〕

学者认为，文艺复兴最先兴起于意大利，与意大利的商业繁荣、罗马法复兴联系紧密。〔2〕深受文艺复兴"人文主义精神"的洗礼，罗马法研习者的研究视角也发生了转移，他们并不像注释法学派和评论法学派一样将罗马法视为圣典，而是对罗马法采取批判地继承的态度。"人文主义与西塞罗的碰撞……特别是与希腊法律哲学家的碰撞"开启了"获取关于法律原理和法律机构的新知识之门"。〔3〕罗马法尤其是罗马的万民法所体现的西塞罗的个体理性思想和个体精神，符合新兴阶级的发展要求，也符合人的发展需要，更是人本主义者的需求。由此，15 世纪至 16 世纪以法国为中心，人文主义法学派（即理性主义法学派）开始兴起。人文主义法学派力求古罗马法的纯正，更重视法律的人本主义精神创新。"在人文主义法学派的努力之下，当时法学界开始重视法律中的公平、正义和理性，强调个人的平等、自由和权利，以及法律中的人性。"〔4〕

人文主义法学派将罗马法作为历史现象而不是现行法规看待，其历史功绩不在整理和传播罗马法，而在将文艺复兴"人文主义精神"注入罗马法中，对罗马法实现了人文主义改造。如果说注释法学派是对罗马法的复兴、评论法学派是对罗马法的完善，那么人文主义法学派则是对罗马法的改造。经过人文主义法学派改造的罗马法内容已非奴隶制国家时期的罗马法，而实现了质的飞跃。这种质的飞跃表现在法律中对"人"的发现。人文主义法学派在法律中注入人文主义精髓，在法律中肯定人的价值与尊严，这是人文主义法学以个人个体为基本研究单元的个体主义方法论的运用。在法学个体主义方法论的法律改造中，"到 1600 年资产阶级私法的主要原则，即个人之间在契约、所有权等方面的法律，即使在实践中尚未完全取代，却也已在理论上取

〔1〕 [瑞士] 雅各布·布克哈特：《意大利文艺复兴时期的文化》，何新译，商务印书馆 1979 年版，第 125~129 页。

〔2〕 参见 [美] 泰格·利维：《法律与资本主义的兴起》，纪琨译，学林出版社 1996 年版，第 69~72 页。

〔3〕 [比] 希尔德·德·里德-西蒙斯主编：《欧洲大学史：近代早期的欧洲大学（1500-1800）》（第 2 卷），贺国庆等译，河北大学出版社 2008 年版，第 36 页。

〔4〕 何勤华："法国人文主义法学派述评"，载《中国法学》1996 年第 4 期，第 116 页。

代了人际封建关系"。[1]学者说，"早期的文艺复兴和宗教改革运动构成了西方历史的第一个重大转折点，它不仅是西方法律传统的源泉，而且也是西方其他社会思想和社会行动的源泉"。[2]作为西方法律传统源泉基础的则是在罗马法复兴与文艺复兴结合中复兴的法学个体主义方法论。

（二）古典自然法学对法学个体主义方法论的运用

17世纪至18世纪，古典自然法学派取代了人文主义法学派，也继承了人文主义法学思想。"自然"即英语的 nature、拉丁文的 natura，指事物的本质、本性。以自然本性作为其观念基础，自然法学因此而得名。古典自然法学即理性主义自然法学。

古典自然法学派的发展分为三个阶段，第一阶段是反对中世纪神学、反对封建主义时期。格老秀斯是古典自然法学第一人，开启了近代理性主义自然法的先河，他指出，"法律就是指不是不正义的意思。任何事物对于理性的人类所建立的社会本性有所冲突的，都是不正义的"。[3]格老秀斯认为，自然法源于人的理性而不是神的理性。基于人的理性，他提出了私有财产不可侵犯、不取他人东西及收益、承担过错赔偿责任、履行自己承诺、违法应受惩罚等思想。[4]在讨论国内法与国际法时，他认为国际法是因为国家与国家之间希望获得和平与秩序的要求；国内法则是因为个人与个人之间希望获得集体安全与幸福的要求。格老秀斯的思想无不体现人的价值，无不以人的眼光、人的理性看待个体的人身、财产权利。"自然法之母就是人性，社会交往的感情就产生于此，并非由于其他缘故。"[5]格老秀斯解析法律的逻辑起点是作为个体的个人，而不是作为整体的家庭或国家。

与格老秀斯处于同时期的是自然法学者霍布斯。霍布斯认为，国家或"利维坦"不是神造的，而是人经过契约而创立的。借助社会契约论，霍布斯从人的理性和本性、需求和利益的角度展开对"利维坦"的论述，他将社会

---

〔1〕［美］泰格·利维：《法律与资本主义的兴起》，纪琨译，学林出版社1996年版，第175页。

〔2〕［美］伯尔曼：《法律与革命——西方法律传统的形成》，贺卫方等译，中国大百科全书出版社1993年版，第642页。

〔3〕［荷］格劳秀斯：《战争与和平法》（第1章），转引自吕世伦主编：《西方法律思潮源流论》，中国人民大学出版社2008年版，第65页。

〔4〕参见鄂振辉：《自然法学》，法律出版社2005年版，第70页。

〔5〕［荷］格老秀斯：《战争与和平法》，载法学教材编辑部、《西方法律思想史》编写组编：《西方法律思想史资料选编》，北京大学出版社1983年版，第139页。

视为个人的简单组合。尽管霍布斯并不是很重视个人权利的实际意义，但他的"社会是个人的简单组合"核心思想深刻地体现了个人个体才是其法学研究的逻辑起点，个体主义是其基本方法论立场。"这种个人主义是霍布斯学说中彻头彻尾的近代因素，正是在这方面，他最明确地抓住了正在到来的时代的特色。"[1]"霍布斯法哲学中的个人主义倾向代表了近代法哲学的主流。"[2]甚至有学者认为"在西方学术史上，个人主义方法论的首创者为霍布斯"。[3]

古典自然法学派的第二阶段是英国资产阶级革命前后阶段，以个人自由为标志，代表人物是洛克和孟德斯鸠。洛克是自由主义的开拓者。自由主义认为，个人是社会的基础，个人也是法律的基础，社会为服务个人而存在。"洛克的法哲学以自然法为基础，以经验主义为方法，以个人主义为原则，以自然权利为核心。"[4]与霍布斯一样，洛克也是从个体主义、利己主义出发阐述其法律思想的，都是以个体为中心的。洛克特别注重个人的自由与财产。他以财产权为基础，提出人的"生命、自由和财产"三大自然权利是与生俱来的、天赋的权利。这种个人自然权利理论是洛克自然法思想的主要内容。洛克的个人自然权利理论强调国家以保护私有财产和个人权利为目的，将国家与社会视为实现个人权利的工具，唯个人才是目的。"人类天生都是自由、平等和独立的，如不得本人的同意，不能把任何人置于这种状态之外，使之受之于另一个人的政治权力。"[5]洛克的个人自然权利思想凸显的是原子个人主义，反映了其方法论上的个体主义。

孟德斯鸠是18世纪著名启蒙思想家、法国大革命的思想先驱。孟德斯鸠继受了理性主义自然法，认为法源于人的理性，并进一步将法又分为自然法和人为法两类，人为法又分为国际法、政治法和民法。在孟德斯鸠看来，自然法是前述所有法律的基础，而所有的法律都是人的理性的运用，目的在于调整人与人之间的社会关系。而"在一个有法律的社会里，自由仅仅是：一个人能够做他应该做的事情，而不被强迫做他不应该做的事情"。[6]在孟德斯

---

〔1〕　[美]乔治·霍兰·萨拜因：《政治学说史》（下册），刘山等译，商务出版社1986年版，第533~535页。

〔2〕　刘日明：《法哲学》，复旦大学出版社2005年版，第97页。

〔3〕　何勤华主编：《西方法律思想史》，复旦大学出版社2005年版，第187页。

〔4〕　刘日明：《法哲学》，复旦大学出版社2005年版，第98页。

〔5〕　[英]洛克：《政府论》（下篇），叶启芳、瞿菊农译，商务印书馆1964年版，第59页。

〔6〕　鄂振辉：《自然法学》，法律出版社2005年版，第116页。

鸠的法律思想中，法的任务是解决人与人之间的关系，个人是法律的目的，更是法律的起点。孟德斯鸠著名的"三权分立"学说也是以个体作为问题分析的逻辑起点，因为作为个体的"一切有权力的人都容易滥用权力"。[1]

古典自然法学派的第三阶段是美国独立战争和法国大革命前后，其理论基调是平等和民主，代表人物是卢梭。[2]为避免霍布斯等人将个体权利与国家主权对立、洛克主张国家目的是要保护个人而无视社会共同体权力等缺点，卢梭在确认个人自然权利的基础上，强调公意的至上性以协调个人意志和公共意志的关系。卢梭认为公共意志是法或权利的唯一可能基础。"他并不是在保护不可剥夺的个人权利中，而是在一种主权性的集体'公意'的至高无上性中探寻社会生活的终极规范的。"[3]然而，"他所理解的意志，仅仅是特定形式的单个人意志，他所理解的普遍意志也不是意志中绝对合乎理性的东西，而只是共同的东西，即从作为自觉意志的这种单个人意志中产生出来的"。[4]换句话，卢梭所认为的公共意志不过是个人利益和个别意志的总和。由此可以清楚地看到，卢梭关于自由主义、民主主义、平等和人民主权等法哲学思想仍然都是以原子个体主义为基点进行立论的。正如卢梭所认为，"合乎自然的个人并不是从历史中产生的，而是由自然造成的"。[5]

古典自然法学自格老秀斯创始以来，经过霍布斯、洛克、孟德斯鸠和卢梭等人的深化，形成了完备的政治哲学和法哲学理论，其"所倡导的自由主义、个人主义和法治精神已深深地根植于现代西方人的价值观念之中"。[6]在自由主义和个人主义深深根植于西方价值观念的同时，个体主义方法论也在自觉不自觉地深深植根于近代西方法学之中。

（三）德国古典哲理法学对法学个体主义方法论的推进

18世纪至19世纪的德国古典哲学是西方两千多年哲学发展的总汇。德国古典哲学家康德、黑格尔等所开创的德国古典哲理法学深化并拓展了古典自

---

[1] ［法］孟德斯鸠：《论法的精神》（上册），张雁深译，商务印书馆1961年版，第156页。

[2] 参见何勤华主编：《西方法律思想史》，复旦大学出版社2005年版，第73~74页。

[3] ［美］E. 博登海默：《法理学：法律哲学与法律方法》，邓正来译，中国政法大学出版社1999年版，第59页。

[4] ［德］黑格尔：《哲学史讲演录》（第3卷），贺麟、王太庆译，商务印书馆1959年版，第234页。

[5] 《马克思恩格斯选集》（第2卷），人民出版社1972年版，第86~87页。

[6] 何勤华主编：《西方法律思想史》，复旦大学出版社2005年版，第101页。

然法学思想。

康德认为，人的行为可以分为感性行为和理性行为。感性行为受时空支配，属自然现象。理性行为是受行为人意志支配的行为，指导行为的意识即是实践理性。理性的人总是根据自己意志行事的，而意志总是自由的。能够按照自己意志行事即谓自由。自由是人类个体因其人性而具有的先天的、独一无二的权利。"没有人能强制我按照他的方式（按照他设想的别人的福祉）而可以幸福，而是每一个人都可以按照自己所认为是美好的途径去追求自己的幸福，只要他不伤害别人也根据可能的普遍法则而能与每个人的自由相共处的那种追逐类似目的的自由（也就是别人的权利）。"〔1〕在此自由的基础上，康德得出了道德这一绝对命令的三大法则：使自己行为符合普遍的立法原理、意志自律、个人是目的不是手段。所谓意志自律即每个人的意志都为自己立法，意志自律强调的是个人的主动性。"人是目的"则将自己与他人的关系转化为对自己的关系。康德说："人，是主体，他有能力承担加于他的行为。因此，道德的人格它是受道德法则约束的一个有理性的人的自由。"〔2〕无论有理性的个人还是有目的的个人，康德眼中的个人都是作为个体存在的个人。个人个体是康德进行法律分析的基点。

以个体自由为基础，康德将法律（正义或权利）定义为，依据普遍的自由法则使一个人的意志能够与他人意志相协调的条件之和。〔3〕在康德看来，人具有理性，理性能够实现人的自主。但人也是有私欲的，因此人与人之间是有冲突的。为此，需要外在经验来规范人与人之间的关系，需要法律来限制人们一定的自由，从而实现个人自由与个人自由之间的协调。"权利是理性的实践法则，权利是理性的纯粹实践概念。"〔4〕所以，法律（正义或权利）涉及的是一个人与另一个人之间的外在的、实践关系。从自由出发，康德认为，这种天赋的自由权利必然要求每个人都享有先天的平等，要求每一个人都是自己的主人，即每一人都是独立的、不能替代的。如此，康德将权利具

---

〔1〕　[德] 康德：《法的形而上学原理——权利的科学》，沈叔平译，商务印书馆1991年版，第41页。

〔2〕　[德] 康德：《法的形而上学原理——权利的科学》，沈叔平译，商务印书馆1991年版，第26页。

〔3〕　参见 [德] 康德：《法的形而上学原理——权利的科学》，沈叔平译，商务印书馆1991年版，第38~40页。

〔4〕　[德] 康德：《历史理性批判文集》，何兆武译，商务印书馆1990年版，第137页。[德] 康德：《法的形而上学原理——权利的科学》，沈叔平译，商务印书馆1991年版，第15、60页。

体为自由、平等、独立，并视为人的基本权利。康德从人的理性出发，认为法律是人与人之间的实践关系，理性可以给自己立法从而实现意志自律，个人享有自由、平等、独立的权利，以"人是目的"为基本立足点。以人是目的为出发点，康德将法律或权利解析为一个人与另一个人之间的外在实践关系，清晰呈现了康德以个人个体作为其法律分析的基点。康德也强调"国家是由所有生活在一个法律联合体中的具有公共利益的人们所组成的"，〔1〕康德也将个人作为分析国家的起点。由此，康德的法学个体主义方法论立场清晰可见。学者认为，以康德的理性不同于启蒙主义的理性即人的理智而是超感性个体的理性，"以契约论为标志的现代个人主义、自由主义、启蒙主义，就转变成以先验理性为旗号的普遍主义、集体主义、历史主义"〔2〕的观点值得商榷。在康德那里，个人是其讨论一切问题的基础，个人主义则是其个体主义方法论的逻辑结果。

古典哲理法学的另一位代表人物黑格尔将规律分为自然规律与法律（即理性的规律），而"任何定在，只要是自由的定在，就叫做法。所以一般来说，法就是作为理念的自由"。〔3〕黑格尔认为，"家庭是扩大了的个人，家庭……伦理关系，不过乃是属于个体的个人的关系"。〔4〕而市民社会存在特殊性与普遍性的分离与制约。市民社会的特殊性在于所有的个人都是以自身为目的的，同时也必然要求以他人为手段，否则他无法全部实现自己的目的。黑格尔认为，这种和他人的相互关系产生了普遍性。私人即市民要实现其以自身利益的目的，必然要求以普遍物为中介，普遍物仅仅是中介。黑格尔对家庭、市民社会、国家的分析都是以个人作为逻辑起点的。

黑格尔认为，国家的本质是自在自为的伦理理念，即意志、理性、自由。国家是具体自由的实现，个人的特殊利益得以完全发展，作为普遍物的国家不能离开个人特殊利益，作为特殊性的个人有了自由的独立性。"国家的目的在于谋公民的幸福，但如果公民的主观目的得不到满足，并且人们看不到国

---

〔1〕 ［德］康德：《法的形而上学原理——权利的科学》，沈叔平译，商务印书馆1991年版，第136页。

〔2〕 刘日明：《法哲学》，复旦大学出版社2005年版，第138~139页。

〔3〕 ［德］黑格尔：《法哲学原理》，范扬、张企泰译，商务印书馆1961年版，第42~43页。

〔4〕 ［德］黑格尔：《哲学史讲演录》（第2卷），贺麟、王太庆译，商务印书馆1959年版，第263页。

家本身就是这种满足的中介，那么国家就会站不住脚。"〔1〕黑格尔在讨论国家时也是在讨论个人，在讨论抽象法时实质上也是在讨论个人问题。黑格尔认为，所谓抽象法就是每一个人享有的普遍的、自在的自由、意志和权利。人是有意识的主体，自在自为的意志就是人，人的自由意志即是每一个人享有的权利。这种权利包括所有权、契约、不法。在黑格尔看来，每一个人都必须拥有物质财产，个人将其意志体现在物质上，对此物质据为己有，即为所有权。个人之间为转移财产所有权而达成的意志一致即为契约。行为人自在地对抗普遍意志，即形成不法（即无犯意的不法、欺诈和犯罪）。综合黑格尔的法学思想可以发现，黑格尔眼中的法律大厦是以个体为基石的，先有个人才有家庭，有了个人和家庭才有市民社会和国家，由此才需要法律。黑格尔法学思想的所有内容都建立在个体基础之上，都以个人自由为逻辑前提，围绕个体的自由、意志、理性而展开。

综合前言，德国古典哲理法学立足于自然法学思想，固守个人理性，坚持个人权益，并将国家视为实现个人目的的手段，个人个体是德国古典哲理法学的逻辑起点也是其逻辑终点，其奉行的是法学个体主义方法论，进一步推进了近代西方法学个体主义方法论的应用。

（四）法学个体主义方法论近代确立的意义

从罗马法复兴与文艺复兴结合到古典自然法学，再到德国古典哲理法学，法学个体主义方法论经历了兴起、奠基和推进的过程。由此，个体主义方法论在近现代西方法学中得以确立。罗马法复兴与文艺复兴的结合产生了反对封建、反对神权的人文主义法学派，其"以人为本"的精神将作为个体的个人真正送入了法律的视野，伸张了法律必须尊重人的自由意志的思想。古典自然法学承袭人文主义法学的人本精神，进一步澄清了个人摆脱封建神权束缚的根据，"力求使每个人都得到法律的保护并主张法律面前人人平等"。〔2〕古典自然法学所倡导的个体主义、理性主义、天赋人权及法制主义等内容，是新兴资产阶级反对封建与争取民族独立的重要思想武器。个体主义是古典自然法学的基石，"个人主义的基本特征，就是把个人当作人来尊重；就是在他自

---

〔1〕　曹磊：《德国古典哲理法学》，法律出版社 2006 年版，第 184 页。

〔2〕　［美］E. 博登海默：《法理学：法律哲学与法律方法》，邓正来译，中国政法大学出版社 1999 年版，第 63~64 页。

己的范围内承认他的看法和趣味是至高无上的"。[1]

古典自然法学思想不仅是 1679 年英国《人身保护法》、1776 年美国《独立宣言》、1789 年法国《人权宣言》、1791 年美国宪法《权利法案》的理论基础，它更掀起了一场有力的立法运动。这场立法运动中具有里程碑意义的是法国至今有效的 1804 年《拿破仑法典》、1896 年的《德国民法典》和 1907年的《瑞士民法典》等。《法国民法典》第 8 条规定"所有法国人都享有民事权利"，确立了以"人"为中心的法律原则。《德国民法典》在进一步明确为所有自然人都是法律人的内涵。为反抗宗教压迫，1620 年逃往北美的欧洲清教徒于 1776 年建立了美国。美国 1776 年《弗吉尼亚权利法案》也开宗明义："一切人生而平等、自由、独立，并享有某些天赋的权利。"[2]可以说，近现代西方法律是古典自然法学思想的实证法结果。学者认为，"如果没有自然法，恐怕不会有美国或法国的大革命，而且自由与平等的伟大理想，恐怕也无理由进入人们的心灵，再从而进入法律的典籍"。[3]

没有古典自然法学恐怕就没有近现代西方法律，而没有法学个体主义方法论也没有古典自然法学，因此也可以说，如果没有个体主义方法论恐怕也就没有美国和法国等现代意义上的法律制度与法律思想。近代西方法学的基础和逻辑出发点是个体主义，体现古典自然法学思想的近现代西方法律制度也是以个体作为制度基础、以个体意志和个体利益作为制度设计的出发点的。概言之，没有个体主义方法论就没有近代西方法学理论，没有个体主义方法论也就没有近现代西方的法律制度。当然，这也意味着，没有个体主义方法论也就没有现代意义上的大陆法系和英美法系。

古典自然法学深刻影响着当代世界两大法系：英美法系、大陆法系。古典自然法学凸显了作为个体的人在现实法律中的主体地位，提出了诸如私有财产神圣不可侵犯、契约自由、过错责任、法律面前人人平等等法律原则，推动了宪法等国内法、国际法发展。德国古典哲理法学则进一步弘扬了法律的个体理性、个体意志、个体自由。德国法学家拉伦茨就指出，康德的"人

---

〔1〕　［英］弗里德里希·奥古斯特·冯·哈耶克：《通往奴役之路》，王明毅等译，中国社会科学出版社 1997 年版，第 21 页。

〔2〕　《弗吉尼亚权利法案》，载法学教材编辑部、《外国法制史》编写组：《外国法制史资料选编》（下册），北京大学出版社 1982 年版，第 437 页。

〔3〕　转引自张文显：《二十世纪西方方法哲学思潮研究》，法律出版社 1996 年版，第 48 页。

是自由意志主体"思想是近代民法的法哲学基础。[1]

"近代的个人主义是在关于个人与社会关系问题上的一种以前时代从未出现过的观念。它把每一个独立自在的个人视为一种能够自给自足的实体，对于这种实体而言，无论是别的人还是国家似乎都没有特别的意义。"[2]19 世纪英国著名的法律史学家梅因说，所有社会的进步不过是一个"从身份到契约"的运动。而从哲学基础而言，社会进步是一个"从整体主义到个体主义"的运动，而法学的进步则是一个"从整体主义方法论到个体主义方法论"的运动。

（五）需要补充的一个问题：西方法学方法论的近现代中国移植

中国法律史学者武树臣教授认为，西周与春秋时期以宗法等级观念即"礼治"为治国之本，战国和秦朝时期则以专制主义国家利益为基本精神，西汉到清末时期则以集权专制政体的国家、宗法家族为本位。而整个古代中国法律史是家本位—国本位—国与家本位的历史，"其共同精神是轻视个人、否定个人、压抑个人"。[3]梁漱溟先生更是直言，"在中国没有个人观念，一个中国人似不为自己而存在"。[4]清末修律功臣杨度则指出，"今中国社会上权利义务之主体，尚是家族而非个人。权利者一家之权利，而非个人之权利；义务者一家之义务，而非个人之义务；所谓以家族为本位，而个人之人权无有也"。[5]中国古代法律史或称中华法系史是一部整体主义观念的法律历史。在只有家国整体观念之下，中国古代法学思想史则是一部整体主义方法论下的法学思想史。

清末时期，帝国主义列强轰开了中国的大门，同时也输入了自由平等个体主义思想。1902 年至 1911 年间的修律活动，以沈家本为代表的法理派力压以张之洞为代表的礼教派，力主个人本位思想，并在日本学者松刚义正的帮助下完成了《大清民律草案》。1911 年清政府的灭亡致使《大清民律草案》

〔1〕 参见〔德〕卡尔·拉伦茨：《德国民法通论》（上册），王晓晔等译，法律出版社 2013 年版，第 45~46 页。

〔2〕 唐士其：《西方政治思想史》，北京大学出版社 2002 年版，第 14 页。

〔3〕 武树臣："移植与枯萎——个人本位法律观在中国的命运"，载《学习与探索》1989 年第 2 期，第 64~65 页。

〔4〕 梁漱溟：《中国文化要义》，学林出版社 1987 年版，第 90 页。

〔5〕 杨度："金铁主义说·中国国民之责任心与能力"，载刘晴波主编：《杨度集》，湖南人民出版社 1986 年版，第 256~257 页。

胎死腹中，但该草案所彰显的个体主义思想、所体现的法学个体主义方法论在中国大地开始生根发芽。此后，1925 年北洋政府《民律草案》是在《大清民律草案》基础上制作，1929 年南京国民政府颁布的民法总则、民法债篇和物权篇以及 1930 年颁布的亲属篇、继承篇也在《大清民律草案》《民律草案》的基础上完成。

尽管中华人民共和国建立后的最初 30 年里，政治上的阶级本位、整体主义思想留给法学的只有整体主义方法论，但 1979 年重新确立个人价值观后，政治上"以人为本"的人本主义思想重新开启了法律移植的篇章。"以人为本"重申了《共产党宣言》"每个人的自由发展是一切人的自由发展的条件"。[1]以对个体个人的尊重为基础，以法律移植为手段，个人权利本位成了现代中国法律的基本观念。而近现代西方法学个体主义方法论也在该西法东渐中植入现代中国法学。

四、个体主义方法论与整体主义方法论的扬弃

（一）个体主义方法论的极端化

个体主义方法论坚信，只有通过个体才能解释整体，只有通过个人行动才能了解社会现象。个体主义方法论的偏执就体现在：其认为只有个体才是真实的，所有的整体只不过是个体的简单叠加，"我们不可能观察或描述整个世界或整个自然界；事实上，甚至最小的整体都不能这样来描述……在全部的意义上，整体不能成为科学的研究对象"。[2]在此偏执之下，个体主义方法论的致命缺陷不可避免即片面夸大个体，而无视社会整体的客观存在，表现出"只见树木不见森林"的态势。仅以个体主义方法论分析与认识世界，不能不说是无视社会利益、无视整体利益的表现。

近代西方法学以个体主义为方法论，将个体作为问题分析的基点，主张天赋人权、自由、民主、法律面前人人平等，彻底地解放了作为自然生物的"人"，让生物意义上的自然人变成法律意义上的自然人。应当说，近代法学个体主义方法论的确立，是"个人"的法律确认的逻辑基础，也是个人权利的法律确立的逻辑前提。然而，法学个体主义方法论"只见个体不见社会"

---

〔1〕《共产党宣言》（第 1 卷），见：《马克思恩格斯选集》，人民出版社 1972 年版，第 273 页。

〔2〕［英］卡尔·波普：《历史决定论的贫困》，杜汝楫、邱仁宗译，华夏出版社 1987 年版，第 61 页。

的固有缺陷必然导致法律对个体的过分强调，个体利益一跃而成为"神圣不可侵犯"的利益，而个人意志也因此不仅具有了独立性更具有了"神圣性"。这一结果充分体现在近代民法上。近代民法三大原则即所有权绝对原则（财产权神圣不可侵犯）、无限制的契约自由原则和过错责任原则，就是法学个体主义方法论的逻辑结果。纯粹的法学个体主义方法论将个人自由、个体利益推向了极端。个人意志和个体利益得到推崇，表现为整体形态的社会利益在法学个体主义方法论"不见整体"的缺陷中被忽视。个体的绝对独立性乃至神圣性的法律确认，实质是对社会生活中个人主义的确认。"个人主义首先会使公德的源泉干涸。但是，久而久之，个人主义也会打击和破坏其他一切美德，最后沦为利己主义。"〔1〕法国当代社会学家 Marcel Gauchet 也认为："二十一世纪后的西方社会，个人权利'大获全胜'乃至形成'洪水横流'之势，而集体利益与国家权威日食般逐渐被消溶、湮灭。"〔2〕由此，法学个体主义方法论沦为个体私利合法侵夺社会公益的理论源头。

以维护社会利益为目标，现代民法对近代民法三大原则进行了修正，即修正为所有权的受限制、契约自由的相对性和无过错责任原则。学界称这种现象为法律的社会化。虽有学者所认为，法律社会化对传统个体权利作出了限制，对妇女等弱者的权利给予了前所未有的加强，〔3〕然而，法律社会化实践并没有实质性地解决社会利益侵害问题，诸如环境危机等社会利益损害问题一直持续不断，甚至有愈演愈烈之势。究其根源在于，法律社会化实践并没有解决法学个体主义方法论"只见个体不见整体"的固有弊端，而只是对法学个体主义方法论下所形成的法律内容进行有限修正罢了。

（二）个体主义方法论与整体主义方法论的劣势与优势

在个体与整体、个人与社会的基本问题上，个体主义方法论走向了一个"只见个体"的极端。与此相反，整体主义方法论走上了另一个极端即"只见整体"。整体主义方法论认为，无法通过个体行动解释社会现象，只有整体才是社会科学研究的基点。整体主义方法论的偏执在于过分强调整体而忽视个体，是"只见森林不见树木"。整体主义方法论过度夸大了社会的整体性而忽

---

〔1〕　参见［法］托克维尔：《论美国的民主》（下卷），董果良译，商务印书馆1988年版，第625页。

〔2〕　Marcel Gauchet, "Les Droits De L'homme Paralysent La Democratie", *Libération*, 2008.

〔3〕　参见林榕年主编：《外国法制史新编》，群众出版社1994年版，第84~90页。

视了个体的能动性。显然，整体不能归结为个体的简单叠加，但任何整体都无法离开个体而独立存在。因为任何个体都必然受到整体的制约，任何个体行为都无法摆脱社会整体环境，整体对个体、社会对个人都会产生某种程度的制约与影响。个体是整体的基础，离开了个体就不可能存在整体。

无疑，个人主义方法论与整体主义方法论都有着各种不可避免的先天缺陷。因此，在说明社会问题、阐释社会理论、解释法律现象时，只采取个体主义方法论或只采取整体主义方法论都必将遭遇无法解决的问题。古代法学在整体主义方法论下，只看到诸如氏族利益、家庭利益或者国家利益等整体利益，而无视个人个体利益，导致个体被整体所淹没，作为自然生物之人无法成为独立自主的个体，人不为人。近代法学以个体主义为方法论，个人个体成为近代法学的核心，个人权利成为近代法学的根基，个体个人得以独立自主即得以解放。然而，个体个人利益的推崇，却使得作为整体的社会利益失去了其应有的生存空间。可见，纯粹的法学整体主义方法论或纯粹的法学个体主义方法论都无法产生法律实践的完美结果。

古代法学仅将氏族、家庭或城邦等整体作为法学研究的根据与起点，成就了古希腊的城邦、古罗马的家庭和中世纪的国家，而人不为人。近代法学以个体主义为方法论，将个人个体作为法学研究的基点，最终实现了人的近代解放。可见，近代法学的巨大进步是从整体主义方法论到个体主义方法论的进步。然而，也必须清楚地看到，近现代法学的个体主义方法论成就作为独立个体的个人，却也泯灭了作为整体存在的社会，社会公共利益失去了其应有的生存空间。应当说，从古代法学到近代法学，是从整体主义方法论的极端走向了个体主义方法论的极端。仅仅采取个体主义方法论或者整体主义方法论，是视个人与社会为绝对对立物，是将紧密不可分的个人与社会、个体与整体对立起来进行思考。

马克思说，"任何人类历史的第一个前提无疑是有生命的个人的存在"[1]"人是一个特殊的个体，并且正是他的特殊性使他成为一个个体，成为一个现实的、单个的社会存在物"[2]而"社会——不管其形式如何——究竟是什

---

[1] 《马克思恩格斯全集》（第 3 卷），人民出版社 1960 年版，第 23 页。

[2] ［德］马克思：《1844 年经济学哲学手稿》，人民出版社 2008 年版，第 79 页。

么呢？是人们交互作用的产物".[1]无疑，在社会之中，人是核心。社会是人的社会，人是社会的基础，离开了人就没有社会。因此，社会科学研究无法、也不可能撇开个体而单独研究超越个体之上的社会整体，个体必然成为社会科学研究的起点。但另一方面，人是社会的人，人无法脱离社会而存在。人的本质还在于"它是一切社会关系的总和",[2]"社会不是由个人构成，而是表示这些个人彼此发生的那些联系和关系的总和".[3]作为人的集合体，社会并不是人在数量上的简单相加，而是具有其自身独立性的整体。因此，仅仅分析个体并不能完整而全面地解析社会现象。一定意义上，社会整体也必须成为社会科学研究的基点。

众所周知，个人与社会、个体与整体是对立统一关系。显然，古代法学仅以整体主义为方法论，近现代法学仅以个体主义为方法论，二者都只看到个人与社会、个体与整体之间的对立关系，而无视它们之间的统一关系。不存在没有个人个体的社会整体，也不存在没有社会整体的个人个体。个人与社会、个体与整体是相辅相成的。简言之，人是社会中的人，社会是人的社会。"现实的个人不但具有个体性，而且还具有社会群体性和人类性".[4]马克思指出："首先应当避免重新把'社会'当作抽象的东西同个体对立起来。个体是社会存在物，因此，他的生命表现，即使不采取共同的、同其他人一起完成的生命表现这种直接形式，也是社会生活的表现和确证。人的个体生活和类生活并不是各不相同的。尽管个体生活的存在方式必然是类生活的较为特殊的或者较为普遍的方式，而类生活必然是较为特殊的或者是较为普遍的个人生活."[5]

本体论意义上的个人个体与社会整体之间的对立统一关系，也决定了方法论意义上的个体主义方法论与整体主义方法论之间的对立统一关系。我们不仅需要认识到两种方法论的对立，更应该关注到两种方法论的统一。在方法论上，不能形成二者只能择其一的单向度思维。个体主义方法论和整体主义方法论都有着对方所不能比拟的优势，一方的劣势就是另一方的优势。人

---

[1]　《马克思恩格斯选集》（第4卷），人民出版社1972年版，第320页。
[2]　《马克思恩格斯选集》（第1卷），人民出版社1972年版，第18页。
[3]　《马克思恩格斯全集》（第46卷），人民出版社1972年版，第220页。
[4]　武天林：《马克思主义人学导论》，中国社会科学出版社2006年版，第65页。
[5]　《马克思恩格斯全集》（第1卷），人民出版社1956年版，第122页。

与人之间的社会联系是人生存的基本要求。作为社会科学，法学必须关注人与人之间的社会联系即社会关系，将个体作为法学研究的起点。然而，个体主义方法论"只见个体"的固有缺陷使得个体主义方法论在面对公共利益等社会整体性问题时无能为力。个体主义方法论"不见整体"的缺陷需要整体主义方法论"只见整体"的优势给予互补。对待社会整体性问题应当依赖于整体主义方法论，即以整体作为问题分析的逻辑起点。在经济学界，学者认为，整体主义方法论与个体主义方法论的"'综合'已形成了一种趋势"。[1]物理学者卡普拉也认为，绝对的个体、绝对的整体是不存在的，个体主义方法论和整体主义方法论是并行互补的。[2]在法学上，个体性问题采取个体主义方法论立场，这是传统法学的方法论。而对于整体性问题，则需要采取整体主义方法论立场。只有这样，才能化解法学个体主义方法论的社会化不足的缺陷，同时避免法学整体主义方法论的社会化过度缺陷，实现法学方法论的互补。

第二节　环境整体性与法学个体主义方法论的矛盾

一、法学个体主义方法论下的个体理性与个体权利

（一）法学个体主义方法论下的个体理性

个体主义方法论萌发于斯多葛学派。斯多葛学派创始人芝诺是古希腊后期哲学家。他的基本哲学观点是，自然界的万物都不是偶然发生的，而是由理性和自然规律决定的。芝诺所谓的理性与神、命运、宙斯是同质的。伦理上，芝诺认为人们应该按照理性、自然规律生活，遵守理性就是遵守自然法。芝诺提出的理性概念是学术史上可考证的第一个理性概念。不难发现，芝诺的理性概念的内涵是自然规律，其与现代含义上的个人理性无关。

柏拉图也提出了理性的概念，他认为每一个人都具有理性、意志、欲望。如果意志受到理性支配则勇敢，欲望受到理性支配则节俭。无疑，柏拉图的理性是个人的理性能力，他第一次将理性与个人联系起来。柏拉图认为，如

---

〔1〕　杨立雄："'经济人'还是'社会人'——经济学方法论的个体主义与整体主义之争"，载《经济评论》2002年第5期，第95页。

〔2〕　参见［美］弗·卡普拉：《转折点——科学·社会·兴起中的新文化》，冯禹等编译，中国人民大学出版社1989年版，第197页。

果人们都依理性行事，就有了正义。但人人都有恶性的一面，因此才需要法律这一外在形式。亚里士多德承袭了老师柏拉图的观点，提出恶性普遍存在的观点，由此需要具有理性的人们以理性约束欲望和冲动，从而共同形成法律。不同于柏拉图，亚里士多德的着力点不在个人个体的理性而在人们形成的共同理性。他将理性抽象化，抽象为共同理性即法律。

古罗马西塞罗继承斯多葛学派的平等观念，认为人类平等就是人人都有理性。[1]西塞罗不仅认为人人都有理性，他更认为万物都有理性，人们可以通过人的理性获知自然理性。这种"来自宇宙之自然的理性……它与神的智慧同在"。[2]神灵即理性，理性即本性。西塞罗认为，源自万物本性的自然理性同神明的灵智一起产生，法律就是神的正确理性。因此，法律必须以自然为依据，法律不是个人的智慧和意志所能够决定的。西塞罗的"神明"并非后世所讨论的上天之神，而是自然本性、自然定律即自然理性。西塞罗的"神明"理性思想深刻地影响了中世纪基督教神学奠基人奥古斯丁。奥古斯丁因西塞罗的《霍滕修斯》而转向了天主，而后研读《圣经》。[3]西塞罗的"神明"在奥古斯丁那里转变成为上天之神。在以奥古斯丁为代表的中世纪神学思想中，人的理性完全被上帝的理性所取代。

直至近代文艺复兴运动，荷兰启蒙思想家格老秀斯使用"理性""自由"等概念将法学从神学中分离，开创了近代理性主义自然法学说即古典自然法学。他认为自然法以人的理性为基础，"自然法是正当的理性准则，它指示任何与我们的理性和社会性相一致的行为就是道义上公正的行为"。[4]基于人的理性，自然法的基本原则包括但不限于：不得侵害他人财产、不得将他人东西据为己有、信守承诺、承担过错赔偿责任以及违法应受处罚等内容。格老秀斯第一次将个人的理性渗入到法律内容之中。在格老秀斯看来，不得侵害他人财产、不得将他人东西据为己有等内容是个人理性的体现，个人行为符合其理性即符合法律的要求，不符合其理性即不符合法律的要求。不难看出，

---

〔1〕　参见鄂振辉：《自然法学》，法律出版社 2005 年版，第 52 页。

〔2〕　[爱尔兰] J. M. 凯利：《西方法律思想简史》，王笑红译，法律出版社 2002 年版，第 53~55 页。

〔3〕　参见阎章荣、陈洪涛：《神学主义法学》，法律出版社 2008 年版，第 55 页。

〔4〕　[荷] 格老秀斯：《战争与和平法》，载法学教材编辑部：《西方法律思想史》编写组编：《西方法律思想史资料选编》，北京大学出版社 1983 年版，第 143 页。

格老秀斯的法学思想中，个人都应当是有理性的。

古典自然法学的另一代表斯宾诺莎从人性的趋利避害要求出发论证了国家与法律的起源，认为法律是人的理性的产物，是节制人的欲望的工具，"是人给自己或别人为某一目的立下的一个方案"。[1] 与格老秀斯一样，斯宾诺莎认为，法律中的人应当是具有理性的人，只是斯宾诺莎将人的理性与趋利避害的人性结合在一起加以讨论。

而古典自然法学代表人物之一霍布斯则以人的理性为基础，以"人的本性是自私自利"为根据展开其政治法律思想的论证。霍布斯认为，自然法源自人类的理性，自然权利是按照自己意愿运用自己力量保护自己生命的自由。在此基础上，霍布斯罗列了自然法的十四项内容。这十四项内容的核心精神是"己所不欲，勿施于人"。"己所不欲，勿施于人"也是人的理性与人的自私自利本性的结合，是霍布斯研究的法律主体的显著特征。霍布斯认为，法律个体人是具有理性而又自私的人。霍布斯讨论的作为法律主体的个人与经济学的"经济人"假设并无本质区别。经济学中的个人被假定为"经济人"（economic man），一个会计算又能实现利益最大化的、自利的"理性傻瓜"。西方经济学的经济人假设包含了两个基本命题，即自利、理性。[2]"经济人"假设是西方经济学大厦的基石，多被认为是 18 世纪的亚当·斯密首先提出的假说。前述可见，经济学上的"经济人"源自 17 世纪霍布斯提出的法学上自私而有理性之人。

洛克认为，自然权利根源于人之为人的人性和欲望。他在《政府论》中论证国家的起源时强调，在自然状态下人的生命、自由、健康和财产得不到保障。为了自身利益，人们开始订立契约而形成国家。洛克的论证基础是，人性是自利的。如学者所言，"洛克的自然法理论和霍布斯一样，都是从个人主义和利己主义出发的，都是以自我为中心的"。"洛克又与霍布斯有共同之处，都从人性、本性、欲望和激情中寻找人的权利的起源。"[3] 同时，洛克也认为，人生而有理性，一个人只有受理性指导才能获得自由。没有离开理性的自由，因为"当理性被抛到一边时，人的意志便随时可以做出种种无法无

---

〔1〕 转引自鄂振辉：《自然法学》，法律出版社 2005 年版，第 75 页。

〔2〕 经济学中，"自利"是指人具有趋利避害的本性，人人追求各自利益的最大化。所谓"理性"是指能够根据具体分析，在各种可行方案中找到使自己利益最大化的方案。

〔3〕 刘日明：《法哲学》，复旦大学出版社 2005 年版，第 100、102 页。

天的事情来"。[1]可见，洛克仍然将法律个体人设定为自利的、理性的。在此基础上，洛克提出天赋人权的四大基础权利（生命、健康、财产、自由）思想以及法律面前人人平等思想。

洛克等人的古典自然法学思想深刻影响了英国、美国和法国等近代资产阶级国家，影响了近代资产阶级国家法律制度。古典自然法学家们"为现代意义上资本主义国家的政治制度与法律制度奠定了坚实的理论基础"。[2]如登特列夫所言："如果没有自然法，恐怕不会有美国或法国的大革命，而且自由与平等的伟大理想，恐怕也无理由进入人们的心灵，再从而进入法律的典籍。"[3]洛克"把政治思想的道理用简明、朴实而有说服力的语言传给十八世纪，成为英国和大陆往后政治哲学赖以发展的渊源"。[4]洛克的法律思想对那个时代的资产阶级革命产生了重要影响。洛克的法律个体人自利且理性的预设在古代自然法学的近代实证法进程中在英国、法国、美国等资产阶级国家中变成了现实：法律意义上的人是自利与有理性的个人。

与近代西欧其他国家相比，德国是一个"落伍"的国家。"在英国从 17世纪起，在法国从 18 世纪起，富有的、强大的资产阶级就在形成，而在德国则只是从 19 世纪初才有所谓资产阶级。"[5]作为大陆法系核心国家之一的德国，在 18 世纪末 19 世纪初产生了古典哲理法学，其代表人物是康德和黑格尔。古典哲理法学进一步推进了法律个体人的自利与理性的理论预设。

康德在《纯粹理性批判》和《道德形而上学原理》中认为，人具有两面性，人是感性的又是理性的。在康德看来，主体性的本质就在于人具有理性，理性是自主的力量。康德将理性分为理论理性和实践理性，理论理性为自然立法，而实践理性为人自身立法。实践理性即自由意志，只有自由人才能自主自觉地行为。由此，"人，是主体，他有能力承担加于他的行为。因此，道德的人格它是受道德法则约束的一个有理性的人的自由"。[6]同时，康德认

---

〔1〕　[英]洛克：《政府论》（上篇），瞿菊农、叶启芳译，商务印书馆 1964 年版，第 49 页。

〔2〕　何勤华主编：《西方法律思想史》，复旦大学出版社 2005 年版，第 106 页。

〔3〕　转引自张文显：《二十世纪西方法哲学思想研究》，法律出版社 1996 年版，第 48 页。

〔4〕　[美]乔治·霍兰·萨拜因：《政治学说史》（下册），刘山等译，商务印书馆 1986 年版，第 587 页。

〔5〕　《马克思恩格斯全集》（第 4 卷），人民出版社 1958 年版，第 52 页。

〔6〕　[德]康德：《法的形而上学原理——权利的科学》，沈叔平译，商务印书馆 1991 年版，第26 页。

为，人是感性的，是有自私欲望的。正是人的理性和自利本性，人与人之间才会产生冲突，从而需要外在的法律予以强制。由此，康德的古典哲理法学也是建立在法律个体人是自利而有理性的人的基础之上的。

黑格尔是古典哲理法学的集大成者。他说："个别的人，作为这种国家的市民来说，就是私人，他们都把本身利益作为自己的目的。"[1]在黑格尔看来，个人都是自利的，主观的利己性是人的本性。市民社会就是个人私利的战场，是一切人反对一切人的战场。黑格尔遵从实践理性，认为法是自由意志的定在，其名言"凡是合乎理性的东西都是现实的；凡是现实的东西都是合乎理性的"[2]充分说明了黑格尔眼中法律个体人的理性特征。黑格尔也研究了抽象法的所有权、契约和不法等概念，并主张制定"实在法"将法律落实到现实生活。针对以萨维尼为代表的历史法学派反对民法典的意见，黑格尔阐明了法典化要求，"为后世的德国制定民法典，提供了有力的支持"。[3]黑格尔眼中法律个体人的理性特征也深深烙在《德国民法典》之上。

概括上述内容，从古希腊、古罗马的斯多葛学派到近代古典自然法学派和古典哲理法学派等，法学上的个体逐渐明晰，法学上个体的理性特征渐次清晰。这是古代斯多葛学派的个体主义方法论到近代法学的个体主义方法论的结果。个体在个体主义方法论中得以确立，个体理性也在个体主义方法论的发现和深入中逐步被发现，而人的非理性因素即自利性则是伴随着理性发现而逐步呈现的。在个体主义方法论下，法学中的个体人是一个自私自利的、精于算计之人。这个个体人既可能表现为自然人，也可能表现为法人。自然人是"在理性、意思方面强而智的人像"[4]法人"是一个完全无视附着于人的自然的人为色彩、与其他的人相对立的一个赤裸裸的'经济人'"。[5]这个自利而有理性之人被西方经济学称为"经济人"，而在伦理学中则成了"恶人"而非"善类"，"性恶论"由此产生。事实上，自利而有理性不过是作为生物之人所具有的自然本性而已。作为客观存在，这种本性并非经济学所为

〔1〕 ［德］黑格尔：《法哲学原理》，范扬、张企泰译，商务印书馆1961年版，第201页。
〔2〕 ［德］黑格尔：《法哲学原理》，范扬、张企泰译，商务印书馆1961年版，第11页。
〔3〕 何勤华主编：《西方法律思想史》，复旦大学出版社2005年版，第133页。
〔4〕 ［日］星野英一："私法中的人：以民法财产法为中心"，王闯译，载梁慧星主编：《民商法论丛》（第8卷），法律出版社1997年版，第154页。
〔5〕 ［日］星野英一："私法中的人：以民法财产法为中心"，王闯译，载梁慧星主编：《民商法论丛》（第8卷），法律出版社1997年版，第172页。

的假设，也无伦理学意义上的善恶之分。

近代大陆法系和英美法系国家都坚守作为生物存在的人作为法律主体而独立存在，其所建构的法律个体人形象就是自利的理性人形象。这种形象的建构是在自由资本主义阶段。在垄断资本主义阶段，为维护社会公共利益，法律社会化如所有权受限、契约自由受限、无过错责任适用，均没有从根本上更改法律个体人的自利与理性特性。这是因为西方近现代法学的个体主义方法论没有改变。法学个体主义方法论不变，法学上个体人的存在就不会消失，作为人的自然本性而存在的理性也就无法剔除。

（二）个体主义方法论下的个体权利

1. 古罗马法学中权利意识的萌芽

乌尔比安认为"私法是与个人利益有关的法律，与国家组织有关的法律是公法"。私法规范一般是任意性规范，所谓罗马私法则主要包括物权、债权、婚姻家庭、继承关系等规范。所谓罗马公法是指有关政府组织、公共财产管理、宗教祭祀和官吏选任等规范。[1]通常所说的罗马法多指罗马私法。罗马私法分为人法、物法与诉讼法。

人法又称身份法，是关于人的能力、婚姻家庭等方面的法律。学界一般认为，在罗马要成为法律上的主体必须具有人格，而人格依据三种身份予以确认：自由民、市民、家长。自由民区别于奴隶，市民区别于外邦人，家长区别于家庭内其他成员。只有具备了这三种身份，才能在政治、经济、家庭等各方面享有完全的能力。如某种身份丧失，则人格就发生减等。在罗马居民中，占据绝大多数的奴隶因为不具有自由民身份，只能成为奴隶主的财产。具有家长身份才能成为自权人，否则只能是他权人。在罗马婚姻家庭法中，家是在家长权支配下的所有人与物的总和。除家父享有人格身份外，家中的妻子、子女等人均不具有完整人格，因此都处在家父的庇荫之下。罗马婚姻经历了有夫权婚姻和无夫权婚姻的过程。共和国后期开始，家长权逐渐受到限制，无夫权婚姻成为可能，婚姻不再以家族利益为基础。

物法被认为是罗马私法的主体和核心，由物权法、债权法和继承法三部分构成。其中，物权法里有诸如所有权、地上权、役权、担保物权等，[2]所

---

[1]　参见刘艺工、王继忠主编：《外国法律史》，中国人民大学出版社 2008 年版，第 54 页。

[2]　参见里赞主编：《外国法制史》，四川大学出版社 2006 年版，第 33 页。

有权又分为市民法所有权和万民法所有权。

从罗马法的人法和物法内容的完备程度来看，罗马时期的权利思想似乎与现代权利思想已近一致。但细细分析可以发现，罗马时期并无现代意义上的权利思想。

对罗马时期权利意识的探寻需要从罗马的人法开始。依现有研究认为，依据人法，要享有法律上的人格必须有自由民、市民、家长三种身份。换言之，享有法律人格者不是其他家庭成员，不是外邦人更不是奴隶，而只能是家长。所谓家长即家庭中年龄最高的男性。家长身份将所有不具有家长身份的人都排除在罗马法律主体之外。由此，家庭之内的妻子、子女、其他男性和奴隶等人都不具有独立面对罗马城邦国家、其他罗马家庭的资格，因而也不具有独立面对其他人的资格。他们被藏身于"家庭"之内。正如徐国栋教授所言，"国由众多的家组成，个人被遮蔽在家之下，没有建立起国家与其公民之间的直接关系，'国'对个人的治理在很大程度上只能通过'家'进行"。[1]罗马家庭是罗马城邦国家的基本单位，是罗马城邦国家的政治组织机构。

在这一政治组织内，家长具有最高权力，妻子、子女、其他男性和奴隶等人只是家庭的构成成分。家庭中作为自由民和市民的其他男性，其人身受制于家父，不仅结婚与离婚等人身事宜必须经家父同意，而且家父对家子等人享有出卖权乃至生杀权。作为自由民和市民的其他男性无现代意义上的人身权利可言。学者认为，就财产制度而言，罗马"社会制度只认可家父财产制度"。[2]在人身上无权利，罗马家子等人在财产方面就更无权利可言。家庭中作为自由民和市民的其他男性尚且如此，更不用说罗马女性了。罗马女性在结婚之前处于家长权的控制之下，结婚后转归于夫权的控制之下，成为丈夫家族中家长权的控制对象，罗马女性不仅没有私法上的权利也没有诸如选举权和被选举权等公法上的权利。而被视为财产的罗马奴隶就更遑论权利了。

罗马时期家庭中的非家长们没有现代权利可言，那么享有家长权的家长是否享有现代意义上的权利呢？如果只有家长身份才能享有完全的法律人格，依现代法律理论，家长享有完整法律人格即享有权利能力，也即意味着家长享有的家长权是一种权利，但事实也并非如此。

---

〔1〕 徐国栋："'人身关系'流变考（上）"，载《法学》2002 年第 6 期，第 49 页。

〔2〕 ［爱尔兰］J. M. 凯利：《西方法律思想简史》，王笑红译，法律出版社 2002 年版，第 73 页。

"罗马家庭是单纯由权力联合在一起的人的集合体。"[1]梅因将罗马法类比于国际法，因为罗马法的效力仅及于家庭，家庭内的关系由家内法调整。[2]家父作为罗马家庭政治统治组织的领袖，不仅支配着家庭中所有家庭成员（包括奴隶），而且控制着家庭中包括土地在内的所有财产。罗马家庭有着类似现代意义上国家的所有要素即土地和人民。家长还有着为自己家庭立法的权力。家长权表现出的至高无上性和绝对权威性，让家长权具有现代意义上的主权属性。可见，罗马家庭是罗马帝国中的帝国，家长权不是现代意义上的权利，而是权力或者说是主权。罗马后期，尽管家长权有所减弱，但也只是局部性的有限限缩。如在人身权力方面限制了家长对家子的生杀权等，在财产权力方面则主要体现在家子乃至奴隶可以享有特有财产等方面。梅因言，家长的财产特权减弱得如此之慢。[3]这种限缩并没有影响家长权的主权属性、权力特征。

在罗马家庭政治统治机构内，非家长的人们完全受制于家长，不享有作为独立个体存在的资格，因而不可能享有现代意义上的人身、财产等权利。家长享有的是主权属性的特别权力。学者认为的罗马公法和私法中的参政权、物权、债权等内容均为家长所有，显然不符合家长权的主权特性。从家长权属性而言，家长不过是罗马家庭的代表而已，家长本人和其他家庭成员一样也不过是家庭中微不足道的家庭成员。所谓家长权或者说家长享有的权力并非现代意义上的权利。

家长权的主权属性决定着罗马国家并无权利思想。人们常常引用恩格斯的论断来说明罗马法，"罗马法是我们所知道的以私有制为基础的法律的最完备的形式，是商品生产者社会的第一个世界性法律，是纯粹私有制占统治地位的社会的生活条件和冲突的十分经典的编写，以致一切后来的法律都不能对它作任何实质性的修改"。[4]但人们往往忽视了一个重要事实，即罗马所谓的"私有制"是以家庭为本位的私有制或者可以简称为家庭私有。但是，站在家庭角度而言，这种所谓"私有"其实质是一种以家庭为基本单位的共有

---

〔1〕　［意］彼德罗·彭梵得：《罗马法教科书》，黄风译，中国政法大学出版社1992年版，第114页。

〔2〕　参见［英］梅因：《古代法》，沈景一译，商务印书馆1959年版，第95页。

〔3〕　参见［英］梅因：《古代法》，沈景一译，商务印书馆1959年版，第81页。

〔4〕　《马克思恩格斯全集》（第21卷），人民出版社2003年版，第454页。

制度。而资本主义社会的私有制则是以个人为本位的私有制，是个体私有制。显然，两者有着本质的区别，即私有者是整体意义上的家庭还是个体意义上的个人。

实在法意义上的罗马法是以家庭为本位的法律，作为整体的家庭是罗马实在法的根本。家庭整体是这种罗马法的逻辑起点。质言之，这是整体主义方法论的逻辑结果。在以家庭整体为基点的罗马实在法中，没有个人个体存在的空间，因而也没有个人个体权利产生的余地。

当然，罗马法学家西塞罗提出过权利属于个人的思想。"罗马著作中唯一明晰的财产观念是西塞罗给出的，其看法与上述的相似，他把世界上的物品比作剧院中的作为：'尽管剧院是公有之物，我们仍然可以说每一个人就座的是他的座位；国家和世界也是这样，尽管它们也是公有财产，但毫无疑问，没有什么正当的理由可以用以反对如下概念，每个人的物品是他自己所有的'。"[1]西塞罗的权利属于个人的思想源自其自由、平等思想，西塞罗认为："作为一个国家的公民起码应该在权利方面是相互平等的。""除非一个国家的民众权利无比强大，否则便没有哪个国家有自由可言。"[2]但西塞罗的权利意识只能是空中楼阁，因为西塞罗认为应当依据不同等级设立法律制度。正如学者所言，"尽管西塞罗主张法律制度应当依等级不同而作区别对待，但作为哲学家的他也勾勒了自己所欣赏的平等原则得以体现的理想法典"。[3]

显然，西塞罗的权利意识与实在法意义上的罗马法内容格格不入。因为实在法意义上的罗马法以罗马家庭整体为逻辑基点，而西塞罗的权利意识则是在古希腊斯多葛学派个体主义方法论基础上而发展起来的。方法论上的对立意味着本体论上的不同。在以整体主义为方法论的罗马实在法中，并不存在个体意义上的权利意识，有的只是权力或主权观念，但在以个体主义为方法论的罗马法学中，个人权利意识已经萌芽。

2. 近代个体权利理论与制度的产生

经过漫长的中世纪黑暗，西欧资本主义于 14 世纪开始萌芽。与此同时，著名哲学家笛卡尔提出用"理性"检验一切的思想，经牛顿物理学体系的催

---

〔1〕［爱尔兰］J. M. 凯利：《西方法律思想简史》，王笑红译，法律出版社 2002 年版，第 74 页。

〔2〕［古罗马］西塞罗：《论共和国　论法律》，王焕生译，中国政法大学出版社 1997 年版，第 44~46 页。

〔3〕［爱尔兰］J. M. 凯利：《西方法律思想简史》，王笑红译，法律出版社 2002 年版，第 69 页。

化，形成了理性主义哲学思潮。与此相关联的是，文艺复兴的人文主义思想重拾古希腊哲学家普罗泰哥拉"人是万物的尺度"，高度重视人和人的价值。在这一背景下，以个人主义、世俗化为特征的古典自然法学产生。

古典自然法创始人格老秀斯指出，自然法源自人的理性而非神。对自然法的内容，格老秀斯并没有深入探究，但他提出了自然法的基本原则："他人之物，不得妄取；误取他人之物者，应该以原物和原物所生之收益归还原主，有约必践，有害必偿，有罪必罚。"[1]然而，格老秀斯仍然坚守着人民是君主的奴隶的思想，表现出格老秀斯古典自然法学思想的低阶性。

霍布斯的自然法学思想是以人性恶、生而平等为基础的。霍布斯的自然法学思想的积极意义在于，他第一次将混沌而模糊的自然法予以明确化。他以"己所不欲，勿施于人"为基本原则，将自然法的内容细化为：自保与和平、守约、念恩、合群、宽恕、禁止侮辱、禁止自傲、禁止骄纵、公正裁断、和平解决纠纷等十四项内容。霍布斯虽然仍然没有提出权利的概念，但他所重视的和平、安全隐含着生命权、生存权等权利内容。

洛克认为自然法是理性法规，教导人类遵从理性，自我保存。不同于格老秀斯、霍布斯，洛克提出了"天赋人权"的自然权利理论，认为生存、自由、平等、财产等是人不可剥夺、不可转让的自然权利，是自然之天赋予人以生存的权利。"人们既然都是平等和独立的，任何人就不得侵害他人的生命、健康、自由或财产。"[2]洛克将"生命、自由和财产"并列为三大天赋人权。洛克认为，生命与自由的前提是财产。因此，财产权是所有自然权利的基础。同时，洛克还提出"劳动价值论"，论证人们通过自身劳动而获得劳动成果的权利，将财产概念扩展适用到生命与自由等人身范畴。洛克认为，平等、自由、和平的生活是自然状态的常态，但也会出现战争状态。为了维护和平，每个人都有自卫权，以惩罚和制止违反自然法的行为。从自然法中推导出财产权、生命权、自由权、平等权乃至自卫权等自然权利，这是法哲学史上第一次完整地提出个体权利观点。

洛克不仅提出了自然权利理论，并且提出了自然权利转化为法定权利的

---

〔1〕 ［荷］格老秀斯：《战争与和平法》，载法学教材编辑部、《西方法律思想史》编写组编：《西方法律思想史资料选编》，北京大学出版社 1983 年版，第 138 页。

〔2〕 ［英］洛克：《政府论》（下篇），叶启芳、瞿菊农译，商务印书馆 1964 年版，第 82 页。

思想。在论证国家形成时，洛克提出，因为人们的自然权利存在随时被侵害的可能，人们为求和平订立"社会契约"，放弃自卫权转而交给国家。由此，公共权力和法律产生，自然状态转化为社会状态。他认为，人因为在社会状态中拥有自然权利，才必然享有保障自然权利的法定权利，因为明文法的"目的就是保护社会及（在与公众福利相符的限度内）其中的每个成员。"[1]在这一国家形成理论中，洛克明确了自然权利和公共权力以及法定权利之间的逻辑关系：自然权利产生公共权力，自然权利与公共权力共同产生了法定权利。

需要特别强调的是，古典自然法学的自然权利理论产生于法学个体主义方法论。格老秀斯的"各有其所有、各偿其所负"的自然法基本原则以各个个体为基本立足点，体现的是法学个体主义方法论。霍布斯的"己所不欲，勿施于人"也以一个个独立的"己"和自主的"个人"为起点，体现的是法学个体主义方法论立场。洛克的自然权利理论也是以个人为基点的，其所指"天赋人权"都是一个个作为自然生物的独立个体人的权利，其个体主义方法论色彩更明显。不难发现，古典自然法学的自然权利是作为生物个体的自然人的"天赋"权利。个体自然人的自然权利经由宪法及具体法律所衍变的法律权利也是个体的。简言之，近代开始的法律权利是个体权利。

个体权利思想在古典哲理法学中得到了进一步深化。康德将权利设定为法理学、法哲学的研究对象，并将权利分为天赋的"自然权利"和实在法规定的"获得权利"。康德认为，"权利科学所研究的对象是：一切可以由外在立法机关颁布的法律的原则"[2]在康德眼中，权利不再只是伦理意义的权利或者自然权利而主要是法定权利范畴。康德提出，"严格的权利与伦理没有任何牵连，它只考虑行为外在的方面，而不考虑行为的其他动机，因为它是纯粹的权利，不掺杂任何道德律令。所以严格的权利就是那种仅仅可以被称为完全外在的权利"[3]。在康德看来，法律意义上的权利是一个人对另一个人的关系。这种"一对一"的关系是外在的和实践的关系，是一个人的自由行为与另一个人的自由行为的关系。这种关系只考察个人行为，不考察行为的目

---

〔1〕 ［英］洛克：《政府论》（下篇），叶启芳、瞿菊农译，商务印书馆1964年版，第82页。

〔2〕 ［德］康德：《法的形而上学原理——权利的科学》，沈叔平译，商务印书馆1991年版，第38页。

〔3〕 ［德］康德：《法的形而上学原理——权利的科学》，沈叔平译，商务印书馆1991年版，第42页。

的或者动机。法律权利的个体性在康德古典哲理法学思想的"法律关系"中进一步明确，表现为一个人对另一个人的"一对一"的关系，或者说是一个权利主体对一个义务主体的法律关系。

康德的权利理论包括所谓的私人权利与公共权利，尽管这一分类存在问题。[1]但他对私人权利的分类，将个体权利具体化了。他认为私人权利包括物权和对人权以及物权性的对人权利（实质是人身权利）。所谓对人权是"占有另一个积极的自由意志，即通过我的意志，去规定另一个人自由意志作出某种行为的力量"。[2]显然，康德的对人权其实就是债权。康德将支配某个物件和请求他人行为加以分开，形成理论上物权与债权的分立。而物权性的对人权利指代的就是物权与债权无法涵盖的权利如亲子权等。在"一个人的自由意志对另一个人自由意志"中，法律权利的个体性在康德古典哲理法学中被实在化、具体化。

黑格尔在意志角度进一步推进了对法律权利的个体性的论证。黑格尔从自由意志的最初定在——人格开始，论述了所有权、契约、不法与犯罪。康德提出私人所有权，认为所有的所有权只能是个人的。"因为我的意志作为人的意志，从而作为单个人的意志，在所有权中，对我来说是成为客观的了，所以所有权获得了私人所有权的性质。在所有权中，我的意志是人的意志；但人是一个单元，所以所有权成为这个单元意念的人格的东西。"[3]进一步，"所有权法不再是自在的，而已达到了它的有效的现实性"。[4]所有权等权利不再只是停留在伦理阶段的自然权利，而是现实的受司法保护的法定权利。以一个人的单元意念为基础，黑格尔将法律权利解析为一个单元意念与另一个单元意念的关系。

从自然状态下自然人的自然权利到社会状态下自然人的法律权利，法律的享有者都是一个个自主而独立的个人。近代法律权利的个体性是鲜明的。

---

〔1〕 康德认为，自然状态产生私法与私人权利，国家状态产生公法与公共权利。但是，法律只能存在于国家状态，因此，自然状态下谈不上私法与私人权利。康德的《法的形而上学原理——权利的科学》一书"私法私人权利"部分也表述：许多的私法只能在国家状态才能存在。康德这一权利分类存在理论上的不自洽。

〔2〕 ［德］康德：《法的形而上学原理——权利的科学》，沈叔平译，商务印书馆 1991 年版，第88 页。

〔3〕 ［德］黑格尔：《法哲学原理》，范扬、张企泰译，商务印书馆 1961 年版，第 54 页。

〔4〕 ［德］黑格尔：《法哲学原理》，范扬、张企泰译，商务印书馆 1961 年版，第 217 页。

如费希特所言，"法权概念是关于理性存在物之间的一种关系的概念"。[1]理性是人的理性。所谓理性存在物即个体自然人，费希特所言的权利就是一种个人与个人之间的关系。

二、环境整体性及其与个体理性、个体权利的不相融

(一) 环境的整体性

生态系统是一个动态发展的系统，不仅其内部有着层次结构上的等级秩序，其各组成部分之间也是相互联系、相互作用的。因而说，"生态系统是一个网状组织，在其中，内在价值之结与工具价值之网是相互交织在一起的。"[2]呈现为网状的生态系统是一个完整的体系，体现出整体性的特质。[3]自然界是一个有机联系的整体，这个整体就是一个生态系统。"人直接地是自然存在物"，作为"自然界的一部分"[4]的人类生存于生态系统也依赖于生态系统。作为系统中的组成部分，人类无法违背生态系统的整体性。

古代人类囿于认知能力，对大自然认识十分有限，自然留给人类的印象是神秘。人类对自然的情感则是崇拜与敬畏，乃至神化自然。生产力的相对低下以及人们对自然的朴素认识和情感成就的是人与自然的和谐相处关系。环境权产生的根源——生态环境问题，始于人性解放后的近代。人性解放是文艺复兴的历史功绩。文艺复兴倡导人本主义，凸显人的个体性，力主一切以人为中心。由此，自然界对于人而言不再神秘，自然界不再是一个充满迷魅的存在，人们丧失了敬畏自然之心。自然在人类面前的高大与神秘感消失，人们开始成为自然的主宰。而"自然科学只有一个目的，这就是更加巩固地建立和扩大人对自然万物的统治权"。[5]人是目的、人是自然界的最高立法者、人为自然立法等极端的个体主义思想根本性地颠覆了传统上人与自然的关系。人们常说，文艺复兴运动是人的解放运动。文艺复兴对人的解放，实

---

〔1〕[德] 费希特："以知识学为原则的自然法权基础"，载梁志学主编：《费希特著作选集》(第2卷)，商务印书馆1994年版，第312页。

〔2〕[美] 霍尔姆斯·罗尔斯顿：《环境伦理学》，杨通进译，中国社会科学出版社2000年版，第254页。

〔3〕参见余谋昌：《生态学哲学》，云南人民出版社1991年版，第35~36页。

〔4〕《马克思恩格斯全集》(第42卷)，人民出版社1972年版，第95页。

〔5〕牛庆燕："'魅'之视野下自然观的历史嬗变生态难题"，载《中国石油大学学报(社会科学版)》2011年第1期，第71~75页。

质是对作为个体生物之自然人的承认，是对作为个体生物人的自利性和理性的承认，是对生物人追逐私益的本性的解放。由此，人的理性开始凌驾于自然规律之上，人们坚信"人为自然立法"的观念；人的自利开始逾越生态系统功能的发挥，个体利益走向了环境公益的对立面。在人追逐私益本性的肆虐下，生态环境问题频频出现，人性的张扬导致了环境危机的"自然之死"。概言之，人追逐私益本性的无束缚性发展造就了人们对生态系统整体性的肆意破坏。

对环境危机进行反思，生态学提出，"生态哲学的任务就是要把人是整体的一部分这个通俗的道理告诉人们"。[1]对人与自然关系进行反思，伦理学提出整体主义环境伦理理论，尤其是最早的利奥波德之"大地伦理"。以"大地伦理"为代表的共同体整体主义既关注到了个体间的相互依赖关系还考虑到了个体的自主性。[2]基于对环境危机的反思对环境整体性的认识，整体主义生态观、整体主义环境伦理观产生。生态系统是一个自然整体，由各种生物群落及各种生物所依赖的环境组成。生态系统中无孤立物，各种生态因素相互作用、相互影响。整体主义生态观、整体主义环境伦理观逐渐使人们深刻认识到个体主义在环境事务上的弊端，开始认识到环境整体性的重大意义。

（二）环境整体性与个体理性、个体权利的不相融

通过对自古至今的法学方法论的梳理，当前法学个体主义方法论自近代"3R"运动开始，个体主义方法论立场在法学中至今不曾动摇。个体主义方法论下，法律理性人假设理论、个体权利理论的产生就成为必然。然而，个体的理性追求的只能是个体利益，个体权利维护的也只能是个体利益。法学个体主义方法论转变的巨大历史意义在于人的解放，法律理性人假设理论、个体权利理论对于维护个体利益、解放个体，无疑也有着巨大的社会意义。因此，法学中坚守个体主义方法论是历史的必然。

然而，毕竟个体主义方法论下的法律理性人假设、个体权利假设最终导致的只是个体利益的保护，没有关乎公共利益。公共利益的保护就成为社会

---

　　〔1〕　〔德〕汉斯·萨克塞：《生态哲学：自然——技术——社会》，文韬、佩云译，东方出版社1991年版，第49页。

　　〔2〕　See KATZ E., *Nature as Subject*: *Human Obligation and Natural Community*, Maryland: Rowman & Littlefield Publishers, 1997, p. 37.

的当然问题。公共利益与个体利益是一对对立统一的关系。公共利益与个体利益的对立关系必然要求法学不能绝对地以个体利益作为出发点。尽管所谓的法律社会化似乎就因公共利益而为，但它没有从根本上解决个体利益与公共利益的对立关系。

环境利益是公共利益，以环境公共利益为宗旨的环境权，无法坚守个体主义方法论。因为以个体作为环境法学的逻辑起点与基础，不能与公共利益相吻合。法律理性人及其个体权利的导向只能是个体利益的保护，而公共利益并不是所有个体利益的简单相加。因此，要解决环境等公共利益的问题，就必须转换法学的基本立场，即转换传统的个体主义方法论为整体主义方法论。当然，法学需要坚守个体主义方法论，但并非无空间限制。针对公共利益，以整体利益作为法学的起点和基础，才能真正做到维护公共利益。以环境公共利益为宗旨的环境权，在传统研究中最终难有成就，根源在于传统法学个体主义方法论的限制。

（三）个体权利理论与环境公共利益间的矛盾

法律关系是以权利义务为内容的社会关系。"社会关系的含义是指许多个人的合作。"[1]没有个人之间的利益冲突，不可能产生权利意识。如果没有个人的独立意识，也不可能产生权利问题。基于其自利性和理性，个人有其作为独立个体存在的要求。个人作为独立个体存在的要求在近现代法律意义上首先体现为个人需要享有权利。犹如当代法哲学家诺齐克所言，"个人拥有权利"。[2]"个人权利是个人手中的政治护身符。当由于某种原因，一个集体目标不足以证明可以否认个人希望什么、享有什么和做什么时，不足以证明可以强加于个人某些损失或损害时，个人便享有权利。"[3]

个人拥有权利毋庸置疑，但问题是：是否只有个人才拥有权利？权利的个体主义特性是否恰当？有学者就提出，"个人主义确实难以支撑正义和权利理论"。"个人主义，从来就不是既定的、自然的和永恒的，而是一种历史的

〔1〕《马克思恩格斯选集》（第1卷），人民出版社1972年版，第37页。

〔2〕［美］罗伯特·诺齐克：《无政府、国家与乌托邦》，何怀宏等译，中国社会科学出版社1991年版，第1页。

〔3〕［美］罗纳德·德沃金：《认真对待权利》，信春鹰、吴玉章译，中国大百科全书出版社1998年版，第6页。

形式和结果。个人主义是历史生成的东西，不是生物学上的个体。"[1]所谓的个体不仅指代作为个体的个人，也包括表现为个体形态的法人和非法人组织。

权利的纯粹个体性，带来的是公共利益问题。公共权力维护个体权利，但个体权利并非仅仅为维护其个体私利，而可能竭尽全力地扩展其个体私利从而损及公共利益。因为任何正常人都可能首先考虑的是个人本身的利益。[2]人的自利性虽不能理解为狭义的利己主义，但它绝对具有"普遍的驱动力"。[3]"个人的原则是要尽可能地推进他自己的福利，满足他自己的欲望体系。"[4]这是人的自然本性使然。

权利是人与人之间的关系的体现，现代权利理论虽然承认人的社会性，但其根本立足点仍然只是自然意义上作为个体的个人，并没有涉及人的社会属性。因为现代权利理论是以个体利益为客观条件、以个体自由意志为主观要件的。然而，社会之中不仅存在个人以及法人与非法人组织等个体因素，还存在集体等公共因素。在权利的个体性特征下，自然人、法人与非法人组织等个体都能享有权利，都以权利为法律名义维护其个体私利。但是，并非表现为个体而表现为整体的诸如集体等主体则无法获得法律权利内容，其所拥有的公共利益也即缺乏法律意义上的保障依据。当然，限制个人权利也是维护公共利益的手段之一，但维护公共利益不等于限制个人权利。法律社会化现象如对近代民法三大原则的修正即所有权受限制、契约自由受限、无过错责任原则适用，只是站在个体角度对个体权利进行一定范围的限制与修正，并没有站在整体角度对公共利益提供合理的法律支持。因此，其对社会公益受害问题的应对无法达到如意效果。

环境生态利益是环境公共利益，享有环境公共利益的主体显然不是各个独立的个体个人，而是作为整体形式存在的共同体或者集体。然而，在权利的个体性特性下，作为整体形式存在的共同体无法成为法律权利的主体，由

---

〔1〕 刘日明：《法哲学》，复旦大学出版社 2005 年版，第 261 页。

〔2〕 参见 [英] 边沁：《道德与立法原理导论》，时殷弘译，商务印书馆 2000 年版，第 169 页。

〔3〕 [英] F. A. 冯·哈耶克：《个人主义与经济秩序》，邓正来译，生活·读书·新知三联书店 2003 年版，第 18~19 页。

〔4〕 [美] 约翰·罗尔斯：《正义论》，何怀宏、何包钢、廖申白译，中国社会科学出版社 1988 年版，第 23 页。

此，共同体所享有的环境公共利益便成了缺乏公共权力保障的无主利益，而生态环境在法律意义上也便成了"无主财产"。属于共同体所享有的环境公共利益成为缺失法律保障根据的利益。质言之，由于当前法律权利的个体性特征，以环境公共利益为中心的环境权才无法成就为传统法律意义上的权利。体现环境公共利益的环境权与传统个体权利理论存在着不可调和的矛盾。

法学整体主义方法论下环境权的生成

　　第二部分分析问题，拟解答法学整体主义方法论下环境权何以可能的问题。以整体主义为方法论，该部分主要分析环境权生成的利益基础（第三章）、主体基础（第四章）以及权利基础（第五章）。三大生成基础的明确可以彰显环境权的本质：环境权是不同于传统个体权利的新型的整体性权利（第六章）。

环境权生成的利益基础

第一节　环境权之环境内涵

从概念的确定性而言，法律中使用的法律概念必须具有一致性。故而，环境权之环境也应当是环境法之环境，研究环境权之环境也是研究环境法之环境。然而，尽管我国环境法制定已有 30 余年历史，但环境概念却没有得到应有的统一认识。

一、环境与资源关系：我国环境法的环境概念问题

（一）我国环境法史中的"环境即资源"思想

中华人民共和国成立之初，工业不发达，相当长的时间内没有发生足以引起人们反思的环境问题。1972 年，我国参加第一次环境保护全球会议"联合国人类环境会议"，会议形成了国际文件《人类环境会议宣言》，环境保护问题开始进入我国视野。1973 年，我国召开第一次全国环境保护工作会议，形成我国第一个环境保护文件《关于保护和改善环境的若干规定（试行草案）》。此后，环境保护问题上升到宪法层面。1978 年《宪法》第 11 条第 3 款规定："国家保护环境和自然资源，防治污染和其他公害。"在宪法精神指导下，1979 年，我国制定第一部环境保护基本法《环境保护法（试行）》。经 10 年试行，在大规模修改的基础上，1989 年颁布《环境保护法》。又历经 25 年实施，该法 2014 年再次修订。

《人类环境会议宣言》提出，"为了实现更合理的资源管理从而改善环境，……使发展同保护和改善人类环境的需要相一致"。该宣言内容逻辑明确：管理好自然资源才能保护好人类环境，发展应当与环境保护相一致。那么，发展与自然资源之间是何种逻辑关系呢？发展是对自然资源的利用，离

开了自然资源的利用就谈不上发展。由此，发展与环境保护的关系就是自然资源利用与环境保护的关系。自然资源利用与环境保护的关系在哲学意义上是对立统一的关系：在一定程度上的自然资源利用能够实现环境保护，而超过程度上的自然资源利用也会导致环境破坏。该对立统一关系在我国1973年《关于保护和改善环境的若干规定（试行草案）》中得到落实，如其规定："对自然资源的开发……都要考虑到对气象、水生资源、水土保持等自然环境的影响。"1978年《宪法》第11条[1]也遵守了发展与环保的对立统一关系。该条第1、2款规定国民经济的发展，第3款规定环境保护。第1、2款与第3款之间的内在逻辑是：因为第1、2款的发展国民经济可能导致环境破坏，所以才有第3款的保护环境。然而，倘若撇开第1、2款内容而只关注第3款规定，内涵则完全不同。第3款规定"国家保护环境和自然资源"，环境与自然资源并列为保护对象，只表达了环境保护与资源利用之间的统一关系。

1979年《环境保护法（试行）》第1条"立法依据"搬用了1978年《宪法》第11条第3款内容，微妙地改变着人们对资源与环境关系的认识。在"保护环境和自然资源"的立法依据下，1979年《环境保护法（试行）》第2条[2]"立法目的"表述为"合理地利用自然环境，防治环境污染和生态破坏"，直接以"自然环境"替代了"自然资源"，将自然资源的利用兑换为自然环境的利用。在"环境与资源的统一关系"认识下，该法第3条再次将环境定义为"大气、水、土地……自然保护区、生活居住区等"，直接将水与气、森林与土地等自然资源等值于环境。该规定直接导致环境即自然资源、自然资源即环境的结果。显然，1978年《宪法》"国家保护环境和自然资源"的表述是将环境与自然资源区别开来的，而1979年《环境保护法（试行）》则背离了这一思想。

---

〔1〕 1978年《宪法》第11条规定："国家坚持鼓足干劲、力争上游、多快好省地建设社会主义的总路线，有计划、按比例、高速度地发展国民经济，不断提高社会生产力，以巩固国家的独立和安全，逐步改善人民的物质生活和文化生活。国家在发展国民经济中，坚持独立自主、自力更生、艰苦奋斗、勤俭建国的方针，以农业为基础、工业为主导的方针，在中央统一领导下充分发挥中央和地方两个积极性的方针。国家保护环境和自然资源，防治污染和其他公害。"

〔2〕 1979年《环境保护法（试行）》第2条规定："中华人民共和国环境保护法的任务，是保证在社会主义现代化建设中，合理地利用自然环境，防治环境污染和生态破坏，为人民造成清洁适宜的生活和劳动环境，保护人民健康，促进经济发展。"

1989 年《环境保护法》第 2 条的环境定义继受了 1979 年《环境保护法（试行）》对自然资源进行列举的方式，同时增加了概括性条款内容即"影响人类生存和发展的各种天然的和经过人工改造的自然因素的总体"。该概括性条款内容仅限缩了概念的外延，并没有改变环境概念的内涵即"环境是自然因素的总体"。质言之，1989 年《环境保护法》的环境定义没有改变 1979 年《环境保护法（试行）》"环境即自然资源"的定性。其实，当时学者们也认为环境、国土与自然资源是无法分开的，甚至就是一回事。他们认为，环境、国土与自然资源的不可分性决定了环境法、国土法、自然资源法在法律的调整对象上是一致的。因此，"环境法、自然资源法、国土法，实际上是从不同角度来看待同一事物，调整同一类型社会关系，解决同一问题，实现同一目的的"。[1]如此，无论在立法实务上还是在法学理论上，环境即资源的结论如同定律一样被确认，"环境是资源已逐渐为人民所认识"。[2]

20 余年后，环境即资源的思想终于在政府部门的设置中得到改变。2018 年，根据我国《国务院机构改革方案》，不再保留环境保护部而设立生态环境部，不再保留国土资源部而设立自然资源部。生态环境和自然资源在国务院部委设置思想中得到明确区分。

（二）我国"环境即资源"的学术认识

在环境与资源关系问题上，学术界认识虽有不同，却并没有脱离"环境即资源"的框架。有学者认为，资源就是可以被人利用的环境，水、土、空气等因素是自然资源，同时也组成了自然环境，"环境与资源是一个东西"。[3]有学者认为，"各种自然资源都是构成环境的要素，环境也是一种自然资源"。[4]这些观点是"环境即资源"思想的最直接体现。也有学者提出，环境要素是资源，如"人类在生产、生活和精神上所需的所有物质、能量、信

---

[1]　马骧聪："关于环境法、自然资源法和国土法的思考"，载《法学研究》1989 年第 6 期，第 82 页。

[2]　城乡建设环境保护部环境保护局编：《环境工作通讯汇编》，中国环境科学出版社 1984 年版，第 231 页。

[3]　参见国家建委人事教育局教育处、国家建委国土局办公室：《国土研究班讲稿选编》（内部资料），1982 年版。

[4]　李金昌："环境价值及其量化是综合决策的基础"，载国家环境保护局编：《迎接新世纪的挑战——环境与发展理论文集》，中国环境科学出版社 1996 年版，第 55 页。

息、劳力、资金、技术、机能等'初始投入'和环境要素都是资源"。[1]该观点认为，资源包含环境。还有学者认为，环境包含资源，环境比资源范围更广，能够被人利用的环境要素就是自然资源，自然资源都包括在环境之中。"环境和自然资源的关系是一种包含和被包含的逻辑关系。"[2]无论环境包含资源还是资源包含环境，又或者是资源等于环境，都没有脱离"环境即资源"的基础。环境包含资源或资源包含环境不过是对"环境即资源"思想的细化或"完善"。它们的共同结果是自然资源保护属于环境保护的内容。[3]

理论上环境与资源关系的认识不同，也导致了环境保护方面的法学教材称谓差异巨大，有的被称为《环境法》或《环境法学》，有的被称为《环境保护法学》，还有的被称为《环境与资源保护法（学）》或《环境资源法（学）》。教材称谓的巨大差异蕴含着学界对环境法外延认识的严重分歧。环境法外延认识分歧主要有二分论、三分论之分。二分论又分"环境与资源二元论"和"环境与生态二元论"。"环境与资源二元论"在资源问题上又存在细微差别。有学者认为，自然资源法中仅涉及自然资源保护的法律才是环境法，环境法包括环境污染防治法和自然资源保护法。[4]也有学者认为，关于自然资源所有的法律都属于环境法的范畴。自然资源法不仅包括保护自然资源，还包括开发、利用自然资源的法律规范，诸如矿产资源法、土地法等均属于环境法范畴。[5]显然，"环境与资源二元论"就是"环境即资源"思想的产物。

"环境与生态二元论"即环境法包括环境污染防治法和生态环境保护法。所谓生态环境保护法包括生物资源保护法与非生物资源保护法。[6]从这些生态环境保护法的内容来看，所谓生态环境保护法也是保护（生物或者非生物

---

〔1〕 秦大河："中国资源可持续发展"，载陈复主编：《中国人口资源环境与可持续发展战略研究》，中国环境科学出版社 2000 年版，第 273 页。

〔2〕 黄锡生、李希昆主编：《环境与资源保护法学》，重庆大学出版社 2002 年版，第 2 页。

〔3〕 参见戚道孟主编：《环境法》，南开大学出版社 2001 年版。

〔4〕 参见汪劲：《环境法学》（第 3 版），北京大学出版社 2014 年版。金瑞林主编：《环境法学》（第 3 版），北京大学出版社 2013 年版。

〔5〕 参见蔡守秋主编：《环境资源法教程》，高等教育出版社 2004 年版，第 275 页。

〔6〕 参见周珂、高桂林、楚道文主编：《环境法》（第 4 版），中国人民大学出版社 2013 年版。周珂主编：《环境与资源保护法》（第 3 版），中国人民大学出版 2015 年版。张梓太主编：《环境与资源保护法学》，北京大学出版社 2007 年版。

等）自然资源的法律。从实质而言，与自然资源保护法不同的是，生态环境保护法在自然资源保护法基础上以生态为名义明确增加了生物资源的保护。两者都是自然资源保护法。可见，"环境与生态二元论"只是"环境与资源二元论"的变形体。

三分论又分为"污染、资源与生态论"和"污染、生态与利用论"。"污染、资源与生态论"认为，环境法包括环境污染防治法、自然资源保护法和生态保护法。[1]而所谓生态保护法即指野生动植物保护法、风景名胜区保护法等内容。野生动植物资源在严格意义上也属于自然资源，该生态保护法也属于自然资源保护法的范畴。由此，"污染、资源与生态论"没有逃离"环境、资源"两大内容。

"污染、生态与利用论"认为环境法包括环境污染防治法、自然生态保护法和资源利用法等。[2]自然生态保护法虽被冠以生态名义，其实质仍然是自然资源保护法。"污染、生态与利用论"是我国早期学者的通识性观点，如环境法学前辈金瑞林教授就认为，环境法是"关于保护和改善环境、合理开发利用与保护自然资源，防治污染和其他公害的法律规范的总称"。[3]"污染、生态与利用论"是受"环境即资源"思想影响最深的学说之一。既然环境即资源，因此，资源利用当然属于环境法的内容。资源利用论曾给环境权学说造成一定影响，部分学者将资源利用作为环境权的内容之一。[4]当然，资源利用论已遭到大部分学者的反对。反对者认为，开发利用资源可能导致环境污染与破坏，但与污染破坏环境并不同质，因而不属于环境法的内容。除去资源利用论内容，生态保护内容指代自然资源保护，"污染、生态与利用论"也只剩下"环境污染和资源保护"。

综合二元论和三元论可见，学者眼中的环境法没有超出以下三大块内容，即环境污染防治法、自然资源保护法、生态环境保护法。在环境污染防治法与自然资源保护法之外，独辟蹊径地在环境法中增加生态环境保护法内容，

---

〔1〕　参见陈泉生主编：《环境法》，厦门大学出版社 2013 年版。曹明德主编：《环境与资源保护法》，中国人民大学出版社 2016 年版。

〔2〕　参见赵云芬主编：《环境法》，中国政法大学出版社 2014 年版。

〔3〕　金瑞林主编：《环境与资源保护法学》，北京大学出版社 2006 年版，第 271 页。

〔4〕　部分环境法学者将自然资源开发利用权如采矿权、取水权等归入环境权范畴。参见王社坤：《环境利用权研究》，中国环境出版社 2013 年版，第 184 页。

是颇值得称颂的。然而，所谓生态环境保护法，也只停留在生物资源保护方面而没有独立于自然资源保护的内容，因而最终也只是自然资源保护法而已。由此，学者眼中环境法的实质性内容只有环境污染防治法、自然资源保护法。环境法外延认识分歧的二分论、三分论都只是"环境和资源"两个主题的体现，关乎"环境"主题的是环境污染防治，关乎"资源"主题的是自然资源保护。那么，为什么学者眼中的环境法只存在"环境与资源"两大主题呢？答案还得回到环境法学界对环境的本质认识上，因为环境就是资源的总体。"环境即资源"思想深深根植在中国现代环境法学思想中。那么，环境真的不等值于资源吗？

二、生活环境：环境法不能承受之重

虽然在第 1 条"立法目的"中，1989 年《环境保护法》将环境区分为生活环境与生态环境，而 2014 年《环境保护法》未加区分，但在第 2 条对环境的定义上，两部法律的环境内涵没有发生实质变化，都是"影响人类生存和发展的各类天然的和经过人工改造的自然因素的总体"，只是 2014 年《环境保护法》在自然因素的列举上增加了"湿地"内容。如此看来，2014 年《环境保护法》的环境并没有否认生活环境。

（一）生活环境的内涵

虽然 1989 年《环境保护法》在第 1 条提出了生活环境的概念，但该概念至今含义不明。《资源环境法词典》对生活环境做如下解释："与人类生活密切相关的各种天然的和经过人工改造的自然因素，如房屋周围的空气、河流、水塘、花草树木、风景名胜、城镇、乡村等，包括自然环境和社会环境。"[1]显然，该解释存在矛盾之处。因为如果解释的前半部分"自然因素"正确，那么后半部分"包括自然环境和社会环境"就错误。矛盾的原因是，前半部分内容抄袭的是我国环境法规定的环境概念，后半部分则接受了人们对生活环境的一般理解。

据《现代汉语词典》，生活是"为了生存和发展而进行的各种活动（名词）、衣食住行等方面的情况（名词）、进行各种活动（动词）、生存（动

---

〔1〕　江伟钰、陈方林主编：《资源环境法词典》，中国法制出版社 2005 年版，第 403 页。

词）"。[1]而环境是指"周围的地方或周围的情况和条件"。[2]1989 年《环境保护法》将生态环境与生活环境并列。其中，生态是名词，生活一词也应作名词理解才为合理。故而，生活环境中的生活可以理解为：为了生存和发展而进行的各种活动，或衣食住行等方面的情况。对于生活环境中的环境，如果理解为"周围的地方"显然含义过于狭窄，故而宜做"周围的情况和条件"解释。据此，生活环境似乎可以解释为：人们的衣食住行或从事各种活动时的周围条件和情况。显然，生活环境这一内涵甚广，既包括与生活相关的各种自然情况，也包括与生活相关的各种社会情况；既可以是居家环境、院落环境，也可以是社区环境、城市环境等。当然，可以肯定的是，与生活相关的各种社会情况显然不属于环境法之环境内涵。由此，环境法中的生活环境应当限制为：人们的衣食住行或从事各种活动时的周围自然条件和自然情况。然而，纵使如此，该概念范围之广仍然可以包含生态环境在内。鉴于1989 年《环境保护法》将生态环境与生活环境并列，生活环境还应做进一步限制：生态环境除外的，人们的衣食住行或从事各种活动时的周围自然条件和自然情况。不可否认，该定义下的生活环境内涵仍然不甚明了。

环境学界将环境价值分为使用价值和非使用价值两类。使用价值是指因物品的使用或消费而满足人们需要的作用。使用价值又区分为直接使用价值、间接使用价值和选择价值。直接使用价值是环境资源直接进入生产或消费过程而产生的使用价值，如木材、休闲娱乐、居住、宜人风景等是森林产生的直接使用价值。间接使用价值是环境资源不直接进入生产或消费过程但却提供各种功能从而使人间接获得的价值，如森林的净化空气、保持水土等价值。而选择价值则是将来的直接或间接使用价值。非使用价值与使用与否没有关系，是环境资源的内在价值，包括存在价值和遗赠价值。存在价值是环境资源继续存在的知识价值，而遗赠价值则是为后代遗留下来的使用价值和非使用价值。

纵览环境价值体系，在非使用价值中，遗赠价值关涉的是为后代遗留环境资源的问题，存在价值关涉的是环境资源继续存在的问题。非使用价值与

---

　〔1〕　中国社会科学院语言研究所词典编辑室编：《现代汉语词典》（第 5 版），商务印书馆 2005年版，第 1218 页。

　〔2〕　中国社会科学院语言研究所词典编辑室编：《现代汉语词典》（第 5 版），商务印书馆 2005年版，第 594 页。

前述"衣食住行或从事各种活动时的"生活关联度不高，没有体现出生活环境的内涵。在使用价值中，间接使用价值是如森林的净化空气、保持水土等价值，"它类似于环境资源的生态功能所提供的效益"，而"选择价值又称期权价值，任何一种环境资源都具有选择价值。当代人在利用环境资源的时候，可能并不希望在本代就把它的功能耗尽。"[1]显然，间接使用价值和选择价值体现了生态的意蕴，而没有体现生活环境的内涵。相反，使用价值中的直接使用价值关注的是直接进入生产或消费过程的环境资源，体现直接使用价值的环境资源表现为物质财产资源，而与生态环境无关。作为物质财产资源，体现直接使用价值的环境是人们"衣食住行或从事各种活动时"的周围自然内容，属于生活环境范畴。概括可见，环境资源的间接使用价值、选择价值以及非使用价值体现了生态意蕴，只有直接使用价值与"衣食住行或从事各种活动"的生活相关。因此，体现间接使用价值、选择价值以及非使用价值的环境是生态环境，体现直接使用价值的环境才是生活环境。环境价值也分为有形的资源价值和无形的生态价值，[2]生态环境体现无形的生态价值，而生活环境体现有形的资源价值。

综合前述，生活环境是指人们衣食住行或从事各种活动时只体现直接使用价值或有形的资源价值而不体现为生态价值的周围自然条件和自然情况。以资源价值或直接使用价值为基础的生活环境有别于以生态价值为中心的生态环境。作为生活环境的自然条件和自然情况是静态的。体现生态价值的生态环境则是生态系统中物质能量转化的动态过程。

（二）生活环境与传统民法的契合

依环境经济学，环境资源按使用价值可以分为四类，即物质性资源、环境容量资源、舒适性资源、自维持性资源。[3]其中，环境容量资源以其同化污染物产生价值，而自维持性资源的主要功能是维持生态平衡。这两者均以生态为归宿，当属生态环境范畴。以其实物形态存在（如土地、矿产等）的物质性资源，以及主要满足于人类精神需求的舒适性资源，主要作用在于满足人类"衣食住行或从事各种活动时"的物质性和精神性需要，不体现生态

---

[1] 高岚、田明华、吴成亮主编：《环境经济学》，中国林业出版社2007年版，第51页。
[2] 参见李克国主编：《环境经济学》（第2版），中国环境科学出版社2007年版，第64页。
[3] 参见李克国主编：《环境经济学》（第2版），中国环境科学出版社2007年版，第188~189页。

价值而"只体现直接使用价值或有形的资源价值",才是生活环境。

　　生活环境中的物质性资源以生产要素等形式进入生产或消费过程,表现为物质财产,其核心价值是经济价值。作为体现经济价值的物质财产,物质性资源在法律层面上都有其权利归属,或归属个体或法人和非法人组织,或归属于集体或国家。纵使是尚没有进行权利归属的无主物,也有民事先占制度为其解决未来的权利归属问题。当然,如果相关环境资源所体现的利益无法进行财产权利化即无法获得权利归属,这即意味着这种环境资源无法进入生产或消费过程,因而不是物质性资源。《民法典》"物权编"第205条规定:"本编调整因物的归属和利用产生的民事关系"。物质性资源为人类提供物质性财产利益,为实现定分止争,传统法律已经为物质性资源提供了权利归属方案。

　　当然,物质性资源提供财产利益的情形不同,其所体现的权利内容也会不同,如所有权、捕捞权、放牧权、狩猎权、采矿权,乃至土地资源开发利用权等。但这些权利内容并没有超出物权法意义上的权利范畴。物质性资源在权利归属上的楚河汉界是清楚明确的。纵使因物质性资源相邻关系而产生冲突,在法律层面上也只体现为民事权利主体之间的冲突,可在传统私法领域中得到解决。《民法典》"物权编"第293条规定:"建造建筑物,不得⋯⋯妨碍相邻建筑物的通风、采光和日照。"学者将该规定视为通风权、采光权和日照权的根据。因物质性资源的相邻关系而衍生的日照权、通风权、采光权等,也是对物质性资源利益进行民事权利化的结果。正如有学者所言,"采光权、通风权、眺望权和景观权等的救济,排除妨碍、恢复原状即可"。[1]排除妨碍、恢复原状等是纯粹的传统民事救济措施,该救济措施下的采光权、景观权等非民事权利莫属。换言之,对于通风、日照、眺望等内容,并没有环境法进行规制的余地。综合可见,生活环境中的物质性资源本身具有民事属性,传统民法已经为物质性资源提供了足够的法律规制力量。

　　生活环境中的舒适性资源是满足人类精神需求的环境资源,如各类景观资源、人文遗迹、公园、风景名胜区等。该类生活环境资源所体现的核心价值是娱乐、美学、文化等。无论是自家的前庭后院景观还是国有的公园与风景名胜区,舒适性资源带给人们的都是精神上的审美享受。所不同的是,国

─────────

〔1〕 杨朝霞:"论环境权的性质",载《中国法学》2020年第2期,第283页。

有公园等环境资源满足大众的精神需求，而前庭后院景观只满足个体的精神需要。相同的是，两者都首先是对个人的精神需要的满足。个人的精神需要是个人利益的体现，体现民事属性。如果要将个人的精神需要上升为法律权利，必然体现为个人的权利即民事权利。纵使当前精神利益不能上升为独立的精神权利，但是，为人们提供审美价值的舒适性资源首先必须以财产方式存在，舒适性资源在法律意义上要么首先体现个人财产权、法人或非法人组织的财产权，要么首先体现为国家财产权。由此可见，舒适性资源是有其民事权利归属的，也属于传统民法的调整范围。

概括前述，生活环境无论体现为物质性资源还是舒适性资源，都表现出典型的民事属性。物质性资源可以表现出所有权、捕捞权、采矿权等权利内容，舒适性资源也可以表现出所有权等甚至可能表现出眺望权或景观权等权利内容。这些权利内容都是传统民法对人们利用物质性资源或舒适性资源即生活环境要素的法律确认，或可统称为自然资源开发利用权。自然资源开发利用权作为民事权利在价值取向上与环境权明显不同。[1]法律承认和尊重生活环境的方式是赋予其民事权利之名。或者说，只有将生活环境进行民事权利化，自然人的民事生活才有相应的法律依据，如财产权利依据等。当生活环境构成因素获得民事权利化，对生活环境的破坏就是对个体或国家的民事权利的侵害。传统民法足以胜任对生活环境的法律规制。

体现为物质性资源和舒适性资源的生活环境，与体现为环境容量资源和自维持性资源的生态环境，两者价值内涵不同。对作为物质性资源和舒适性资源的生活环境造成损害，仅仅造成经济价值或审美价值的损失，并不涉及生态价值的损害，更不会因生态损害而造成公众的生命健康损害。以经济价值和审美价值为基础的生活环境，在传统意义上早已归属于民法或经济法的调整范围，也与我国 1979 年《环境保护法（试行）》、1989 年《环境保护法》、2014 年《环境保护法》的立法目的"防治污染和其他公害，保障人民健康"无关。将生活环境纳为新兴环境法的规制对象，只会导致我国环境法目标不明、体系混乱的局面，也是导致"环境法学尚未完全系统性地形成能

---

〔1〕 杨朝霞："论环境权的性质"，载《中国法学》2020 年第 2 期，第 280 页。

够体现法学学科性质和本质特征的基础理论"〔1〕的根本原因。生活环境是我国环境法所不能承受之重,是我国环境法学研究不舍而当舍的对象。

三、生态环境:环境法的产生根源

(一) 工业革命下社会生产力的发展是环境法产生的外在诱因

环境法的世界发展史可以分为三大阶段,即工业革命之前的环境法萌芽阶段、工业革命至第二次世界大战结束时期的环境法形成阶段以及第二次世界大战结束之后的环境法发展阶段。古代人类因生产力低下,给环境造成损害的能力十分有限,因而古代社会没有现代意义上的环境法内容。环境问题肇始于近代工业革命时期。工业革命是大规模工厂化生产取代个体工场手工生产的生产与科技革命。18 世纪 60 年代,人类进入蒸汽机时代即第一次工业革命时期,机器生产大规模取代人力生产。蒸汽机的发展为电气发展奠定了基础。19 世纪下半叶起,人类开启了第二次工业革命而进入电气时代,工业生产技术飞速发展。

经两次工业革命的推动,社会生产力得到前所未有的提高。其中,劳动者的劳动能力大幅提高,机器作为实体性劳动手段、科技作为非实体性劳动手段都得到广泛运用。相应地,自然资源作为劳动对象也得到前所未有的开发利用。就在该自然资源前所未有的开发利用过程中,环境问题渐次呈现。英国是最早开始工业革命的国家,也是最早出现环境问题的国家,如 1873 年、1880 年和 1892 年伦敦三次煤烟污染事件导致 2000 多人死亡,1905 年英国格拉斯哥城发生烟雾事件致死 1000 余人。由于大规模开发导致水质变化等环境问题,英国于 1833 年颁布《水质污染控制法》。这是最早的环境法规定。由于运用新科技制碱而排放大量氯化氢等有毒气体,大气环境污染严重,1863 年英国制定《制碱业管理法》。1876 年,为防止河流进一步污染,英国实施《河流防污法》。为防治煤烟污染问题,1913 年英国颁布《煤烟防治法》。

第一次工业革命中,美国科技应用首先导致了煤烟污染等环境问题。为防止煤烟污染,美国于 1864 年颁布《煤烟法》。这是美国的早期环境法。第

---

〔1〕 李启家:"环境法律制度的完善与创新",武汉大学环境法研究所,载 http://aff. whu. edu. cn/riel/article. asp? ID=29471,最后访问日期:2020 年 1 月 28 日。

二次工业革命后，作为第二次工业革命的科技应用领头羊，美国的恶性公害事件开始赶超英国，同时，各国都产生了严重环境事件，如 1930 年比利时马斯河谷大气污染事件、1948 年美国多诺拉镇烟雾事件、20 世纪 40 年代美国洛杉矶光化学烟雾事件。此后，1952 年伦敦烟雾事件、1961 年日本四日市哮喘病事件、20 世纪 50、60 年代日本水俣病事件、1955 年至 1972 年日本痛痛病事件、1968 年米糠油事件[1]等公害事件均造成无法估量的人身与财产损害，环境问题飙升为环境危机，环境保护问题成为全球性的问题。1966 年，联合国开始关注环境问题，1972 年召开第一次全球人类环境会议并通过《人类环境宣言》。至此，环境法进入现代发展阶段。

从世界环境法发展史可知，因工业革命导致环境问题最早的国家是英国和美国，最早产生环境法的国家也是英国和美国。第一次工业革命起始于 18 世纪 60 年代后，作为第一次工业革命发源地的英国在 19 世纪上半叶即发生环境问题，环境法开始出现。第二次工业革命肇始于 19 世纪下半叶，作为第二次工业革命最大受益者的美国在 19 世纪下半叶就开始发生环境问题，也相应制定了环境法。作为两次工业革命的"功臣"，英美两国是世界最早产生环境法的"功臣"。无疑，工业革命或者说工业革命带来的突飞猛进的社会生产力，是导致环境恶化乃至环境危机的直接原因，或者说是环境法产生的直接诱因。

那么，社会生产力的发展是否一定会导致环境恶化乃至环境危机吗？答案显然是否定的。从世界环境史看，近现代重大环境事件都产生于工业发达国家——英、美、日等国，生产力的发展程度似乎确实与环境破坏情况成正比关系。然而，英、美、日等国意识到环境问题以后，其环境事件已然明显减少，严重环境问题发生频率明显减弱。工业革命及其带来的社会生产力发展是导致环境问题和环境危机的直接原因，是环境法产生的直接诱因，却并非内在根据。

（二）过度索取和排放造成生态损害是环境法产生的内在根据

"人类开发自然资源的基本动力来源于生存的需求，以及改善福利和生活质量的需求。"[2]人类需要获取物质能量，就需要不断地利用自然资源。需要不断提高人类福利和生活质量，就需要创造性开发自然资源。不可否认，自

---

〔1〕　参见蔡守秋主编：《环境资源法教程》，高等教育出版社 2004 年版，第 23 页。

〔2〕　张丽萍编著：《自然资源学基本原理》，科学出版社 2009 年版，第 203 页。

然界向生物提供物质与能量有其自身的自然客观规律。因此，人类尊重自然规律而利用自然，自然界能提供人类所期望的物质能量，为人类提供福祉。而若人类违背自然规律而改造自然，自然界提供的则可能是人类所避忌的物质能量，给人类带来不幸与灾难。工业革命以前，人类从自然界中获取物质与能量的主要手段是手工劳动。手工力量是渺小的，开发利用自然资源的能力也是十分有限的，人类对自然环境的影响乃至损害也是微弱的。正是在这一物质前提下，近代工业革命以前不会产生现代意义上的环境法。

"生态系统（ecosystem）是指一定空间区域内生物群落与生物环境之间通过不断进行物质循环、能量流动和信息传递过程而形成的相互作用和相互依存的统一整体。"[1]生态系统包含生物成分和非生物成分。生物成分中的生产者可以通过光合作用把无机物转化为有机物，把太阳能转化为化学能如绿色植物等，是自养生物。生物成分中的消费者则是异养生物，依赖生产者制造的有机物质为生，如动物包括人类。生物成分中的分解者将动植物尸体或排泄物分解成简单化合物，如细菌、真菌和原生动物等，其作用与生产者相反。非生物成分包括无机元素和化合物、气候因子（如光、温、水、气等）或其他物理条件（如压力）。生态系统中的能量流动、物质循环和信息传递具有相对稳定性。"生态系统的稳定性可以分为两类：一是抵抗力稳定性，指生态系统抵抗干预和保护自身结构与功能不受损伤的能力，二是恢复力稳定性，指生态系统被干扰、破坏后自我恢复的能力。"[2]

工业革命以前，手工劳动能够给自然生态造成的影响都在生态系统的抵抗和恢复能力之内，因而不会导致生态系统能量流动、物质循环和信息传递的紊乱，也就不会导致生态系统成分的损害，即没有表现出环境问题。然而，工业革命改变了世界的面貌，在政治上改变了社会结构，形成两大对立阶级即工业资产阶级和无产阶级；在经济上提高了社会生产力，手工劳动生产被机器规模生产所取代，手工工场被机器工厂所替代，传统农业社会向现代工业社会转变。这是人类社会的巨大进步，是人类自然资源开发能力的极大提高。但自然资源开发能力的极大提高不仅意味着人类向自然界索取物质能量能力的极大提高，也意味着人类向自然界排放废物能力的极大提高。

---

〔1〕　孙振钧、王冲主编：《基础生态学》，化学工业出版社 2007 年版，第 177 页。
〔2〕　张丽萍编著：《自然资源学基本原理》，科学出版社 2009 年版，第 82 页。

当人类向自然界索取和排放的能力超出了生态系统的抵抗能力和恢复能力，生态系统的结构与功能将遭受损伤而无法自我恢复。这也意味着生态系统中各成分之间的能量流动、物质循环和信息传递遭受破坏。作为生态系统的成分——人类无法在该遭受破坏的生态系统中独善其身。紊乱的能量流动、物质循环和信息传递，带给人类的必然是人类所避忌乃至无法承受的物质能量和信息。这就是生态系统对人类的报复性损害。正如恩格斯所言，对于我们的每一次胜利，自然界都报复了我们。近现代历史上的环境危害事件无一不是人类为追求经济利益向自然过度索取或过度排放而损害生态系统的结果。如1930年比利时马斯河谷事件，是因为过度排放工业有害废气与粉尘而导致大气生态系统无法及时自净，其生态系统成分之间的能量流动、物质循环等最终将毒害物质传递给该生态系统中的人。

无论是向自然生态系统排放废物还是索取自然生态系统的成分（包括生物与非生物成分），都必须以生态系统的稳定性为基本前提。超出生态系统的自我保护能力和自我恢复能力进行索取与排放即意味着索取或排放已经过度。过度索取或排放的结果是生态系统结构与功能遭受损伤，能量流动、物质循环和信息传递紊乱。当然，这一损害结果首先体现在生态系统的其他成分上，常常表现为物质财产权利的损害。如流域污染导致流域生态系统破坏，流域内的鱼类因生态系统破坏而无法获得正常的能量物质循环而死亡。鱼类的死亡是人们的财产权益的损害。但是，生态系统的损害最终会通过紊乱的能量流动、物质循环和信息传递而体现在人类身上，表现为公众的生命健康权损害。这种损害不是个别性的损害而是集体性的损害，如前述1930年比利时马斯河谷事件等的损害结果。生态系统损害仅仅表现为财产权益受到侵害时，难以引起人类对环境破坏的警觉。只有在生态系统损害导致多次且大面积人口的生命健康权损害后，人类才开始反思生态环境对人类的基础意义，才在20世纪陆续产生环境学、自然资源学、生态学等，[1]因此可以说，19世纪刚

---

[1] 环境学作为一门科学产生于20世纪50、60年代，以"人类-环境"系统（人类生态系统）为特定的研究对象。参见陈英旭主编：《环境学》，中国环境科学出版社2001年版，第10~11页。自然资源学是一门研究人与自然界中可转化为生产、生活资料来源的物质与能量间相互关系的科学。自然资源学作为一门较为完整的学科登上当代科学的舞台是在20世纪70年代。参见张丽萍编著：《自然资源学基本原理》，科学出版社2009年版，第9页。生态学是研究生命系统与环境相互关系的科学，现代生态学发展于20世纪60年代。参见常杰、葛滢编著：《生态学》，浙江大学出版社2001年版，第1、7页。

产生的环境法并没有关注到环境的生态意义,"头痛医头、脚痛医脚"是其必然现象。

　　向自然生态系统排放废物和索取自然生态系统的生物与非生物成分是人类生存的基本前提。但过度的索取或排放则会损害人类的生存基础——自然生态系统。对作为人类生存基础的生态系统的损害,显然不只是对静态的物质财产资源的损害,而是对生态系统结构和功能的损害,是对生态系统成分之间物质能量循环的动态过程的损害。只有能量流动、物质循环和信息传递的紊乱,才能威胁到人类的生存基础。过度的索取或排放是超出生态系统的自我保护能力和恢复能力的索取或排放,本身就是对动态生态系统的损害。环境学学者提出,"我们关心的并不是环境是否变化,而是这种变化是否破坏了环境与人以及其他生物的平衡或协调关系——动态的平衡和协调关系"。[1]环境问题是由人为原因引起生态系统破坏而影响人类生存发展的一切问题。[2]环境问题或环境危机不是某一生态成分如河流等物质资源遭受破坏,而是该生态成分与其他生态成分之间的物质能量转化遭受破坏。正是该物质能量转化的破坏才导致大范围人口的生命健康损害,才被称为环境问题。环境用语常常表征静态的四周内容,生态则直接表征各生态成分之间的动态关系。静态意义上的环境概念,显然无法完整表达动态意义上的生态系统内容。环境问题的实质不是静态生态成分的损害,而是各生态要素之间动态关系的破坏,环境问题或环境危机的确切表达应当是生态问题、生态危机。因生态问题、生态危机而产生的环境法的确切表达也应当是生态法,其目的在于保护动态的生态系统而不是保护静态的生态成分。

　　我国环境法的环境概念是各生态成分的简单加总,指代具体的生态成分本身。这是一种只见个体生态成分而不见整体生态系统、只见静态的物质资源而不见动态的物质能量转化的认识偏见。环境问题是生态问题,环境危机是生态危机,环境法也是为了保护生态成分之间正常的物质能量循环即生态系统而产生的。动态的生态系统才是环境法产生和存在的核心与根本。因此,环境法的环境不是作为生态成分的物质个体而是动态存在的生态系统。生态才是环境法的环境根本。事实上,我国环境法学前辈早已指出:现代社会

---

〔1〕　陈英旭主编:《环境学》,中国环境科学出版社 2001 年版,第 24 页。

〔2〕　参见吴彩斌、雷恒毅、宁平主编:《环境学概论》,中国环境科学出版社 2005 年版,第 5 页。

"把人类环境作为法律保护的客体，其最根本的目的是从整体上保护生命维持系统的功能，保护生态系统的平衡，保护和改善人类生存环境"。[1]而在发达国家环境保护立法和法学理论研究中，生态理论备受重视，环境保护也向生态保护转向。如1988年墨西哥颁布《生态平衡和环境保护基本法》。[2]俄罗斯法学者20世纪70年代将环境法概念修正为生态法[3]，2002年俄罗斯《环境保护法》清楚体现了生态法的精神，2004年俄罗斯将生态职能和资源所有职能进行区分。[4]遗憾的是，环境的生态本质并没有得到我国环境法学的厚爱，也没得到我国环境立法的重视。

四、环境法之环境：公共生态环境

（一）环境法目的对生态环境的公共性限制

生活环境是环境法不能承受之重。然而，纵然是生态环境，也并非都是环境法的环境。因为"地球上有无数大大小小的生态系统。大到整个海洋、整块大陆，小至一片森林、一块草地、一个池塘等，都可看成是生态系统"。[5]在生态学上，一个池塘也是一个生态系统，池塘的生态系统也存在被破坏的可能。池塘生态系统的破坏给人们带来的影响也将局限在池塘等有限范围内，如鱼虾动物、草被植物之类的财产损害。这种财产损害范围是有限的。又鉴于该种财产的国有或私有属性，该种生态系统的破坏在民法、经济法等传统法律内即可获得调整。而就一间房间而言，因装修而导致房间内空气污染，该空气污染导致的损失已然不仅仅是财产损害而可能是生命健康损害。那么，该房间环境是否是环境法的环境呢？这里需要考虑两个问题，一是该房间环境的私有性，二是该房间环境的私有性所决定的该房间环境造成损害的个体性。基于这两个因素，纵使该房间环境污染导致是严重的生命健康损害，仍然可以且只能依据民法等传统法律予以调整。因为个人的生命健康权被侵害是该类案件的本质。由于池塘的私有、房间的私有，纵使其范围内的生态系

---

[1] 金瑞林主编：《环境法学》，北京大学出版社2013年版，第4页。

[2] 参见蔡守秋、吴贤静："从环境法到生态法：修改《环境保护法》的新视角——综合生态系统方法的考虑"，载《2007年中国法学会环境资源法学研究会会议论文集》，第2页。

[3] 曹明德："生态法的理论基础"，载《法学研究》2002年第5期，第99页。

[4] 刘洪岩："俄罗斯生态立法的价值选择及制度重构"，载《俄罗斯中亚东欧研究》2009年第6期，第31页。

[5] 孙振钧、王冲主编：《基础生态学》，化学工业出版社2007年版，第178页。

统被破坏而导致财产损害或人身损害，该损害也仅仅表现为私有利益的损害。私益损害问题是传统民事损害或传统刑事犯罪问题，传统法律可以提供足够的救济。简言之，池塘、房间等环境的私有性以及其生态系统破坏而导致损害的个体性，决定了该类环境不能成为环境法上的环境。

然而，当某一生态系统破坏导致的财产或人身损害不具有个体性，而表现出社会性或曰公共性时，该类损害就不是传统的民事损害。民事损害是个体性损害，传统民法等私法能够为个体性民事损害提供救济，却难以为社会性损害或公共性损害提供救济。这正是环境法产生的原因之一。其实，环境法学界对环境的公共性特征早有论述。如学者提出，环境是人类共有环境，[1]环境具有"整体性""共有性"，[2]"环境的内在特性是其生态性、社会性、整体性、相互关联性。"[3]美国的"环境公共财产论"也清楚地反映了环境的公共性特征。环境法的环境是生态环境，环境的公共性则进一步说明环境法的环境只能是公共生态环境。公共生态环境才能体现出生态环境利益的公共性。公共生态环境遭受破坏，公共性的生态环境利益即遭受损害，由此才能表现出损害（包括财产损害和人身损害）的公共性。正是在损害的公共性上，日本才将生态损害称为环境公害。

综合而言，个体性的生态环境产生个体民事权益，由民法等传统法律调整。公共性的生态环境才符合环境法维护生态系统的目标要求，才能成为新型环境法的规制对象。

（二）"环境即公共生态环境"对"环境即资源"的矫正意义

环境概念意义重大。它是环境法制建构的基础，决定着环境法的内涵外延，也是环境法学研究的理论前提，左右着环境法学的核心权利——环境权的发展。

我国当前环境法将环境定义为大气和水、城市和乡村等生态成分，看似完美饱满，事实上却只看到静态的生态成分而没有看到生态成分之间动态的物质能量转化关系，只看到生态成分的个体性而没有看到生态系统的整体性。"只见生态成分局部而不见生态系统整体"已经使环境立法远离了环境法的初衷。在"环境即资源"思想影响下，经济关系和生态关系被交错混合而被称

---

〔1〕 参见陈泉生："公民环境权刍议"，载《福建学刊》1992年第1期，第60页。

〔2〕 参见李艳芳："环境权若干问题探究"，载《法律科学（西北政法学院学报）》1994年第6期，第62页。

〔3〕 李挚萍："环境法基本法中'环境'定义的考究"，载《政法论丛》2014年第3期，第52页。

为"生态经济社会关系",[1]甚至"环境资源化、资源生态化"[2]成了环境法发展的导向。在资源即环境、环境即资源的大前提下,环境法与民法、经济法等传统法律无法界分而混乱不清。或者说,环境法的触角伸到了民法、经济法等传统法律的调整范围之内。资源不等于环境,自然资源立法与环境法之间也不存在等值关系。环境法需要有自己范畴内的环境概念。

环境有大小之分,生态环境也有宽窄之别。产生环境问题和生态危机不是因为传统意义上无所不包的环境发生了变化,而是因为影响人们生存和发展的公共生态环境发生了质变。保护公共生态环境才是环境法的初衷。作为生态成分的自然资源是静态的、个体的,自然资源构成的生态系统则是动态的、整体的。因此,关于自然资源的立法应当根据自然资源作为静态生态成分和作为动态系统内容的不同性质区分开来。以经济利益为基础的自然资源立法是传统民事或经济立法,以整体性生态利益为基础的自然资源立法才是环境立法。犹如对待伤害行为一样,也同时存在民事侵权立法内容和刑事犯罪立法内容,两者所保护的法益不同。因此,作为环境立法,"自然保护地立法以生态环境保护为根本调整目标,且具有调整对象的系统性和调整方式的调适性,契合优先保护生态整体性的需要"。[3]

生态系统以生态成分为基础,却并非生态成分在数量上的加总,而是生态成分之间的物质能量动态转化的整体。作为整体存在的生态系统,集静态生态成分的经济利益和生态系统物质能量动态转化的生态利益于一身。开发利用自然资源或者说向自然界索取与排放,是通过改变生态成分而获得经济利益的过程。只要没有损及生态利益,这一过程就是纯粹的经济利益涉猎过程,一直属于民法和经济法等传统法律的调整范围,因而没有环境法规制的空间。然而,当向自然界索取与排放致生态成分之间的物质能量动态转换发生质变,"动态"的生态利益即遭受损害。这种损害不是传统法律上的私益损害,而是环境法上的生态公益损害。在"静态"经济利益和"动态"生态利益的界限上,向自然界索取与排放行为或称自然资源开发利用行为性质发生了质变。质言之,开发利用自然资源行为究竟属于传统法律规制范畴还是属

---

〔1〕 杜群:"环境法与自然资源法的融合",载《法学研究》2000年第6期,第119页。

〔2〕 邓海峰:"环境法与自然资源法关系新探",载《清华法学》2018年第5期,第60页。

〔3〕 吴凯杰:"环境法体系中的自然保护地立法",载《法学研究》2020年第3期,第123页。

于新型环境法规制范畴，事实上只有一墙之隔：开发利用静态生态成分是否导致动态生态系统的质变，或者说，获取经济利益行为是否存在损及生态利益的危险。这是在环境法的立法初衷——保护"环境即公共生态环境"基础上，才能为环境法与民法、经济法等传统法律所做的清楚界分。

环境法史显示，近代工业革命极大地提高了人们向自然界索取和排放的能力，过度的索取和排放导致人类的生存平台——生态系统发生质变，质变的物质能量转换过程使作为生态成分的人们无法承受而遭受公共性的财产或生命健康利益损害即环境问题或环境危机。在环境问题或环境危机的敦促下，为防止公共生态系统的质变，环境法产生。相应地，环境法的核心权利概念——环境权也被提上日程。无疑，环境权无法偏离环境法保障生态公共利益的核心。以生态公共利益为中心的环境权因此无法表现为个人的权利，不能认为环境权"不失为个人的权利"。[1]催生环境法的环境问题的本质是生态系统的质变，而非生态成分的改变，更非生命健康利益遭受损害。生态成分即物质财产的改变、生命健康利益遭受损害只是生态系统质变的表现方式，因而也不能从生命健康利益或财产利益来界定环境权性质。因此，将环境权归为"新型人格权"，[2]将环境权称为"公民环境权"[3]等都背离了环境权的生态公共利益保护宗旨。立足于财产或身体健康损害等表象而不立足于生态系统损害的本质看待环境问题和环境法律问题，有着舍本求末之嫌。以生态公共利益为中心的环境权和以财产利益、生命健康利益等为中心的传统权利并不在同一平台，不能相提并论。生态公共利益是传统经济利益、生命健康等利益的存在基础，环境权因而是传统权利的"活动"平台，是传统权利的基础前提。环境权良好，传统权利才有发展的余地。环境权受害即意味着传统权利不保。总之，只有明确环境的公共生态内涵，才有解析环境权本质的可能。

生态文明已经入宪，生态保护才是环境法的重中之重。吕忠梅教授提出："环境法基础理论必须建立在中国的生态文明发展道路、生态文明建设理论、

---

〔1〕　吴卫星："环境权的中国生成及其在民法典中的展开"，载《中国地质大学学报（社会科学版）》2018年第6期，第69页。

〔2〕　刘长兴："环境权保护的人格权法进路——兼论绿色原则在民法典人格权编的体现"，载《法学评论》2019年第3期，第162页。

〔3〕　张震："中国宪法的环境观及其规范表达"，载《中国法学》2018年第4期，第16页。

生态文明体系逻辑之上。"〔1〕在生态文明下，"环境即公共生态环境"的内涵应当回归环境法。如此，环境法和民法、经济法等传统法律才能界分清楚，环境权才能真正成为环境法的核心权利，环境法维护生态公共利益的目标才能实现。

第二节　环境利益的基本属性

利益是法律的基础。民事利益构成了民事法律的基础，环境利益则构成环境法的基础。那么，环境利益与民事利益等传统法律利益是否存在本质上的区别呢？存在本质区别也意味着环境法具有区别于民事法律等传统法律的基础。

一、环境法中环境利益的生态属性

论及环境问题时，学者关注最多的是环境问题的三大发展阶段、八大公害事件以及产生原因等内容。对于环境问题的本质论述则并不多见，似乎早有定论。然而事实并非如此。法律以利益为基础，环境法也不例外。环境法中的环境利益究竟是何种利益，应当从环境法产生的根源——环境问题中寻求答案。环境法源自环境问题，环境问题所反映出来的利益才应当是环境法中的环境利益。

（一）环境问题的实质是生态利益损害

人与环境的关系是一对既对立又统一的关系，环境与人相互影响、相互作用乃至相互依存。一方面，人是环境的组成部分。另一方面，环境也是人的改造对象。人对于环境的作用既可以表现为良好的一面，也可以表现为不良的一面。环境问题的产生是人类近代巨大生产力发展给环境带来的不良表现，是"环境发生了灾害性变化"。〔2〕从环境科学角度看，环境问题不仅仅是人为因素导致的，也可以因自然力而引起如地震、海啸、火山爆发等自然灾害问题，也即原生环境问题。原生环境问题尚不属人力所能支配的范畴，故环境法中的环境问题仅指人类在利用和改造自然界的过程中使环境发生的

---

〔1〕　吕忠梅："新时代环境法学研究思考"，载《中国政法大学学报》2018年第4期，第9页。

〔2〕　刘庸主编：《环境经济学》，中国农业大学出版社2001年版，第5页。

灾害性变化。根据利用自然的方式即索取还是排放，环境问题相应可以分为环境破坏问题（也常被称为资源破坏）和环境污染问题。

环境资源是人类及其他生物生存的基本前提。环境破坏是对自然资源的过度开发利用，造成森林面积锐减、水土流失严重、土地荒漠化、土壤植被破坏等。环境破坏"是盲目开发自然资源而引起的"。[1] 环境资源破坏常常表现为两种类型：一是不可再生资源枯竭；二是可再生资源因利用的数量或容量超出其极限而难以得到恢复。例如，氧气可以再生，但大片森林草原破坏将可能导致大气中氧气含量减少，大气中氧气的生态循环受阻。环境破坏"是不合理开发利用自然而超出了环境承载力，使生态环境质量恶化或自然资源枯竭"。[2] 无论是不可再生资源的枯竭还是可再生资源利用超出极限，都可能直接威胁人类及其他相关生物的生存。所谓生存威胁是指生物的生命和健康遭受损害，而且不是个别性的而是群体性或称社会性的生命健康遭受损害。综合言之，环境破坏的表象是对自然生态结构与状态的破坏，实质是破坏生态系统从而导致对人类生存环境的破坏，从而导致社会性的生命健康遭受损害。

另一类环境问题是环境污染，即人类向自然界过度排放导致环境质量下降，从而危及人类的生存和发展。环境污染既可以表现为化学污染、物理污染，也可以表现为生物污染，还可以表现为诸如大气、水、土等环境要素的污染。向自然界排放是所有生物的生理必然，也是生态系统中的循环过程之一。这些生物意义上的排放不会超出自然界的自净能力，因而不会导致环境质量下降，更不致危及人类生存与发展，也就谈不上环境污染乃至环境问题。当然，非生物意义上的污染物排放如果只发生在环境自净能力和环境容量内也谈不上环境污染，也不足以构成对生物生存与发展的威胁。只要排放超出环境自净能力和环境容量，生态系统的物质能量循环过程即被破坏，该生态系统中的人类作为该物质能量循环链上的一员也就无法进行正常的新陈代谢。群体性的公众将面临生命和健康的损失，即所谓人类生存与发展受到威胁。简言之，环境污染的实质是对生态的破坏。

"任何生态系统都是在生物与环境的相互作用下完成能量流动、物质循环

---

〔1〕　陈英旭主编：《环境学》，中国环境科学出版社 2001 年版，第 7 页。

〔2〕　程胜高、罗泽娇、曾克峰主编：《环境生态学》，化学工业出版社 2003 年版，第 1 页。

和信息传递的过程，以维持系统的稳定和繁荣。"[1]人类在生态系统阈值范围内的排放与索取，也即"一进一出"物质能量循环过程，本是人类参与生态系统的过程。但是，环境承载能力和环境容量是有限的，任何生态系统都是有其阈值的。人类向自然界过度排放即产生环境污染，向自然界过度索取即产生环境破坏。"污染可以改变环境质量；资源利用的合理与否，同样可以改变环境质量。"[2]因过度排放而产生的环境污染和因过度索取而产生的环境破坏，直接损害的是生态系统的物质能量循环能力，是对生态系统的破坏。

有学者认为："环境问题有二：一是环境污染，也称投入性损害或污染性损害……；二是自然生态破坏，也称取出性损害、开发性损害或非污染性损害。"[3]其实，取出性损害是生态损害，污染性损害也是生态损害。仅将取出性损害即过度索取称为生态破坏，混淆了污染性损害与非污染性损害的共同本质，背离了环境问题的实质。环境破坏导致的是生态破坏，环境污染导致的也是生态破坏。因为"环境问题的发生，表明环境功能不能正常实现"。[4]正因如此，有学者才将环境问题定义为"由自然的或人为的原因引起生态系统破坏，直接或间接影响人类生存和发展的一切现实的或潜在的问题"。[5]概而言之，无论表现为环境破坏还是表现为环境污染，环境问题的本质是生态破坏。

那么，环境问题对生态的破坏是对人们何种利益的侵害呢？众所周知，正常运行的生态系统是人类生存的基本前提，体现的是人类的基本生存利益。显然，这种生存上的利益不能作为个人私益归属于个体自然人，而是作为整体的公众共同享有的公共利益。这种以生态系统的正常运行为基础的整体公众共同享有的公共利益，是生态公共利益或可以表述为生态利益。生态利益受害会导致个人的健康利益乃至生命利益遭受损害，但生态利益是公共利益不是个体利益，不同于个人的生命利益或健康利益。公共的生态利益是个人的生命健康利益的前提和基础。没有生态利益就没有个人的生命健康利益。公共的生态利益受害，大面积范围内个人的生命健康利益也将受害，但个人的生命健康利益受害并非一定是公共的生态利益受害所致。生态利益是生态

---

〔1〕 张丽萍编著：《自然资源学基本原理》，科学出版社 2009 年版，第 77 页。

〔2〕 陈英旭主编：《环境学》，中国环境科学出版社 2001 年版，第 6 页。

〔3〕 黄锡生、李希昆主编：《环境与资源保护法学》，重庆大学出版社 2002 年版，第 3 页。

〔4〕 刘庸主编：《环境经济学》，中国农业大学出版社 2001 年版，第 15 页。

〔5〕 吴彩斌、雷恒毅、宁平主编：《环境学概论》，中国环境科学出版社 2005 年版，第 5 页。

系统的正常运行所体现的公共利益，环境问题对生态系统的破坏，侵害的是作为公众整体享有的公共利益——生态利益。正是基于生态利益的保护需要，环境法才开始进入了人类的视野。环境法中的环境利益实为生态利益。

（二）环境的审美利益与经济利益并非环境法中的环境利益

在环境科学中，环境内涵是非常宽泛的，甚至是无所不包。因此，环境科学中的环境利益内涵也是相对广泛的，包括审美利益、经济利益与生态利益。环境法学界似乎也遵从了这一内涵，认为环境利益是"环境为人在生理、心理和精神上提供的利益"，[1]环境利益是"环境带给人们的有用性或好处"。[2]部分学者将眺望权、观赏权、环境资源权、环境使用权、环境处理权等纳入环境权，也是遵从这一内涵的表现。权利的核心是利益，"利益是权利的灵魂，权利的直接本质是利益，权利的本质形式是利益属性"。[3]眺望权、观赏权等体现的是审美利益，环境资源权、环境使用权、环境处理权等体现的是经济利益。环境科学上的环境利益可以甚至必须包括审美利益、经济利益与生态利益，但是环境法学上的环境利益却无法直搬环境科学中的环境利益概念。

环境带给人们的审美利益是人们精神上的愉悦，属于精神层面的利益。精神愉悦是个体自然人的感受，精神利益因而必然体现其个体性特征，即精神利益只能是个体的或者说是私有的，是专属于个人的。或者说，这种精神利益是具有人格属性的。对作为个体的精神利益进行法律权利化，私权利化、民事权利化或者更确切地说人格权化是其必然选择。正因如此，如前述，有学者期望将环境权进行私权化、人格权化。"法律不是创造利益，而是对新出现的利益的确认和维护，并最终通过设定权利和义务进行分配从而实现对社会的控制。"[4]显然，审美利益并非一项新出现的利益，只是环境也能提供审美利益而已。环境提供的审美利益当依传统审美利益的民事权利化即可以应对社会需要。审美利益本就归属于传统民事法律的调整范围。因此，环境提

〔1〕 陈茂云："论公民环境权"，载《政法论坛》1990 年第 6 期，第 36 页。

〔2〕 韩卫平、黄锡生："论'环境'的法律内涵为环境利益"，载《重庆理工大学学报（社会科学）》2012 年第 12 期，第 41 页。

〔3〕 征汉年、章群："利益：权利的价值维度——权利本原解析之一"，载《国家教育行政学院学报》2006 年第 7 期，第 33 页。

〔4〕 ［美］罗斯科·庞德：《法理学》（第 3 卷），廖德宇译，法律出版社 2007 年版，第 17 页。

供的审美利益当不属于新兴环境法的规制范畴。

对于环境经济利益，马克思说："人在肉体上只有靠这些自然产品才能生活，不管这些产品是以食物、燃料、衣着的形式还是以住房等等的形式表现出来……人靠自然界生活。"[1]人类生存必须从自然界中获得物质满足，这些物质上的满足体现为经济利益。经济利益就个体而言即为财产利益等，就社会而言则表现为生产力。个体为追求个人财产利益，而社会为发展生产力，均不断地扩大向自然界的索取与排放。正是这种对经济利益的不断追求才导致索取与排放的过度发展，最终导致环境问题而产生生态破坏。简言之，环境生态利益的损害是人类疯狂追求环境经济利益的必然结果。在这一意义上，环境经济利益与环境生态利益是截然对立的。当然，环境经济利益与环境生态利益也有统一的一面，但也只局限于环境经济利益的追求没有超出环境承载能力和环境容量。可见，环境生态利益是环境经济利益的极限。环境法以解决环境问题为根本即以保护环境生态利益为目标，环境经济利益与环境生态利益的截然对立决定了环境法中的环境利益只能是环境生态利益，而不能包含环境经济利益。另一方面，环境是经济利益的根源，经济利益是人们对财产需求的满足，具体的环境经济利益是可以财产化的。环境经济利益的财产化，无论是国有化还是私有化，最终表现为排他属性。质言之，环境经济利益是具有排他性的。这种排他性的经济利益上升为法律权利时，也只能成为传统私法中的个体权利。由此可见，排他性的环境经济利益当属传统法律所调整的内容，而不属于以维护环境生态利益为目标的环境法范畴。

人类以环境为基本生存前提，离开了环境就谈不上人类的生存。环境给人类提供的利益是广泛的，包括经济利益、审美利益和生态利益。没有环境给人类提供的经济利益、审美利益，就谈不上民法、经济法等传统法律。环境的审美利益和经济利益上升为法律权益时，由于其个体性和排他性决定了这些利益只能成就为传统法律中的私权内容。当然，没有环境给人类提供的生态利益，也就谈不上环境法。环境法中的环境利益是环境生态利益，无法囊括传统法律中的环境经济利益与环境审美利益。

---

〔1〕《马克思恩格斯全集》（第42卷），人民出版社1972年版，第95页。

二、环境生态利益的基础性与公共性

利益是人的利益，离开了人就谈不上利益。环境生态利益既可以表现在作为个体的个人身上，也可以表现在作为整体的公众身上。但这两种体现反映在法律上却是两种不同类型的利益形态。

（一）环境生态利益的基础性：个体利益的存在基础

任何人都以环境为生存条件。环境生态利益对个体生存的意义是一个不证自明的事实。因为人类是环境的产物，所有个人都是生态系统的构成部分。个人的生存需要"各种自然条件——地质条件、山岳水文地理条件、气候条件以及其他条件"。[1] 个人作为生态系统中的构成部分需要新鲜的空气、清洁的饮用水、健康的食物等，需要参与生态系统的循环，如此才能维持其生存。这些基本需要是个人对自然界的物质与能量的需要，它们以生态环境为基础，以环境生态利益为前提，但并不是环境生态利益。满足个体生存的物质与能量需要是个体利益的体现。这种个体利益的外观表现为财产利益，内在表现为生命健康利益。当生态系统处于良性循环过程，个体获得的财产利益、生命健康利益能够正常得以维持。当生态环境遭到破坏与污染，生态系统中物质能量的循环无法正常运行，表现为物质能量的财产利益即遭受损害，而在该生态系统中的个人也无法参与系统中物质能量的循环运动，其生命健康利益即遭受损害。因此，生态环境遭到破坏，环境生态利益就产生损害。环境生态利益产生损害，作为个体的个人就面临财产利益损害乃至生命健康利益损害。生态环境，对于个人而言，体现的是财产利益和生命健康利益。

宏观而言，生态系统是一定范围内的生物体与非生物之间进行物质能量交换的功能整体，是物质能量循环动态过程。作为生态系统中的组成内容，人类个体必须与其他生物及非生物进行物质能量的交换。只有生态系统良性循环，个体的物质利益、生命健康利益才能维持正常的基础。当生态系统遭到破坏即物质能量循环遭到破坏，个体的物质利益与生命健康利益就失去了基本前提。因此，生态环境为人们提供的利益分为两个阶段：第一阶段是为所有公众提供的环境生态利益阶段；第二阶段是为个体提供的物质与生命健康利益阶段。两个阶段的利益并不同质，第一阶段是公众共享的环境生态利

---

〔1〕《马克思恩格斯全集》（第1卷），人民出版社2009年版，第519页。

益，而第二阶段则是个体的财产与生命健康利益。两个阶段的利益内容联系紧密，环境生态利益不良则个体财产和生命健康利益遭殃。环境生态利益是所有个体利益的基础，个体财产和生命健康利益以环境生态利益为存在平台。

（二）环境生态利益的公共性

生态环境是无法私有化的整体，个体可以享用但不可以独占生态环境整体，可以使用但不可以处分生态环境整体。对生态环境的享用与使用构成了个体的生命健康与物质利益的前提。因此，生态环境对于个体表现为生命健康与物质利益。这种利益是私有化的利益。但是，环境的整体性、不可独占性、不可私自处分性决定了环境生态利益的无法私有化属性，即环境生态利益是公共性的利益。

环境生态利益的公共性主要体现在非排他性上。所有个人都需要有良好的环境生态利益作为其生存前提。因为人人需要新鲜的空气、清洁的饮用水、健康的食物等，这些物质资源是由良好的生态环境所提供的。"人人需要"决定了任何人都无权排除他人对新鲜空气、清洁饮用水等的利用，无权排除他人对良好环境生态利益的需求。环境生态利益的"人人需要"性也决定了环境生态利益的无法私有化、无法财产化。可见，环境生态利益有着天生的非排他性、无法私有化属性。这是环境生态利益的公共性体现。环境生态利益的公共性保证了环境生态利益在法律权益上既不能体现为私人权利也不能体现为国有权力。

环境生态利益的非排他性、无法私有化属性根源于生态环境的整体性。环境科学认为，生态系统有五大规律，即相互依存与相互制约规律、物质循环转化与再生规律、物质输入输出的动态平衡规律、相互适应与补偿的协同进化规律、环境资源的有效极限规律。[1]相互依存与相互制约规律包括物物相关规律、相生相克规律，不仅同种生物之间相互依存、相互制约，不同种生物之间也相互依存、相互制约。物质循环转化与再生规律、相互适应与补偿的协同进化规律更是使得生态系统中的所有要素（包括生物与非生物要素）因物质能量循环过程而形成统一整体。简言之，生态环境是一个系统、一个整体。在生态系统中，一损俱损，一荣俱荣。作为生态系统的组成内容的个

---

〔1〕 参见吴彩斌、雷恒毅、宁平主编：《环境学概论》，中国环境科学出版社 2005 年版，第 70~71 页。

人无法独占生态系统，因而也无法独占生态利益。生态环境的整体性和系统性决定了环境生态利益的公共性。

（三）生态环境下个体性利益和公共性利益的对立统一

生态环境是个人满足生存需要的基础。生态环境对于个体而言只是财产利益与生命健康利益，体现为个体性，而生态环境的整体性与系统性决定了环境生态利益的公共性特征。由生态环境衍生的利益内容分别体现出个体性利益与公共性利益。个体性利益即个体的财产利益与生命健康利益，公共性利益即生态利益。生态环境衍生的个体性利益和公共性利益是既对立又统一的关系。没有个体性利益即个体的财产利益和生命健康利益，生态环境的公共性即环境生态利益就没有法律意义。反之，没有生态环境的公共性利益，也无从谈起生态环境所衍生的个体性利益。生态环境的整体性决定了生态环境所衍生的个体性利益与公共性利益的统一关系，统一于良好的生态系统。没有良好的生态系统，无论个体的物质与生命健康利益还是公共的环境生态利益都将无法实现。只有确保良好的生态环境，表现为生命健康等个体性利益和表现为生态利益的公共性利益才能得以实现。

生态环境产生公共性利益即环境生态利益，也衍生个体性利益即物质与生命健康利益，但并不意味该两种利益具有同质性。环境生态利益是作为整体的公众享有的利益，是所有个体的财产利益与生命健康利益的基础，是生态环境在第一个层面上的利益形式。生态环境在第二个层面上的利益形式是纯粹私有化的个体利益，即个体的财产利益与生命健康利益。两者的本质性区别在于共性与个性的区别、前提和结果的区别。财产利益与生命健康利益的个体性、私有性决定了其传统法律的归属。而环境生态利益的公共性则决定了该利益的新型法律归属——环境法。

对生态环境衍生个体性利益和公共性利益的认识，直接影响到人们对环境权的认识。部分环境法学者企图将环境权私权化或民事权利化，是清楚地意识到生态环境对于个人的个体利益的基础性意义。但该观点之所以无法给出圆满解释，外在原因是该观点忽视了环境生态利益的公共性。因为环境生态利益的公共性决定了环境权无法私权化。该观点难以成立的内在原因在于，该观点没有认识到生态环境在两个层面上衍生了不同的利益内容即个体性利益和公共性利益。个体性利益体现为私法权利，而公共利益即环境生态利益体现为环境法上的环境权。

环境公益诉讼问题一直是学界的热点问题，其核心问题无疑是环境公益。生态环境既衍生个体性利益也体现公共性利益。无疑，所谓环境公益显然不包含生态环境所衍生的个体性利益，而仅指环境生态利益。由此，基于个体性利益即个人的财产利益和生命健康利益而发生的诉讼，当然属于传统民事诉讼或行政诉讼，而不是环境公益诉讼。然而，当前的环境公益诉讼理论没有区分生态环境所衍生的个体性利益和所体现的公共性利益，没有在法律上区分出生态环境在公共性利益与个体性利益中的根本不同，从而导致环境公益诉讼的私益化处理，即将环境公益诉讼区分为环境公益行政诉讼和环境公益民事诉讼。显然，传统行政诉讼和民事诉讼是纯粹的私益诉讼。没有认识到环境生态利益的公共性，是当前环境公益诉讼理论和实践困境的原因之一。从而，环境公益诉讼的主体（利益主体）是谁、诉讼利益的基础在哪、诉讼结果如何归属等问题至今争论不休。

环境利益对于无论是环境法还是环境权而言，无疑都是核心问题。环境法之所以不同于传统民法等法律、环境权之所以不同于民事权利等传统权利，盖因环境生态利益不同于传统法律中已有的利益形态。环境法与环境权所体现的环境利益是环境生态利益。这一利益的公共性区别于生态环境为个体提供的财产利益和生命健康利益，是环境法学学术研究中所不能忽视的。

三、环境生态利益的社会性

（一）环境生态利益的非政治性

在阶级社会中，法的社会作用包括两大内容，即维护阶级统治和执行社会公共职能。[1]阶级统治即政治统治，其含义广泛，包括对政治、阶级和思想文化等领域的统治。"政治统治到处都是以执行某种社会职能为基础，而且政治统治只有在它执行了它的这种社会职能时才能持续下去。"[2]所谓执行社会公共事务是指执行"由一切社会的性质产生的各种公共事务"。[3]易言之，社会公共事务是指政治统治之外的其他事务。"政治国家以及政治权威将由于未来的社会革命而消失，这就是说，公共职能将失去其政治性质，而变为维

---

〔1〕　参见张文显主编：《法理学》，高等教育出版社、北京大学出版社 1999 年版，第 354 页。
〔2〕　《马克思恩格斯选集》（第 3 卷），人民出版社 1995 年版，第 523 页。
〔3〕　《马克思恩格斯文集》（第 7 卷），人民出版社 2009 年版，第 431～432 页。

护真正社会利益的简单的管理职能。"〔1〕可见，马克思主义的社会公共事务是指维护社会公共利益的事务。

　　环境生态利益是人类生存的基本利益，是人类社会的基本生活条件。无论是统治阶级还是被统治阶级，都必须以享有环境生态利益为前提。环境生态利益的整体性决定了环境生态利益无论对于统治阶级还是对于被统治阶级，都是无差异性的。环境生态利益并非统治阶级可以独占的利益，也非阶级统治职能所关注的利益。简言之，环境生态利益天然不具有政治性。

　　环境生态利益不具有政治性不仅体现在阶级社会中，更体现在整个人类社会中。环境生态利益之所以在近现代社会才得以凸显，是因为近代以前人类社会的生产能力尚不足以导致生态系统的破坏。在现代社会生产力下，向自然界索取和向自然界排放，"过度"成为常态。现代社会生产力突破了环境承载能力与环境容量，生态系统遭到破坏，最终损及公众的生命健康利益。生态环境有其自身自然规律。遵守生态环境的自然规律，环境生态利益得以维持。违背生态环境的自然规律则产生环境生态利益的损害。环境生态利益是生态环境自然规律的体现。显然，这种规律不是某一个阶级社会的规律，而是体现在整个人类社会的自然规律。马克思所言，法律将"自由的无意识的自然规律变成有意识的国家法律"。〔2〕因此，与其说环境法是以维护人们的环境生态利益为目标，不如说是环境法以使人们尊重自然规律为目标。

　　（二）环境生态利益的社会性被国家性淹没

　　公共利益是与私人利益相对应的概念，私人利益的特点是排他性，公共利益的特点则在于非排他性。环境生态利益之所以被认为是公共利益，在于环境生态利益具有非排他性。只有利益的非排他性才能确认该利益的公共性。环境生态利益的公共性保障了公众的公共利益与福利。因此，"在日本民法不用'公益'二字，而易以'公共福祉'字样，即为公共福利"。〔3〕

　　依社会契约论，国家是人民让渡部分权利而产生的机构。显然，国家利益是国家之中任何公民不能独占的非排他性利益，是人民的公共利益。除了国家利益具有非排他性，社会利益也具有非排他性，也属于公共利益范畴。

〔1〕《马克思恩格斯选集》（第3卷），人民出版社1995年版，第227页。
〔2〕《马克思恩格斯全集》（第1卷），人民出版社1972年版，第72页。
〔3〕史尚宽：《民法总论》，正大印书馆1980年版，第31页。

"社会利益是反映在个人利益之中的一般的、相对稳定的、不断重复的东西，是人的最强大的利益基础。社会利益不是简单地存在于个人利益之中，而是借助于个人利益以不同的形式和不同的强度表现出来。"[1]因此，"公共利益不独国家的利益，社会的利益亦包括在内"。[2]国家公共利益不是社会公共利益，国家公共利益也无法取代社会公共利益。"社会利益与国家利益分别代表不同的利益领域，但都从属于公共利益。"[3]庞德将利益分为三类即个人利益、公共利益与社会利益，[4]间接地认为，在个人利益的对立面存在两种公共利益即国家利益和社会利益。事实上，"国家权力的行使虽然会对个人利益、社会利益产生影响，但它本身并不是社会利益"。[5]由此可见，利益可以一分为三即个体利益、社会利益和国家利益。社会利益即社会公共利益既不是个体利益，也不是国家利益，而是一种独立的利益类型。显然，环境生态利益不是个人利益也非国家利益，而是属于社会利益范畴。

国家需要执行政治统治职能还需要执行社会公共管理职能，但国家执行两种职能并不等值于国家不仅享有国家公共利益还享有社会公共利益。体现为社会公共管理职能的是社会利益，体现为政治统治职能的是国家利益。国家利益由国家代为享有，社会利益则由公众共同享有。然而，在国家与社会高度融合的大背景下，公共利益概念被国家利益所替代，国家成为所有公共利益的代表。"无论就其产生的动因还是肩负的历史使命，以及其所享有的各种权力与方便，国家无可争议地成为社会整体利益（社会利益）的代表。"[6]所有公共利益包括社会利益都成了国家利益，国家成为包括社会利益在内所有公共利益的当然代表。社会利益被国家利益所混淆、所替代，作为社会利益的环境生态利益也不例外，被国家利益化。

---

〔1〕 公丕祥：《马克思法哲学思想论述》，河南人民出版社 1992 年版，第 283~284 页。

〔2〕 史尚宽：《民法总论》，正大印书馆 1980 年版，第 31 页。

〔3〕 胡锦光、王锴："论我国宪法中'公共利益'的界定"，载《中国法学》2005 年第 1 期，第 22 页。

〔4〕 参见〔美〕罗斯科·庞德：《通过法律的社会控制》，沈宗灵译，商务印书馆1984 年版，第 37 页。

〔5〕 吕忠梅、廖华："论社会利益及其法律调控——对经济法基础的再认识"，载《郑州大学学报（哲学社会科学版）》2003 年第 1 期，第 86 页。

〔6〕 李友根："社会整体利益代表机制研究——兼论公益诉讼的理论基础"，载《南京大学学报（哲学·人文科学·社会科学版）》2002 年第 2 期，第 121 页。

　　"正是由于私人利益和公共利益之间的这种矛盾，公共利益才以国家的姿态而采取一种和实际利益（不论是单个的还是共同的）脱离的独立形式，也就是说采取一种虚幻的共同体的形式。"〔1〕人们一般认为，"社会"是抽象的，因此无法成为法律主体，无法享有法律权利与义务。〔2〕社会公共利益被国家公共利益所涵盖似乎有了合理的注释。然而，在近现代社会，市场失灵，政府也会失灵。环境公共利益被视同为国家利益，在政府失灵时，环境公共利益受害即环境危机就凸显出来，社会问题不可避免。一定意义上，环境问题、生态危机产生的间接原因是环境公共利益被作为国家利益对待。"法律不是创造利益，而是对新出现的利益的确认和维护，并最终通过设定权利和义务进行分配从而实现对社会的控制。"〔3〕社会利益是不同于国家利益的独立利益类型。社会利益被作为国家利益看待，从法律意义上社会利益就无法实现法律权利化。换句话说，在社会利益国家利益化的背景下，社会利益并没有获得法律的承认和尊重，无法得到法律的实现和保障。

　　权利是利益的体现，是法律的内核。研究环境权，必然需要澄清环境权所体现的利益内涵。只有明确环境权乃至环境法的利益所在，才能为环境权乃至环境法学研究端正方向。明确环境利益是生态利益，才能真正将环境权与民事权利区分。明确环境生态利益的公共性才能将环境权与传统权利区分，才能正视环境权的私权化问题。明确环境生态利益的非国家性即社会性，才能为环境权的主体乃至环境权的救济寻求正确的解决方案。

　　〔1〕《马克思恩格斯全集》（第3卷），人民出版社1972年版，第27～28页。
　　〔2〕陈光华："社会利益在法益二元结构中的地位与经济法理论'二调'难题成因"，载《现代财经（天津财经大学学报）》2010年第4期，第37页。
　　〔3〕［美］罗斯科·庞德：《法理学》（第3版），廖德宇译，法律出版社2007年版，第17页。

第四章

环境权生成的主体基础

第一节　生态人假设的置疑

在伦理学界乃至管理学界纷纷研究生态人假设的学术背景下，我国环境法学界也推出了生态人假设的理论研究。郑少华教授认为，生态人是以追求生态利益为唯一目的的理性人。[1] 陈泉生教授认为，生态人是具有生态潜能之人，是完全尊重自然规则并不懈追求生态和谐之人。[2] 蔡守秋教授则认为，一般的生态人并不是理性人，理性的生态人是具有环境意识与法治观念，"会计算环境利益，寻求经济效益、社会效益和环境效益最佳化、最大化的人"。[3] 在环境法学界，生态人假设的学术观点似有"一片倒"的倾向。"一片倒"难以展现学术"百花齐放、百家争鸣"之态，笔者拟站在环境法学生态人假设的对立面，从理论来源、依据理由、假设意义等角度对环境法学生态人假设提出反对之声，期望能为环境法律人性基础研究尽哪怕是"昙花一现"的微弱之力。

一、伦理学生态人理论不能成为环境法学生态人假设的根基

生态问题屡屡爆发，威胁着人类的生存安全。针对这一棘手问题，学界纷纷提供各自的谋略。环境伦理学界提出了生态人理论，认为生态人理论是解决环境危机的理论路向，只有承认自然的价值才能解决生态危机问题。学

---

〔1〕　参见郑少华：《生态主义法哲学》，法律出版社 2002 年版，第 82~83 页。

〔2〕　参见陈泉生、林龙宗："论环境时代法学生态人模式的建构"，载《东南学术》2012 年第 1 期，第 79 页。

〔3〕　蔡守秋："生态法学方法论的要点"，载高鸿钧、王明远主编：《清华法治论衡》（第 13 辑），清华大学出版社 2010 年版，第 18 页。

者从价值的主体、客体、关系三角度论证生态人，环境时代需要促进人与自然和谐发展的生态人，[1]认为生态人强调人的价值也强调自然的价值，否认人是自然世界的主人。[2]生态人是将生态学扩展适用到解决人与自然、社会及其自身相互关系中而创造和培育出来的概念。[3]生态人具有良好的生态环境意识，具备丰富的道德智慧及生态伦理素养，其行为符合人与自然和谐观，符合自然的利益、当代人与后代人利益，符合经济、社会和环境三位一体的效益。[4]

环境法学界提出的生态人假设，与环境伦理中的生态人形象不无联系。环境法学者认为，环境伦理重新认识了人与自然的关系，揭示了人类尊重自然的道德责任，而人对自然的道德责任揭示了生态人范式在解决环境问题上的历史必然性。更直接地说，"生态人假设……理论基础就是人在自然界的道德责任，这是生态伦理对人与自然关系新认知的出发点和落脚点"。[5]简言之，环境伦理或生态道德是环境法学生态人假设的理论基础。学者认为，这些伦理能够充分说明环境法学生态人假设的正当性，将生态人确认为法律人就为环境法提供了生态伦理上的正当性依据。"生态人模式和理念的确立……有利于环境法与生态伦理接轨。"[6]概而言之，环境法学者提出的生态人假设是以环境伦理的生态人为基础的。

然而，需要反思的是：环境伦理的生态人理论能否成为环境法学生态人假设的理论根基？在宏观意义上，尽管"法律制度必须符合一定的道德标准"，[7]但法律是法律，伦理是伦理。无论在规范范围还是规范方法、无论是规范层次还是规范强度，伦理与法律都存在着本质上的区别。在一定程度上，

---

〔1〕　李承宗："从价值论看'生态人'的合法性"，载《自然辩证法研究》2006年第9期，第8页。

〔2〕　参见李承宗："'生态人'的价值观评述"，载《武汉大学学报（人文科学）》2007年第2期，第174~178页。

〔3〕　参见顾智明："论'生态人'之维——对人类新文明的一种解读"，载《社会科学》2004年第1期，第79页。

〔4〕　参见徐嵩龄主编：《环境伦理学进展：评论与阐释》，社会科学文献出版社1999年版，第410页。

〔5〕　秦鹏："论环境资源法中人的法律形塑"，载《重庆大学学报（社会科学版）》2009年第1期，第100页。

〔6〕　蔡守秋、吴贤静："论生态人的要点和意义"，载《现代法学》2009年第4期，第79页。

〔7〕　Lon L. Fuller, *The Morality of Law* (revised edition), New Haven: Yale University, 1969, 38~91.

伦理可以成为法律的理论来源，但并非所有的伦理内容都能够成为法律的一部分。能为法律所选择或吸收的主要是"伦理的精神实质和价值取向"。[1] 而纵然是"伦理的精神实质和价值取向"也需要法律进行选择性地扬弃，更何况伦理学也尚在探索中。

环境法学者提出的生态人假设，无论是以追求生态利益为唯一目的，还是为整个生态系统的和谐运行而不懈追求，抑或是会计算环境利益而寻求经济、社会和环境效益最大化，其核心内容是生态人能够追求生态利益。这一核心就是伦理学生态人理论的核心。而环境伦理学生态人理论，无论是要求生态人具有良好的生态意识，还是要求生态人具备良好的生态伦理素养，都是以实现生态利益、实现人与自然和谐相处这一目的而对人提出的生态伦理要求。然而，环境伦理学生态人理论和环境法学生态人假设却存在目标上的本质差异。环境伦理学者认为，理性生态人是用生态意识和生态伦理学所反映的价值观实现对人的重新塑造。[2] 伦理学生态人理论是期望将人培养成为珍爱自然、保护生态、与自然和谐相处的人，"由此创造和培育着新型的'生态人'……实现对人的重新塑造"。[3] 而环境法学生态人假设并非要培育尊重自然的生态人，而是"预设"或"假定"人都是追求生态利益的人。毋庸置疑，如果人类都是追求生态利益的生态人，那么生态危机的解决就指日可待。如果人类都是追求生态利益的生态人，那么就不可能发生当前的生态危机。如果人类都是追求生态利益的生态人，那么就无需多此一举地对人提出生态伦理要求而讨论生态人理论。甚至可以说，如果人类都是追求生态利益的生态人，也就不会产生和需要环境法了。可是，现实中的人并非都是甚至基本不是追求生态利益为目的的生态人。生态人只是环境伦理期望培育的人、期望塑造的人，是"未来"的人，而非当下现实生活中的人。如果环境法学"预设"或"假定"人都是追求生态利益的生态人，那么环境法还有存在的意义就着实让人费解了。

退一步说，即使环境法学者并非要"预设"什么人，而是要和环境伦理

---

[1] 刘华："法律与伦理的关系新论"，载《政治与法律》2002年第3期，第5页。

[2] 参见徐嵩龄主编：《环境伦理学进展：评论与阐释》，社会科学文献出版社1999年版，第410页。

[3] 顾智明："论'生态人'之维——对人类新文明的一种解读"，载《社会科学》2004年第1期，第79页。

学一样期望"培养"什么人，环境伦理学要培养的生态人也无法成为环境法学的目标。"法律不是针对善，而是针对恶制定的"，[1]法律"把每个人都视为无赖"。环境伦理学要求生态人不仅应具备丰富的生态知识，更应具备良好的生态意识和高尚的生态伦理道德。知识要求、意识要求抑或是道德要求，都只是"善"的表现，都不是法律所关注的内容。至于环境法学生态人假设也倡导的"会计算环境利益而寻求经济、社会和环境效益最大化"就更是法律望尘莫及的渴望。概而言之，法律针对恶，而生态人是善。伦理要求中的善无法成为法律的基础，更超出了法律的目标。生态人只是对人类尊重自然的未来塑造，是对未来美好结果的期盼，而这并非人性假设问题。

二、环境法学生态人假设的人性基础等依据不足

环境法学者论证生态人假设时的基本依据是，经济人与社会人对环境危机无能为力，环境危机由此促成了环境法学生态人假设。经济人或社会人假设是以人性为基础的，那么生态人假设是否有其人性基础呢？

（一）环境法学生态人假设缺乏人性基础

环境法学者认为，生态人是生态文明时代适应环境危机的法律人形象。生态人不仅关注人的社会性也关注人的自然性。"全球性生态危机爆发，人类又一次痛苦地发现：目光拘囿于人类社会内部的社会人模式，仍然不足以解决人与自然之间的矛盾。"[2]因为环境危机无法估量，环境损害不可逆，生态危机时代渴望生态人。[3]由此，生态人承担着维护人类社会整体安全的责任，旨在"遏制生态危机，保障人类社会的永续生存和发展"以建立"既有利于人的全面发展，又有利于人与自然和谐发展的全新的价值判断标准"。[4]环境法学生态人假设倡导者不约而同地使用了生态危机这一核心用语，认为是生态危机促使了生态人假设的成立。

那么，生态危机能否导致环境法学的生态人假设呢？回答这一问题，需

---

〔1〕［德］拉德布鲁赫：《法学导论》米健、朱林译，中国大百科全书出版社1997年版，第71页。

〔2〕陈泉生、何晓榕："生态人与法的价值变迁"，载《现代法学》2009年第2期，第102页。

〔3〕参见吴贤静："'生态人'：法律上的人演进之方向"，载《河南教育学院学报（哲学社会科学版）》2013年第6期，第77页。

〔4〕秦鹏："论环境资源法中人的法律形塑"，载《重庆大学学报（社会科学版）》2009年第1期，第96页。

要从学科的人性假设说起。人性假设是对"人的本质属性"的一种预设，以预设的人性作为学科研究的基点、逻辑起点。所谓预设即预先设定，预先设定的对象是人的本质属性、是人性。作为人的本质属性，该属性不仅应当具有普遍性特点，还应当具有事实性的特点。所谓普遍性是指人性不是个别人才有的特质，而是绝大部分人甚至是所有人的共性内容。所谓事实性是指人性的存在是客观事实，并非主观臆想的内容。如学者所言，"人的模式是一种学科上的抽象，但同时又是具有实证基础的抽象。模式的抽象性并不意味着其与现实生活的完全背离，在一定意义上说，设定人的模式本身就代表了学科研究实证化的一种努力"。[1]人性预设是对已有事实的确认，或许预设的内容不完全等同于已有事实，但至少也约等于已有事实。因此，与其说是人性假设，不如说是人性预设更为贴切。假设可以凭空臆断，但预设却必须有现实的客观事实作为依据。经济学的人性假设是自利的理性人（即经济人），经济学将人的自利和理性等内容作为人性，并以此作为经济学学科研究的基础。纵然自利和理性等内容并非绝对，但自利和理性是人性的客观存在。可见，所谓的人性假设实质是对客观存在的人性的总结与概括。"它本身却是'实证性'的"，[2]是公理的、无须证明的事实。

环境法学生态人假设以生态危机为理由，假定结果为生态人。然而，人性假设是必须以某种人性为基础的。生态危机并非人之属性，因而无法成为环境法学人性假设的基础。那么，环境法学生态人假设的人性基础是什么呢？依前述环境法学者关于生态人的观点，其人性基础似乎只能是"追求生态利益为唯一目的+理性"，[3]或者是"为整个生态系统的和谐运行而不懈追求"，[4]或者是"具有环境意识和环境法治观念+会计算环境、经济、社会效益最大化+理性"。[5]这些内容中，理性固然属于人性，且已在经济学人性假设中得以设定，不再赘述。那么其他内容是否属于人性范畴就颇值得分析。

首先，"追求生态利益为唯一目的"固然是人类的美好愿望，但客观现实

---

〔1〕 胡玉鸿：《法学方法论导论》，山东人民出版社 2002 年版，第 480 页。

〔2〕 武建奇："论马克思关于人性假设的三个维度"，载《经济学家》2008 年第 3 期，第 6 页。

〔3〕 参见郑少华：《生态主义法哲学》，法律出版社 2002 年版，第 82~83 页。

〔4〕 参见陈泉生、林龙宗："论环境时代法学生态人模式的建构"，载《东南学术》2012 年第 1 期，第 79 页。

〔5〕 参见蔡守秋："生态法学方法论的要点"，载高鸿钧、王明远主编：《清华法治论衡》（第 13 辑），清华大学出版社 2010 年版，第 18 页。

是人类中有多少人以生态利益为唯一目的呢？"追求生态利益为唯一目的"不仅不具有事实性而且也不具有普遍性，足见其不具有人性当有的特点。其次，"为整个生态系统的和谐运行而不懈追求"与"追求生态利益为唯一目的"一样纯属道德期望。至少至今为止，人类中"为整个生态系统的和谐运行而不懈追求"的人绝不具有普遍性。因此，"为整个生态系统的和谐运行而不懈追求"与"追求生态利益为唯一目的"一样也绝非人性。最后，在当下社会中，"具有环境意识和环境法治观念"也绝不在多数，如果"具有环境意识和环境法治观念"的人具有普遍性，那么当初的环境问题就不太可能导致现今的环境危机，至少环境状况不会日趋恶化。显然，"具有环境意识和环境法治观念"仍然属于人类期望而非现实结果，不具有普遍性与事实性，因而并非人性的体现。

显然，预设的人性完全不同于期望人应当具有的品性。预设的人性是一种"现实拥有"，而期望人应当具有的品性则是一种"未来期望"。"人性假设只是为建立理论提供必要的'人性'前提，……不是为了用人性理论去说明现实中的人究竟'应该是怎样的人性'问题，更不是要强化、去培育某种人性，或者去改造现实中的人性。"[1]环境法学者提出的"追求生态利益为唯一目的""具有环境意识和环境法治观念""为整个生态系统的和谐运行而不懈追求"是人们期望培养的目标，是环境伦理等要强化与培养的内容。可见，将期望培育的目标预设为环境法学的人性，误读了人性假设的"预设"内涵。

经济学人性假设中，经济人是自利的、理性的。所谓理性是指经济人对情况进行分析后，能在各种可行的方案中寻找和计算出使自己收益最大化的那个方案。"会计算、利益最大化"是理性的核心内容。不难发现，环境法学者"会计算、实现三大效益最大化"是对经济学人性假设中理性内容的移植。然而，环境法学者继受了人的理性的同时，却抛弃了人的自利性并修改为人的公利本性。自利作为人的本性，只会驱使他只计算自身利益、只期望自身利益最大化。而生态人"会计算环境利益，寻求经济、社会和环境效益最大化"等无不体现人的公利性或利他性的特点。然而，公利性或利他性是否是人的本性？公利、利他是否具有普遍性与事实性？答案是不言而喻的。由此可见，环境法学生态人假设是缺乏人性基础的。所谓的生态人只不过是人们

---

〔1〕　武建奇："论马克思关于人性假设的三个维度"，载《经济学家》2008 年第 3 期，第 6 页。

期望培养的目标，而不是现实的人性表现。

（二）经济人和社会人不能而生态人能解决生态危机的观点不能成立

环境法学生态人假设的另一依据是，经济人和社会人不能而生态人能解决生态危机。环境法学者认为，经济人假设强调人的自利性因而无法应对生态危机，而社会人作为"社会"之人不能解决人与自然之间的问题。经济人和社会人都"只能解决人域情境下的问题而无法解决人与自然之间情境下的问题"。[1]生态人假设的使命就是克服经济人和社会人假设的缺陷。更有学者提出经济人是代表个人利益的"小我"，社会人是代表当今社会利益的"中我"，而生态人是代表现代社会及后代人社会的利益的"大我"。[2]概括而言，经济人只是解决个人问题的，社会人只能解决社会问题，而生态人则能解决自然问题。

生态人何以可能呢？对此问题，罕有建设性的论述。个别学者指出，生态人因为具有利他性故而能够追求人与自然的共同利益。[3]然而，利他性或公利性并非人的本性。"'生态人'是指具有保护生态环境意识的道德人，其行为总是以人与自然的和谐为准则，追求的目标是人的生态性存在。"[4]生态人的利他性无论是表现为"以追求生态利益为唯一目的"，还是表现为"具有为整个生态系统的和谐运行而不懈追求的潜能"，抑或表现为"会计算环境利益，寻求三大效益最大化"，都不过是环境伦理上对人的渴望与期待，并非现实中的人性。可见，生态人并不"具有"利他性，利他不过是道德或伦理教化的目标。退一步说，纵使教化一定能够获得利他性，然而"十年树木、百年树人"，依赖于这种方法解决当前的生态危机似乎并非有效之法。更何况，"当利益被聚焦于生态环境保护的中心位置，虽有理性护航，但对利益孜孜不倦追逐的人只能是利己主义的生物人。"[5]

---

〔1〕 马波："生态时代环境法上'生态人'模式的一种图景言说"，载《甘肃政法学院学报》2012年第2期，第69页。

〔2〕 参见陈泉生、何晓榕："生态人与法的价值变迁"，载《现代法学》2009年第2期，第103页。

〔3〕 参见何晓榕、陈泉生："从'生态人'视角探析环境权理论"，载《福州大学学报（哲学社会科学版）》2009年第1期，第50页。

〔4〕 李承宗："'生态人'的价值观评述"，载《武汉大学学报（人文科学）》2007年第2期，第174页。

〔5〕 李勇强、孙道进："生态伦理证成的困境及其现实路径"，载《自然辩证法研究》2013年第7期，第75页。

环境法学者认为，"无论是近代法治中的经济人还是现代法治中的社会人，囿于其自身的时代实践，对于遏制生态危机……都显得力不从心。"〔1〕毫无疑问，要在法学中否定经济人假设和社会人假设，并在此基础上得出生态人假设的结论，其前提必须是存在法学中的经济人假设和社会人假设，并且现有的法学经济人假设和社会人假设确有其不足以解决生态危机的理论缺陷。那么，法学中是否确立过经济人假设和社会人假设，或者相关共识性的论述呢？检索相关学术资料库尚不见法学中经济人假设、社会人假设的有力论证，更谈不上共识性观点。既然法学中尚没有确认经济人假设、社会人假设，那么环境法学生态人假设以经济人假设与社会人假设为根据就失去了前提。

法学中尚没有确认经济人假设、社会人假设，那么环境法学者所言不能解决生态危机的经济人、社会人又来自何方？所谓经济人即自利的理性人，出自经济学，是经济学学科大厦的支撑。由于人的自利性和个体理性，追求个体利益的最大化就成为所有个人的目标。当这种个体利益的最大化走向极端就是个人主义。个人主义的发展结果是没有集体利益、公共利益存在的余地的。环境利益作为一种公共利益，自然也就不在个体利益追求的范畴之内。因此，环境利益被侵害就是必然。这是以经济学的经济人假设分析环境问题，也当属经济学范畴。但是经济学上的经济人假设是无法直接得出环境法学中经济人假设不能成立的结论的。

环境法学者认为，"私法上的人是'经济人'，即原子式的，自利而精明的商人"。〔2〕那么，公法上的人是什么人呢？难分公私的环境法上的人又是什么人呢？学者没有给出公法上人的形象，而认为环境法上的人是生态人。如果私法上的人是经济人，而环境法上的人是生态人，那么，私法上的经济人与环境法上的生态人则应当是不相干的两个人。既然两者并不相干，那么否定私法上的经济人以得出环境法上的生态人就不符合逻辑推理。或许意识到该逻辑问题的存在，有学者将私法中的商人或经济人形象直接上升为法律人的形象，认为近代法律中最为典型的是商法，近代法律就是"商人"的法律。"在近代自由权利时代的法中，法律上的人的形象是'商人'或者'经济人'

---

〔1〕　秦鹏："论环境资源法中人的法律形塑"，载《重庆大学学报（社会科学版）》2009 年第 1 期，第 96 页。

〔2〕　陈泉生、何晓榕："生态人与法的价值变迁"，载《现代法学》2009 年第 2 期，第 102 页。

模式，其法律生活以追逐经济利益为根本。"[1]显然，从商法中的商人一跃成为所有法律中的人，是缺少合乎逻辑的论证的。对于经济人假设，另有环境法学者以"运用"回避人性预设问题，认为"经济人假设也在近代法治中得到了充分的运用与体现"。[2]然而，人性假设是某种学科对人性认识的确认，并以此作为该学科研究的逻辑起点，属于"事前"问题。可见，经济人假设是不是法学研究的逻辑起点应当是"事前"问题，而不是"事后"的运用问题。概而言之，无论是前述何种情形，环境法学者眼中的法学经济人假设本身是存在问题的。

那么，环境法学者眼中的社会人假设又是如何呢？环境法学者认为，社会法是反思"经济人"个体性和对"人的社会性和利他性重新发现的基础上"产生的。[3]社会人扬弃了经济人的纯粹利己本性，具有利他性，因而以实现社会利益、社会公平、社会安全、社会稳定为责任。概而言之，"社会人就是负有社会责任的人"。[4]从学科意义上讲，"负有社会责任"要么是伦理对人的一种道德要求，要么是法律对人强加的一种强制性义务。无论是道德要求还是法律义务，"负有社会责任"都是一种负担。"趋利避害"是人之常情，远离"社会责任"这种负担是普通人"趋利避害"的普遍表现。因此，"负有社会责任"绝非人之本性。既然"负有社会责任"不是社会人的人性基础，那么，学者所述的"利他"是否是社会人的人性基础呢？毋庸置疑的是，如果存在人以"利他"为本性，那么就不可能产生经济人的"自利"预设。环境法学者强调，是经济人的自利性最终导致了生态危机。如此不难发现环境法学者对人的"自利本性"的认同。人既然以自利为本性，又如何能够同时以利他为本性呢？可见，环境法学者不过是期望利他成为人的本性，而事实上自利性才是人的本性。由此，环境法学者眼中的社会人假设也是缺乏人性基础的，是存在问题的。以否定一个尚难以建立起来的社会人假设作

〔1〕 杨治坤、吴贤静："环境保护法的人性假设——以生态文明建设为背景"，载《江汉大学学报（社会科学版）》2013年第3期，第40页。

〔2〕 秦鹏："论环境资源法中人的法律形塑"，载《重庆大学学报（社会科学版）》2009年第1期，第97页。

〔3〕 陈泉生、何晓榕："生态人与法的价值变迁"，载《现代法学》2009年第2期，第103页。

〔4〕 秦鹏："论环境资源法中人的法律形塑"，载《重庆大学学报（社会科学版）》2009年第1期，第98页。

为理由来确立生态人假设，其结果是可想而知的。

针对这个缺乏人性基础的社会人假设，环境法学者提出了三个否认理由：其一是经济人和社会人都强调人无限制性地对自然、社会的索取，两者的"区别仅仅只是'私人性'需求和'公共性'需求罢了"。[1]其二是社会人只关注人与人之间的经济关系，而忽视了对人与自然之间的依存关系，因而也难以应对生态危机。[2]其三是社会人只关注当代人而没有关心后代人，更没有惠及自然界内的其他生命物种，不足以维护人类社会的整体安全。[3]第一种理由是难以成立的。首先，无论是经济人还是社会人都只是学科意义上对人性的一种预设而已，无论预设为经济人、社会人还是生态人，现实生活中的人必须向大自然索取，这是自然规律。其次，依学者论述，社会人既然"负有社会责任"，理当不会"无限制地"向自然与社会索取，这才是符合逻辑的推理。最后，环境问题是社会问题，社会人既然"负有社会责任"，又为什么不能解决好资源的无限性与需求的有限性之间的矛盾，而独有生态人能够解决好这一矛盾？对于第二种认为社会人忽视自然的理由就更无法成立。因为环境利益也是社会利益，社会人既然"负有社会责任"，自然不会也不能忽视自然，又怎么会"只关注人与人之间的经济关系"？况且，只关心经济关系的是经济人，而不应该是社会人。而第三种理由不能成立是因为，在现代法律意义上，后代人是不可能享有现代的法律利益的，后代人的利益只能体现在现代社会的社会利益之中。社会人既然是以社会利益为宗旨的，关注了当代人的社会利益也就是关注了后代人的利益。可见，"社会人只关注当代人而没有关心后代人"结论的理由不足。而"其他生命物种"当属社会利益范畴，不再赘述。

在环境法学者看来，经济人与社会人之所以不能解决生态问题，根源还在于，经济人和社会人建立在人类中心主义立场之上，[4]而生态人克服了传

---

〔1〕 秦鹏："论环境资源法中人的法律形塑"，载《重庆大学学报（社会科学版）》2009 年第 1 期，第 99 页。

〔2〕 参见吴贤静："'生态人'：法律上的人演进之方向"，载《河南教育学院学报（哲学社会科学版）》2013 年第 6 期，第 77 页。

〔3〕 参见陈泉生、何晓榕："生态人与法的价值变迁"，载《现代法学》2009 年第 2 期，第 102~104 页。

〔4〕 参见秦鹏："论环境资源法中人的法律形塑"，载《重庆大学学报（社会科学版）》2009 年第 1 期，第 99 页。

统的人类中心主义。[1]这是一种否定人类作为地球主人、否定人类主体性的思想。这种思想已经不再是法学范畴，而是纯粹的伦理学领域。然而，纵然在伦理学领域，伦理学者也认为否认人的主体性是"忽视了人与自然之物的质性差异"，而"沦为生物链条上的普通环节或自然界普通一员的人还能保护自然吗？"[2]换句话说，人的主体性并非生态危机的根源，人们需要反思的是人类主体性的恰当运用。[3]在伦理学界尚且没有达成共识的伦理内容移植到法学之中的结果是可想而知的。至少，法学以"人"为本的思想在当今社会是不可逾越的。可见，环境法学者否认经济人假设、社会人假设的根源性依据也是不成立的。

概括前述，生态人本身只是伦理学意义上的人，而法学中尚无关于经济人假设和社会人假设的共识，故而否认经济人假设和社会人假设是无法得出环境法学生态人假设结果的。而且，环境法学者眼中的经济人假设本身就存在问题，社会人假设也难以成立，否定存在问题的经济人假设和社会人假设更无法得出生态人假设的结论。而环境法学生态人假设最终跨出了法学范畴而走向了伦理学领域。

三、环境法学生态人假设的方法论与环境整体利益不吻合

方法论的个体主义又称个人主义方法论，它是以个体而不是以整体作为学科研究的基点，个体是学科研究的基本单位。个体主义方法论认为，社会现象只能通过个人及其相关事实得以解释，[4]社会整体是由个体集合而成，社会现象就是个体与个体之间的关系，整体应当化约为个体，个体才是社会的本体。因此，个体才是社会科学研究的基本单元。整体主义方法论是以整体而非个体作为学科研究的基点，整体才是学科研究的基本单位。整体主义方法论认为，社会整体大于其组成部分即个体之和，整体制约着个体行为。社会整体获得了超越于个体、独立于个体的特性，社会不能化约为个体。因

---

〔1〕 参见陈泉生、何晓榕："生态人与法的价值变迁"，载《现代法学》2009 年第 2 期，第 103 页。

〔2〕 李勇强："生态人学的双重意涵：生态文明理论的人学之维"，载《重庆理工大学学报（社会科学）》2015 年第 3 期，第 92 页。

〔3〕 参见丰子义："生态文明的人学思考"，载《山东社会科学》2010 年第 7 期，第 5~10 页。

〔4〕 参见王宁："个体主义与整体主义对立的新思考——社会研究方法论的基本问题之一"，载《中山大学学报（社会科学版）》2002 年第 2 期，第 126 页。

此，整体才是社会科学研究的基本单元。个体主义方法论和整体主义方法论站在了绝对的对立面。由此，有学者认为，个体主义方法论"社会化不足"，而整体主义方法论"社会化过度"。[1]

环境法学者认为，生态人假设是个人主义与整体主义相结合的方法。其整体主义方法论体现在：人人都生活在自然和社会之中，必然要与他人、与自然产生一定的关系，每个人都要获得其生存条件。因此，每个人都必须处理好人与人之间以及人与自然之间的关系。由此，人是"已被生态化、社会化了的元素，人只能作为生态人和社会人而存在"。[2]就生态人假设而言，要么是以个体作为科学研究的起点，要么是以整体作为科学研究的起点。以个体作为起点，就无法以整体作为起点，二者之间只能择其一者。故而，生态人假设不可能存在个体主义方法论和整体主义方法论相结合的问题。

而事实上，生态人假设并非以整体而仍然是以个体作为问题分析的基点和逻辑起点的。首先，生态人假设立足的仍然是"每个人"的个体，强调的是个体人与个体人、个体人与自然界之间的关系问题。个体已然成了生态人假设的逻辑起点。其次，其假设的生态人是追求生态和谐运行的理性人，这个追求生态利益的人仍然是个体之人。质言之，生态人假设是对个体人的假设，如同经济人假设是针对个体人一样。依该学者思想，生态人被假定为"有环境意识和法治观念"的人，这个"有环境意识和法治观念"的人显然只能是个体主义方法论下作为个体的自然人。只不过对这个"人"给予了更多寄托：要求他"追求生态利益"、要求他"寻求经济、社会和环境三大效益最大化"。总而言之，生态人也只是个体主义方法论下的个体，而非整体主义方法论下的整体。个体才是生态人假设的逻辑起点。生态人假设以个体的自然人作为分析的基点，其个体主义方法论立场是鲜明的。"任何人类历史的第一个前提无疑是有生命的个人的存在。"[3]生态人假设的个体主义方法论立场是符合法学研究传统的。但问题是，生态人假设的个体主义方法论是否符合环境利益的保护要求呢？

对于人而言，除自身之外的一切均可以称之为环境，但这种广义上的环

〔1〕　参见王宁："个体主义与整体主义对立的新思考——社会研究方法论的基本问题之一"，载《中山大学学报（社会科学版）》2002年第2期，第125页。

〔2〕　蔡守秋、吴贤静："论生态人的要点和意义"，载《现代法学》2009年第4期，第83页。

〔3〕　《马克思恩格斯全集》（第3卷），人民出版社1960年版，第23页。

境并非环境法的环境。生态危机促成了环境法的产生，环境法的使命就是应对生态危机、解决生态问题（俄罗斯因此将环境法称为生态法）。环境法的环境是生态环境或者可以说是并不只是影响个别人的生态系统。生态系统的良性循环是人类生存的必要前提，也是环境法追求的目标。生态系统的良性循环作为人的生存前提，必然体现为人的利益，从而可能反映到法律之中。所谓系统即整体，一个生态系统就是一个整体。人作为生态系统中的成员，生态系统的良性或恶性体现为人的环境利益是正利益或负利益。生态利益无论是正利益还是负利益，都绝非个体的利益。换言之，环境利益作为整体利益是无法个体化，无法成为个体私利的。环境利益只能表现为公共利益，表现为生态系统中所有成员的共同利益。当这一利益表现为正利益时，生态系统中所有成员都将受益；当这一利益表现为负利益时，生态系统中所有成员都将受损。环境利益的这一公共属性或称整体性是不以人的意志为转移的客观规律。

环境利益作为生态系统中所有成员的共同利益，因为利益的提供者——生态系统的整体性而无法像物权所体现的经济利益一样可以归属到个体。环境利益的公共属性表明环境利益的无法私有化、无法个体化。无法私有化、无法个体化的环境利益作为法律的考量对象，自然无法像经济利益一样进行个体归属，成为私有权利的客体。这清楚地表明，法律中的环境利益主体绝不能是个体。易言之，针对环境利益的法学研究，其逻辑起点不能是个体，其方法论不能是个体主义方法论。生态人假设以个体为基点，以个体主义为方法论，与环境的整体性特征是相违背的。个体主义方法论下的个体生态人，是无法挣脱其私利本性的。个体生态人的结果只能是，违背环境利益的公共性和整体性而使生态利益个体化，最终不仅无益于生态危机的解决、生态和谐的实现，甚至更有害于环境。

四、环境法学生态人假设意义虚微

（一）环境法学生态人假设所主张的意义微弱

就环境法学生态人假设的意义，学者们给出了诸多解释。有学者认为，生态人并非都是理性的，应当以理性生态人的行为模式来设置法律。生态人假设"可以对环境法规则进行价值判断、引导环境法制度设置和引导人们的行为"。[1]而且，"只要确认了生态人的法律人模式，也就为从生态伦理角度为环境资源法提供正当性依据奠定了基础"。[2]生态人不仅考虑人与人的关系而且考虑人与自然的关系，基于生态人的法律相较于基于社会人、经济人的法律对"五型社会"建设更有法律保障。由此，方法论意义上可以拓展"法律既调整人与人的关系又调整人与自然的关系"。[3]

生态人假设能否产生学者所提及的意义，关键在于生态人假设的内涵以及意义本身。人性是人所共同拥有的特性，是与生俱来的特质。有学者认为，"如果说人性假定是制度设计的前提的话，行为假定可以说是制度设计的基础"。[4]从人性角度，有学者确认生态人是"追求生态利益""追求生态系统和谐"的人，抑或是"有环境意识和法治观念，寻求三效益最大化"的人。然而，如果"追求生态"是人性的话，那么所有人至少是绝大部分人都是有良好的"生态"行为的。若果真如此，其行为就无引导可言，生态人假设也就谈不上法律上的"行为导向"意义。

如果都是"追求生态"之人，其"追求生态和谐"思想确实能够对环境法规则进行价值判断、引导环境法制度设置。但问题是，既然所有人都是"追求生态"之人，那么是否还有环境法律制度的现实需要？从而，是否还有对环境法规则进行价值判断的需要？同理，生态人既然能够实现"经济、社会和环境三效益最大化"，那么是否还有环境法存在的必要性和可能性？如果环境法没有了存在的意义，那么从生态伦理角度为环境法提供正当性依据就没有了必要性。

此外，以生态为目标，对于人与自然的关系而言，生态人假设确实合乎伦理要求，符合社会发展的方向。但问题是，生态人关心人与自然的关系，是否能够得出法律也直接调整人与自然的关系？"过去的伦理学是不完整的伦理学，因为它只涉及人对人的关系。"[5]现在的伦理学扩展涉及了人与自然的

---

[1] 杨治坤、吴贤静："环境保护法的人性假设——以生态文明建设为背景"，载《江汉大学学报（社会科学版）》2013年第3期，第39页。

[2] 蔡守秋、吴贤静："论生态人的要点和意义"，载《现代法学》2009年第4期，第86页。

[3] 蔡守秋、吴贤静："论生态人的要点和意义"，载《现代法学》2009年第4期，第84页、第89页。

[4] 杨治坤、吴贤静："环境保护法的人性假设——以生态文明建设为背景"，载《江汉大学学报（社会科学版）》2013年第3期，第42页。

[5] [法]阿尔贝特·史怀泽：《敬畏生命》，陈泽环译，上海社会科学院出版社1992年版，第9页。

关系，这是伦理学的发展。生态人正是这一扩展中所产生的新内涵。从其本质来看，生态人不过是伦理所期望的、对人进行教化的最佳结果而已，是一个纯伦理概念。而且，伦理学角度也认为生态人的"价值观仍然存在着缺陷和不足"。[1]这个有着价值观缺陷的纯伦理学的内容无论如何是撼动不了法律调整社会关系这一法学根基的。

（二）环境法学生态人假设不具有学科研究基石的意义

休谟说："一切科学对于人性总是或多或少地有些关系，任何学科不论似乎与人性离得多远，它们总是会通过这样或那样的途径回到人性。"[2]社会科学以人为研究对象，面对的都是人的问题。有什么样的人性，就有什么样的行为，有什么样的行为就应该有什么样的应对。社会科学研究离不开人性。

众所周知，首先提出人性假设概念的是经济学。经济学将人性假设为自利的理性人即经济人。经济人假设对于经济学的意义在于，经济人是经济学研究的基石，是经济学推理或演绎的基础。经济人假设是整个经济学理论建立的前提。可以说，没有经济人假设，就没有经济学研究。经济人假设是经济学的基石。质言之，经济学以人性假设为根基。

除经济学的人性假设外，管理学的人性假设也格外夺目。管理学人性假设经历了多个阶段。第一阶段是工具人假设阶段。该阶段中，将人视为工具，因此管理纯属经验管理。第二阶段是理性人假设阶段，认为人都是理性的自利人，管理由经验向科学转向。第三阶段是社会人假设阶段，认为被管理者被认同感、归宿感的满足决定着生产效率的高低，因此管理应当侧重被管理人的社会认同感。第四阶段则是道德人假设阶段，认为管理虽是纯粹的经济活动，但管理的核心是"待人"，因而管理必须关注伦理。第五阶段是创新人假设阶段，认为人的创造性是生产效率的源泉，因此管理的着力点在人的创造性上。有不同的人性假设，在管理上就产生了不同的管理手段与方法。工具人、理性人、社会人、道德人、创新人等都是管理学对人的某一方面人性的认识。无论管理学如何假设人性，人性都是管理学研究的基础，是管理学

---

〔1〕李承宗："'生态人'的价值观评述"，载《武汉大学学报（人文科学）》2007年第2期，第178页。

〔2〕[英]休谟：《人性论》（上册），关文运译，商务印书馆1980年版，第6页。

学科研究的大前提。这足见人性假设对于管理学而言的基石意义。

由前述分析可知，人性假设是某学科将人的某一特性作为一个公理性的内容进行预设。该学科以所预设的人性为基础和前提而展开研究。作为基础和前提，所预设的人性将一以贯之地渗透到该学科研究的所有领域，也将贯穿于该学科所建立的所有理论。简言之，人性假设对于学科研究的意义就在于，所预设的人性是整个学科的基石，具有基石性的意义。离开了相应的人性预设就没有了相应的学科理论体系。"基石"是理论研究上设置人性假设的意义所在。当然，能够成为整个学科基石的是人性，而非其他内容。不是针对"人性"的预设是不可能产生社会科学基石意义的。

法学（包括环境法学）的研究对象是人，人是法学之本。人具有人的普遍属性，人的普遍属性决定着人的行为。将行为视为法律调整对象的法学研究，就无法离开对人性的把握。离开了人性，法学研究必将失去前提。环境法学者认为，"一个完整的理论体系必然要具备逻辑支点。社会科学的研究起点是人，环境法也是以人性为研究基础的"，[1]"'生态人'假设对于环境法具有逻辑起点的意义"。[2]"社会科学和人文科学往往以一定的人性假设为'公设'，并以此推导和构建它的理论系统。"[3]

然而，环境法学生态人假设是否预设了人性？其所预设的人性能否成为环境法学的研究基石和基本前提呢？如前所述，生态人"追求生态目的""具有环境意识"等内容皆非人性。环境法学生态人假设缺乏人性内容，没有人性基础。层出不穷的管理学"人性假设"都尚且不能解答管理中人的本质难题，[4]缺乏人性基础的人性假设——生态人假设要成为环境法学研究的基石，结果可想而知。概而言之，环境法学生态人假设缺乏人性基础，无法具有作为学科研究基石的意义。

---

〔1〕　蔡守秋、吴贤静："论生态人的要点和意义"，载《现代法学》2009年第4期，第89页。

〔2〕　杨治坤、吴贤静："环境保护法的人性假设——以生态文明建设为背景"，载《江汉大学学报（社会科学版）》2013年第3期，第39页。

〔3〕　周敦耀："论人性假设"，载《广西大学学报（哲学社会科学版）》2000年第6期，第1页。

〔4〕　参见王文奎："管理学'人性假设'理论实践困境批判——基于马克思主义'实践人性论'对应的角度"，载《东南大学学报（哲学社会科学版）》2012年第5期，第5页。

第二节　社会人主体的确立

一、法律人性基础的逻辑前提与学科意义

（一）法律人性基础的逻辑前提

在法律视野里，有意识性是行为成立的基本前提。人的意识行为在心理学上称为意志行动。"意志行动，是在意志支配下实现的行动"。[1]意志支配下的行为总要指向一定的目标，行动目的的自觉性是意志行动的主要特征。因此，行为的有意识性蕴含着行为的目的性，人的行为总要服务于他的目的。行为是人实现自己目的的手段。这是人的行为的一般规律。

人有目的必因其有需要。需要是人类生存的前提，"是个体在生活中感到某种欠缺而力求获得满足的一种内心状态。它是人脑对生理的和社会要求的反映"。[2]人的一切行为都是由诸如生理、安全、归属和爱、尊重、自我实现等五大需要而引起的。为了满足需要，人才付诸行为。需要是人的行为的基础与内在动因。当需要迫切要求得到满足时，静态的需要就会转化为动态的动机。动机是直接推动行为的内部动力。动机的产生会引起目的的确立。动机是行为的原因，而目的则是行为希望发生的结果。由需要促成动机，由动机导向行为，由行为指向目的，在这个行为的动力系统中，需要是决定性的因素，是其他一切动力因素的基础。因此，人的行为的产生是需要推动动机、动机促成活动的过程。"人的需要是人性最核心最重要的规定性。"[3]行为是需要的反映，更是人性的体现。

社会科学以人为研究对象，人有其一般特性即人性。[4]人性成为社会科学研究不可绕开的基础内容。法理学认为，法律是通过调整行为来调整社会关系的。而作为一般特性的人性决定着相应的行为规律。因此，作为社会科学，法学无法回避"人→人性→行为规律→人的行为→法律制度"的逻辑。

---

〔1〕　刘耀中、刘益民、程甫主编：《心理学》，科学出版社 2000 年版，第 191 页。

〔2〕　莫雷主编：《心理学》，广东高等教育出版社 2000 年版，第 232 页。

〔3〕　葛新斌："试论人性假设问题的管理学意义"，载《华南师范大学学报（社会科学版）》1998 年第 2 期，第 5 页。

〔4〕　参见周敦耀："论人性假设"，载《广西大学学报（哲学社会科学版）》2000 年第 6 期，第 1 页。

（二）人性基础对于法学的意义

作为学科研究基础，人性对经济学或管理学而言，"其意义是方法论意义上的，而不是认识论意义上的，更不是规范性意义上的"。[1]其方法论意义体现在"人性假设对理论起着基础性的决定作用。有什么样的人性假设，就有什么样的行为和行为规律，也就会产生适合这种人性假设的经济学理论"。[2]人性基础对于法学的学科意义也不例外。

法律的调控对象是人的行为。从需要到动机、从动机到行为、从行为发生到目的实现的逻辑过程，是法律上行为发生的逻辑结构。法学理论的建立离不开对人的行为的考察。事物都有其规律，一定的人性产生一定的行为规律。有什么样的人性就有什么样的行为规律，有什么样的行为规律就有什么样的法学理论，有什么样的法学理论就会有什么样的法律内容。因此，法学理论不仅需要考量表现为"人为"状态的行为，更要考量表现为"为人"状态的人性；既不能违反"人为"的行为规律，更不能背离"为人"的基本人性。简言之，人性基础决定着法学理论与法律实践的走向，有着举足轻重的方法论意义。

科斯曾说："过去，经济理论一直因未能清楚地说明其假设而备受困扰。在建立一种理论时，经济学家常常忽略对赖以成立的基础的考察。"[3]如同当时的经济学一样，当前的法学正处于对法学理论赖以成立的基础缺乏考察的阶段。尽管有学者提出，"对于一个法律时代的风格而言，重要的莫过于对人的看法，它决定着法律的方向"。[4]然而，以人为研究对象的法学却一直忽略了"对人的看法"，忽略了对人性的考察。人性基础对于法律的方法论意义也为法学界所忽略。

人性的"基本假设可以是明示的，也可以是隐喻的；可能是自觉的、有意识的，也可能是不自觉的和无意识的"。[5]那么，古代法律、近现代法律分别预设了何种人性？历史中的人性认识对于法律起着何种基础性的决定作用？

---

〔1〕 武建奇："论马克思关于人性假设的三个维度"，载《经济学家》2008年第3期，第6页。

〔2〕 武建奇："经济理论与人性假设"，载《河北经贸大学学报》2007年第1期，第3页。

〔3〕 ［美］罗纳德·哈里·科斯：《企业、市场与法律》，盛洪等译，上海三联书店1990年版，第1页。

〔4〕 ［德］古斯塔夫·拉德布鲁赫："法律上的人"，参见：［德］古斯塔夫·拉德布鲁赫：《法律智慧警句集》，舒国滢译，中国法制出版社2001年版，第141页。

〔5〕 武建奇："论马克思关于人性假设的三个维度"，载《经济学家》2008年第3期，第5页。

应当以何种人性为基础为现代法学的发展把脉？

二、古代法律的政治人：政治性

（一）"只见城邦整体不见个人个体"：古希腊奴隶制法律中的政治人

古希腊是欧洲最早进入文明社会、最早产生国家与法的地区。古希腊城邦国家脱胎于原始社会氏族，是以城市为中心而建立起来的奴隶制国家。古希腊城邦国家中，"每个人必须在国家里执行一种最适合他天性的职务"。[1]市民是国家机器的组成部分，市民的全部领域都是城邦国家的控制对象。在这个城邦国家中，所有的问题都是国家问题即政治问题。离开了城邦国家，市民无法生存。由此，如何过好城邦国家生活是市民最需要关心的事情，包括雅典直接民主思想在内的城邦国家民主政治思想产生。有学者认为，"雅典的民主政治不仅是古代希腊的典范，而且是整个古代世界的典范"。[2]然而，这种民主政治不过是市民的无奈之举。当一切生活都是国家生活即政治生活的时候，市民已经完全被遮盖在城邦国家之下。"个人以某种方式被国家所吞没，公民被城邦所吞没"。[3]因此，如柏拉图所言："不是为整个国家的利益而制定的法律是伪法律"。[4]"只见城邦整体不见个人个体"是这种民主政治的本质。这种本质下的古希腊奴隶制国家里，只存在城邦整体而不存在个人个体，在国家里执行职务的政治参与者作为国家机器的组成内容而丧失了其作为个体的意义。

奴隶制国家的基本特征是维护奴隶主阶级对奴隶阶级的专政。众所周知，古希腊奴隶制国家里，真正能够参与民主政治的只能是奴隶主阶级。贫苦的自由民是不可能参加民主政治的。"一个人当他是人而又成为财产的时候，他就属于别人了。"[5]奴隶被作为会说话的工具或财物，更谈不上政治参与。在古希腊奴隶国家里，前述政治参与者作为统治者尚且不能作为独立的个人而存在，自由民和奴隶就更难逃被政治城邦所吞没的命运。不同的是，作为统

---

[1] ［古希腊］柏拉图：《理想国》，郭斌和、张竹明译，商务印书馆1986年版，第154页。

[2] 刘艺工、王继忠主编：《外国法律史》，中国人民大学出版社2008年版，第35页。

[3] ［法］邦雅曼·贡斯当：《古代人的自由与现代人的自由》，阎克文、刘满贵译，商务印书馆1999年版，第28页。

[4] ［古希腊］柏拉图：《法律篇》，张智仁、何勤华译，上海人民出版社2001年版，第122页。

[5] ［古希腊］亚里士多德：《政治学》，吴寿彭译，商务印书馆1965年版，第18~19页。

治者的奴隶主是作为国家机器的组成部分而存在的，自由民和奴隶却是作为国家的附属或物品而存在的。而相同的是，不论是奴隶主还是自由民和奴隶，都不过是政治国家的构成内容，都呈现出一种"非人"的形象——政治人的形象。简言之，所有的人都不过是政治的产物，政治性被视为人的基本属性。

"人性论虽然是到文艺复兴时期才由新兴的'中等阶级'所制造的理论，但它的萌芽却是可以从亚里士多德的学说中找得出来的。"〔1〕亚里士多德认为，从个人到国家是人从不完全到完全实现其本性的过程，国家生活是人的本性的完成过程。"城邦出于自然的演化，而人类自然是趋向于城邦生活的动物"，〔2〕人在本性上天生是政治动物，政治性是人的天然本性。亚里士多德的"天生的政治动物"与古希腊的政治人现实相互呼应：人作为政治国家的组成部分或附属品而存在，为政治城邦而生，被政治城邦所吸收。这些政治人无法作为独立的个人而存在。因此，国家之外无个人，更无社会。"在希腊人那里，根本不存在国家、法律与社会的关系问题。"〔3〕城邦国家淹没了个人，也遮蔽了社会。

（二）"只见家庭整体不见个人个体"：古罗马奴隶制法律的政治人

古希腊注重理论探讨而古罗马侧重法律实务。〔4〕查士丁尼认为，要了解法律"首先要考察人，因为如果不了解作为法律对象的人，就不可能很好地了解法律"。〔5〕在罗马法律实务中，"人法中最重要的划分是：所有的人或者是自由人或者是奴隶"。〔6〕人法中的另一种划分是，"有些人拥有自己的权力，有些人则从属于他人的权力"，"对于从属于他人权力的人来说，有些人从属于支配权，有些人从属于夫权，有些人从属于财产权"。〔7〕

由家长、妻子、家子、奴隶等组成的罗马家庭遵循着前述的人法划分。家长是人法中"拥有自己的权力"即拥有家长权之人，妻子、家子、奴隶等从属于家长权。作为家长的物件，奴隶从属于家长的财产权。而那些从属于

---

〔1〕　恩裕："论柏拉图和亚里士多德的政治思想"，载西北政法学院法学基础理论教研室编：《西方法律思想史资料选辑》（内部资料），1982年版，第84页。

〔2〕　［古希腊］亚里士多德：《政治学》，吴寿彭译，商务印书馆1965年版，第7页。

〔3〕　谷春德、吕世伦编写：《西方政治法律思想史》，辽宁人民出版社1981年版，第16页。

〔4〕　参见陶广峰、刘艺工编著：《中西法律学说发展历程》，兰州大学出版社1994年版，第31页。

〔5〕　［罗马］查士丁尼：《法学总论——法学阶梯》，张企泰译，商务印书馆1989年版，第11页。

〔6〕　［古罗马］盖尤斯：《法学阶梯》，黄风译，中国政法大学出版社1996年版，第4页。

〔7〕　［古罗马］盖尤斯：《法学阶梯》，黄风译，中国政法大学出版社1996年版，第18页。

财产权的人被认为类似于奴隶。[1]妻子则处于家长的夫权之下，而家子从属于家长的支配权。"所有的子女，无论是男性还是女性，当他们处于尊亲属的支配权下时，就可以被后者按照买卖奴隶的方式加以买卖。这一规则同样适用于那些处于夫权之下的人"。[2]尽管家子、妻子享有自由人的身份，但家长却享有处置这些自由人的权力。家长可以自由买卖奴隶和自由人，如同买卖属于自己的动物或土地一样。《十二铜表法》第4表规定："家属终身在家长权的支配下。家长得监察之、殴打之、使作苦役，甚至出卖之或杀死之；纵使子孙担任了国家高级公职的亦同。"家长权下的家子和妻子均无人身权利可言。而"那些处于支配权、夫权或财产权之下的人，不能对任何物实行拟诉弃权。由于这些人不可能自己拥有任何物"。[3]家子和妻子也无财产权利可言。既没有财产权利也没有人身权利的家子与妻子很难被称为"人"。可见，在古罗马国家中，不是"人"的人不只是奴隶，还包括妻子与家子。

家庭是罗马社会的基本组成单位，但罗马家庭并不同于现代社会的家庭。"罗马家庭是单纯由权力联合在一起的人的集合体。"[4]梅因认为，罗马城邦国家的法律只能及于家庭，不能及于家庭内部。[5]罗马城邦国家"对家父权力的限制将成为对'家庭'自主性的侵犯"。[6]可见，罗马家庭不仅是一个政治统治单位、独立的权力机构，甚至已然具有了现代国家的"主权"属性。相应地，家长权绝非现代意义上的私权利，而是集立法权、司法权、执法权于一身的公权力综合体。在家庭的政治属性、家长权的公权力属性下，家长已全然成了政治统治的工具、家庭统治的机器。作为政治统治单位，家庭之外没有个人存在的可能，只有家庭——政治统治单位。由此，家庭之内的家长也无法作为独立的个人而存在。家长已然没有作为独立个体而存在的意义，其个人已经全然淹没在家长身份、家庭乃至国家的政治统治之下，呈现的也是"非人"形象。

---

[1] [古罗马] 盖尤斯：《法学阶梯》，黄风译，中国政法大学出版社1996年版，第54页。

[2] [古罗马] 盖尤斯：《法学阶梯》，黄风译，中国政法大学出版社1996年版，第44页。

[3] [古罗马] 盖尤斯：《法学阶梯》，黄风译，中国政法大学出版社1996年版，第112页。

[4] [意] 彼德罗·彭梵得：《罗马法教科书》，黄风译，中国政法大学出版社1992年版，第114页。

[5] 参见 [英] 梅因：《古代法》，沈景一译，商务印书馆1959年版，第95页。

[6] [意] 彼德罗·彭梵得：《罗马法教科书》，黄风译，中国政法大学出版社1992年版，第126页。

罗马家庭是罗马国家统治的核心。如果说罗马家庭中的家长是政治统治的机器，那么家子、妻子与奴隶则是家长这一政治统治工具的对象。所有人都为政治统治服务，政治性仍然被视为人的本质属性。在罗马家庭中，奴隶、家子和妻子都不是"人"，家长也不能幸免"非人"属性。由这样的家庭组成的罗马国家，"个人被遮蔽在家中"，[1]呈现出"只见家庭整体不见个人个体"的景象。

（三）新景象的"只见家庭整体不见个人个体"：西欧中世纪封建制法律的政治人

西欧中世纪呈现的是教会法与世俗法二元并存的格局。其中，日耳曼法作为独立的法律体系沿袭的是世俗法方向，也是西欧中世纪普遍适用的法律。日耳曼法分为两个阶段，即5世纪至10世纪主要适用于日耳曼人的法律和11世纪西欧占主导地位的法律。教会法大致经历了三个阶段：4世纪至10世纪形成期、11世纪至15世纪极盛期、16世纪以后衰落期。

学者多将日耳曼法称为团体本位的法律。依日耳曼法，个人必须忠于团体，个体利益服从团体利益。"个人行使权利和承担义务不以个人的意志为依据，要受到团体的约束"。[2]所谓团体是指家庭、公社等。在日耳曼法中，家庭之中也有家长权，家长权表现为夫权和父权。[3]就夫权而言，丈夫不仅享有管理妻子全部财产并取得收益的权利，更有对妻子鞭打、逐出家庭、杀死的权力。就父权而言，父亲拥有将子女逐出家庭以及出卖、生杀子女的权力。家长权仅在以下两方面受到一定限制：一是未经妻子同意，家长不得处分妻子的财产；二是未经子女同意，家长不得处分子女的不动产。通过夫权和父权，家长几乎掌控了妻子与子女的全部财产权利，也掌控着妻子与子女的人身权利。人身权利与财产权利被家长权所支配的妻子与子女，是无法作为独立的个人而存在的。妻子与子女被遮蔽在日耳曼家庭之下。

如同罗马法一样，在日耳曼法中，"人们之间的关系在法律上是由他们的身份所决定的，而不能凭个人意志加以改变"。[4]没有家长身份就没有家长权，家长也是一种政治统治的身份。所不同的是，罗马家庭与罗马国家之间

---

〔1〕　徐国栋："'人身关系'流变考（上）"，载《法学》2002年第6期，第49页。

〔2〕　何勤华、魏琼主编：《西方民法史》，北京大学出版社2006年版，第151页。

〔3〕　参见王文主编：《外国法制史》，南海出版公司2001年版，第43页。

〔4〕　刘艺工、王继忠主编：《外国法律史》，中国人民大学出版社2008年版，第79页。

很难说是直接隶属关系；而在日耳曼，君主就如同家庭之父一样被称为"人民的父亲"。"在这样的社会中间，存在着不同的种类和等级，其中最高等的就是政治社会。"[1]在封建等级统治下，家长是这种等级政治统治的底层统治工具。如同其妻子和子女的人身财产权利被家长所消弭一样，作为最底层的统治工具，家长作为个人的人身权利与财产权利，也被"人民的父亲"等上层统治者所消弭。作为上层统治尤其是"人民的父亲"的统治对象，家长没有其作为独立个人的存在基础。这是一种"家庭之内是政治统治而无个人，家庭之外也只有政治统治而无个人"的景象。正如学者所言，"日耳曼法保护的中心是团体，即家庭、氏族、公社，而不是个人"。[2]依据日耳曼法，妻子和子女被遮蔽在家长权之下，家长则被淹没在家长权等政治统治权力中。家长、妻子、子女等所有的个人都呈现出"非人"形象。

教会法是教会组织以基督教神学为基础而制定的神权法，既适用于教会事务也适用于世俗事务，本质上是披着宗教外衣的封建法。教会法维护家长的夫权和父权统治。依教会法，家长对子女的人身和财产拥有完全的支配权，妻子依附于家长、从属于夫权。[3]在夫权与父权之下，没有人身与财产权益的妻子与子女无法作为独立的个体而存在，都被遮蔽在家庭之下。如同日耳曼世俗法一样，教会法的家长权也让家长直接沦为封建政治统治的底层机器，家长失去了作为独立个体存在的前提。

教会法与日耳曼世俗法的二元并存，共同维持着以家庭为基本统治单位的封建政治统治，共同体现出了"只见家庭整体不见个人个体"的特点。在教会法和世俗法中只有家庭等政治统治利益，没有个体的个人利益。中世纪学者阿奎那认为，法律的首要和主要的目的是公共幸福的安排，"法就必须以整个社会的福利为其真正的目标"。[4]在教会法和世俗法下，所谓的社会福利实为政治统治。个人是为政治统治服务的，人的根本属性仍然被认为是政治性。作为政治统治的附庸，所有人都呈现出"非人"的政治人形象。

当然，中世纪的"只见家庭整体不见个人个体"不同于古罗马，古罗马

---

〔1〕《阿奎那政治著作选》，马清槐译，商务印书馆1963年版，第159页。

〔2〕 王文主编：《外国法制史》，南海出版公司2001年版，第43页。

〔3〕 参见里赞主编：《外国法制史》，四川大学出版社2006年版，第51页。徐轶民编著：《简明外国法律史》，中央广播电视大学出版社1987年版，第82页。

〔4〕《阿奎那政治著作选》，马清槐译，商务印书馆1963年版，第106页。

家庭一定意义上具有现代国家的主权属性，而中世纪封建家庭是主权国家下的底层政治统治单位。从奴隶社会古希腊的"只见城邦整体不见个人个体"到古罗马的"只见家庭整体不见个人个体"，再到西欧封建社会另一种景象的"只见家庭整体不见个人个体"，奴隶制和封建制古代法律的共同特点就是"不见个人个体"：所有个人都只是国或家等政治统治机构的工具或附属品，都被淹没在政治统治机器之中而呈现"非人"的政治人形象。亚里士多德提出的人的政治性贯彻了整个古代奴隶制和封建制法律的始终，成了古代法律的人性基础。这种政治人形象是"只见整体不见个体""只有'国''家'整体而没有个人个体"的体现，是以国或家等整体作为逻辑起点的方法论即整体主义方法论的结果。

三、人性解放下近代法律的自然人：私利性和理性

14世纪初至17世纪中叶的文艺复兴运动是一场以人文主义为核心的反对封建、反对神权的思想解放运动。肯定人性、提倡现世幸福高于一切、提倡自由平等博爱，是人文主义的核心。人文主义以人性反对神性、以人权反对神权，倡导个性解放与平等自由，主张人生目的是追求现实生活中的幸福。恩格斯认为，文艺复兴是人类从来没有经历过的最伟大的进步变革。[1]

（一）文艺复兴人性解放的法学意义

文艺复兴不仅解放了人的理性，实现了人的自由与平等；更解放了人的私利性，奠定了个体权利的基础，为古代法学的"非人"向近代法学的"人"的转变准备了思想基础。

1. 文艺复兴对人的理性解放及其法学意义

"经院哲学在神学的支配下，使一切真理匍匐于神权的威严之下，理性屈服于宗教的信仰，人变成了神的羔羊。一切知识都不过是为神学作注释和印证，圣经成了一切真理的源泉。"[2]封建神权统治下的中世纪，只有神才有理性，人既无理性亦无自由。

但丁在《神曲》中首倡自由意志是上帝赋予人类的最大杰作，开启了文

---

〔1〕　参见［德］恩格斯："自然辩证法"，见：《马克思恩格斯选集》（第3卷），人民出版社1972年版，第445页。
〔2〕　陈小川等：《文艺复兴史纲》，中国人民大学出版社1986年版，第61页。

艺复兴以人的理性、自由意志反对教会宿命论与封建蒙昧主义的先河。在人文主义倡导自由意志和理性的过程中，文艺复兴前期的德国宗教改革家马丁·路德功不可没。马丁·路德发挥了《罗马书》第十章"人心里相信就可以称义"的"因信称义"理论，提出人有两性即肉体与灵性。信仰使人具有了灵性，信仰是个人的事情，是良心。"只是信，不是行为，使人称义，使人自由，使人得救。"[1]马丁·路德认为，基督教徒可以凭借自己的良心和理智解释《圣经》。"取消拯救概念之后，良心就只剩下理性判断了。作为判断的最终权威，良心已只能依靠自己进行判断。于是，自由就被理解为自己根据自己进行判断的理性能力。"[2]显然，马丁·路德是坚信上帝的，但他已经通过"良心"将原本只属于神的理性而扩展到了人，认为人也具有理性。"正是路德的举动，动摇了西方有史以来最大的权威。……理性成了一切宗教论争的最高裁判者。"[3]

继马丁·路德的"良心"理性思想之后，是文艺复兴后期笛卡尔（1596年至1650年）的"我思"理性思想。笛卡尔认为，上帝是人们思想中的完美存在物，只是人的认识对象。与路德不同，笛卡尔的上帝已经完全脱离了宗教范畴。笛卡尔认为，"意志天生就是自由、自愿和永恒的，是朝着思想主体所崇尚的善而发展的，这是意志的本质"[4]。在笛卡尔看来，人的理性是意志自由、是精神自由。笛卡尔的"我思"理性理论已完全脱离了神权思想。

从"良心"理性到"我思"理性，在文艺复兴运动中获得解放的人的理性开始在法学思想中熠熠生辉。洛克认为："人与人之间不存在公认的权威，人们生活在一起的依据只是理性。这就是自然状态。"[5]"人的自由和依照他自己的意志来行动的自由，是以他具有的理性为基础的，理性能教导他了解

---

〔1〕《马丁·路德文选》，马丁·路德著作翻译小组译，中国社会科学出版社 2003 年版，第 6 页。

〔2〕谢文郁：《自由与生存：西方思想史上的自由观追踪》，张秀华、王天民译，世纪出版集团、上海人民出版社 2007 年版，第 133 页。

〔3〕王建娥："从文艺复兴到启蒙运动——人性解放的伟大历程"，载《西北师大学报（社会科学版）》1993 年第 4 期，第 54 页。

〔4〕René Descartes, *The Philosophical Works of Descartes*（Volume 2）, Translated by Elizabeth S. Haldane and G. R. T. Ross, London: Cambridge University Press, 1912, p. 56.

〔5〕An Essay concerning the True Original, Extent, and End of Civil Government, in: John Locke, *Two Treatises of Government*, New York: Cambridge University Press, 1960, p. 321.

他用以支配自己行动的法律，并使他知道他对自己的自由意志听从什么程度。"[1]因为人的理性，人们可以不依赖于他人而自我安排自己行动，自行处理自己财产和人际关系。基于人的理性，洛克从"自由"推导出了"平等"观念。在人的理性基础上，康德则进一步解析了平等的内涵，并认为"每一个理性存在者自身作为目的而存在"即"人是目的"法则。[2]每一个理性人都是目的，任何人都不是手段与工具。人人都生存在理性之中，每一个理性者都按自己意志立法。

经由文艺复兴，理性从神到人。人成为理性之人、自由意志之人。进而，人的理性成为法学意义上自由的前提，法律意义上平等的基础。没有人的理性就没有人的意志自由与行动自由。没有自由意志与行动自由就没有近代意义上的法律规制。理性成为近代法学与法律的根基之一，开始影响乃至决定着近现代法学的发展走向。

2. 文艺复兴对人的私利性解放及其法学意义

中世纪基督教教义认为，敛财是与上帝对立的，人应该安贫乐道而抛弃尘世财富，守贫是美德而贪婪是罪恶。《圣经》也告诫人们："如果你须成为完美无缺的人，你就去卖悼你的财产……"[3]中世纪封建宗教禁欲统治下，人是不能有物质欲望、肉欲等欲望的。然而，作为生物，人是离不开物质条件，离不开各种生物欲望的。

针对宗教禁欲思想，人文主义者倡导人们拥有财产，拥有财产并非罪恶，渴望财富是人的自然愿望与现实需要。波焦在《论贪婪和奢侈》中认为，"金钱是国家的命脉"，"而那些喜欢金钱的人则是国家本身的基础"。[4]财富既能满足个人的需要，又是家庭幸福的重要因素，还是国家发展的基本条件。人文主义者充分展现了人的物质需要，甚至认为一个人应当有三样东西即"房子、土地和商店"。[5]在反对禁欲主义经院哲学思想上，乔尔丹诺·布鲁诺

---

〔1〕　［英］洛克：《政府论》（下篇），叶启芳、瞿菊农译，商务印书馆1964年版，第39页。

〔2〕　谢文郁："自由与生存：西方思想史上的自由观追踪"，张秀华、王天民译，世纪出版集团、上海人民出版社2007年版，第157~160页。

〔3〕　参见马太福音（第19章第21至23节）、路加福音（第18章第22至25节）。

〔4〕　［英］昆廷·斯金纳：《现代政治思想的基础》，段胜武等译，求实出版社1989年版，第74页。

〔5〕　［英］丹尼斯·哈伊：《意大利文艺复兴的历史背景》，李玉成译，生活·读书·新知三联书店1988年版，第131页。

更是认为，"形式离开物质，便没有存在，形式在物质中产生，在物质中消灭，来自物质和归于物质。所以，物质总是依然故我，是结实生果的东西，因此，它作为现存的和永存的东西，应该优先地被当作实体性本原来认识"。[1]人文主义者倡导的个体物质利益观念彻底瓦解了基督教禁欲主义对人性的束缚，释放了人们对财产的欲望、对生活的热爱。事实上，在释放了人们的物质欲望的同时，人文主义者也激发了人们对肉欲满足的追求，提倡把自己的幸福建立在现实生活上。从反对禁欲到释放物质欲望和肉体欲望再到主张追求幸福，人文主义者以倡导追求物质利益为核心扩展到倡导追求人身利益，在利益层面发现和释放了人的私欲、人的私利本性。基于对人的私利性的发现与解放，有学者将文艺复兴表述为"特别强调个人的利益和权利"。[2]

马克思认为，"把人与社会连接起来的唯一纽带是天然必然性，是需要和私人利益"。[3]承认和鼓励个人的私利性是瓦解禁欲主义、瓦解基督教神权的利器。承认人的私利，人性得以彰显。人的私利性解放迅速在文艺复兴时期的政治法律思想中得以体现。意大利政治思想家马基雅维里（1469—1527年）在其名著《君主论》中认为，"人们……总是趋利避害而唯恐不及"，"而人性的恶劣，可以使他在任何时候，为了自己的利益而不惜将它一刀两断"。[4]在马基雅维里看来，人是具有追逐私利本性的，人生是一个不断追求自我欲望满足的过程。而人所追求的私利主要包括财富和权力。财富与权力有限而私利欲望却无限，因此战争难免。为保障所有人的人身、财产安全从而国家产生。[5]马基雅维里确认人的私利性，认为人的私利性是人的本性，进而将人的私利性植根到了法律主体之中，植根到了法学之中。马基雅维里关于人的私利性等学说"标志着西方政治法律思想的大转折，大大影响了以后几个世纪的资产阶级启蒙思想家"。[6]

文艺复兴的非凡意义在于，它彻底推翻了中世纪的"非人"形象，要求

---

〔1〕 ［意］布鲁诺：《论原因、本原与太一》，汤侠声译，商务印书馆1984年版，第77页。

〔2〕 ［苏］B.B.索柯洛夫：《文艺复兴时期哲学概论》，汤侠生译，北京大学出版社1983年版，第7页。

〔3〕 《马克思恩格斯全集》（第1卷），人民出版社1965年版，第439页。

〔4〕 ［意］马基雅维里：《君主论》，张志伟等译，陕西人民出版社2001年版，第100页。

〔5〕 尽管马基雅维里的国家起源解说不具有科学性，但其与人的私利性观点共同而有力地瓦解了神造国家的神学思想，是对神权的否定、对人权的推崇。

〔6〕 刘艺工、王继忠主编：《外国法律史》，中国人民大学出版社2008年版，第93页。

还人以"人"的形象。这个"人"有其理性基础与自由意志，有其私利性基础和利益保障。这个"人"是为"人"之人、独立之人、作为法律主体之人。具体而言，在精神上，文艺复兴为"人之为'人'"准备了人的理性要素，还人以意志与自由。在物质上，文艺复兴为"人之为'人'"准备了人的私利性要素，确认了人对私人利益的需求。对人的理性的追求产生了对"意志自由"的愿望，对人的私利性的追求产生了对"利益"的需要。这种意志和利益是成为法律意义上的"人"的基本前提。文艺复兴发现和解放的人的理性与私利性，从精神与物质层面共同构成了一个完整的"人"的形象。

（二）人性解放在法学与法律中的确认

1. 革命胜利成果"为'人'之人"在法学与法律中经权利演化而确认为权利能力

文艺复兴从思想上解放了人的理性与私利性，为"人之为'人'"准备了物质与精神上的双重基础。但人性的政治解放还尚待"革命东风"的到来。这一"革命东风"首先在美国和法国相继开始。

美国的独立战争（1775—1783 年）既是一场民族独立革命也是一场资产阶级革命。这场革命首先带给人们的是 1776 年的美国《独立宣言》。宣言开宗明义地宣称天赋人权。天赋人权即"人天生享有权利""是人就享有权利"。天赋人权内在地几乎将"人"与"权利"等同。具体内容上，《独立宣言》将天赋人权表达为生存权、自由权和追求幸福权等。生存权是为"人"的基本前提。自由权是人的理性与自由解放的体现。因为人有了理性才能有意志自由与行动自由，从而才能享有自由权。追求幸福权则是人的物欲与肉欲等欲望的体现，是人的私利性的解放结果。在人的私利性与理性基础上，《独立宣言》通过"天赋人权"的权利确认方式实现了"人之为'人'"。

文艺复兴思想在法国资产阶级革命中的开花结果，首先表现在 1789 年法国《人权和公民权宣言》（简称《人权宣言》）的颁布。文艺复兴所倡导的人的理性与私利性以人权的形式体现在该宣言中。《人权宣言》的自由权不仅体现为第 4 条的行动自由，也体现为第 10、11 条的言论自由。这主要是人的理性的解放结果。人的私利性解放结果则主要体现在最后一条关于财产权的规定，即第 17 条"财产是神圣不可侵犯的权利"。为确保"为'人'之人"的胜利成果，《人权宣言》更在第 1 条宣示了人"生而享有权利""生而平等"。通过这种"人皆有权利、有权利者即人"的方式，《人权宣言》确认了人性的政治解放结果、"人"的政治解放结果，实现了封建"非人"向近代"人"的转变。遵循《人权宣言》"人即权利、权利即人"的方式，1804 年《法国民法典》第 8 条也规定了"所有法国人都享有权利"。

然而，"所有法国人都是人"并没有彻底实现人的解放。这一彻底即"所有人都是人"最终在《德国民法典》中得以完成，该法典第 1 条规定"人的权利能力始于出生"。权利能力是"人能成为权利的主体的能力"。[1]不同于《法国民法典》"人皆有权利、有权利者即人"的方式，《德国民法典》提炼出了"人是权利的主体"，将权利与人区分开来。自《独立宣言》以来的"是人就享有权利"由此转化为了"是人就享有权利能力"。天赋人权的内涵也由"人生而享有权利"转化为"人生而享有权利能力"。享有权利能力者是人，也即法律主体。无疑，相比权利概念，权利能力概念更恰当地表达了"为'人'之人"、人作为法律主体的内涵。《德国民法典》通过"权利能力"确认了"所有的人都是人"即"为'人'之人"的政治解放成果。由此，文艺复兴思想上解放的人——一个理性与私利性获得解放之人，在政治上获得解放后最终落实为法律上的权利能力，即人享有权利承担义务的资格与前提，也即作为生物之人成为法律意义上的"人"（法律上承认的法律主体）的资格。这一资格是作为法律意义上"人"的资格或曰人格。只有人才能享有这一资格；获得政治解放后，是人就享有这一资格。

由于权利能力概念源自民法典，我国学者大都将权利能力称为民事权利能力。然而，作为成为"人"的资格，权利能力并非民法专属。权利能力是对人文主义思想指导下资产阶级革命胜利成果的巩固，是新兴资产阶级国家对"为'人'之人"的政治解放成果在法律上的确认，是对古代法学政治人的"非人"形象的彻底否认。这种"非人"向"人"的转变、对"为'人'之人"的确认，绝非纯粹的民法等私法问题，而是整个国家与个人之间的关系问题，是整个国家所有法律的共同前提。因此说，没有权利能力就没有民法、行政法、刑法、宪法等一切现代法律。权利能力作为"为'人'之人"的政治解放成果是所有现代国家法律的根基，并非"民事"专有。

---

〔1〕〔德〕卡尔·拉伦茨：《德国民法通论》（上册），王晓晔等译，法律出版社 2013 年版，第 48 页。

2. 人的理性在法学与法律中演化为行为能力

文艺复兴在反对蒙昧倡导自由过程中发现了人的理性。理性是能够识别、判断、评估并且使其行为符合特定目的等方面的智力。理性是自由的基础。没有理性能力即没有意志自由，更没有行为自由。行为是意志的外在，意志是行为的基础。没有理性能力就没有意志行为。因此，行为以理性为基础与前提。从社会意义上看，理性行为是社会交往的前提。只有个体行为符合理性要求时，人与人之间的正常交往才能展开，人与人之间的社会关系才能建立。或者可以说，社会是由理性行为交织而成的。然而，人的理性能力并非与生俱来，而是从"襁褓"到"社会"逐渐发育成熟的结果，甚至还有个别人因为罹患疾病而缺失理性。这些尚没发展成熟或因病缺失理性的人，就没有参加正常社会交往的基础。换句话说，正常进入社会领域中的人都是理性之人，而非尚待发育的未成年人，也非无法进行社会交往的精神病患者。因此，文艺复兴所发现的人的理性是指正常进入社会领域的人的理性。

《法国民法典》在第 8 条规定所有法国人享有权利之后，在第 488 条规定了成年制度。《德国民法典》也在第 1 条规定了权利能力即确认"为'人'之人"后，就在第 2 条规定了行为能力制度。众所周知，成年制度即行为能力制度。行为能力是"能以自己行为"享有权利承担义务的资格。"能以自己行为"是以行为人具有理性为前提的。没有理性的人无法"以自己行为"去享有权利与承担义务。理性是行为的基础，行为人只有具备能够识别、判断、评估并且使其行为符合特定目的的能力，他才能够"以自己行为"去行动。可见，行为能力的内涵是"有能力去行为"，而这种"去行为"的"能力"就是控制人的行为的理性能力。简言之，人的理性才是行为能力的实质，没有理性能力就没有行为能力。成年的实质是具备了理性能力，即成年人可以依据理性自行处理所有社会交往事务。由此，行为能力以理性能力为实质，将无法参与社会交往的未成年人及精神病人划入了"非社会交往区"，完成了"只有具备理性能力的人才能真正成为社会交往的主体乃至法律领域内的核心主体"的整合。质言之，文艺复兴所发现的人的理性在法学中最终体现为行为能力。

行为能力制度以理性能力为依据，区分出社会交往之外的非理性之人和社会交往之内的理性之人，为"法律规制理性行为，没有理性的活动不是法律的规制对象"准备了前提，从而将人的理性作为法律考察的核心。具体而言，具有了行为能力，他就能"以自己行为"独立地参与选举与被选举，就能"以自己行为"独立地承担刑法上或行政法上的责任，就能"以自己行为"独立地行使诉讼法上的权利并承担相应义务等。可见，具备理性能力不只是民法对行为的要求，也是刑法、行政法、诉讼法乃至所有法律对行为的要求。因此，理性能力支配下的法律行为也不只是民法的内容，而是所有法律的共同内容。正如有学者所言，法律行为"是各法律部门中的行为现象的高度抽象，是各部门法律行为（宪法行为、民事法律行为、行政法律行为、诉讼行为等）与各类别法律行为（如合法行为、违法行为、犯罪行为等）的最上位法学概念"。[1]不难发现，如同权利能力一样，在行为能力之前妄加"民事"二字违背了行为能力的本质。享有了权利能力，人才能成为权利的享有主体。但享有权利不等于能够行使权利。行使权利是行为的内涵，而行为以理性为基础。行使权利因而需以具备理性能力为条件。因此，如果说权利能力是权利的存在基础，那么行为能力则是权利的行使基础。

3. 人的私利性在法学与法律中确认为个体权利

在人的理性通过行为能力制度得到法学与法律的确认的同时，人的私利性也通过权利制度得到了法学与法律的确立。现代权利概念肇始于近代古典自然法学的自然权利。古典自然法学奠基人格老秀斯认为，自然法的原则是"他人之物，不得妄取；误取他人之物者，应该以原物和原物所生之收益归还原主，有约必践，有害必偿，有罪必罚"，[2]即"各有其所有、各偿其所负"。可见，财产是自然法原则的核心。基于财产的核心地位，格老秀斯进一步认为，私有的财产权利不可侵犯，战争就是因为保护人身和财产权利而导致的。[3]格老秀斯的这一思想被学者认为"实质上是资产阶级'私有财产神圣不可侵犯'原则的另一种表述方式"。[4]

14 世纪至 17 世纪的文艺复兴解放了人的私利性和理性，17 世纪至 18 世纪的古典自然法学承继了文艺复兴思想得以发展。格老秀斯"私有财产权利不可侵犯"思想践行的是文艺复兴所解放的人的私利性。没有物质利益等私

---

〔1〕 张文显主编：《法理学》，高等教育出版社、北京大学出版社 1999 年版，第 149 页。

〔2〕 ［荷］格老秀斯：《战争与和平法》，载法学教材编辑部、《西方法律思想史》编写组编：《西方法律思想史资料选编》，北京大学出版社 1983 年版，第 138 页。

〔3〕 参见［荷］格劳秀斯：《战争与和平法》，［美］A. C. 坎贝尔英译，何勤华等译，上海人民出版社 2005 年版，第 105 页。

〔4〕 刘富起、吴湘文：《西方法律思想史》，吉林大学出版社 1985 年版，第 115 页。

人利益的保障，作为生物的人将无以为继。在格老秀斯看来，人的私利性就是人需要物质等利益的保障，而保障人的物质等利益需要确认"各有其所有"的财产权利。由此，人的私利性在格老秀斯自然法思想中开始向权利转化。

当然，如同文艺复兴主要倡导物质幸福、同时也倡导其他诸如肉欲满足等人间幸福一样，格老秀斯不仅主要关注了财产权益也关注到了人身权益内容。但是，财产利益与财产权利才是格老秀斯关注的核心。然而，不同于格老秀斯对物质利益与财产权的情有独钟，霍布斯论及自然权利时则主要钟情于自由。他认为，自然权利就是保全自己生命的自由，强调生命与安全。[1]在霍布斯看来，生命与自由等利益衍生了生命权与自由权等自然权利。可见，在格老秀斯实现了物质利益向财产权利的转化之后，霍布斯则开启了生命、自由等人身利益向生命权、自由权等人身权利的衍生过程。

物质体现的是财产利益，生命、健康和自由体现的是人身利益。洛克综合前述两思想，认为"人们既然都是平等和独立的，任何人就不得侵害他人的生命、健康、自由和财产"，[2]视人身利益与财产利益同等重要，进而提出了生命权、财产权和自由权的观点。卢梭也通过"自由和财富"的重要性强调了人身利益和财产利益的重要性。在论证社会契约时，他认为，"寻找一种结合的形式，使之能以全部共同的力量来保卫和保障每个结合者的人身和财富"。[3]"放弃自己的自由，就是放弃自己做人的资格，就是放弃人类的权利。"[4]在卢梭看来，人不仅需要物质利益即财富，也需要如自由等人身利益。而美国《独立宣言》执笔人托马斯·杰斐逊——洛克的忠实追随者，则在"生命、自由和财产"的基础上将"财产"进一步扩充为"追求幸福的权利"，最终将生命权、自由权和追求幸福的权利写入了美国《独立宣言》。"追求幸福的权利"既体现了人的财产利益（如物欲），也影射了人的其他利益（如肉欲）。这一权利吻合了文艺复兴"重视现世生活、追求物质幸福及肉欲上的满足"的倡导。

无论是财产利益还是诸如生命、自由等人身利益，都是个体人生存的自

[1]　参见［英］霍布斯：《利维坦》，黎思复、黎廷弼译，商务印书馆1985年版，第97页。
[2]　［英］洛克：《政府论》（下篇），叶启芳、瞿菊农译，商务印书馆1964年版，第6页。
[3]　［法］卢梭：《社会契约论》，何兆武译，商务印书馆1980年版，第23页。
[4]　［法］卢梭：《社会契约论》，何兆武译，商务印书馆1980年版，第13页。

然要求，是"为'人'之人"的自然基础。这些自然基础决定了财产权、生命权、自由权等自然权利产生的必然。这些人身利益和财产利益是个人作为自然生物所必须具备的、私人的自然利益，是人作为自然生物的生存基础。人身与财产利益作为生物生存所必需的自然基础，是人生存的应有内容，是自然之赋，是天然自成，是"天赋人权"。经由古典自然法学理论，人的私利性→人身财产等私人利益→"天赋人权"，私人利益完成了从利益到权利的华丽转身，私人利益演化成了个体权利。没有私人利益就没有人的存在。当利益演化为权利后，权利即是人的生存基础，没有权利即没有人的存在。简言之，是人就享有权利。

然而，财产利益与人身利益集合于权利之下的自然法思想，被近代德国古典哲理法学混淆视听。在古典唯心主义哲学思想下，古典哲理法学眼里只有自由而没有利益，强调了自由的意志性而忽视了自由的客观因素。康德认为权利只涉及人与人之间的外在的和实践的关系，只表示人与人之间的行为自由的关系。[1]黑格尔认为："法的基地一般说来是精神的东西，它的确定的地位和出发点是意志。意志是自由的，所以自由就构成法的实体和规定性。"[2]依古典哲理法学，自由即权利，权利即自由，自由即法律，深刻反映了哲理法学的唯心主义哲学基础。古典哲理法学或者说是古典唯心主义哲学将权利的本质引向了唯心之路。"权利即自由"古典哲理法学思想影响深远，德国由此出现了"自由法学"和"利益法学"[3]两大社会学法学思想流派，也产生了权利本质两大对立观点即"利益说"（如德国法学家耶林）和"自由说"（如德国法学家温特夏德）。[4]

然而，近代意义上的自由是文艺复兴在针对封建蒙昧而倡导的意志自由、行动自由等。"人的自由和依照他自己的意志来行动的自由，是以他具有的理性为基础的。"[5]作为文艺复兴反对神的理性的旗帜，自由的本质是人的理性。离开了人的理性谈不上人的自由。具备了理性能力，人才有意志自由、

---

〔1〕 参见［德］康德：《法的形而上学原理——权利的科学》，沈叔平译，商务印书馆1991年版，第39~50页。

〔2〕 ［德］黑格尔：《法哲学原理》，范扬、张企泰译，商务印书馆1961年版，第1页。

〔3〕 参见谷春德、吕世伦编写：《西方政治法律思想史》，辽宁人民出版社1981年版，第327页。

〔4〕 德国学者梅克尔的"法力说"等观点也以利益为基础，当可划入"利益说"范畴。

〔5〕 ［英］洛克：《政府论》（下篇），叶启芳、瞿菊农译，商务印书馆1964年版，第39页。

行动自由。就行动自由而言，"自由仅仅是：一个人能够做他应该做的事情，而不被强迫去做他不应该做的事情"。[1]显然，行动自由的实质是人身自由。众所周知，人身自由属于人身利益的范畴，是私人利益的内容。从人性角度而言，行动自由是以人的理性为基本前提的，但最终体现的是人的私利性内容。换句话说，物质利益与人身自由都是人的私人利益。古典自然法学中，格老秀斯将物质利益转化为财产权利之时，霍布斯则将自由等人身利益转化为自由权等人身权利。简言之，自由只是权利内容的一个方面而已，而非权利的本质。这一思想清晰体现在诸如《独立宣言》《人权宣言》之中。如《独立宣言》所宣示的"生存权、自由权和追求幸福的权利"，再如《人权宣言》第2条所规定的"这些权利是自由、财产、安全与反抗压迫"。显然，自由指的是行动自由即人身自由，属人身利益范畴。自由等人身利益和物质等财产利益均是个体私利。作为自然生物的生存基础，这些个体私利均因"天赋人权"而实现了权利化。

4. 法律中的人 = 为 "人" 之人 = "理性+私利性" 之人 = 自然人

当然，《人权宣言》乃至文艺复兴思想中的自由是包含着两层内涵的：一是具体意义上的，作为私人利益的行动自由、人身自由，是人的私利性体现；二是抽象意义上的，作为自由的基础而存在的理性能力，是人的理性体现。如密尔所言："自由，乃是按照我们自己的道路去追求我们自己的好处的自由。"[2]这里的"好处"即利益，是人的私利性的表现；而"自由"是实现利益的途径，是人的理性内涵。

"人是一种由其本质需要所决定的东西，无论在什么情况下，人都想要更多的财富而不是更少的财富。"[3]人的私利性是"为'人'之人"作为个体生物的自然基础。只有保障了人的人身与财产等私利，人才可能真正成为"人"。保障的方式就是将人的自然利益确认为法律权利。另一方面，意志支配着行为，而行为直接影响或决定了个人私利。"人总是按照自身的权利和利益来决定自己的行动的。"[4]人的理性直接影响着人的私利，人的私利需要理

---

〔1〕［法］孟德斯鸠：《论法的精神》（上册），张雁深译，商务印书馆1961年版，第111页。

〔2〕［英］约翰·密尔：《论自由》，许宝骙译，商务印书馆1959年版，第13页。

〔3〕［英］马克·布劳格：《经济学方法论》，黎明星等译，北京大学出版社1990年版，第68~69页。

〔4〕［英］J. S. 密尔：《代议制政府》，汪瑄译，商务印书馆1982年版，第44页。

性才能得以维持。体现私利性的个人利益被确认为个体权利之后，仍然需要通过人的理性才能得以运用。于是，人的理性能力则被奉为行为能力，并作为权利行使的基础前提。由此，人的两大基本人性即人的理性和人的私利性在法学中得以完美结合。

作为人的两大基本属性，人的理性与私利性共同构筑了一个作为自然生物、作为群居生物的完整的人。这个人必须享有私利即享有个体权利。这个人可以通过其理性即行为能力行使其权益。简言之，这个人是能够通过其理性实现其私利性的人。这个具备私利性和理性等自然属性的人，是文艺复兴思想上要解放的人、资产阶级革命政治上要解放的人。可见，近代以来人的解放不过是将人的自然生物属性即私利性与理性归还于人。这个通过其理性实现其私利性的人，本质上就是作为自然状态之人、作为生物状态之人。这个作为自然生物之人可以概括为生物人或自然人（即法学所指的自然人）。显然，这个自然人是获得近代解放后的自然生物，并非法学所专有，更非某一具体学科所"假设"，而是现代所有社会科学所共同研究的对象。他并不因具体学科不同而不同。

经济学将这个通过理性实现其私利性之人称为经济人假设，有三大基本命题。前两个命题分别是人的私利性与理性。具有理性和私利性的人是作为自然生物之人，因而无"假设"可言。第三个命题是只要有良好的法律与制度保证，经济人追求个体利益的最大化会自然地且卓有成效地增进社会公共利益。[1] 该命题才是真正的假设，是整个经济学的基础假设，但其假设的是"有良好的法律与制度"，[2] 并非关于"人"的假设。可见，所谓经济人就是近代政治解放的自然人，并非因假设得来。自然人自获得文艺复兴思想上的解放以来，经历了资产阶级革命政治上的解放，再到法律上对政治解放成果的确认，才得以完成了"人之为'人'"的过程（图示如下），最终成为近现代社会科学的共同研究对象。

---

〔1〕 参见张恒龙："论'经济人'假说在微观经济学发展中的作用"，载《经济评论》2002 年第 2 期，第 72 页。

〔2〕 假设即假定，其内容并非一定是事实。从第三个命题意义上讲，经济学上理当称为"假设"。但法学对于人性等相关内容并不是"假设"，而是事实基础。故而，在法学等其他社会科学中称"人性假设"易生歧义，称"人性基础"较为合理。经济学所假设的"有良好的法律与制度保证"是下文要讨论的社会人问题。

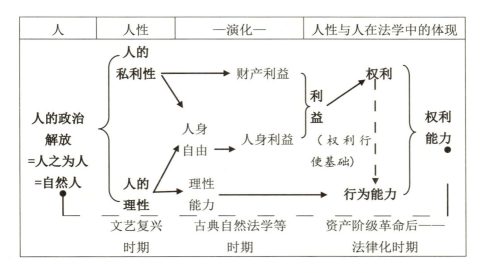

人	人性	—演化—	人性与人在法学中的体现

四、社会公共利益下社会人（利他性+公共理性）对自然人的制衡

（一）自然人与社会公共利益的天然矛盾及社会化应对的不足

1. 自然人与社会公共利益间的天然矛盾爆发

事物都有其两面性。人的理性与私利性解放的世界历史意义毋庸置疑。然而，理性支配下的私利性决定了自然人只追逐个体私利——个人主义、利己主义产生。"人不为己，天诛地灭"成为人们的信念。作为自然生物之人的个人利益成为人的世界里的唯一利益。然而，人"是最名副其实的社会动物，不仅是一种合群的动物，而且是只有在社会中才能独立的动物"。[1]人类社会中，必须有社会公共利益的生存空间。由此，在人性解放下，个人利益与社会公共利益之间的天然冲突形成，社会公共利益的损害无法避免。

社会公共利益受损滥觞于被称为"机器与事故的年代"的19世纪。"1873年、1880年、1892年，英国伦敦发生了三次煤烟污染事件，死亡人数约为2800人；1905年，英国格拉斯哥城也发生了烟雾事件，死亡1063人……"[2]"19世纪最令人害怕、最引人注目的世界病"是霍乱，而霍乱"不仅仅是一种'社

---

〔1〕《马克思恩格斯选集》（第2卷），人民出版社1972年版，第87页。

〔2〕陈泉生等：《环境法学基本理论》，中国环境科学出版社2004年版，第23~35页。

会病’，更是人与环境关系失衡的恶果”。[1]环境利益作为社会公共利益首先成了个人利益高于一切的牺牲品。19 世纪机器工业生产无疑是生产力的巨大发展。追逐个体私利的自然人与巨大发展的生产力相结合，极大地促进了近代经济的发展。然而，作为改变自然的客观物质力量，19 世纪机器工业生产带给了人们巨大的生产力，同时也带给了人们对社会公共因素的无限破坏力。甚至可以说，19 世纪机器工业生产也是追逐个人利益的自然人与巨大发展的破坏力的结合。这种结合的破坏表现就是 19 世纪的环境污染、工业事故等。环境污染、工业事故等不只是对个体利益的损害，更是对社会公共利益的损害。在社会公共利益损害下，“社会生活的不安宁和多变性，便是 19 世纪末期以后西方社会生活的重要特征”。[2]

2. 社会公共利益受损后的社会化应对

面对 19 世纪以来的社会公共利益受害状况，法学理论与法律实践都开始了社会化的应对方案。在法律实践上，西方各国纷纷开始了法律的社会化（即社会立法）。为实现法律对社会公共利益的保护，美国法律作出了系列修正。如对财产使用自由的限制、对违反社会利益的自由限制、对契约自由的限制、对处分权的限制、对债权人或受害人的求偿权的限制、公用物和无主物改为公共财产、强调社会对被抚养家属的关系、日益倾向于将公共资金补偿给个人、日益承认保护集团和联合体的利益等。[3]为应对社会公共利益保护的需要，大陆法系国家的近代民法三大基本原则（即所有权神圣、契约自由、过错责任原则）也相应变更为对所有权的限制、对契约自由的限制、无过错责任原则的适用。为实现保护社会利益的目的，大陆法系国家甚至不惜在个体权利如所有权上直接附加义务，如德国《魏玛宪法》（1919 年）第 153条规定“所有权负有义务，行使时应有利于社会公益”。为维护社会公共利益，大陆法系与英美法系的前述法律措施，无不针对个人的利益与个体权利（包括权利的享有与行使）。对个体权利的享有与行使的限制实质是对人的私利性或理性的限制。如对所有权的限制（即所谓所有权的社会化）限制的是人的私利性，对契约自由的限制与无过错责任原则的适用则是限制理性支配

---

[1] 毛利霞：“疾病、社会与水污染——在环境史视角下对 19 世纪英国霍乱的再探讨”，载《学习与探索》2007 年第 6 期，第 223 页。

[2] 严存生主编：《新编西方法律思想史》，陕西人民教育出版社 1989 年版，第 221 页。

[3] 参见王哲：《西方政治法律学说史》，北京大学出版社 1988 年版，第 485~490 页。

下的个体私利（尤其是理性下的行动自由）。这个为维护社会公共利益而限制个体利益和个体权利的法律过程，就是所谓的法律社会化过程。"法律社会化的趋势在西方各国法律体系和各个部门都得到了充分的体现。"[1]这一过程也被称为权利本位向社会本位转化的过程。

法学思潮上，19世纪末为维护社会利益而产生了社会法学派。耶林的目的法学可以称为社会法学派的先声。耶林批判边沁的功利主义法学，认为这种法学过于注重个人利益、个人权利，法律应该和社会利益相互结合，法律的目的是社会利益。在欧洲社会法学派的三大支流即社会连带主义法学、自由法学和利益法学中，社会连带主义法学派认为"社会连带关系""社会服务"是法律的基础。自由法学派代表人物之一尤根·埃利希认为，社会秩序才是法律的基本形式，任何时候法律问题都是社会或社会秩序而非国家。[2]庞德的社会法学思想则认为法学应该与社会学紧密联系，法律应促进社会目的、保障社会利益。为满足社会利益，法律应作为一种社会控制工具。而"社会控制的任务，就在于控制这种为了满足个人欲望的个人扩展性自我主张的趋向"。[3]无疑，社会法学派是社会公共利益的代表。为维护社会公共利益，该学派站在了追逐私利的理性人的对立面、站在了自然人的对立面。社会法学派思想已完全不同于文艺复兴以来的、以自然人为根本的法学思想。

3. 社会化应对没能从根本上解决社会公共利益保护问题

不可否认，法律社会化站在限制个体利益、限制个体权利角度，为维护社会公共利益立下了赫赫功绩。社会法学派思潮看到了"社会"在法律中的应有地位，意识到了个体利益与公共利益的天然冲突关系，为社会公共利益的保护提供了前所未有的法学思想。然而，无论法律的社会化实践还是社会法学派思潮，都没有从根本上解决社会公共利益受害问题。法律社会化只是强化了法律对社会经济生活的干预，不过是统治集团缓和阶级矛盾的权宜之计。社会法学派思潮虽意识到了自然人人性对社会公共利益的反面意义，但其立足点仍只是自然人而非社会，不过是在法学中注入了社会学的内容而已。

〔1〕　严存生主编：《新编西方法律思想史》，陕西人民教育出版社1989年版，第221页。

〔2〕　参见何勤华主编：《西方法律思想史》，复旦大学出版社2005年版，第247页。

〔3〕　[美] 罗斯科·庞德：《通过法律的社会控制》，沈宗灵译，商务印书馆1984年版，第81页。

这些社会化应对措施没有从根本上解决社会公共利益维护问题，有其自然人方面和社会方面的双重原因。

追逐私利是人的自然属性、是人性。在人性解放的前提下，对人性进行法律限制的效果是十分有限的。个人利益与社会公共利益既统一又对立。两者的统一性在于个体利益的扩大能够增进社会公共利益，而社会公共利益的扩大也可以增进个体利益。但自然人为了实现个体利益的最大化，会不惜以社会公共利益为代价。因此，自然人既可能是社会公共利益的增进者也可能是社会公共利益的破坏者。作为社会公共利益的破坏者，自然人的追逐私利本性是社会公共利益受害的根源。追逐私利本性即人的私利性与理性是文艺复兴思想上要解放的人性、资产阶级革命政治上要解放的人性。其中，私利性是所有生物的生存前提、生物本性，而理性是作为群居生物所必须具备的智力前提。私利性与理性共同建构了完整的自然人。承认人的私利性和理性是文艺复兴运动的历史意义之所在，是近代资产阶级革命之目的，是近代人的解放的根本，是社会进步的必然要求。因此，以人的私利性与理性建构法律上的"人"也是近现代法律的不二选择。更确切地说，人的私利性与理性是近现代法律的人性根基。然而，无论是社会法学派对人的欲望的限制，还是法律社会化对权利或自由的限制，本质上都是对人的私利性与理性的限制。由此可见，以人的私利性与理性为根基的近现代法律，无论如何是无法也不能触动这一生存根基的。为维护社会公共利益而限制人的私利性与理性，其限制的广度与深度必然是十分有限的。换句话说，在人性解放的大前提下，自然人追逐个体私利的天性不会因为法律的限制而发生多大的变化。因此，社会公共利益受到自然人逐利本性的侵害就不可避免。

另一方面，社会公共利益缺乏自己的理性支持、没有促成利益代表者的形成。私利性与理性的结合决定了自然人追逐私利的积极主动性。作为理性与私利性的结合体，自然人总是依据自身利益来决定其行动的。每一个自然人都会为自己的权益而精于计算。"每个人是他自己的权利和利益的唯一可靠保卫者。"[1]质言之，个体私利有其极佳的利益代表者——自然人。自然人是个体私利的积极拓展者、忠实维护者。因此，自然人之间的利益冲突可以通过自然人的理性得以协调。

---

[1] ［英］J. S. 密尔：《代议制政府》，汪瑄译，商务印书馆1982年版，第44页。

社会公共利益属于社会，也即所谓的公共所有。公共意味着人人所有、每一个人都享有。而"每一个人都享有"意味着每一个自然人个体都可以享有。"自然人个体可以享有"契合了自然人个体的私利本性，社会公共利益被私有化有着天然条件。显然，自然人个体无法成为社会公共利益的代表。有学者由此常将国家视为社会公共利益的代表。然而，不可否认的是，社会并不是国家，国家并不等同于社会。国家有其独有的国家利益。维护国家利益即其自身利益才是国家的第一要务。当国家利益与社会公共利益冲突时，国家有可能舍弃社会公共利益。如为发展国家经济而牺牲作为社会公共利益的环境利益就是典型。可见，国家并非社会公共利益的最佳代表。概括而言，社会公共利益的积极拓展者、忠实维护者缺位。常言道"狭路相逢勇者胜"，在二者只能择其一的背景下，只有勇敢且有谋略者才能获胜。当社会公共利益遭遇个体利益（甚至国家利益）时，消极而被动的社会公共利益就只能是牺牲者。因为个体利益有着个体理性护航、国家利益有着国家公共理性支持，而只有社会公共利益尚没有形成自身的理性，犹如无行为能力人。可见，社会公共利益之所以遭受侵害，表面意义上是因为其利益所有人缺位，本质意义上则是社会公共利益所有人的理性缺位。是因为其缺乏理性支持，社会公共利益才在"狭路相逢"中成了牺牲品。

（二）社会公共利益亟须社会人对自然人的制衡

1. 自然人的社会化不足亟须社会人

人的理性与私利性的近代解放将追逐个体私利的本性归还给了自然人。事实上，追逐个体私利不只是人的本性，更是一切生物的本能。或者说，追逐个体私利是人的自然属性、生物属性。这种自然本性、生物属性是自然的产物，而非社会的产物。自然人就是被这种"追逐个体利益"自然本性所驱使的个人。作为自然属性、生物本能，追逐个体私利本质上是个人的、原子式的、孤立的生物行为。

人的自然性是自然的产物，人的社会性是人的社会活动的产物。自然性是社会性的基础，但自然性并不必然产生社会性。体现为自然本性的自然人有着天然的社会化不足的缺陷。在"追逐个体利益"的自然本性下，自然人没有动力去关注社会，更难以弃个人利益于不顾而自觉地为社会公共利益奔走相告。这个被私利绑架、被自然属性驱使的自然人，在追逐个体私利时不侵害社会公共利益已经是他的"良心"之作了。因为自然性决定了自然人眼中只有自己而无社会。近代人性获得解放即私利性与理性获得解放后，人的自然本性得到充分展现，"追逐个体私利"的自然本性显露无遗，社会问题爆发成为必然。可以说，社会问题是人无拘束的自然本性的结果、是自然人社会化不足的必然。

"人即使不是像亚里士多德所说的那样，天生是政治动物，无论如何也天生是社会动物。"〔1〕人不仅是自然生物更是社会动物。人不仅体现为自然属性、需要个人私利，更体现为社会属性、需要社会公共利益。体现为自然属性的自然人追求其个体利益是自然规律使然。然而，要求自然人个体追求社会公共利益则是强人所难。追求社会公共利益的只能是体现社会属性的人，而绝非体现自然属性的人。如果说人的自然属性造就了追逐私利的自然人，那么人的社会属性也会造就维护社会公共利益的社会人。显然，这个社会人并非管理学意义上的社会人。管理学意义上的社会人本质仍然是作为个体的自然人，体现自然属性。社会人不是作为个体的人。作为个体存在的人只能反映人的自然属性，因而只能表现为自然人。社会是整体，社会属性造就的社会人只能是作为整体存在的人的集合。只有作为整体存在的人的集合才能体现出人的社会属性。因此说，个体是人的自然属性的体现，而整体则是人的社会属性的体现。作为个体的自然人是人的自然属性的反映，而作为整体的社会人则是人的社会属性的结果。社会人体现人的社会属性，社会公共利益的维护需要社会人。

2. 社会公共利益下社会人产生的人性依据：利他性+公共理性

私人利益是个人存在的前提，社会公共利益则是社会存在的基础。私人利益由个人享有，而社会公共利益则由"社会"享有。社会是人的集合体，社会来源于个人却不等同于个人。作为人的集合体，社会的本质仍然是人。"社会"享有社会公共利益实质仍然是"人"享有社会公共利益。不过，这个"人"不是作为个体之人而是作为整体之人，不体现人的自然属性而体现人的社会属性。这个人即社会人。社会公共利益不是个体利益，社会人也不是孤立的、原子式的个人。社会人是享有某一社会公共利益的人的整体。然而，体现社会属性的社会人的产生也需要有其人性基础。

---

〔1〕［德］马克思：《资本论》（第1卷），中共中央马克思、恩格斯、列宁、斯大林著作编译局译，人民出版社1975年版，第363页。

私利性是人的自然本性。只有利己而没有利他，是人的自然形象。因此，在个体私利与社会公共利益"狭路相逢"时，牺牲社会公共利益是自然人的当然选择。然而，社会公共利益是社会中自然人共同享有的整体利益。仅就自然人个体而言，社会公共利益也是自然人的个体私利。对社会公共利益的侵害一定意义上也是对自然人个体私利的侵害。因此，当他人侵害社会公共利益时，基于其私利性，自然人将采取措施维护其个体私利。而这个维护个体私利的过程就是维护社会公共利益的过程。这个过程虽然在本质上是利己的，但在客观上却实现了利他的效果——维护了社会公共利益。在这一意义上，个体私利与社会公共利益的统一得以实现：维护了个体私利就维护了社会公共利益，维护了社会公共利益就维护了个体私利。然而，维护利益是需要支付成本的。而自然人支付维护成本就意味着个人私利的损失。基于个体私利最大化原则，自然人是不会支付社会公共利益的维护成本来维护个体私利的。

作为自然的产物，自然人在法律上的确立尚且经过了文艺复兴思想上的解放以及资产阶级革命政治上的解放。作为社会的产物，社会人的产生就更需要社会条件的促成。人首先是自然人，然后才能成为社会人。因此，要想成为社会人首先必须保障他是一个自然人。换句话说，只有在保障自然人的私利本性的前提下，人才能向社会人转化。在维护社会公共利益过程中保障自然人的私利本性，用经济学语言表述，即必须保障维护人的"维护成本为零"。"维护成本为零"，经自然人利己本性的推动（即为了维护个体利益不受损害），作为社会成员人们才会采取措施维护社会公共利益，从而实现自然人向社会人角色的转变。自然人的自然本性是绝对利己的，即"利己≠利他"。在"维护成本为零"即尊重了自然人的私利本性前提下，在维护社会公共利益上，人性向"利己的同时也利他、利他的同时也利己"转变，即"利他＝利己"。如果说"利己≠利他"是私利性，那么"利他＝利己"则可以称之为公利性。这是社会人的公利性人性基础。

作为私利性与理性的结合体，自然人总是以私利为目标、以理性为力量而行动的。可以说，理性是私利的推动力、维护器。有了理性，自然人才能积极地追逐个体私利。而且，正是通过其理性力量，自然人之间的私利冲突才能得以化解。然而，当无理性护航的社会公共利益遭遇有理性护航的个体私利时，社会公共利益就只能成为任自然人宰割的羔羊。事实上，利益是人的利益，有利益就有享有人，而人一般而言都有其理性能力。社会公共利益的享有主体是人——是作为整体的社会人。社会人作为整体也当有其理性能力。所不同的是，不像"天赋"的自然人理性一样，社会人的理性是社会化的产物。作为社会化产物，社会人的理性离不开社会培育。自然人是个体的，其理性也是个体的。哲学上常将自然人的理性简称为个体理性。社会人作为整体来源于自然人个体，但其理性却不是个体的，而是以整体形式存在的。哲学上将这种整体形式的理性称为公共理性。公共理性源自于个体理性却不是个体理性，而是社会公众即社会人整体处理环境等公共事务的理性共识，在一定意义上可以称为在该公共事务上的公共意志。处理公共事务只能依赖公共理性而不是个体理性。"公共理性是公共事务上公众的共同理性"，[1]是社会人整体的"重叠共识"。这是社会人的理性基础。当前社会公共利益缺乏理性护航，不是社会公共利益的享有主体不具有理性，而是社会没有培育这一主体即社会人的公共理性。如何促成社会人的公共理性产生是现代社会需要关注的重大课题。

3. 社会人对自然人个体私利与社会公共利益之间冲突的制衡

"人们奋斗所争取的一切，都同他们的利益有关。"[2]作为自然生物，人都要追逐个体私利，体现其自然属性。然而，所有个人都以追逐个体私利为目的，个体私利之间的冲突必然发生。自然状态下，这种冲突中的"弱肉强食"就成了自然规律。但在近代社会中，个体权利制度明确了个体利益的范围，个体利益之间的"楚河汉界"是清晰的。更有个体理性能力的支持，个体利益之间的冲突可以在自然人之间就能够得以化解。易言之，个体私利性与个体理性分别通过个体权利制度与行为能力制度，化解了追逐个体私利之间的冲突，完成了法律对个体私利上的定分止争作用。

然而，追逐个体私利也必将导致自然人个体私利与社会公共利益之间的冲突。不像个体私利有权利制度的保障和个体理性护航，社会公共利益不仅缺乏权利制度的保障更缺乏其应有的公共理性的护航。如果说法律意义上个体私利是"有主"的，那么社会公共利益却是"无主"的。在这种"有主"与"无主"的利益冲突中，"无主"的社会公共利益就只能任人宰割。然而，

---

〔1〕 Rawls J. , *Political Liberalism*, New York：Columbia University Press, 1993, p. 246.

〔2〕 《马克思恩格斯选集》（第2卷），人民出版社1972年版，第82页。

任人宰割之"错"不在自然人，自然人追逐私利不仅是人的自然本性更是人类社会发展的基本推动力，而在社会公共利益的"无主"——缺乏相应权利制度和公共理性。易言之，如果说个体私利是人的自然属性的体现、而社会公共利益是人的社会属性的体现，那么当前法律只看到了自然状态下的人——自然人，而没有看到社会状态下的人——社会人。从这一意义上看，当前法律只是关于人的自然状态的法律，而尚未进入社会状态。

社会是人的社会，人需要个体私利，社会需要社会公共利益。而社会公共利益迫切需要其利益主体，需要其维护力量。因此，赋予社会公共利益的享有主体即公众以人格——社会人是社会发展的需要。社会人的存在不仅需要社会公共利益上的公共权利，更需要维护社会公共利益的公共理性力量。社会公共利益上的公共权利是社会人的公利性的体现。社会人的公共理性的产生需要社会提供相应扶持机制。有了公利性（利他＝利己）的权利化以及公共理性的产生，社会人就有了制约自然人追逐个体私利的权利依据与理性力量。在个体私利与社会公共利益冲突中，社会公共利益就有了自身的维护力量而不再任人宰割，也不再只是静态的"享有"状态。

静态的"享有"社会公共利益的状态是社会人产生的朦胧状态，犹如尚未出生的胎儿。但只有享有自己权利并具备自己理性的社会人才能成为法律意义上的社会人。事实上，只有在社会公共利益有遭受损害或有损害之虞时（即有行使其权利的必要时），社会人才得以彰显。因此，如果说自然人是"积极地争取"个体私利的最大化，那么社会人则主要是"消极地防范"社会公共利益的减损。减损社会公共利益的是自然人，维护社会公共利益的是社会人。自然人是人的自然属性的体现。社会人是人的社会属性的体现。针对自然人侵害社会公共利益，社会人才得以产生。社会属性所彰显的社会人是对自然属性所彰显的自然人的制约，是人的社会属性对自然属性的制约。当然，社会人制约自然人但并不否定自然人，社会人以自然人为基础，犹如人的社会属性以自然属性为前提。人是自然的人，也是社会的人。自然属性所彰显的自然人以维护个体私利为目标，社会属性所彰显的社会人以维护社会公共利益为宗旨，社会人对自然人的补充实现了个体利益与社会利益在"人"角度上的统一，实现了人的自然属性和社会属性在法律层面上的统一。体现人的自然属性的自然人是个体的，体现社会属性的社会人则是整体的。因此，在法学上，自然人是以个体作为逻辑起点、个体主义方法论立场的结果，而社会人则是以整体作为逻辑起点、整体主义方法论立场的结果。社会人与自然人的比较可作如下图示：

	利益基础	属性	人性一	人性二	成立条件	方法论
自然人	个体私利	自然属性	利己≠利他	个体理性	法律确认	个体主义方法论
社会人	社会公利	社会属性	利他=利己	公共理性	社会促成	整体主义方法论

第五章

环境权生成的权利基础

数十年的环境权研究至今无法形成一般性共识，环境权是否真如否定论所言，无法成为一项独立的权利？另一方面，环境问题、生态危机迫切需要生态环境利益上升为法律权利以获得切实保护。由此，不能不反思：传统法学个体主义方法论下产生的传统权利究竟具有何种属性？传统权利为什么与环境权难以相容？进一步，在法学整体主义方法论下的新型权利将具备何种属性？新型权利属性能否成为环境权成立的根据？这是本章讨论的重心。

第一节　传统权利的个体性

一、文艺复兴对人的解放为传统权利准备了个体主体

（一）文艺复兴前人的"非人"状态

基督教会以教皇为中心将中世纪西欧整合成为一个统一的整体，"垄断了西欧封建社会思想意识的各个领域。宣扬蒙昧主义和禁欲主义，是教会为封建统治服务的两个主要方面"。[1]

"禁欲主义是宗教生活中一种普遍现象。"[2]中世纪教会禁欲主义要求人们弃绝欲望和享乐，倡导人们灭绝欲望以苦修。教会要求人们"不可沉醉在酒食之中，不可陷入淫欲，不可热衷于竞争嫉妒。应当服从耶稣基督，不要纵情肆意于肉体的嗜欲"！[3]教会认为，世界上的所有罪孽、全部苦难都是源

---

〔1〕 杭州大学历史系、《世界古代中世纪史》编写组编：《世界古代中世纪史》，上海教育出版社 1979 年版，第 185 页。

〔2〕 吕大吉："概说宗教禁欲主义"，载《中国社会科学》1989 年第 5 期，第 159~174 页。

〔3〕 ［古罗马］奥古斯丁：《忏悔录》（上），冯强译，远方出版社 2006 年版，第 176 页。

自于人们的欲望，"欲望是罪恶之源"。[1]因此，只有禁欲才能获得救赎，才能高尚无暇，才能进入天堂与上帝同在，才能获得来世幸福。只有抑制了个体的欲望，才能免除贪婪及因其引起的社会不良现象。禁欲主义的本质是要求人们自我牺牲，淡泊一切名利，弃绝人的一切欲望和私利。

另一方面，中世纪"教会控制和影响社会上一切人的思想、言论和行动。教会宣扬蒙昧主义，推行愚民政策"，[2]认为上帝是全知全能的而人们是不知不觉，倡导不学无术是真正的虔诚的母亲。教会宣扬蒙昧主义，灌输人是无知生物、没有上帝人无法生存更无所作为的思想。蒙昧主义的本质是弃绝一切人的理性，要求人们放弃自由而服从神的理性。

教会的蒙昧主义以扼杀人的理性与自由为目的，禁欲主义以消灭人的私利性与欲望为宗旨。通过蒙昧主义和禁欲主义，教会分别在精神上与物质上泯灭了人的本性，最终实现人们逆来顺受、顺从封建压迫的目的。中世纪教会神权思想通过对人现实世界的否定而倡导对来生世界的追求，扼杀了现实生活中人们的精神思想和物质欲望，泯灭了人作为生物应有的本性。中世纪教会神权统治下的人是上帝在人间的工具，没有了精神也失去了自由，丧失了物质依赖也没有了欲望可能。这种人是以"非人"方式存在的自然存在物，谈不上"人"更谈不上享有权利。概括而言，在中世纪封建社会中，因受制于封建神权统治，人的理性被否定，人的私欲被禁绝，人作为生物人而存在的本性被泯灭，人呈现的是"非人"状态。这种"非人"状态下的人无权利可言。

（二）从"非人"到"人"的文艺复兴思想解放

教会在中世纪封建社会中处于万流归宗的地位，蒙昧主义和禁欲主义是神权统治的两大法宝。随着中世纪末期城市的兴起和资本主义经济的萌芽，一场新思想解放运动——文艺复兴得以开始。文艺复兴思想解放运动从反对神权统治开始，直指蒙昧主义和禁欲主义。

文艺复兴三杰之一但丁认为"人应追求知识与不朽"，三杰之一薄伽丘则提出"智慧是快乐的源泉"。[3]以反对蒙昧主义为目标，文艺复兴倡导人的

---

[1] 启良：《神论：从万物有灵到上帝之死》，花城出版社2002年版，第137页。
[2] 朱寰、王建吉：《世界古代中世纪史》，北京大学出版社1993年版，第534页。
[3] 北京大学西语系资料组编：《从文艺复兴到十九世纪资产阶级文学家艺术家有关人道主义人性论言论选辑》，商务印书馆1971年版，第4~18页。

理性与智慧、倡导人的个性自由，以反对愚昧与束缚。"人是多么了不起的一件作品！理性是多么高贵！"[1]文艺复兴将神权思想下专属于神的理性回归到人。文艺复兴运动中，人文主义者认为人可以随性地生活、自由地生活，甚至认为，人即理性灵魂。[2]人的命运是由自己意志、理性决定的，个体可以凭借自己的努力实现自身价值、掌握自己命运。自由是服从自己意愿而行事，是自己的意志与理性的结果。文艺复兴倡导人的理性与自由，以人的理性反对神的理性，矛头直指神权蒙昧主义及其神的理性。

以反对禁欲主义为目标，文艺复兴三杰之一彼特拉克提出，"我自己是凡人，我只要求凡人的幸福"。[3]文艺复兴反对禁欲，主张个人现世幸福高于一切，蔑视天堂的来世幸福。人文主义者认为追求个人需要的满足、追求个人幸福是人的本性，人应当重拾欲望而重视现世。文艺复兴将现世的欲望与幸福视为人的需要与利益，倡导尊重人的需要、幸福等个人利益。以反对禁欲主义为靶子，文艺复兴倡导人的欲望与幸福，倡导人对物质等内容的需要与利益。

反对禁欲主义倡导个人利益，反对蒙昧主义倡导个人的理性与自由，文艺复兴在物质与精神层面为人性复活、为人之为"人"准备了基础条件。作为个体的人，不仅需要有精神与行为的自由，也需要有物质等利益的保障。自由与利益是人之为"人"的自然要求，是作为生物人的基本生存要求。自由以人的理性为前提，利益表现为人的私利性，利益与自由是人的私利性与理性的体现。私利性和理性是人作为人所应当具有的基本属性，是人性。文艺复兴解放了人的自由与利益，本质上解放的是人的理性与私利性，解放的是人的自然本性。私利性与理性是人作为生物之人、作为自然之人应有的本性。私利性与理性集合而成的人才是自然之人、生物之人的本来面貌。正是在这种意义上，文艺复兴才在思想上成为人的解放运动。文艺复兴解放了人的私利性与理性，解放了作为生物之人，解放了自然人个体。

文艺复兴将目光从天堂转向了人间，看到了人的尊贵与人的现实性，尊

〔1〕《莎士比亚全集》（第7卷），朱生豪等译，时代文艺出版社2010年版，第63页。

〔2〕梁中和："'人'的发现与超越——意大利文艺复兴第一哲学家斐奇诺的'人'的哲学"，载《世界哲学》2013年第6期，第37~43页。

〔3〕北京大学西语系资料组：《从文艺复兴到十九世纪资产阶级文学家艺术家有关人道主义人性论言论选辑》，商务印书馆1971年版，第11页。

重自然之人、生物之人。但丁说："不是家族使个人高贵，而是个人使家族高贵。"〔1〕个人开始脱离封建家族得以独立，开始脱离封建神权得以独立，个人的主体地位开始形成。如历史学者所言，文艺复兴中"人文主义思想的核心是资产阶级个人主义"。〔2〕解放了的自然生物之人是独立自主的个人，在法律意义上即具有独立的主体地位。文艺复兴发现的"个人"是自由与利益获得承认和尊重的个体人，即由私利性与理性组合的个体人。这个基于其人性而独立存在的人，不依附于封建土地，也不受奴役于神权，已完全区别于封建神权下的"非人"之人。"非人"状态下的人无权利可言，而这个有着私利性与理性的人则是以追求自己的利益和自由为本性的鲜活个人。综合可见，文艺复兴从思想上解放"人"的过程是人的"非人"状态向"人"状态的转化过程，文艺复兴所解放的人是独立自主的个体人。这个独立自主的个体人为近代法学中的权利主体提供了现实基础。

二、近代法学思想为传统权利根植了个人主义内容

近现代权利思想肇始于17世纪至18世纪格老秀斯等人的古典自然法学。"中世纪后期，自然法成为新兴资产阶级进行政治革命的武器，格老秀斯、霍布斯……高举自然法和自然权利的旗帜，为反对宗教与封建统治……为未来资本主义政治制度勾勒了蓝图，提供了理论论证。"〔3〕

（一）近代权利思想产生于个人主义的古典自然法学

文艺复兴从思想上解放人体现在两个方面：人有因理性而产生的自由，人有体现为欲望与幸福的个人私利。这是对人的解放更是对人性的解放。人性成为古典自然法学的论证基础。从人性出发，以人类"自然状态"假说为根据，格老秀斯提出了"天赋人权"思想，"人之所以为人的一些本性，比如自私自利、自尊自强，古典自然法学家将这些人的本性宣称为'权利'，指出权利出自自然，出自人的本性，不是谁赐予的，每个人都具有这种自然权利"。〔4〕没有人的理性与自由，没有人的欲望与私利，人将无法为"人"。人

---

〔1〕 北京大学西语系资料组：《从文艺复兴到十九世纪资产阶级文学家艺术家有关人道主义人性论言论选辑》，商务印书馆1971年版，第3页。

〔2〕 朱寰、王建吉：《世界古代中世纪史》，北京大学出版社1993年版，第539页。

〔3〕 何勤华主编：《西方法律思想史》，复旦大学出版社2005年版，第71页。

〔4〕 程波：《西方法律思想史——法治源流》，中国传媒大学出版社2005年版，第170页。

的理性体现为意志自由乃至行为自由，人的私利性体现为各种需要与利益，包括而不限于物质需要与物质利益。"天赋"个人的理性与私利性是人之天性，是作为生物人生存的必要条件。作为人的生存必要条件，人的理性所折射出来的人身自由、人的私利性所折射出来的财产等利益，在古典自然法学中分别以自由权、财产权等方式呈现为人的权利。

受文艺复兴所孕育的理性主义思潮的影响，格老秀斯认为法律源自人性即人之理性，将人的理性而非神的理性视为法律的根源。他说："自然法之母就是人性，社会交往的感情就产生于此，并非由于其他的缘故。"[1]格老秀斯不仅关注到了人的理性，也看到了人的私利性。他说："自然法是依靠功利得以加强的，因为造物主的意志使世人脆弱而多欲，非合群不足以图安乐，所以法律的制度无不是由于功利的缘故。以致缔结同盟以合群，订立契约以定分；其始都是根据功利的缘故。"[2]在格老秀斯看来，人的私利即功利主要体现为财产利益。由此，他在《战争与和平法》第二编集中了多个章节讨论财产权问题。[3]在财产权的基础上，格老秀斯总结两个自然法原则"各有其所有，各偿其所负"，即"他人之物，不得妄取；误取他人之物者，应该以原物和原物所生之收益归还原主，有约必践，有害必偿，有罪必罚"。[4]不难发现，格老秀斯的权利理论是以个人个体的财产权为核心的。或者说，其财产权是个人个体的财产权利。

洛克是一个典型的自由主义者。作为自由主义者，他首先关注的是人的理性。他认为："人的自由和依照他自己的意志来行动的自由，是以他具有的理性为基础的，理性能教导他了解他用以支配自己行动的法律，并使他知道

---

〔1〕〔荷〕格老秀斯：《战争与和平法》，载法学教材编辑部、《西方法律思想史》编写组编：《西方法律思想史资料选编》，北京大学出版社1983年版，第139页。

〔2〕〔荷〕格老秀斯：《战争与和平法》，载法学教材编辑部、《西方法律思想史》编写组编：《西方法律思想史资料选编》，北京大学出版社1983年版，第139页。

〔3〕《战争与和平法》第二编第一章"人身和财产的保护"、第二章"人类共有物权"、第三章"论财产的原始取得及在海洋与河流中享有的财产权"、第四章"以先占、占有和时效方式取得的对无主地的所有权"、第九章"管辖权和所有权终止的情形"、第十章"由财产而生的义务"。参见〔荷〕格劳秀斯：《战争与和平法》，〔美〕A. C. 坎贝尔英译，何勤华等译，上海人民出版社2005年版，第75～129页。

〔4〕〔荷〕格老秀斯：《战争与和平法》，载法学教材编辑部、《西方法律思想史》编写组编：《西方法律思想史资料选编》，北京大学出版社1983年版，第138页。

他对自己的自由意志听从什么程度。"[1]而 "人具有处理他的人身或财产的无限自由"。[2]同时，他也强调财产权是其他权利的基础，人的私利性也是洛克权利思想的基础。由此，自由、财产当然成为洛克权利思想的核心内容。人的自由和财产以生命和健康为前提，没有了生命与健康，人的自由和财产都将失去意义。据此，洛克构建了其权利体系，即生命权、健康权、自由权和财产权。这些权利均以个人作为独立自主的个体为前提。换言之，洛克讨论的权利也都是个人个体的权利。

文艺复兴对人的理性和人的私利性解放对古典自然法学影响深刻。在古典自然法学中，人的理性和人的私利性都是人的天然本性，都是人成为人的基础。人的理性和私利性以自然规律方式而存在，乃人之天性，不可剥夺。古典自然法学思想从人性出发，在法律上为 "人之为'人'" 准备了人所需要的必备条件：理性自由和私人利益。人的理性表现出自由，人的私利性则首先体现为财产。由此，作为一种自然存在，人必然享有由其人性所决定的 "天赋人权"。

人的理性与私利性在现代新自然法学中也受到了同等重视。新自然法学领军人物之一菲尼斯不仅关注人的私利性即基本幸福，也关注人的理性即实践理性，并将人的基本幸福归纳为七大类，将实践理性概括为九大类。[3]他认为，权利的享有离不开福利与私利，而个人行使权利则需要理性与自由，人们在行使自由和权利时必须尊重他人的权利与自由。新自然法学者罗尔斯的正义法学则提出了两条正义原则，即每个人都平等地享有他人相同的最广泛的基本自由，以及社会、经济的不平等被合理地期望适合于每一个人的利益等。[4]德沃金在其名著《认真对待权利》的第六章 "权利在正义之中" 中分析了罗尔斯的正义论，认为罗尔斯理论是以保护个人平等的自由权利为基

---

〔1〕 ［英］洛克：《政府论》（下篇），叶启芳、瞿菊农译，商务印书馆 1964 年版，第 39 页。

〔2〕 ［英］洛克：《政府论》（下篇），叶启芳、瞿菊农译，商务印书馆 1964 年版，第 5 页。

〔3〕 菲尼斯概括的人的七大类基本幸福分别是：生命、知识、娱乐、美感、友谊、实践理性以及宗教。实践理性的九大基本要求分别是：内在一直的生活计划、不应专断地偏爱某一项价值、不要只是偏爱某些人，对生活应持超脱的态度、在狂热与冷淡之间保持平衡、在理性的范围内有限地考虑效益、在每一个行动中尊重每一项基本幸福、共同幸福、服从自己的良心。参见何勤华主编：《西方法律思想史》，复旦大学出版社 2005 年版，第 357~359 页。

〔4〕 ［美］约翰·罗尔斯：《正义论》，何怀宏、何包钢、廖申白译，中国社会科学出版社 1988年版，第 60~61 页。

础的。不难发现的是，罗尔斯的权利中不仅体现了理性自由的内容，也体现了需求与利益的内容。只是罗尔斯的"自由只能为了自由的缘故而被限制"[1]的"自由优先原则"凸显了人的理性内容，一定程度上遮蔽了人的私利性内容而已。

无论是人的理性还是人的私利性，都是独立个体之人的本性。古典自然法学包括现代新自然法学都是以个体作为逻辑起点，以个人个体为研究对象的，其基本立足点是作为个体人的人性。由此可见，古典自然法学方法论和本体论上的个体主义也是明确的。"如果说古代和中世纪的自然法学说是国家主义和道德主义的，那么近代自然法则是个人主义、利己主义的。"[2]可以说，个人主义是古典自然法学的基本特征。古典自然法学的自然权利是作为独立个体存在的个人的权利，而非作为整体存在的团体的权利。"古典自然法以个人主义为自己的价值观念，自然权利实际上就是指个人权利。"[3]以个人个体为基础的古典自然法学是资本主义社会初期法制的理论指导。"18世纪末和19世纪初的世界各资本主义国家的法律，无一不渗透着自然法精神，充满着自然法学的用语。"[4]可见，影响近代资本主义国家法治的古典自然法学权利思想是以自然权利为表象的，其实质是作为个体的个人的权利。古典自然法学的个体权利思想为近现代资产阶级法律中的权利深刻植入了个人主义内容。

（二）以个人为逻辑起点非古典哲理法学与古典实证主义法学对传统权利的推进

如果说古典自然法学对传统权利的设计是粗略宏观的，那么18世纪至19世纪的古典哲理法学、实证主义与功利主义法学等则是对传统权利的细致挖掘。如果说古典自然法学开启了法学中推崇理性的先河，那么古典哲理法学等则将法学理性推向了极致。

古典哲理法学的代表人物是唯心主义哲学家康德与黑格尔。康德认为哲学的基本问题是"人是什么"。康德认为人是主体，人为自然界立法。实践理

---

〔1〕 ［美］约翰·罗尔斯：《正义论》，何怀宏、何包钢、廖申白译，中国社会科学出版社1988年版，第302页。

〔2〕 刘富起、吴湘文：《西方法律思想史》，吉林大学出版社1985年版，第107页。

〔3〕 何勤华主编：《西方法律思想史》，复旦大学出版社2005年版，第73页。

〔4〕 严存生主编：《新编西方法律思想史》，陕西人民教育出版社1989年版，第94页。

性就是自由。[1]只有自由的人才能自主地行为。权利就是一个人的自由行为与另一个人的自由行为的关系。由此，传统权利被康德归结为自由，成为外在行为的法则。进一步，康德把传统权利分为私法上的权利和公法上的权利，公法上的权利实为权力，私法上的权利又分为物权、对人权、物权性的对人权。康德所言的对人权是指"通过我的意志，去规定另一个人自由意志作出某种行为的力量"。[2]康德从个人个体出发，以个人的理性自由为基础建立其权利范畴，不仅预设了权利的基本前提即个人个体的权利，更将个人个体直接提升为权利的主体，从主体角度讨论权利问题。

黑格尔首先给"法"下了一个定义："一切定在，只要是自由意志的定在，就叫做法。"[3]黑格尔立足于个人的意志即理性解释法律，解释人及其权利。承继文艺复兴的人文思想，黑格尔指出"人间最高贵的事就是成为人"，"成为一个人，并尊重他人为人"。[4]这个人是自由意志之人，是能够意识自己主体性的主体。这个人不仅是能意识自己主体性的主体，而且被黑格尔抽象为"人格"。所谓"人格"或者自由意志就是抽象法即人人享有权利。黑格尔作为唯心主义者，虽然强调人的自由，但也没有放弃人的物质利益。他认为，人可以把他的意志体现在任何物质上从而产生所有权，通过自由意志也可以转让所有权而产生契约等内容。人的理性与私利性都是黑格尔所讨论的权利的基础。不同于古典自然法学，黑格尔仅仅立足于自由而不包括利益来讨论法律与权利，将自由设为法律与权利，物质利益仅是自由的内容而已。综合前述，黑格尔所指的自由意志是个体个人的自由意志，这种自由意志所产生的权利也只能是个人个体的权利。黑格尔不仅确立了个人个体作为权利的主体，更将个人的自由意志上升为个体人格。

概括古典哲理法学的权利思想可以发现，古典哲理法学承继人文主义"以人为本"的思想，极力提倡人的自由与理性，将人的理性和自由视为人的根本，并将人的理性和自由视为权利的内核。也正是在这一意义上，学者们

---

[1] 参见［德］康德：《法的形而上学原理——权利的科学》，沈叔平译，商务印书馆1991年版，第50页。

[2] ［德］康德：《法的形而上学原理——权利的科学》，沈叔平译，商务印书馆1991年版，第88页。

[3] ［德］黑格尔：《法哲学原理》，范扬、张企泰译，商务印书馆1961年版，第36页。

[4] ［德］黑格尔：《法哲学原理》，范扬、张企泰译，商务印书馆1961年版，第46页。

将这种权利定性为自由，"权利自由论"随即产生。然而，古典哲理法学虽着力于人的理性自由却并没有否认人的私利性，而是将人的私利性作为人的理性的作用对象，将体现为人的私利性的物质财产等利益视为权利的对象。古典哲理法学中的权利仍然是建立在个人的私利性和理性基础上的个人个体的权利。

继古典哲理法学之后的是法史学者所称的古典实证主义法学，代表人物是边沁及其门生奥斯丁。[1]边沁被认为是功利主义法学的代表人物，奥斯丁则被认为是分析法学的代表人物。[2]

边沁法律思想的哲学基础是功利主义。功利主义是以理性为依据、从行为的效用结果来判断个人行为的学说。用边沁的话表达，"它按照看来势必增大或减少利益有关者之幸福的倾向，亦即促进或妨碍此种幸福的倾向，来赞成或非难任何一项行为"。[3]简单而言，个人行为取决于"幸福"即生存、富裕、平等和安全。"趋乐避苦"是人的本性。不难发现，边沁的"幸福"与文艺复兴倡导的"现世的欲望与幸福"如出一辙，边沁的"幸福"是文艺复兴思想对人的私利性解放的承继。边沁认为，立法的目的就是"组成共同体的个人的幸福，或曰其快乐和安全"。[4]但对于法律内容的阐释，边沁并没有立足于权利而是立足于义务，他认为一个理性的自利人是不会忘记自己的权利的。

边沁不仅承继了文艺复兴解放的人的私利性思想，也承继了文艺复兴解放的人的理性思想。但是，边沁强调幸福、功利、利益的同时，只是将理性设为讨论的基础前提，从而导致人们认为边沁忽视了人的理性、自由与精神。边沁的法律思想留给人们的是"只见幸福、利益与物质，不见理性、自由和精神"形象，或者说"只见人的私利性而不见人的理性"。与学者眼中古典哲理法学"只见人的理性而不见人的私利性"一样，学者眼中的功利主义法学开始走向另一极端。古典哲理法学强调人的理性、自由和精神，功利主义法学则侧重于人的"幸福"与利益。

边沁的门生、功利主义法学另一代表人物密尔说，"无论在什么情况下，

---

〔1〕　参见张乃根：《西方法哲学史纲》（增补本），中国政法大学出版社2002年版，第205～236页。

〔2〕　参见何勤华主编：《西方法律思想史》，复旦大学出版社2005年版，第182～232页。

〔3〕　[英]边沁：《道德与立法原理导论》，时殷弘译，商务印书馆2000年版，第58页。

〔4〕　[英]边沁：《道德与立法原理导论》，时殷弘译，商务印书馆2000年版，第81页。

人都想要更多的财富而不是更少的财富"，[1]私有财产所有权制度等"整个制度的根本是生产者对自己生产的物品具有权益"。[2]密尔将权利集中在利益之上。尽管功利主义法学没有直接给权利做出定义，但从功利主义法学思想尤其是立法目的及权利义务关系可以清楚得出"权利以利益为核心"的结论。边沁功利主义的追随者奥斯丁既继承了功利主义思想，又开拓性地阐述了法律命令学说，成为"现代英国法理学之父"。奥斯丁沿袭了边沁思想，认为法律中最重要的概念莫过于"义务"，即主权者对被统治者的基本行为要求。义务反衬出权利，权利并非"天赋"而是法律赋予，"权利的特征在于给所有人以利益……权利规范的特征在于以各种限制条件对实际利益进行划分"。[3]奥斯丁直接将个人利益作为权利的根本。"权利利益论"思想随即产生。

当然，尽管实证主义法学或者称功利主义法学、分析法学将权利归结为个人利益，但他们也没有完全放弃人的理性基础。如边沁认为："一个人无论何时何地肯定会找到适当的动机来考虑的利益，唯有他自己的利益。"[4]密尔也认为，自由是按照我们自己的道理去追求我们自己的好处的自由。而奥斯丁则认为人们必须通过自己的行为去享有权利，将理性糅杂在权利之中。实证主义等法学思想侧重于人的私利本性，以利益为核心建构法律、设计权利，这种建构与设计并没有抛弃人的另一本性即人的理性。

边沁与密尔都是个体主义方法论者的代表。边沁认为"共同体是个虚构体，由那些被认为可以说构成其成员的个人组成"。[5]而密尔认为，"每个人是他自己的权利和利益的唯一可靠保卫者"。[6]可见，实证主义等法学思想是个体主义方法论下的法学思想，其所设计的权利并没有离开人的私利性和理性等自然本性基础，也是个人个体的权利。

权利利益论思想经耶林、赫克等人得到发展，但耶林批判功利主义观点，认为人的利益不仅包括物质利益还包括精神利益，而"每条法律规定的产生

〔1〕 ［英］J. S. 密尔：《代议制政府》，汪瑄译，商务印书馆1982年版，第44页。
〔2〕 ［英］约翰·穆勒：《政治经济学原理——及其在社会哲学上的若干应用》（上卷），赵荣潜等译，商务印书馆1991年版，第244页。
〔3〕 转引自严存生主编：《新编西方法律思想史》，陕西人民教育出版社1989年版，第213页。
〔4〕 ［英］边沁：《道德与立法原理导论》，时殷弘译，商务印书馆2000年版，第351页。
〔5〕 ［英］边沁：《道德与立法原理导论》，时殷弘译，商务印书馆2000年版，第58页。
〔6〕 ［英］J. S. 密尔：《代议制政府》，汪瑄译，商务印书馆1982年版，第44页。

都源于一种目的"，〔1〕开拓了目的法学思想。目的体现为利益，利益又分为个人利益和社会利益。耶林提出了"为权利而斗争"的论断，"若无权利，人将归于家畜"，〔2〕主张自己权利是对自己的义务。为维护社会利益，耶林认为主张自己权利也是对社会的义务，认为权利人应当主张通过自己权利来维护法律从而维护社会秩序与社会利益。"耶林的法概念是从个人的利己主义出发，以平衡或调和无数利己者利益的'社会利益'或'世界利益'为归结的。"〔3〕纵使耶林关注到了个人利益与社会利益的区分，并将利益作为法律的目的，但其主张的"权利"内容仍然停留在私人利益的角度，社会利益只是通过私人权利或曰私人利益的维护得以维护。可见，耶林的权利利益思想体现的仍然是个人主义。

古典自然法学中，格老秀斯承袭了文艺复兴人的理性与私利性的解放思想，不仅重视人的私利性而为人的私利性配置了财产权等内容，也重视人的理性而认为人的理性是法律之源。尽管古典自然法学者对人的私利性和理性的关注程度有所不同，但古典自然法学并没有在权利内涵上区分出人的理性成分或私利性成分。然而，在权利究竟体现人的理性还是人的私利性上，紧随其后的各法学流派开始出现分歧。古典哲理法学凭借唯心主义哲学思想，将权利定性为自由而体现为人的理性。实证主义法学（包括功利主义法学和分析法学）则注重人的欲望与幸福，将利益总结为权利。无论是将权利归结为自由还是归结为利益，终其根本仍然在于文艺复兴倡导的人性解放，即人在精神上的解放——理性，以及人在物质上的解放——私利性。这种解放都是个体个人的解放。在这种思想解放下的权利享有者最终仍然属于个体个人。综合可见，在法学思想上，权利自始体现出了个体性的属性。

三、近代个人的政治解放使个体权利在法律上得以确立

文艺复兴从思想上解放了人的理性和私利性，解放了人的自然本性，古典自然法学奠基人格老秀斯则将人的本性作为法律的根源，古典哲理法学、

---

〔1〕　转引自［美］E. 博登海默：《法理学——法哲学及其方法》，邓正来、姬敬武译，华夏出版社 1987 年版，第 104 页。

〔2〕　［德］鲁道夫·冯·耶林：《为权利而斗争》，胡宝海译，中国法制出版社 2004 年版，第 13 页。

〔3〕　谷春德、吕世伦编著：《西方政治法律思想史》，辽宁人民出版社 1981 年版，第 171 页。

实证主义法学等也以人性作为法律的基础。古典自然法学、古典哲理法学、实证主义法学等近代法学以独立个人为对象，以自然人性为内容，以天赋人权为手段建构起个体权利思想。但这些法学思想上的个体权利终究还只是理论而不是现实。个体权利从理论到现实的转化过程是在人的近代政治解放中得以实现，在近代西方资本主义国家和法律的建立中得到确认的。

（一）英美法系国家对个体权利的法律确认

取代封建神权统治是近代新兴资产阶级的目标，也是社会发展的历史必然。封建神权统治下的人之"非人"状态无法适应新兴资本主义的发展需要。文艺复兴运动从人的本性角度出发，倡导了人之为人的"以人为本"精神。上天赋予人以理性和自由，也赋予人以欲望与私利。只有承认人的理性与私利，生物之人才能真正成为自然之人。由此，生物之人拥有与生俱来的人性因而享有天赋的人权，从而成为独立自主的自然人个体。从精神（人的理性的体现）到物质（人的私利性的体现），文艺复兴发现了个人，发现了个人的尊贵，为现实生活中"非人"到"人"的转变准备了思想基础。

古典自然法学者依据法律源自人性的思想建构了个体权利理论。依据人的私利性，格老秀斯与洛克等提出了财产权思想；依据人的理性，洛克提出了自由权思想；基于人之为"人"的基本前提——生命健康，洛克还提出了生命健康权思想。作为英国光荣革命的参加人，洛克的作为个体个人的权利理论如生命权、健康权、自由权和财产权等内容，虽然没有首先在英国变成现实，但是在美国却首先得到实现。洛克思想的践行人——托马斯·杰弗逊[1]在1776年7月4日起草的美国《独立宣言》中，写入了生命权、健康权、自由权和追求幸福权等自然人个体的权利。1775年开始的美国独立战争是一场民族独立革命也是一场资产阶级革命。1776年美国《独立宣言》以政治纲领的形式确立了人权原则。宣言宣布天赋人权、人人生而平等。人们享有生存权、自由权和幸福追求权等不可让与的权利。生存权是自然人个体生存的基本前提。自由权与追求幸福权分别是文艺复兴解放的人的自然本性的体现，如自由权是人的理性的体现，追求幸福权则是人的私利性的要求。生存权、自由权和幸福追求权是每一个自然人个体的权利。《独立宣言》第一次宣布自然人

---

〔1〕 参见徐爱国、李桂林、郭义贵：《西方法律思想史》，北京大学出版社2002年版，第177页。

个体权利的神圣不可侵犯性。个体权利神圣不可侵犯，成为美国的意识形态，也是美国建国的核心文件。

尽管 1787 年美国第一部宪法并没有体现《独立宣言》所宣示的人权内容，但是受 1789 年法国资产阶级革命的影响，1789 年美国制定了 10 条关于权利的宪法补充条款即《权利法案》。《权利法案》将《独立宣言》所确立的自然人的个体权利进一步细化，从而确认了言论、出版、请愿等自由权利，人身、住宅和财产的权利，以及不得非法剥夺的自由、生命或财产权利。此后，美国又通过补充多个宪法修正案陆续确认了自然人个人的其他个体权利，以实现废除奴隶制、保障黑人权利以及保障妇女享有选举权等。个体自然人的个人权利在美国政治上的全面开花结果，是美国资产阶级革命对人的政治解放成果的法律确认。

17 世纪 40 年代，英国爆发了资产阶级革命，却是一场不彻底的革命，以资产阶级的妥协而告终。不像美国资产阶级将其革命胜利成果以法律规定的方式确立自然人的个体权利，妥协的英国资产阶级只限制了国王权力，实现了君主立宪制。然而，"自然权利源于人本性的权利……国家有义务用法律的形式加以确立和保护。受这些理论的影响，资产阶级取得政权后纷纷以宪法的形式将之确定下来。1689 年英国的《权利法案》……规定了一系列公民享有的基本权利"。[1]1689 年英国《权利法案》短短 13 条的内容规定了三方面的内容：一是限制国王权力，如第 1、2、4、6 条；二是保证议会的立法权、司法权和财政权等，如第 8、9、13 条；三是以法律权利取代君主权力。《权利法案》虽然没有明确人的全部权利，但是确立了自然人个体的部分权利，如《权利法案》第 5、8、9 条明确了自然人个体的请愿、选举、演说、议事等自由权利，第 10、13 条明确了自然人个体的人身权利以及保释金、罚金等财产权利。这些法律权利均是作为个体的个人所享有的权利。个体权利在英国法中得到确认。

（二）大陆法系国家对个体权利的法律确认

不同于英国资产阶级革命，法国资产阶级革命是最彻底的资产阶级革命。因此，文艺复兴所倡导的人的解放在法国政治上也实现得最为彻底。革命期间，法国于 1789 年颁布了《人权宣言》，1804 年又颁布了《法国民法典》即

---

〔1〕　何勤华主编：《西方法律思想史》，复旦大学出版社 2005 年版，第 101 页。

《拿破仑法典》。

《人权宣言》共 17 条内容，都是围绕自然人的个体权利而展开的。第 1 条宣示了人生而自由、生而平等即天赋人权，第 2 条明确了自然人的自由、财产、安全和反抗压迫等个体权利，第 4 条重申了自然人自由权利的重要性，第 17 条规定了自然人财产权神圣不可侵犯。《人权宣言》将文艺复兴所倡导的"自由"和"利益"确认为权利的内容。"自由"是文艺复兴解放人的理性的结果，"利益"是文艺复兴解放人的私利性的结果。围绕文艺复兴所解放的人的理性和私利性，《人权宣言》确认了人的自由权和财产权等权利内容。人的理性与私利性在《人权宣言》中得到确认，拥有理性和私利性的自然人其实已经在《人权宣言》中获得承认和尊重。《人权宣言》所确认的法律权利无不都是自然人个人的个体权利。法国资产阶级大革命的世界意义在于解放了所有的法国人，所有法国人都由封建神权下的"非人"转变为现时的独立自主的"人"，都是独立的个体。"被称为大革命纪念碑的《人权宣言》，其精神已内化为法国民众的观念意识，其所昭示的 1789 年原则，虽经 200 年风云变幻，仍旧是法国现行法律制度的根本指导思想。"[1]

作为法国大革命的产物，1804 年《法国民法典》第 8 条规定："法国人都享有权利。"《法国民法典》第 8 条不仅表达了所有法国人都是独立自主的"人"，也陈述了法国的每个自然人个体都享有权利。对于该独立个体的自然人，该法典第 554 条确认其私有财产所有权的不可侵犯性；第 1101 条确立了个体的意思自治原则，强调了个人的自由。同时，该法典第 488 条明确了个体自然人自行行使权利的理性要求即 21 岁成年制度。《法国民法典》将文艺复兴所倡导的、古典自然法学所追求的自由与利益确认为具体的民事权利。正是在这一意义上，民法典才堪称"权利之法"——个体权利确认之法。对个体权利的确认是个人主义的要求，个人主义是资本主义的社会根基。作为法国资产阶级大革命的胜利成果，《法国民法典》深刻体现了个人主义精神，其所确认的权利是个人主义观念基础之上的权利。

博登海默认为，"自然法学的另一个实际结果就是它掀起了一场强有力的立法运动。……这场立法运动的最高成就之一，则是 1804 年的《拿破仑法典》，它至今在法国有效。……此后的里程碑有 1896 年的《德国民法典》和

---

〔1〕 何勤华主编：《西方法律思想史》，复旦大学出版社 2005 年版，第 295 页。

1907 年的《瑞士民法典》"。[1]如果说《法国民法典》确认所有法国人都享有权利有其局限性，那么《德国民法典》已经完全剔除了该局限性。《德国民法典》第 1 条规定"权利能力始于出生"，不仅宣示了所有人都是"人"，而且确认了所有的个体作为"人"的自由。以人的理性为根据，该法典不仅确认了个人的契约自由，更明确了个人的过错责任原则，将人的理性与自由深入到了法律的具体细节。《德国民法典》不仅确认了人的理性，也确认了人的私利性，其第 90、903、905 条等所确立的个人享有私有财产权不受限制的原则就是对人的私利性的确认。人的理性与人的私利性都是以自然人个体的存在为基础的。《德国民法典》通过对人的理性和私利的确认即对人的自然本性的确认，实现了对自然人个体的法律承认和尊重。对自然人个体的法律尊重方式就是赋予自然人个体以权利。自然人的个体权利内容开始深入到每一个近现代法律之中。

如前所述，文艺复兴从人的理性、私利性上解放了人，古典自然法学将这些人性由"天赋"转变为自然权利。但是，理论上的自然权利转变为实在法中的现实权利，以人获得政治上的解放为前提。以古典自然法学思想为指导，以人的政治解放为目标的新兴资产阶级革命相继展开。取得革命胜利之后，新兴资产阶级需要以法律形式对其革命成果予以确认，由此《独立宣言》《人权宣言》《权利宣言》《法国民法典》《德国民法典》也相继产生。"18 世纪末和 19 世纪初的世界各资本主义国家的法律，无一不渗透着自然法精神，充满着自然法学的用语。"[2]作为人的政治解放成果，自然人作为独立个体的存在得到法律的确认，人的理性得到法律的承认，人的私利性得到法律的认可。

前述《独立宣言》《德国民法典》等无一不是对古典自然法学"天赋人权"思想的实在法确认。这些实在法首先确认为"人"之人即人的法律主体性，进而确立为"人"之人的两个人性内容即人的理性与人的私利性，因"天赋人权"人的两个人性内容被确认为法律权利。从文艺复兴人的思想解放到资产阶级革命人的政治解放，法律权利在下列两条交织进程中获得确认：一是

---

〔1〕　［美］E. 博登海默：《法理学：法律哲学与法律方法》，邓正来译，中国政法大学出版社 1999 年版，第 64 页。

〔2〕　严存生主编：《新编西方法律思想史》，陕西人民教育出版社 1989 年版，第 94 页。

以人的理性为进路：封建神权的蒙昧主义—文艺复兴人的理性发现—古典自然法学自然权利之自由权—近代资产阶级革命—近代法制的各种自由权利即人身权利；二是以人的私利性为进路：封建神权的禁欲主义—文艺复兴人的私利性发现—古典自然法学自然权利之财产权—近代资产阶级革命—近代法制的所有权、物权等即财产权利。与此同时，文艺复兴的个体主义思想、"以人为本"的内容也沿着前述进程进入西方近现代法制之中。个体主义与权利的结合在人性的法律承认中得到实现，个体主义的权利思想得到法律的确立。个体权利思想通过英美法系代表性国家——英美、大陆法系代表性国家——德国与法国，影响着近现代各国。

四、个体权利的本质是对个人的自然属性的法律承认

虽说文艺复兴运动的历史意义重大，但它也表现出了历史局限性：在发现人和解放人的过程中，看到了个人而忽视了社会，为个人主义提供了土壤。以文艺复兴思想为基础的古典自然法学将人性天赋为自然权利，为解放人性、为人之为"人"建立了不朽功勋，但也存在不可避免的片面性：看到了人的理性与私利性等人的自然本性而忽视了人的社会性。如格老秀斯等古典自然法学者认为法律源自人性，其人性包括理性与社会性，"但他们所理解的社会性只不过是人不同于其他动物的群体性，而不是人一定要生活在特定的社会关系中由之决定其一切的社会历史性"。[1]在文艺复兴运动影响下，以古典自然法学思想为理论指导的近现代西方法制中，因"天赋人权"而产生的传统权利因此也烙上了只体现人的自然属性而不见人的社会属性的印记，其个人主义特征明显。

(一) 传统权利的自然属性本质

人与人之间关系的存在是法律存在的基本前提。因而，权利的存在以"人"的存在为基本前提。然而，封建神权统治下人是以"非人"形式存在的。在神权蒙昧主义统治下，人没有理性而愚昧无知，人没有理性而无主观思想，人没有理性更无行为自由。同样，在神权禁欲主义的统治下，人没有欲望而无个人幸福，人没有欲望而无私人利益，人没有欲望更无私利追逐。物质能量需要是一切生物生存的基本前提，对物质能量的追求是生物的本能。

---

〔1〕 严存生主编：《新编西方法律思想史》，陕西人民教育出版社1989年版，第94页。

封建神权统治下的人没有理性与自由，没有欲望与私利，这种状态下的人已不如自然状态下的普通动物，体现出"非人"的形象。这种状态下，没有"人"的存在，也就谈不上人与人之间的关系，更谈不上人的权利。

人的理性和私利性是人的自然属性，是人作为自然生物所固有的天然本性。文艺复兴针对蒙昧主义倡导自由而提倡理性，针对禁欲主义倡导欲望与幸福而提倡私利性。因为人的理性首先体现为对自由的追求，人的私利性首先表现为对物质的需要。自由以人的理性为基础，没有理性即没有自由。财产以人的欲望或私利性为基础，没有私利性即无财产可言。自由和财产或者说精神与物质，皆为人之生存的必要条件。古典自然法学以"天赋人权"的方式将人之为人所必需的基本条件即生命、自由与财产化身为自然权利。因此，与其说古典自然法学是以强调自然法为特征的法学，不如说古典自然法学是以人的自然属性为研究逻辑基点的法学。

古典哲理法学承继了以人的自然属性为研究逻辑基点，却侧重人的理性与自由意志内容，导致唯心主义观点，形成权利即自由的结论。实证主义与功利主义法学等也承继了以人的自然属性为研究逻辑基点，却注重人的私利性和利益内容，认为权利的特征在于给人以利益，形成权利即利益的结论。以人的理性为基础的权利自由论无法回避人的私利性，以人的私利性为基础的权利利益论也无法回避人的理性。人是兼具理性和私利性等自然属性的自然生物。理性和私利性的兼具才能使人拥有追逐私利的自然本性，据此才能拥有在自然界得以生存的生物本能。人的理性与私利性都是人的自然属性，所以，以理性推导出来的权利自由论、以私利性推导出来的权利利益论似乎顺理成章。然而，权利自由论、权利利益论撕裂了人追逐私利的自然属性，以偏概全地看待人的理性或私利性。由人的理性与私利性构成的人的自然属性或可简称为自然人性，才是人成为"人"的基础，才是权利产生的依据。没有人的自然属性就没有自古典自然法学以来的权利内容。

文艺复兴在思想上人的解放是人的理性和私利性的解放，是人的自然属性的解放。以文艺复兴为基础、以古典自然法学思想为指导的人的政治解放也是对人的自然属性的解放。作为人的政治解放胜利成果，《独立宣言》《人权宣言》等政治法律文件确认了人之为"人"的成果。《法国民法典》第8条确认所有法国人都享有权利，《德国民法典》第1条以权利能力的方式确认所有人都享有权利。学者们认为《法国民法典》第8条是关于人格的规定，而《德国民法典》第 1 条所确立的权利能力本身就是人格即享有权利和承担义务的主体资格。《法国民法典》《德国民法典》都以享有权利的方式确认生物之人作为法律主体的存在。换言之，"是人就能够享有权利"，"享有权利的就是人"。简言之，"人即权利、权利即人"。权利只表达了人的内涵。这个作为主体之人是拥有自然属性之人，不论是植物人还是精神病人，是成年人还是未成年人，是男人还是女人，也不论其身份与地位、年龄与肤色等，都是能够享有权利之生物意义上的人，故称自然人。

自然人的生存以维护自然人性存在为基础。人的私利性是人生存、人之为"人"不可或缺的基本前提。文艺复兴所解放的人的私利性，在古典哲理法学中主要体现为财产、自由等利益，在实证主义法学、功利主义法学中也不局限于财产利益而是能够满足人的需要的一切利益如生命利益、健康利益。财产是利益而自由也是利益，生命是利益而健康也是利益。这些利益都是人之为"人"的必要条件，即"生命、健康、自由、财产"都体现为人的生存的必要基础，都是"天赋人权"。由此，人的私利性所表现出来的、作为人的生存基础的利益内容都表现为具体的权利。简言之，人的私利性是人之为人的基本条件，具体体现为人的生存基础的具体利益内容，是法律必须保障的对象，从而表现为权利。"人们奋斗所争取的一切，都同他们的利益有关。"[1]权利以人际关系存在为前提，而"把人与社会连接起来的唯一纽带是天然必然性，是需要和私人利益"。[2]可见，《德国民法典》第 1 条与《法国民法典》第 8 条均以人的私利性为基础，建构的是对人的私利性生存基础的法律保障机制。这种机制可以简单表述为"自然人的私利性≈权利"。

在确认了自然人的个体权利之后，《法国民法典》第 488 条、《德国民法典》第 2 条又规定了成年制度即行为能力制度。众所周知，所谓行为能力就是能通过自己行为享有权利承担义务的能力或资格。而所谓"能通过自己行为"是指行为人有足够的智力处理事务。换言之，行为人必须具有理性。三岁小孩、精神病人因为缺少理性因而被划入无或限制行为能力人的范畴。可见，行为能力制度是关于人的理性的法律保障制度，是关于人的意志自由乃至行为自由的制度。只有具备了理性，人才能有思想自由、意志自由以及行

---

〔1〕《马克思恩格斯选集》（第 2 卷），人民出版社 1972 年版，第 82 页。
〔2〕《马克思恩格斯全集》（第 1 卷），人民出版社 1965 年版，第 439 页。

为自由。显然，这是古典自然法学倡导的"自由"权利内容。具备了人的理性，就能自己享有权利、自己承担义务，就能够在法律范围内从事一切事务，就能够充分实现自己的自由。但是，不是所有自然人都具备完全的理性，至少精神发育不全者理性就相对不足，精神病罹患者也多缺乏理性。法律对于人的理性需要予以尊重，对缺乏理性之人需要特别保护，以人的理性为内核的行为能力制度据此产生。自然人的权利以人的私利性为基础，以利益为客观表现形态获得法律的承认和保障。然而，仅仅具备人的私利性或仅仅享有自然人的权利，是不足以实现对人的法律保障的。因为仅仅具有私利性而不具有理性的自然人，是无法自主地在自然界延续生命的。以人的私利性为基础的权利是静态的，仅仅享有该权利的自然人是无法自主地获得利益而得以独立存在的。权利不以享有利益为目标而以利用利益为宗旨，实现人的私利性才是其终极目的。不可否认，利益的动态交换或利用都以个人的理性为前提。利益的利用、人的私利性的实现或者权利的行使，都以自然人的理性为基础。作为独立自主的自然人个体，私利性和理性都是其不可或缺的人性内容。由此，《德国民法典》第1条"权利能力"人格内涵和《法国民法典》第8条"权利"人格内涵所承认和尊重的人的私利性，只是权利的一个方面体现；《法国民法典》第488条和《德国民法典》第2条的行为能力或成年制度所承认和尊重的人的理性，则是权利的另一方面体现。概括而言，近代以来的传统权利是人的理性和私利性等自然属性的体现。

拥有理性和私利性的自然人才是完整意义上的自然人，即能作为独立自主的个体而存在的自然人。因此，以人的私利性为基础的权利能力，以及以人的理性为基础的行为能力才能共同建构法律意义上的独立自主的个体自然人。这是人的私利性与理性等作为人的自然属性在法律中的必然体现。缺失人的私利性或权利能力，自然人无法拥有生命因而无法成为法律上的主体。缺失人的理性或行为能力，自然人也无法维持生命因而缺失作为法律主体的意义。权利能力是权利的静态归属问题，而行为能力则是权利的动态运用问题。概言之，法律中完整的权利主体不仅是私利性的，更是理性的。人的私利性和人的理性都是人的自然本性，都是人在自然状态下的生存本能，是人的自然属性或称为生物性。故而，这个体现人的自然属性的权利主体被称为"自然人"就再恰当不过了。从这一意义上看，近代以来的传统权利作为自然人基于其生物性即其自然属性而享有的权利，也可称为"自然权利"。当然，这里所称的"自然权利"显然不同于古典自然法学中的自然权利。

（二）个体自然权利下人的社会属性的迷失

人不仅像其他生物一样具有自然属性，同时还具有一般生物所不具有的社会属性。马克思说："人即使不是像亚里士多德所说的那样，天生是政治动物，无论如何也天生是社会动物。"[1]人是社会的人，但是社会并不是简单的人与人的叠加。依据社会学，社会是由相互联系、相互依存的个体人组成的，是超乎个人的社会生活体系。社会来源于个人，却独立于个人而存在。人的社会性是人依赖于社会而不能孤立存在的属性。因此说，社会是所有个体人的社会。维护社会的良性发展是每一个个人维护个体发展的必要前提。从这一意义上讲，人的社会性是人作为社会成员符合社会发展、有利于人类整体发展要求的特性。有利于自身发展的属性是人的自然属性，有利于社会发展的属性则是人的社会属性。有利于社会发展的最终依据仍然是有利于自身发展。因此，自然属性是基础，社会属性是要求。

无论是人的自然属性还是社会属性，归根结底都是人为适应生存要求而产生的特性。"人们奋斗所争取的一切，都同他们的利益有关。"[2]为了自然生存，人有了追求私利的自然本性。为了个人利益的锦上添花，个人才有组成社会的需求，从而体现出社会属性。社会不是个人个体在数量上的累加，而是独立于个人个体的新整体。由此，社会有了自身独立的利益——社会利益或称社会公共利益。社会利益与每个个人的个体利益息息相关，但是社会利益并不归属于任何个人个体。学者所言，"人作为利益主体，始终体现着两种利益：一是自身的个人利益，一是与他人的共同利益"。[3]社会利益不仅不能专属于个人个体，而且不能专属于国家整体。[4]因为社会公共利益不同于国家公共利益。由此，人的自然属性彰显出人的私人利益要求，而人的社会属性则彰显出了人的社会利益要求。私人利益是个人生存的基础，是人的自然属性的物质基础。而社会利益则是人类生存的条件，是人的社会属性的物质反映。社会利益并非可有可无，而是人类生存发展的必要内容。

---

〔1〕〔德〕马克思：《资本论》（第1卷），人民出版社1975年版，第363页。

〔2〕《马克思恩格斯选集》（第2卷），人民出版社1972年版，第82页。

〔3〕杨秀香："论人的社会性与人的共同利益"，载《辽宁大学学报（哲学社会科学版）》1994年第2期，第91页。

〔4〕专属于国家的利益是国家利益。社会利益与国家利益合称公共利益。

　　自然人追逐个体私利的本性是自然人的自然属性。这一自然属性以权利的形式获得近代以来法律的承认和尊重。毋庸置疑，作为生物的自然人只体现了追逐私利的自然本性，作为权利主体的自然人也只以追逐私利为最终目标。获得了法律权利上的依据，自然人追逐个体私利开始向追逐个体私利最大化转变。追逐个体私利最大化目标也让社会利益成为私利追逐的对象，社会利益成为自然人个体的蚕食或侵吞的对象。可见，在法律承认和尊重下的自然属性的发展不仅不会促进社会利益的发展，反而成了社会利益发展的障碍，也因此不仅没有促进人的社会属性的发展，反而成了人的社会属性发展的障碍。社会利益和人的社会属性之所以能够成为个体私利和人的自然属性的侵害对象，是因为近代以来，人的自然属性获得了法律的承认和尊重，人的自然属性所决定的私利内容已上升为法律权利而得到保护；而人的社会属性虽在名义上得到认可但没有获得法律的承认和尊重，人的社会属性所决定的社会利益内容并没有真正进入法律的保护视野，没有获得法律权利的保护方式。社会利益至今还只能依赖于道德来维护，或者被视为国家利益依赖于政府力量获得保护。依据经济学原理，市场会失灵，政府也会失灵。在自然人追逐私利最大化本性获得法律确认与保护的背景下，缺乏法律权利保障的社会利益和人的社会属性的发展就可想而知。由此，在个体私利与社会利益狭路相逢时，在他的自然属性和他的社会属性产生矛盾冲突时，自然人将以法律权利为名义，为其个体私利、自然属性而弃其社会公益、社会属性而不顾。这是传统自然权利个体性的必然结果，是人的自然属性张扬的必然结果。人的社会属性就在人的自然属性张扬中、在自然权利的个体性表现中开始迷失。

第二节　新型权利的社会性

一、人的社会属性和社会利益亟须社会性新型权利

（一）人的自然属性与社会利益之间的矛盾未获得调和

　　古代奴隶社会、封建社会不存在现代意义上的权利。文艺复兴从思想上解放了人的自然属性：自利性与理性；资产阶级革命从政治上解放了人，确认了人之为"人"，确认了人的自然属性。人的近代解放最终以法律确认革命

胜利成果的方式，表现为自然人拥有享有权利的能力即权利能力，自然人成为权利主体。反过来说，近代以来最原始的权利主体是自然人个体，权利是自然人个体的权利。因为文艺复兴从思想上所解放之人以及资产阶级革命从政治上所解放之人，都是作为独立个体存在的自然人。只是，随着社会发展，法律拟制了组织权利主体（包括法人组织和非法人组织）。尽管被称为组织权利主体，但它们都是以个体个人为基础的。组织权利主体也是个体，是类比自然人权利主体而建构起来的个体，也以追逐其个体私利最大化为目标，因此也具备私利性和理性等特性。因为不具备理性和私利性的任何实体都无法在社会中以独立自主的个体而存在。事实上，法律拟制的组织权利主体不过是个体自然人的化身。"主张自己的生存是一切生物的最高法则。"〔1〕包括自然人在内的所有生物都必须追寻生存所需要的物质财产等利益，都具备而且必须具备追求自身利益的自然本性。这是自然界的客观规律。人作为生物的一种，其自然属性无法被抹杀，其独立性也无法被抹去。

自近代传统权利建立以来，自然人都通过权利来维护自身个体利益。因此，自然人与自然人之间的利益冲突需要通过自然人与自然人之间维护自身利益的较量达到平衡。在这一较量过程中，个人与个人之间的社会关系彰显。然而，个人与个人之间的关系是不是社会关系的全部？显然不是。社会并不是个人的简单加总而是大于个人之和的整体。社会利益也不等于个人利益的总和，而是独立于个体利益的整体利益如环境利益。环境利益是独立于个体利益由社会公众享有的生态利益整体。由于自然人的追逐私利的自然本性决定了个人只会为其个体利益最大化着想，独立于个人利益之外的社会利益就只能成为自然人个体私利追逐的对象。由此，自然人追逐私利的自然本性与社会利益之间的矛盾形成。随着社会生产力的发展或者说自然人追逐私利的能力增长，这种矛盾逐渐紧张。为调和自然人追逐私利本性与社会利益之间的矛盾，近代以来法学理论与法律实践都做过不懈努力，但并没能够产生如意效果。

1. 社会法学思潮没能调和人的自然属性与社会利益之间的矛盾

孔德于19世纪30年代创立了社会学，将社会而不仅仅是个人作为研究的对象。在社会学思想影响下，19世纪末社会法学思潮产生。一般认为，社

---

〔1〕 梁慧星主编：《为权利而斗争》，中国法制出版社2000年版，第12页。

会法学思潮的产生标志是耶林 1872 年的《法律的目的论》。耶林认为法律的目的是利益，包括个人利益和社会利益。耶林运用社会学方法，从社会角度来分析法律，强调法律的社会目的性。学者称之为社会目的法学。

社会学另一奠基人迪尔凯姆认为，社会高于个人，社会学不能采用个体心理学等研究方法，而应"用社会事实解释社会事实"。[1]迪尔凯姆的思想深刻影响了社会法学思潮代表人物之一狄骥。狄骥认为，"一切人都被纳入社会联系中，因为人在社会中生活，而且只可能在社会中生活"，[2]因此并非天赋人权而是人天生就是集体成员。作为集体成员，人就有了维持集体的义务，甚至人只有义务而没有权利。学者将狄骥的法学思想称为社会连带主义法学。

社会利益思想是社会法学思潮另一代表人物庞德的法学理论的核心。他将利益分为三种，即个人利益、公共利益和社会利益，认为法律"能以付出最小代价为条件，尽可能满足社会要求——即产生于文明社会生活中的要求、需要和期望——的社会制度"。[3]庞德认为，法的社会控制职能是通过"调节各种利益"维护社会秩序最终实现社会利益。

不同于以往古典自然法学、哲理法学、实证主义法学、分析法学等法学思想，社会法学思潮关注到了法律不只是所有个体个人的法律，而更是社会整体的法律。狄骥在其《宪法论——法律规则和国家问题》中专设"个人主义学说的批判"章节，指出："个人主义学说在理论上是无法辩护的，而在实践上，更是无法辩护的。"[4]然而，社会法学思潮只是关注到了社会整体和社会利益，并没有为社会整体和社会利益在法律中挣得一席之地。

耶林认为法律是客观的权利，而权利是主观的法律，"主张权利也是对社会的义务"，维护法律是个人对社会所负的责任。尽管耶林认为法律的主要目的在于社会利益，但其对社会利益的维护仍然建立在自然人个体权利行使基础之上，其对社会利益的维护还必须通过自然人个人等主张个体权利才能得以实现。社会利益的实现仍然依赖于个体权利的行使，社会利益就仍然只能

---

〔1〕 ［法］E. 迪尔凯姆：《社会学方法的准则》，狄玉明译，商务印书馆 1995 年版，第 108 页。

〔2〕 ［法］莱翁·狄骥：《宪法论——法律规则和国家问题》（第 1 卷），钱克新译，商务印书馆 1959 年版，第 329 页。

〔3〕 转引自 ［美］E. 博登海默：《法理学：法律哲学与法律方法》，邓正来译，中国政法大学出版社 1999 年版，第 146~147 页。

〔4〕 ［法］莱翁·狄骥：《宪法论——法律规则和国家问题》（第 1 卷），钱克新译，商务印书馆 1959 年版，第 152 页。

作为个体利益的附属物而存在。

狄骥主张"法以社会团结为根据，社会成员只有义务而无权利"，[1]以连带关系取代个体权利。狄骥的社会连带主义的先进性在于它旨在将个体的私人整体化为社会人，关注到了社会利益的整体性。然而，狄骥的这种社会法学思潮关注了社会利益的独立性，看到了人的社会性和个体性的不同，却走上了另一个极端：关注了社会利益而无视个体利益及个体权利，看到了人的社会性而忽视了人的个体性。不以人的个体性为前提的社会性是无本之木，不以个体利益为基础的社会利益也只能是空中楼阁。同时，狄骥却只看到义务而忽视了权利，"通过直接使其承担社会义务而积极地实现社会整体利益……逻辑假设是社会人应为社会整体利益做出奉献牺牲，欲实现该利益对其直接附加义务即可"。[2]从一定意义上讲，这种纯粹的义务观忽视了利益才是权利的根本，因而从本质而言它没有看到社会整体利益的现实存在。

庞德认识到人类有两重本性即侵略的自然本性与相互合作的社会本性，认为法律的社会控制不仅要控制物质世界还要控制人的内心。但庞德的法律控制最终仅仅是对物质世界及人的侵略本性的控制，并没有涉及人与人之间相互合作的社会本性的问题。同时，庞德的社会利益范畴包含着个人利益内容，他将"个人生活"也归为社会利益范畴。这也足见其社会法学思想对社会利益的维护不足。

概括上述，社会法学思潮立足于社会学思想，强调法律的社会作用，对于实现社会利益有着重要的现实意义。然而，尽管社会法学思潮看到了人追逐私利的自然本性以及人相互合作的社会本性，但最终没有能够实现自然属性与社会属性的有机协调。它意欲保障社会利益，却没有给予社会利益在法律中的应有地位。它期望通过个人利益的实现或者通过消灭个人利益来实现社会利益，违背了自然人追逐私利的自然本性，因而无法从根本上实现对社会利益的保障。

2. 法律的社会化实践只是对人的自然属性的微弱限制

经济不断变革，社会关系频繁震荡，社会生活不安与多变，这是 19 世纪

---

〔1〕 刘富起、吴湘文：《西方法律思想史》，吉林大学出版社 1985 年版，第 295 页。

〔2〕 赵红梅："私法社会化的反思与批判——社会法学的视角"，载《中国法学》2008 年第 6 期，第 181 页。

末期以后西方社会生活的重要特征。〔1〕在西方社会工业革命的催化作用下，个人利己主义、个人自由主义思想泛滥，社会问题频现。为应对社会问题，资本主义国家开始对现有法律进行社会化改造或为解决社会问题而进行专门性立法。该过程被学者称为社会立法，也被称为法律的社会化。我国有学者认为："法律的社会性成为法律的特质，是近代的事。……十九世纪欧美的法律……完全以维护个人主义功利为主旨。""以往的法律以个人权利为本位；现代的法律则以社会利益为依归。"〔2〕社会立法的实质就是处于垄断资本主义阶段的国家加强法律对社会生活特别是经济生活的干预，以维护其社会关系和社会秩序。在这一过程中，国家立法从只关注个人开始转向也关注社会。

法律的社会化首先体现在民法领域。法国1789年《人权宣言》宣示"所有权神圣不可侵犯"，《法国民法典》进一步确立所有权神圣。无疑，这是个人主义原则的体现。所有权的个人主义与社会利益格格不入。基于社会利益的考量，原本以《法国民法典》为代表的近代民法三大基石"所有权神圣、契约自由、过错责任"，相应转变为以《德国民法典》为代表的"所有权行使的限制、契约自由的限制以及无过错责任"三大原则。此外，法律的社会化还体现在其他领域。如英国1897年的《劳工赔偿法》，1908年的《养老金法》等的社会立法。〔3〕总之，"各国颁布了一系列涉及教育、居住、租金的控制、健康福利设施、抚恤金以及其他社会保障方面的法规，以保护个人免除因年老、疾病、死亡或失业而遭受损失"。对于法律的社会化引起的变化，学者们多将其称为个人本位向社会本位的转变。"由尊重个人本位之法律，至尊重社会本位之法律社会化现象，为20世纪法律之主流，所有法律，直接间接均受其影响。"〔4〕法律的社会化实践是在个人主义导致社会整体利益侵害的背景下，法律开始保护社会整体利益的实践，一定程度上实现了维护社会利益的目标。

然而，"头痛医头、脚痛医脚"的法律社会化现象并没能实现社会整体利益的保障。"私法社会化……仍将社会成员视为个体性的'市民'（私人），通过对私人权利加以限制而消极地保护社会整体利益；……逻辑假设是私人

〔1〕　参见严存生主编：《新编西方法律思想史》，陕西人民教育出版社1989年版，第222页。

〔2〕　谷凤翔："近代法律的社会化"，载《法令月刊》1990年第10期，第243~244页。

〔3〕　严存生主编：《新编西方法律思想史》，陕西人民教育出版社1989年版，第222页。

〔4〕　林纪东：《行政法》，三民书局1976年版，第18页。

谋取一己私利不得损害社会整体利益，欲实现该利益必须对其权利加以限制。"[1]如德国《魏玛宪法》（1919 年）第 153 条"所有权负有义务，其行使应同时有益于公共利益"的规定，只是对所有权作出了一定的限制。法律社会化现象对权利的限制在本质上坚守的是个人主义，立足的仍然是自然人个体而非社会整体。近代法制开始时，为保护个体利益，法律是站在个人利益角度直接确认个人权利的。社会整体利益问题凸显时，法律社会化现象并没有立足于社会整体利益。法律社会化仍然以个人利益为立足点，因而无法从根本上解决社会整体利益问题。因为对于个体自然人的追逐私利本性与社会整体利益之间的矛盾，法律社会化并没有立足于社会整体角度、社会利益角度乃至人的社会属性角度，没有在人性尊重上寻求答案。这是个体与整体之间的矛盾，是私利与公利之间的矛盾，也是人的自然属性和人的社会属性之间的矛盾。保护社会整体利益只能以整体主义为方法论，以社会整体为基础，以人的社会属性为根据；而不能以个体主义为方法论，以个人个体为基础，以人的自然属性为根据。

概括而言，追逐私利是人的自然本性，是生物人的自然本性，是个人个体的本性。社会整体利益是独立于个人私利的公共利益。为维护社会整体利益，法律社会化的实质是对个人权利享有或行使的限制。这是一种消极的社会整体利益保护方法，是对自然人追逐私利本性的有限限制，与近代文艺复兴、资产阶级革命对人的自然属性的解放目标相左。因而，法律社会化不能从根本上解决自然人追逐私利本性与社会整体利益之间的难以调和的天然矛盾。个人的追逐私利本性也决定了这种"消极保护"并不能真正实现对社会整体利益的保护。

（二）人的社会性要求新型的社会权利

自古典自然法学以人的私利性与理性为基础提出生存权、财产权、自由权等近代权利思想以来，权利就以私利性所反映的利益为内核，以理性所反映的自由为动力而存在。作为自然生物人所应具备的权利是自然人的自然属性即私利性与理性在法律上的体现。这种"天赋"的自然权利是自然人个体的权利。然而，人不仅仅具有自然属性更具有社会属性，人不仅仅是自然的

---

[1] 赵红梅："私法社会化的反思与批判——社会法学的视角"，载《中国法学》2008 年第 6 期，第 181 页。

存在更是社会的存在。自然权利的法律确立只体现了人的自然属性的一面。人的社会属性的一面尚待法律的承认和尊重。

1. 人的社会属性产生社会公益需求

个体人不能脱离社会而独立存在，人必然表现出社会属性。"所谓人的社会属性，也就是人之作为人而对于社会关系的依赖性，和人的特殊素质、能力的形成、发展对于社会实践的依赖性，即人要被打上社会的烙印。"〔1〕人的社会属性体现了个人个体对社会整体的依赖性。而所谓个人个体对社会整体的依赖性是指个人依赖于社会以满足其依靠个人权利无法实现的利益需求。这种需求是对社会公共利益的需求。"共同利益和人的社会本性相一致，是社会性的必然体现。"〔2〕人的私利性与理性等自然属性体现出人的个体私利需求，人的社会属性则体现出人的社会公益需求。

社会公益需求不是个体私利需求，也非所有个体私利需求的总和，而是社会公众作为整体对社会公益的公共需求。这种需求不具有独占性与专属性。某一社会成员的社会公益需求不排斥其他社会成员的社会公益需求。社会公益需求是整体性需求而非个人的个体需求，整体性是社会公益和社会公益需求的重要特性。自然人的生存不仅有个人私利需求，还需有社会公益需求。马克思指出："在任何社会生产中，总是能够区分出劳动的两个部分，一个部分的产品直接由生产者及其家属用于个人的消费，另一个部分即始终是剩余劳动的那个部分的产品，总是用来满足一般的社会需要，而不问这种剩余产品怎样分配，也不问谁执行这种社会需要的代表的职能。"〔3〕社会公益需求不仅是个体人的生存所不可或缺的，而且是人类社会存在所必不可少的。

社会公益需求不仅体现为共同生产条件的公共需求，也体现为维持和促进社会存在与发展的公共需求。公共教育、社会保障、医疗卫生、环境保护等都是社会公益需求的表现。民航、铁路、公路、煤气、电力及城市公共事业等也是社会公益需要的表现。马克思所言的"一切社会的性质所产生的各种公共事务"〔4〕无不都是社会公益需求的体现。

---

〔1〕 王孝哲："论人的社会属性"，载《天府新论》2006 年第 1 期，第 28 页。

〔2〕 杨秀香："论人的社会性与人的共同利益"，载《辽宁大学学报（哲学社会科学版）》1994 年第 2 期，第 91 页。

〔3〕 ［德］马克思：《资本论》（第 3 卷），人民出版社 1975 年版，第 992~993 页。

〔4〕 《马克思恩格斯全集》（第 25 卷），人民出版社 1974 年版，第 432 页。

作为自然生物，个体人的自然本性决定了其作为生物的个体私利需求，他需要有生命、财产与自由等。作为社会成员，个体人的社会性决定了其作为社会成员的社会公益需求，他需要有公共教育、环境保护、医疗卫生等。个体私利需求具有排他性和专属性，但社会公益需求则具有兼容性和整体性。个体私利需求表现为个体利益，个体利益最终形成个体自然权利，以作为实现个体需求的手段。作为人的生存所不可或缺的社会公益需求表现为社会利益，但当前社会利益并没有形成法律权利，而被制度设计为国家权力并交由国家全权代表。然而，社会公益需求并不仅仅是以个体形式存在的国家（国家在一定意义上也是一个个体）的需求，而是所有个体人的共同需求。由此，环境危机、食品安全等社会问题最终损害的是所有个体人的共同需求和共同利益。

2. 公共利益体现为公共权力也体现为新型社会权利

需求或者说需要是人的一切行为的根源。人类的需求刺激人类的不断追求，从而推动着社会的发展。作为社会成员，人不仅有个人私利需求更有公益需求如公共秩序、环保等。公益需求产生了国家的公共管理与服务职能。作为公共管理与服务的载体，公共产品因公益需求的整体性而表现出非竞争性，因公益需求的非排斥性而表现出非排他性。公共产品的非竞争性和非排他性决定了诸多的公共产品不能通过个体以市场的方式提供，"公共产品只能是由公共部门来生产和提供"。[1]个人的公益需求以公共产品为表现方式，最终都体现为国家公共权力属性。

然而，人的社会公益并不等同于国家公益。在社会与国家一体化即国社不分状态下，社会被淹没在国家之中，社会公益被纳入国家公益的范畴，社会公益被纯粹公共权力化。由此，社会公众对社会公益需求满足的追求、对社会公益的享有也被掩盖在国家公共权力之下。社会公众对社会公益享有的权利被政府公共权力所替代。

不能不反思的是，社会公益需求究竟是谁的需求？是国家的需求还是社会的需求，抑或是个人的需求？无疑，需求首先是人作为个体的需求，其次是人作为整体的需求。对社会公益提出需求的不只是作为个体的个人，而是作为整体的社会公众。社会公益需求最终体现为社会公共利益即社会利益。

---

〔1〕 汪来杰等：《公共服务——西方理论与中国选择》，河南人民出版社2007年版，第7~8页。

作为社会公益需求的主体，社会公众当然有权利享受社会公共利益给他们带来的好处，也有权利维护其社会公共利益。而公众合法享有并合法维护其社会公共利益的法律方法，就是其社会公共利益获得法律的认可与尊重，即社会公共利益权利化，犹如个人合法享有和维护其个体私利的法律方法是个体私利的权利化一样。承认和尊重社会公益的最佳法律方法是让社会利益法律权利化，而不是国家公共权力化。

现实生活中，社会公益需求的满足完全交由政府解决，由政府提供公共管理与服务。政府公共管理与服务机构有着自己的个体私利，并不能站在社会公众——社会公益的真正受益者角度解决好社会公益问题。此谓政府失灵。按社会契约论，在政府和公民之间的委托代理关系中，公民没有退出和选择政府的自由，而政府作为暴力机器可能守约也可能不守约。这就决定了政府作为提供公共产品的唯一单位的垄断地位。垄断地位决定了政府满足社会公益需求的非效率性。就社会公益需求的满足而言，不仅公民与政府之间建立了委托关系，政府与官员之间也建立了委托关系。而官员并不是能够完全服务于公共利益而没有自我利益追求的超人。相反，所有的官员都是十足的自然人，以追逐个体私利为目标。因此，社会公益需求的满足不可能成为官员的首要目标。就外部原因而言，政府提供公共产品缺乏有效的监督约束机制。监督约束机制不健全，就无法保证官员不损害公共利益。[1]此外，还有诸如激励机制的缺乏、逃避错误的短视倾向、对信息敏感度的缺乏、选举制度的缺陷、信息不对称以及垄断配置低效率等都是政府失灵的原因。[2]

不难发现，就社会公益需求的满足而言，政府失灵的根源在于两个委托代理关系的产生：社会公众委托政府，政府委托官员。由于两个层次的委托代理关系，真正的利害关系人——社会公众已远离了他们自己的社会公益需求。他们的需求已经变成了"他人"的需求。然而，不可否认的是，即使存在上述两个委托代理关系，社会公众的社会公益需求并不因为委托代理关系的存在而消灭，社会公众仍然是社会公益的权利主体，社会公众对社会公益享有权利是这些委托代理关系产生的基础。可见，政府失灵折射出了社会公

---

〔1〕　See James Buchanan, *The Theory of Public Choice*, Michigan: The University of Michigan Press, 1972, pp. 5~22.

〔2〕　参见黄恒学主编：《公共经济学》（第2版），北京大学出版社2009年版，第159~161页。

益需求方面的权利观念缺乏、作为社会公益的享有者——社会公众对社会公益的权利失位。正是在法律意义上社会公众的权利失位，才导致社会公益问题上监督主体的失位，以及公众参与、共同治理的落空。

人的自然属性产生个体需求与个体私利，个体需求与个体私利以个体权利的方式获得法律承认。人是社会之人，人的社会性也产生人的社会公益需求，社会公益需求形成社会公共利益。人的社会公益需求和社会公共利益也需要获得法律的承认和尊重，也需要以法律权利的方式认可。法律对社会公益的尊重和认可的逻辑只能是：在法律意义上赋予社会公众的社会公共利益以社会公共权利或可简称为社会权的名义。"社会——不管其形式如何——究竟是什么呢？是人们交互作用的产物。"[1]社会公众作为整体形态的存在就是人们交互作用的表现形式。从社会公益需求到社会公共利益，再到社会公共权利，公益需求者、公益享有者、权利享有者都是作为整体形态存在的社会公众。社会权利是社会公众对社会公共利益享有的法律权利。马克思在《德意志意识形态》一文中说：任何人如果不同时为了自己的某种需要和为了这种需要的器官而做事，他就什么也不能做。只有将社会公众的社会公共利益提升为法律权利，认可社会公众对社会公共利益的权利，社会公共利益才能真正获得法律的承认和尊重，人们才能"并不仅仅是只为自己而生存，除了为自己的幸福而生活外，他也为别人幸福而生存。每个人都有自己需要履行的职责"。[2]

概括上述，人的自然属性产生了近代以来传统上的自然权利，人表现为个体的自然人形象，人作为个体享有自然权利。人的社会属性产生了新型的社会权利，人体现为作为社会成员的社会人形象，社会公众作为社会整体（而非个体）享有新型的社会权利。

二、新型社会权的主体与客体：社会公众和社会利益

（一）新型社会权的权利客体：作为整体的社会利益

需要是人的本性，[3]需要表现为利益。人的利益不仅表现为个体私利，

---

〔1〕《马克思恩格斯选集》（第4卷），人民出版社1972年版，第532页。

〔2〕［英］塞缪尔·斯迈尔斯：《人生的职责》，李柏光、刘曙光、曹荣湘译，北京图书馆出版社1999年版，第1页。

〔3〕参见《马克思恩格斯全集》（第3卷），人民出版社1960年版，第326页，第514页。

还表现为社会公共利益等。社会公共利益这种"共同利益也不是可以存在可以不存在的东西，而是与人的存在共始终的"。[1]传统自然权利源自个体自然人的自然私利。没有自然私利就没有传统自然权利，自然私利是传统自然权利的根据。新型社会权的产生源自与人的社会属性相应的社会利益。没有社会公益就没有新型社会权，社会公益是新型社会权的内核。

1. 社会利益的享有和维护需求是新型社会权产生的内在根据

文艺复兴运动倡导人的私利性与理性，从思想上解放了自然之人。承启文艺复兴的"以人为本"思想，古典自然法学开启了传统权利思想之旅，生命、财产、自由等自然私利开始以权利的面孔出现。1804年《法国民法典》确立所有法国人都享有法律权利，1896年《德国民法典》确立所有人都具有享有权利承担义务的能力与资格。古典自然法学以自然人性为基础的自然权利转变为实在法上的权利。实在法意义的权利在本质上没有发生变化，仍然是人的自然属性所体现的自然私利的体现。诸如自由权是人的理性的体现，有理性才有自由的需要；财产权、生命健康权等则是人的私利性的体现，有私利性才有财产方面的需要，才有人身方面的需要；生命与健康、自由和财产等自然人的自然私利获得了法律的承认与尊重，被赋予法律权利之意义。私利性是自然人的私利性、理性是自然人的理性，以私利性和理性为根据的传统权利当然也是自然人的个人权利。自然人享有的传统权利获得了空前发展。

然而，自然人传统权利的发展带来了"公地悲剧"的结果。自哈丁于1968年发表《公地的悲剧》以来，公地悲剧开始引起众多关注，但法律制度对此似乎冷漠有加。所谓的公地即commons，经济学者将其翻译为公共产品。蔡守秋教授将其翻译为公众共用物，指代不特定多数人即公众可以自由、直接、非排他性享用的东西。[2]在公共草场放牧，尽管人们的理性告诉他们多放牧牛羊将导致草场退化而最终导致所有牧民破产，但自然人追逐私利的本性促使每一个牧民都将尽可能多地放牧一些牛羊。这就是公地悲剧。人们分析认为，个人从追逐私利的本性出发，将忽视长远利益而仅仅关注眼前利益甚至"杀鸡取卵"，为了获得个人私利的"卵"而不惜加害社会公共利益的

---

〔1〕 杨秀香："论人的社会性与人的共同利益"，载《辽宁大学学报（哲学社会科学版）》1994年第2期，第91页。

〔2〕 参见蔡守秋："论公众共用物的法律保护"，载《河北法学》2012年第4期，第9页。

"鸡"。从理性角度分析，这种处置方式显然是得不偿失的。那么，导致这种无节制地利用资源的灾难根源究竟是什么呢？经济学界认为，"公地悲剧"的根源在于产权不明，公地产权被认为是"人人所有却人人没有"，从而导致"谁都应负责却谁都不负责"的结果。

既然产权不明是祸首，那么从制度上确保产权清晰就是问题的解决之道。然而，无论是经济学还是传统法学对此问题的解决都落入无法回避的窠臼之中。经济人是经济学的基础，这决定了经济学的个体主义方法论立场。自文艺复兴的个人主义思想、古典自然法学的自由主义思想开始以来，近现代法学也已经深深烙上个体主义的印迹，权利的个体思想根深蒂固。面对表现为整体形态的诸如"公地"等社会公共利益的产权问题，将个体主义方法论奉为圭臬的经济学与传统法学显然心有余而力不足。在人的私利性与社会公共利益之间难以调和的矛盾中，将个体主义方法论奉为圭臬的经济学与传统法学只能站在作为个人的私利性之上，而无法站在作为整体的社会公共利益之上。社会公共利益面对人的私利性，只能是一地碎片。

社会公共利益是人类社会生存的摇篮，是人的社会属性的物质条件，是社会公众对社会公益需求的表现。作为社会公众的共同利益，社会公共利益是一种无法个体化、无法私有化的利益。在传统法学个体主义方法论下，社会公共利益无法个体化、无法私有化，也意味着无法传统权利化即无法个体权利化。个体利益只能体现为个体权利。然而，社会公共利益无法个体权利化并不等于无法权利化。社会公共利益是社会公众享有的整体利益，作为整体利益，社会公共利益可以实现整体权利化，即以整体权利形态获得法律的承认和尊重。因此，以整体利益形态存在的"公地"等社会公共利益的权利化，不会体现为个体所有，也不会体现为"人人所有"而是体现为"社会成员作为整体所有"即社会公众享有。社会公众享有整体性的社会公共利益是社会公众享有整体性的社会权利的事实基础，社会公众享有整体性的社会权利则是社会成员享有和维护社会公共利益的法律依据。

"公地悲剧"的产生固然有自然人追逐个体私利本性的原因，更有一个不可忽视的内在根源，那就是人人可以享有"公地"等社会公共利益，却人人没有社会公共利益方面的权利。因而，人人都没有权力阻止他人滥用社会公共利益。利益是需要维护的，而利益维护也是需要法律根据的。从制度环境而言，"公地悲剧"产生或社会公共利益被损害，其根本原因在于缺失社会公共利益的有效法律维护机制。要有效地实现对社会公共利益的维护，就应当将社会公共利益"归还"给利益的真正享有者——社会公众，并使社会公众对社会公共利益享有法律意义上的权利。当然，社会公共利益的权利化结果只能是整体性的社会权利，而非个体性的自然权利。简言之，新型社会权产生的根据是社会公共利益。只有赋予社会公众对环境利益等社会公共利益的社会权利，草场过度放牧、海洋过度捕捞、森林过度砍伐等环境生态侵害行为，以及其他社会公共利益侵害行为才能通过公众的社会权利行使而得到纠正。

2. 社会利益的社会性体现出新型社会权的社会性

对于如何认定公共利益的问题，德国学者提出了"地域标准"[1]和"人数标准"。[2]"地域标准"无法解决利益享有人的流动性问题，而"人数标准"又无法解决利益享有人的不确定性问题。英国学者则提出"价值标准"，认为公共利益体现的是社会基本价值，公共利益不是一些人为另一些人的幸福买单。[3]显然，将公共利益抽象为价值的方法不仅没有解释公共利益的内涵，反而模糊了公共利益的外延。

我国有学者认为，"'公共利益'也是个人利益的某种组合，并最终体现于个人利益"。"法律就是要实现个人利益之和的最大化。"[4]这种观点的实质是，将公共利益视为所有个体利益的总和。[5]这是法学个体主义方法论的必然结果，是个体主义思想的现实表现。"'公共'是一个整体而非个体性质的概念。"[6]以个体主义为方法论是无法正确解释作为整体的公共利益的。由此，我国另有学者指出，"公共利益不是个人利益的简单集合，也不是多数人

---

〔1〕　参见陈新民：《德国公法学基础理论》，山东人民出版社 2001 年版，第 184 页。

〔2〕　参见陈新民：《德国公法学基础理论》，山东人民出版社 2001 年版，第 185~186 页。

〔3〕　See John Bell, "Public Interest: Policy or Principle", In: Roger Brownsword（ed）, *Law and The Public Interest*, Stuttgart: Franz Steiner Verlag, 1993, p.27.

〔4〕　张千帆："'公共利益'是什么？——社会功利主义的定义及其宪法上的局限性"，载《法学论坛》2005 年第 1 期，第 29 页。

〔5〕　转引自［英］史蒂文·卢克斯：《个人主义》，阎克文译，江苏人民出版社 2001 年版，第 46 页。

〔6〕　张千帆："'公共利益'是什么？——社会功利主义的定义及其宪法上的局限性"，载《法学论坛》2005 年第 1 期，第 29 页。

利益在数量上的直接体现，它是社会共同的、整体的、综合性和理性的利益"。[1]"公共利益则着眼于所有社会主体共同的整体利益。"[2]

尽管个别学者否认公共利益的整体性，但公共利益作为整体利益而存在，已基本形成学术共识。需要进一步讨论的是，公共利益究竟为什么是一种整体利益？它与个体利益之间存在何种关系？无疑，讨论利益必须以利益的享有主体——人为前提。离开了人就无利益可言。讨论利益就必须讨论利益的归属。离开了利益的归属，利益的讨论就失去了意义。因此，讨论利益必须考量利益的归属问题。太阳彰显出"光"的利益，然而在法律意义上无人对该利益进行讨论，因为这种利益无法归属。"公共利益"概念的出现源自作为整体存在的公共利益无法归属于个体。那么，无法归属于个体的公共利益究竟有没有归属？如果有归属，那么它归属于谁？明确其归属问题是明确公共利益本质的基础。

利益源自需求，需求又分私人需求和公共需求。公共需求具有受益外在性即一人需求的满足不排除他人受益，也即非排他性。公共需求也具有整体性，主要表现为相互依赖性和不可分割性。[3]公共需求产生公共利益，公共需求的受益外在性与整体性也体现在公共利益身上。因此，公共利益不仅表现出整体性，还表现出非排他性、非专属性。个体利益是排他的，是专属的，其范围是清楚明确的。如果某种利益可以专属，那么这种利益就是个体利益。然而，公共利益作为社会整体享有的利益，无法排他，更无法专属。由此可见，公共利益与个体利益的本质区别就在于能否排他、能否专属。具有排他性、能够专属于个体的利益是个体利益，不具有排他性、不能专属于个体的利益则是公共利益。国防、航标、公路、环境保护、食品安全等方面的利益，因其不具有排他性、不能专属于个体，故而属于公共利益。

国家与社会是两个层次的内涵。国家是阶级统治的工具，而"社会是人类生活的共同体"。[4]公共利益既可能体现为国家公共利益（简称为"国家

---

〔1〕 韩大元："宪法文本中'公共利益'的规范分析"，载《法学论坛》2005年第1期，第8页。

〔2〕 范进学："定义'公共利益'的方法论及概念诠释"，载《法学论坛》2005年第1期，第16页。

〔3〕 刘京焕、陈志勇、李景友编著：《财政学原理》，中国财政经济出版社2005年版，第16页。

〔4〕 郑杭生主编：《社会学概论新修》（第3版），中国人民大学出版社2003年版，第52页。

利益"），也可能体现为社会公共利益，即社会利益或社会公益。依马克思主义原理，国家利益是统治阶级的利益。军队、法庭、警察等方面的利益是国家利益的体现。而环境保护、食品安全、医疗卫生等方面的整体利益则是社会利益的体现。社会利益区别于国家利益。国家是人民的国家，国家利益因而体现出公共性的特点。但是，国家也是独立的实体组织，也有其自身享有的个体利益。事实上，国家已经成为代表人民整体利益的个体。因此，国家公共利益在一定意义上也是具有排他性的利益。从这一意义上看，社会利益才是真正不具有排他性的公共利益，是既不能专属于个体也不专属于国家的整体利益。

既不能专属于个体也不专属于国家的社会利益表现出了第一个特质即非专属性。所谓非专属性是指社会利益属于社会公众所有成员，作为社会成员的任何人都有权利享有社会利益，享有社会利益的社会成员也不得排除其他社会成员对社会利益的合法享有。由此，社会利益的非专属性体现出了它的非排他性。社会利益的非排他性与非专属性源于社会利益的整体性与不可分性。以环境利益为例，人们对空气享有的利益是一种非排他性、非专属性的利益。这种环境利益就是一种整体性的社会利益。因为一定区域内的空气是作为整体而存在的，是不可化整为零的存在。社会利益的非排他性、非专属性、整体性可以综合概括为社会性。社会性是与个体性相对应的，社会利益是无法个体化的利益。社会性概念也是与政治性概念相对应的，社会利益不是政治统治利益。

利益的享有和维护需要有法律上的根据，或者利益的享有或维护者拥有权利，或者利益的享有或维护者拥有权力。在传统法律制度中，个体利益被赋予了个体权利的法律之力，国家利益则被赋予了国家权力，而唯独公众的社会利益没有得到法律的承认和尊重，而这正是近代以来社会利益危机严重的法律原因。社会利益的享有和维护需要得到现代法律的承认和尊重，需要被赋予权利的法律之力。社会利益的社会性决定了法律对社会利益所赋之权的社会性。社会利益视野下的新型社会权也是社会性的——非排他性、非专属性和整体性的。

（二）新型社会权的权利主体：作为整体的社会公众

1. 对环境权权利主体困惑的解说

环境权研究的困惑之一就是其权利主体不明。环境权之所以主体难以明确，是因为环境权保障的对象，即生态环境利益的整体性决定了环境权主体不能是个人个体，而在传统法学个体主义方法论下传统权利的主体只能是个体。这是整体主义和个体主义之间的矛盾，是以个体主义方法论应对整体性问题的结果。

学者一般认为，现代意义上的权利起源于文艺复兴对人的自然属性的解放。文艺复兴对人的自然属性的解放是对个人的人性解放，因而个人主义成为文艺复兴的基本精神。人的自然属性是人的天性，是天赋之人性。天赋人性经由古典自然法学转变为天赋人权。天赋之人性是个人的自然属性，天赋之人权是个人的自然权利。个人的自然权利经《人权宣言》《权利法案》《法国民法典》《德国民法典》等确立为法律上的权利即现代意义上的传统权利。由此，自然权利的个体性成了现代传统法律权利的个体性：现代传统权利的主体都是个体，无论权利主体是自然人还是法人或者其他非法人组织。这是个体主义方法论的本体论结果。

在传统法学个体主义方法论下，学者只能将享有社会利益的权利主体个体化。依据传统法学个体主义方法论的基本逻辑，当社会利益表现为新型社会权，如环境利益表现为环境权时，环境权等新型社会权的主体也只能是个体。环境利益等社会利益不是个体利益，而是无法个体化的、无法专属化的社会性整体利益。社会利益的社会性和整体性也决定了社会利益享有者的社会性和整体性。质言之，社会利益的享有者不是个人个体，而是作为整体的社会公众。环境权等新型社会权是社会利益的法律承认手段，社会利益及其享有者的社会性和整体性因而也决定了环境权等新型社会权的社会性和整体性。由此，在传统法学"只见个体不见整体"的个体主义方法论下，环境权等新型社会权的权利主体无法明确，自在情理之中。

社会利益是社会性整体利益，社会利益的享有者事实上也是表现为整体的社会公众。社会利益及其享有者的社会性和整体性，决定了对社会利益的研究只能以整体而不能以个体作为逻辑起点，即只能以整体主义为方法论而不能以个体主义为方法论。由此，社会性和整体性的社会利益只能以社会整体性新型社会权的方式得到法律的承认和尊重。在法律的历史长河中，整体主义方法论曾出现于古代法律学中，尤以大众较为熟悉的日耳曼法为典型。"个人行使权利和负担义务均受到团体的制约。日耳曼法并没有关于人的抽象概念，家庭、氏族、村落等团体不仅为各个人的总和，而且是享有人格的实在体。"[1]个体不能成为新型社会权的权利主体，并不意味着整体也不能成为新型社会权的权利主体。

2. 社会利益享有者即社会公众是新型社会权的权利主体

权利的主体是谁，并不是法律可以肆意决定的。权利以利益为内核，利益的享有者才是权利的享有者。享有生命利益者才能成为生命权的主体，享有财产利益者才能成为财产权的主体。生命利益、财产利益等均是可以甚至是只能专属于个体的利益。因此，相应的权利主体也只能是个体。

社会利益是非专属性的社会整体利益，社会性（即非排他性、非专属性、整体性）是其基本特征。利益的非排他性与非专属性表明利益的享有者不是个体而是群体。利益的整体性表明利益的享有者只能作为整体存在。当社会利益上升为新型社会权时，如同社会利益的享有者是群体、是整体一样，新型社会权的享有者也只能是群体而不可能是个体，只能作为整体存在而不能作为个体存在。社会利益的享有者是社会公众，社会利益下的新型社会权的主体也只能是社会公众。社会公众不是作为个体而是作为整体而存在的社会群体。

那么，社会公众究竟是谁？对此问题，需做两步解说：

第一，社会利益表现形式多样，社会利益的享有者也会出现不同情形。对于作为新型社会权的权利主体究竟是谁的问题，也就需要根据具体的利益内容做具体分析。以现代住宅小区[2]为例。小区内所有业主对各自房产享有所有权，各自房产的利益是专属于各自业主的，这是传统意义上的个体权利。但位于小区内而处于各自房产外的其他设施与场所如楼道、小区绿化等公共场所也有其利益内容，该公共场所下的利益内容显然不具有专属性。对于小区所有业主而言，这种利益是不具有排他性的。同时，这种利益也是一种整

---

［1］　李秀清：《日耳曼法研究》，商务印书馆 2005 年版，第 452 页。

［2］　我国《物权法》第 70 条规定："业主对建筑物内的住宅、经营性用房等专有部分享有所有权，对专有部分以外的共有部分享有共有和共同管理的权利。"当前主流观点理论认为，小区住宅是一种建筑物区分所有权形式，采取了"三元论说"——专有权、共有权与成员权。固然，业主对各自房产的所有权符合所有权成立要件，对于房产之外的公共设施和场所等共有部分或许可以形成共有关系，然而却并非只是所有权问题。因为财产权性质的共有权不足以涵盖小区内共同管理事务的范围，共有制度也不足以应对区分所有建筑物中共同事务的管理；共同管理权与物权的冲突；共有权类型皆不能适用于业主共有权。参见尤佳："团体法视角下业主对公共物业财产权利的性质之反思"，载《法学家》2013 年第 2 期，第 53~54 页。

体利益，无法划分为业主各自所有。可见，该公共场所下的利益实际上是小区范围内的社会公共利益。现代住宅小区内的全体业主作为整体享有其小区范围内的社会公共利益。小区是一个微型社会，小区内的全体业主作为整体是小区范围内设施与场所等社会公共利益的享有者，损害小区公共利益是对小区内的全体业主的损害。作为整体的现代住宅小区业主群体如同日耳曼法中的团体一般。"团体自有人格，得以其名义对外为权利义务之主体。……但团体于外部虽为独立之一体，于其内部，则仍为多数人之结合，其权利义务，仍归属于各构成员。与法人之对外有独立之人格，同时对其内部构成员亦为第三人者亦异。"[1]简言之，作为整体的小区全体业主享有以整体利益方式存在的小区公共利益。

再以环境公共利益为例。空气质量好对一定区域内的所有人，无论是居住者还是路过者，均体现为利好；而空气质量被破坏则对这些人都体现为损害。因而，该区域内的所有人均对该区域的空气享有利益（以下简称空气利益）。前述利益是事实上的利益，前述损害也是事实上的损害。但前述事实上的利益享有人不是由某一具体地理区域所决定的，而是由利益的提供物例如作为整体的空气、河流等所决定的。如在某地实施了空气污染行为，这种行为导致一定范围内的空气污染，这一范围即是一个整体。这一范围不是由地理区域来决定的，而是由遭受损害的空气范围所决定的。遭受损害的空气范围决定了空气利益遭受损害的范围，空气利益遭受损害的范围决定了享受该空气利益的受益人范围。享受该空气利益的受益人范围就是对该环境公共利益享有环境权的社会公众。在该空气利益遭受损害范围内的所有人都以该空气利益为生存条件，这些人构成了一个共同体。由于环境公共利益本身遭受损害后才会呈现出环境公共利益享有人的利益损害，因此，只有在其共同的空气利益遭受损害时才得以显现该空气利益的社会公众整体。因此，对空气利益享有环境权的权利主体是其共同享受的空气利益遭受损害的社会公众整体，或者说是享受一定范围内空气共同利益的社会公众整体。

作为整体的社会公众，在个人主义方法论下是难以想象的。这是只有在整体主义方法论下才能存在的概念。日耳曼法中的"共同态""团体"等是作为整体而存在的概念。所谓共同态是指多数人的集合。多数人形成的集合

---

〔1〕 李宜琛：《日耳曼法概说》，中国政法大学出版社 2003 年版，第 34~35 页。

体共同享有权利，共同承担义务。"惟共同态者，仅为多数人之联合而已，并非以此多数人为基础，而另成独立之一体。"共同态是以维护保卫生活利益为目的而成立的。"中世初期之共同态，皆系以一定之事实为前提，因有此种事实关系，即当然成立。……盖初期之共同态原以现存生活利益之维护防卫为目的；而后期之共同态，则多为'营利共同态'，以获得经济之利益为目的者也。"〔1〕享有某一环境权的权利主体是共同享受某一环境公共利益的社会公众，社会公众也是作为整体而存在的概念。

　　第二，社会公众作为某种社会利益的享有者本身是具体的。因为某种社会利益是具体的，该利益的损害也是具体的。社会公众对具体的某种社会利益享有新型社会权也是具体的。这种具体体现在整体性上，而不体现个体性上。法律上确认社会公众对某种社会公共利益享有新型权利，没有必须明确社会公众究竟是哪些人或哪几个人构成的必要。其一，社会公众以整体形式作为权利主体，是整体主义方法论的结论而非个人主义方法论的结论。权利主体必须精确为具体的个人个体或组织个体，是个人主义方法论的逻辑思维。正是传统法学个人主义方法论的这种逻辑思维，学界才无法解析作为整体的新型利益，无法解析作为整体的新型权利以及作为整体的新型权利主体。其二，社会公众以整体形式作为权利主体，确认的就是作为整体的社会公众的权利，只有作为整体的社会公众共同享有某一社会公共利益即可。社会公众作为整体的存在不因社会公众中个别组成人员的增加或减少而受影响。这是由哲学上个体与整体的关系决定的。其三，在当前法学个体主义方法论下，法律权利的个体性决定了法律权利必须归属于某一个体，如所有权是你的或者是我的。因此，在不能归属于个体的环境利益等社会公共利益上，权利真空就产生了。如人们享有某一空气上的环境利益，然而，他们却并没有享有该环境利益的法律依据——他们没有相应的权利依据。在法律上确认社会公众对某种社会利益享有新型权利，是填补当前在社会利益方面的权利真空。这种填补不能以个体为逻辑基点。

　　概括上述，社会利益是具体的、整体的，社会利益的享有者即社会公众也是具体的、整体的。因而，作为新型社会权的权利主体即社会公众也是具体的、整体的。

---

　　〔1〕　李宜琛：《日耳曼法概说》，中国政法大学出版社 2003 年版，第 32 页。

三、理性动力障碍下新型社会权的内容

（一）新型社会权行使的理性动力障碍

权利体现的是利益。权利人享有物权、知识产权、债权、选举权等，意味着权利人对具体权利对象享有某种利益。利益是一种静态的存在而不是动态的运动过程。从这一意义上说，体现利益的权利也是一种静态的存在，或者说权利的享有是一种静态存在。众所周知，无民事行为能力人享有权利，但鉴于其智商（或称理性）的缺乏，其权利的行使都只交由其有足够理性的法定代理人或其他监护人代而为之。成为法定代理人或监护人的基本前提是具备足够的理性。对于主体享有权利，只要主体拥有个人私利从而享有权利即可。但对于主体行使权利，主体则必须具备足够的理性。完全行为能力，从字面上理解是能够以自己行为享有权利承担义务的资格，其实质是行为人具备足够的理性因而足以进入社会而成为法律意义上独立自主之人，从而能够以自己的意志思想行使权利、履行义务与承担责任。权利从拥有到行使、从静态到动态还需要主体的理性因素的支撑。当自然人成长到具备足够理性时，他的理性与私利性才得以结合。自然人的私利性与理性相结合的结果是自然人追逐个体私利的自然本性。这一自然本性敦促着自然人以实现自己权益最大化为行为目标。可见，自然人的理性是自然人维护个体利益的强大动力源泉。

表现为需要的人的私利性是推动人们行动的原始根据，表现为思想的人的理性则是激励人们行动的内在动力。人的行为是受人的意志和理性控制的活动，理性与意志决定了人的行为的目的。这一目的直指其私人利益与个人需要。"一个人无论何时何地肯定会找到适当的动机来考虑的利益，唯有他自己的利益。"[1] 的确，"每个人是他自己的权利和利益的唯一可靠保卫者"。[2] 甚至黑格尔提出，"市民社会是个人私利的战场，是一切人反对一切人的战场"。[3] 人们总是为了自己的利益而考虑。传统个体权利的确认，不仅在法律上认可了人的私利性，也在法律上承认了人的理性。由此，自然人的理性作为人的

---

〔1〕 ［英］边沁：《道德与立法原理导论》，时殷弘译，商务印书馆 2000 年版，第 351 页。

〔2〕 ［英］J. S. 密尔：《代议制政府》，汪瑄译，商务印书馆 1982 年版，第 44 页。

〔3〕 ［德］黑格尔：《法哲学原理》，范扬、张企泰译，商务印书馆 1961 年版，第 253 页。

行为动力源泉更获得了法律上的依据。

亚当·斯密认为，个人对个体私利的追求是社会发展的最原始动力。因为个人追逐个体私利在客观上实现了社会发展的良好结果。"他追求自己的利益，常常能促进社会的利益，比有意这样去做更加有效。"[1]显然，这是亚当·斯密将社会利益视为个人利益的简单加总的思想体现，其本质是只见个人利益不见社会利益。个人追求个体私利固然可能促进社会整体利益的增加，但这只是事物发展的一个方面。另一方面则是个体私利与社会公共利益之间存在冲突，个体私利与个人的理性结合只会敦促自然人以实现自己权益最大化为最终目标，社会公共利益时刻面临被个体私利化的危险。"市民社会也是私人利益跟特殊公共事务冲突的舞台，并且是它们二者共同跟国家的最高观点和制度冲突的舞台。"[2]

在个体追求私利最大化的本性下，个体私利与社会公共利益的冲突总是难以避免的。因为"每一个人在为自己的利益而最大限度地利用该公共资源时都能获益，但如果所有的人都如此行事，就会出现资源遭破坏的灾难性局面"。[3]如社会公共利益中的环境利益，"当人被利益这一生物必然性所支配与绑架，呵护自然甚或多大程度去呵护自然的标准只能是'利己主义'这一人的非本质规定了。如此一来，无论人们多么的贤明、宽容，甚或仁慈，若是离开了金钱、利益的考量，都难以有充分的动机去关爱自然；就算看到自然资源的耗损，勉强去承认自然艺术诗意的、美学的一面，但缘于利益的深层次牵绊，也难有强大的内生动力压制住掠夺与浸淫自然的原始的生物冲动，也难以自觉地维护自然神圣的平衡，终归自然还是难以逃脱沦入让人予取予求的臣属领地的厄运"。[4]由此，纵然确认了社会公众对社会公共利益的权利，当社会公众中的任何一个社会成员的个体私利与该社会公共利益发生冲突时，该社会成员基于私利追逐本性必将选择个人私利和个体权利而放弃社会公共利益和社会公众共同享有的新型社会权。这是发生"公地悲剧"的人

---

〔1〕［英］亚当·斯密：《国富论》（下卷），杨敬年译，陕西人民出版社 2011 年版，第 502～503 页。

〔2〕［德］黑格尔：《法哲学原理》，范扬、张企泰译，商务印书馆 1961 年版，第 253 页。

〔3〕［德］柯武刚、史漫飞：《制度经济学——社会秩序与公共政策》，韩朝华译，商务印书馆 2000 年版，第 139 页。

〔4〕李勇强："生态人学的双重意涵：生态文明理论的人学之维"，载《重庆理工大学学报（社会科学）》2015 年第 3 期，第 90 页。

的私利性的根本原因，这一原因也是新型社会权缺失动力的根本原因。此为其一。

其二，纵然确认了社会公众对社会公共利益的权利，当他人侵害社会公众的新型社会权、损害社会公共利益时，作为社会公众的各个成员也缺乏动力去维护新型社会权与社会公共利益。这就是"公地悲剧"产生的另一个表现即"搭便车"现象，即所有人都期望自己不付成本而可以坐享他人行动成果。当新型社会权遭受侵害、社会公共利益遭到破坏时，社会成员基于个体私利的考量均不会积极采取行动以维护公共利益和社会权利，而是期待他人采取行动而自己坐享其成。

当然，"公地悲剧"发生的核心原因是自然人的私利本性，但最终导致"公地悲剧"的却是社会公共利益缺乏有效监管机制。为什么在个体利益遭遇他人的私利本性时不会发生"私地悲剧"呢？因为该个体利益有着良好的监管保护机制——个体利益人自己的私利本性，个体利益在自然人之间的私利性本性之间获得了平衡。"公地悲剧"的"搭便车"现象毁灭了社会公众对新型社会权与社会公共利益的监管动力。因此，纵然赋予了社会公众对社会公共利益的新型社会权，作为社会成员也不愿意支付成本去维护其公共的权利与利益。

（二）新型社会权的成员权与成员动力补差权

就"公地悲剧"，学者提出了三种解决方案，即"当地社群治理"、公地私有化[1]和政府限制公地进入权。[2]公地私有化是不切实际的想法，如野生动物、海洋、天空等没有私有化的可能。政府管制虽有一定效率，但政府本身也是一个经济人，因此也可能导致公众利益的不当损害。唯独"当地社群管理"符合社会公共利益的整体本性，应将社会公共利益交由社会整体管理。社会公众的新型社会权一定意义上是"当地社群管理"方案的法律变异形式。

社会公众对社会公共利益享有新型社会权，确认的就是社会公众对公共利益的享有。鉴于社会公共利益的社会性、整体性、非排他性，体现该利益

---

[1] See Garrett Hardin, "The Tragedy of the Commons", *Science*, 1968, pp. 1243~1258.

[2] See Gary D. Libecap, "State Regulation of Open Access, Common Pool Resources", *International Center for Economic Research Working Paper*, 2003, pp. 1~34.

的新型权利主体也只能是作为整体的社会公众。因此，这种新型社会权是作为整体的社会公众对某一具体社会公共利益（如环境利益、食品安全利益等）所享有的社会性的整体权利。权利的享有是静态的、消极的，权利的行使与维护则是动态的、积极的。但权利的行使与维护需要以理性运用为支撑，如法律在确认个人的物权的同时，必须确认为维护物权所需的各项救济措施：排除妨碍、消除危险、赔偿损失等。因此，仅仅确认社会公众对静态的社会公共利益享有社会权利是不够的，还需要为该"基础性权利"配置"救济性权利"即社会权利的救济措施。

确认自然人享有个体权利，该自然人不仅是该权利保障下的利益的静态享有者，同时也是该权利与利益的维护者。与个体权利不同的是，确认社会公众的新型社会权，社会公众可以作为整体享有该权利保障下的社会公共利益，却难以作为整体去维护这种权利和利益。这是因为个体具有理性可以直接支配个体行为，但是社会公众整体的理性形成却是十分困难的。日耳曼法中，"共同态……皆采取共同一致态度者也"。[1]"共同态非独立之人格者，其不能自有意思能力及行为能力。"[2]社会公众是作为整体存在的，社会公众形成的理性当然也应当以整体形式而存在。然而，这是就社会权作为"基础性权利"而言的。对于社会权的"救济性权利"而言，如果仍然要求整体性原则，则会失去救济的效率性，从而回到"公地悲剧"的结果。对于社会权的救济，应以效率原则优先：能达救济社会权效果者即应当赋权。社会权的救济权利应当赋予组成社会公众整体的成员。以团体为基本特征的日耳曼法中，"凡团体之构成员，亦皆有取得其团体中权义之资格。且团体不惟为各个人之总合，且系独立享有人格之实在体，而非法律拟制之个人"。[3]由此，确认社会公众对某一社会公共利益享有新型社会权的同时，还需确认社会公众成员的权利以及社会公众成员维护社会权的救济权利。

1. 新型社会权下的公众成员权：社会公共利益管理权与维护权

传统个体权利不仅重在享用利益也重在对利益的所有，产生对利益的排他性占有与排他性使用。个体利益归属个体所有，个体利益的维护自在个体

---

〔1〕　李宜琛：《日耳曼法概说》，中国政法大学出版社 2003 年版，第 31 页。
〔2〕　李宜琛：《日耳曼法概说》，中国政法大学出版社 2003 年版，第 33 页。
〔3〕　李宜琛：《日耳曼法概说》，中国政法大学出版社 2003 年版，第 12 页。

自身，无需多言。社会公众对社会公共利益享有的新型社会权与传统个体权利存在诸多不同。新型社会权关注的是公众对利益的享用，而且是共同享用和非排他性享用。公众对社会公共利益的共同享用和非排他性享用，不是作为整体的社会公众对社会公共利益的独享，而是社会公众成员对社会公共利益的分享。"人作为个人在其是一种独立的存在体的同时，也是构成社会的成员。"[1]人作为个体的同时也是某一整体的成员，社会公众成员是社会公众整体的构成人员。社会公众成员对社会公共利益的分享，意味着社会公众成员对社会公共利益享有分享等方面的权利。这一权利可以称为成员权。犹如日耳曼法中的"总有"。"总有"是一种权利状态，其管理、处分等权能属于整体，使用、收益等权能则分属于成员。[2]对社会公共利益的分享事实决定了成员权不是一项独立的权利，是社会公众对社会公共利益享有的社会权所衍生的权利内容。没有社会公众的社会权就没有公众成员的成员权。成员权不同于个体主义方法论下的个体权利。公众成员的成员权是公众成员分享社会公共利益的权利基础。我们的学者论及成员，多以社员称呼之。如"社员只是社团的一分子。社员权与前面的各种权利不同，不是个人法上的权利，而是团体法上的权利"。[3]作为农村集体组织的成员应当对该集体的财产享有相应权利，[4]该权利也可称为成员权。

　　社会公众享有新型社会权，公众成员则享有成员权。作为组成社会公众的一员，成员不仅可以分享社会公共利益，也可以参与到社会公众整体之中，对社会公共利益进行管理与维护。由此，新型社会权再次衍生出公众成员的社会公共利益管理权与社会公共利益维护权。显然，社会公共利益的管理权和维护权也不是个人个体独立享有的权利内容，而是新型社会权这一整体性权利的衍生内容和组成部分。它不是通过个体理性独立形成法律关系，而是通过整体共同形成意志。[5]成员参与管理社会公共利益需要有相应的权利措施，如相关信息的知情权、参与相关活动的权利、参与相关事务执行的权利、

---

〔1〕　转引自何勤华："历史法学派述评"，载《法制与社会发展》1996年第2期，第11页。

〔2〕　参见李宜琛：《日耳曼法概说》，中国政法大学出版社2003年版，第75~76页。

〔3〕　谢怀栻："论民事权利体系"，载《谢怀栻法学文选》，中国法制出版社2002年版，第360页。

〔4〕　参见王利明：《物权法研究》，中国人民大学出版社2004年版，第306~309页。

〔5〕　参见［德］卡尔·拉伦茨：《德国民法通论》（上册），王晓晔等译，法律出版社2013年版，第289页。

发表意见的权利、表决的权利、监督的权利等。我国农村集体经济组织作为整体而存在，渗透着"共同态"的思想。作为集体经济组织的成员对集体中关乎公共利益的事项享有决定权。如《农村土地承包法》规定了集体重大事项需由 2/3 以上成员或代表同意。集体经济组织的成员享有的权利就是参与管理集体经济组织共同利益的权利。

社会公共利益管理权是成员作为整体管理整体利益的权利，体现的是促进社会整体利益的发展。但是，促进社会整体利益只是事物发展的一个方面，相反的方面则是危害社会公共利益。而危害社会公共利益最终必然危害到个体成员享有的利益。因此，对于危害社会公共利益的行为，社会成员不仅享有参与整体行动而维护社会整体利益的权利，也当然享有作为个体成员采取个体行为维护整体利益的权利。毕竟，社会公共利益由可以作为整体的社会公众享有，但社会公共利益的维护却难以交由作为整体的社会公众负责，因为整体的行动效率远远低于个体的行动效率。当他人活动危害到社会整体利益或有危害之虞时，社会成员就能享有社会公共利益的维护权，有权采取个体行为阻止危害活动，如要求停止侵害、恢复原状或者损害赔偿。这是社会公共利益维护所必不可少的救济措施，也是个体理性的优势所在。

2. 确认社会成员动力补差权

社会公共利益维护权实现的是社会公共利益，因此不仅关乎社会成员的自身利益，也关乎他人利益。从这一意义上说，社会公共利益维护权不仅是利己的而且是利他的。当然，该权利的本质并非利他而是利己。从根本上说，公众成员愿意行使社会公共利益维护权，其原始目的是希望自己所能分享到的利益成分不被减损。这是一种为维护个体利益而实现了维护社会公共利益的行为，是本质上利己意愿却实现了利他效果的行为。"私法以私法人的利己性作为预设前提，……立法者应当尊重社会成员的利己行为，也应当鼓励社会成员的利他行为。"[1]无疑，法律应当鼓励这种利己又利他的行为。

然而，无论是社会公共利益管理权还是维护权，社会公众都可能存在"搭便车"的欲望。当然，相对而言，社会公共利益管理权的"搭便车"现象相对较少，因为作为个体的经济人会担心自己不参与管理而任由他人管理，

---

〔1〕　叶林："私法权利的转型——一个团体法视角的观察"，载《法学家》2010 年第 4 期，第144 页。

可能会导致对自己的特别不利。但是，社会公共利益维护权则是"搭便车"现象的重灾区。因为公众成员尽管享有社会公共利益维护权，但他仍将宁可选择不行使这一权利而等候他人行使以"坐享渔翁之利"。由此，在个体理性的作用下，公众成员的社会公共利益维护权缺失了"理性动力"。

社会公共利益维护权丧失"理性动力"的根本原因在于，社会公共利益维护权的行使是有成本的。这一成本的付出对权利人而言是一种不利，是对权利人私利的损害。因此，行使社会公共利益维护权不符合行为人追逐私利的本性。简言之，权利行使存在成本是社会成员丧失"理性动力"而不愿行使社会公共利益维护权的根源。可见，要"发动"社会公共利益维护权就必须扫除导致丧失"理性动力"的障碍以实现"动力补差"。所谓"动力补差"就是弥补公众成员因行使社会公共利益维护权而产生的成本损失。弥补公众成员因行使社会公共利益维护权而产生的损失，是对行为人追逐个体私利本性的尊重，解除了公众成员担心私利损失的"后顾之忧"，也是对行为人个体理性的激励，不会导致私利损失能敦促个体理性能为维护社会公共利益而服务。只有享有了该动力补差权，公众成员才能够积极行使社会公共利益维护权，实现利己又利他的结果。

当然，公众成员行使社会公共利益维护权，维护的是社会整体性的利益，并非个体利益。因此，社会公共利益的维护结果也只能归属于社会整体的公众而非个体的个人。

3. 新型权利所形成的新型法律关系

依据社会学思想，从社会关系主体角度分析，社会关系可以分为个人与个人之间的关系、个人与群体之间的关系、群体与群体之间的关系。个人与个人之间的关系是最简单、最基本的社会关系，是全部社会关系的起点，不能涵盖社会关系的全部。其实，从个体与整体角度分析，社会关系无非是个体之间的社会关系、整体之间的社会关系以及个体与整体之间的社会关系。

法律关系是社会关系的一种形式，是权利主体与义务主体之间的社会关系。传统个体权利思想下，权利主体只能是个体，如自然人或法人和其他非法人组织。法人与非法人组织甚至国家都是个体的体现。由此，个体权利下的法律关系就只有个体权利人与个体义务人之间、个体权利人与整体义务人之间的法律关系。个体权利人与个体义务人之间的法律关系是一种"一比一"的关系，用数学方式可以表示为"1∶1"。个体权利人与整体义务人之间的法律关系是一种"一比无穷大"的关系，用数学方式可以表示为"1∶∞"。然而，社会关系并非只有权利主体与义务主体"1∶1"和"1∶∞"的关系，还有权利主体与义务主体"∞∶1"和"∞∶∞"的关系。"1∶1""1∶∞""∞∶1"以及"∞∶∞"的关系才能涵盖所有的社会关系，即个体之间、整体之间以及个体与整体之间的社会关系。

传统权利的个体性决定了权利主体与义务主体"1∶1"和"1∶∞"的法律关系形式。新型社会权是社会公众作为整体对社会公共利益享有的权利。其权利主体不再表现为个体的"1"，而是作为整体的"∞"。新型社会权下的法律关系由此表现为：整体权利人与个人义务人之间的法律关系，以及整体权利人与整体义务人之间的法律关系。整体权利人与个体义务人之间的法律关系是一种"无穷大比一"的关系，用数学方式可以表示为"∞∶1"。整体权利人与整体义务人之间的法律关系是一种"∞∶∞"的关系，用数学方式可以表示为"∞∶∞"。

在个体权利与整体权利下，权利主体与义务主体"1∶1"和"1∶∞"以及"∞∶1"和"∞∶∞"的法律关系才能够完全涵盖法律意义上的全部社会关系，即个体之间、整体之间以及个体与整体之间的社会关系。仅仅看到个体权利人与个体义务人之间、个体权利人与整体义务人之间的法律关系而不见其他，是个体主义方法论的体现。这种视野内的法律关系无法应对社会发展尤其是社会公共利益发展的需要。无疑，整体权利人与个体义务人之间、整体权利人与整体义务人之间的法律关系，是整体主义方法论的体现，是社会公共利益发展的结果。

第六章

整体意义上的环境权本质

第一节　区别于传统个体权利的环境权

学者普遍认为，环境危机等环境问题是人类忽视了人与自然的关系导致的，而"整体主义方法论某种程度上契合环境法更加突出人的自然性和从属于生态系统的特性、预期保护环境公益的需要"。[1] 然而，人的社会属性与自然属性之间有其统一一面也有其对立面。人的自然属性是自然人追逐私利的自然本性，传统法律制度过度关注人的自然属性而忽视了人对社会依赖的社会属性需求。近代以来的人性解放是自然人追逐私利的自然属性的解放，作为革命胜利结果，自然人追逐私利的本性获得了近代以来法律的承认和尊重。自然界为人类提供的环境利益是人类赖以生存的社会公共利益、社会整体利益。维护环境利益是人的社会属性的要求。然而，尽管人的社会属性被认为是人的特性，但至今没有在法律意义上得到确认。追逐私利的自然本性敦促着自然人不断将公共环境利益个人化、私有化，而人的社会属性要求人们维护整体性的环境利益，保障人类赖以生存的基础。在人的社会属性与自然属性的这对矛盾冲突中，获得法律承认和尊重的自然人追逐私利本性有了其天然的优势，环境问题在自然人追逐私利本性中频频发生。可见，环境危机等环境问题出现的根源不是忽视了人与自然的关系，而是忽视了个人与社会、个体与整体之间的关系，更确切地说，是过度倚重了人的自然属性而忽视了人的社会属性。

有学者提出："不能以整体人类权利的正当性来消解公民个人环境权利的

---

〔1〕 刘超："环境法学研究中的个人主义方法论——以环境权研究为中心"，载《昆明理工大学学报（社会科学版）》2010 年第 3 期，第 38 页。

正当性——这是基于个人生存的需要。"〔1〕然而，反过来说，该观点却是以自然人个体分享环境利益的正当性消解了社会公众整体享有公共环境利益的正当性，以个体民事权利消解了整体公共权利。个体主义方法论"只见个体不见整体"的天然缺陷注定了环境整体问题是不能以个体主义为方法论的。环境利益的整体性决定了环境权的社会性，环境利益无法个体化、无法民事私有化，环境权也就无法个体化、无法民事权利化。环境利益是整体利益，对于以环境利益为基础的环境权，只能以整体作为研究的逻辑起点。人的社会属性以及社会整体利益呼唤以整体作为逻辑起点的整体主义方法论。"只有从整体主义视角去考虑，通过'集体一致'的行动才可取得真正富有成效的结果。……因此，环境法的学术研究与制度构建也必须关注整体主义方法论的运用。"〔2〕

　　社会公众享有环境利益是一种客观事实存在，对这种客观存在予以法律承认和尊重的方式就是将这种客观事实转变为法律事实——赋予社会公众对其环境利益享有法律上的权利。当然，环境利益的整体性决定了该环境利益享有主体的整体性。环境利益的享有者是作为整体存在的社会公众，而不是作为个体存在的自然人个人。自然人个体是无法独立享有环境利益的，因而也无法独立享有环境权。因此，环境利益的整体性也决定了以保障环境利益为目标的环境权的整体性。环境利益是社会公共利益的一种。社会公众作为整体对社会公共利益所享有的新型权利是社会权。环境权则是社会公众作为整体对环境利益所享有的新型权利。这是一种公众整体对环境公共利益享有的整体权利而非个人的个体权利。环境权是新型社会权的具体内容之一。

　　从哲学意义上看，整体与个体是相对而言的。以某空气利益为例，自然人个体对该空气利益不能享有专属权，而只能作为社会公众对该空气利益享有整体性的环境权。这是一种整体性的体现。但就该空气利益而言，个体必须分享该空气利益以维持生命，就其已经独立占有（吸入）的空气而言，该空气利益体现的是个体利益。只是该个体利益并不表现为独立的权利形态，而体现为传统个体权利上的生命健康权。这是一种个体性的体现。显然，这

---

〔1〕　刘超："环境法学研究中的个人主义方法论——以环境权研究为中心"，载《昆明理工大学学报（社会科学版）》2010 年第 3 期，第 37 页。

〔2〕　方印："环境法方法论思考"，载《甘肃政法学院学报》2013 年第 4 期，第 19 页。

种个体性以前述整体性为基础，个体实际获得的空气利益以前述空气整体利益为基础。又或者说，自然人个体的生命健康权以社会公众的环境权为基础，社会公众的环境权是个人的生命健康权的存在平台。环境权平台良好，生命健康权则有良好的可能。反之，环境权平台遭受侵害，个体生命健康权也将遭受侵害。

学者提出的人类环境权概念，是就全球范围而言社会公众的环境权范畴。但环境是有区域的，在某一区域范围内的环境污染与破坏，并不一定影响到其他区域，因为环境具有一定的自净能力。故此，社会公众不是无边界的，而是根据不同的具体环境利益而有不同。如河流产生的环境利益，某区域内的环境污染都是一定范围内的环境利益。该利益的享有者是具体的。人类环境权看到了环境利益的全球整体性，是值得称颂的。但除全球整体性之外，环境利益还体现出区域整体性。由此，环境权才有其丰富的内涵。

第二节　环境权的主体、客体与内容

传统观点认为，环境是指未经过加工改造而天然存在的环境要素的总和，可以按照环境要素分为大气环境、水环境、土壤环境、地质环境和生物环境等，也就是指地球的五大圈——大气圈、水圈、土圈、岩石圈和生物圈。应当说，这是对物质资源的分类，难谓环境法上的环境分类。环境法上的环境不是指环境要素，而是生态意义上的环境即生态环境。从生态意义上看，大气环境、水环境、土壤环境、地质环境和生物环境等都是独立的环境系统、环境整体。因此，如果要对环境利益作出类型化划分的话，环境利益可以细分为大气环境利益、水环境利益、土壤环境利益、地质环境利益和生物环境利益等。环境权是社会公众作为整体对环境利益所享有的新型权利。由此，如果一定要对环境权作出类型化划分的话，根据环境利益内容的不同，环境权可以细分为大气环境权、水环境权、土壤环境权、地质环境权和生物环境权等。

环境权是社会公众作为整体对环境利益所享有的新型权利。这是社会公众主体对环境公共利益客体所享有的新型权利。环境权的权利主体与权利客体是明确的，即环境权的权利主体是社会公众整体，而其权利客体则是环境公共利益。环境权与传统权利在权利客体上有着本质区别。环境权的客体是以环境为对象的社会整体利益，传统权利的客体则是自然个体利益。以环境为对象的社会整体利益即环境利益是生态整体利益，是社会公共利益的一种体现。传统自然个体利益是个体的利益，是可以私有化、专属化的利益。而环境利益不能专属、不能私有，从而体现其社会性与整体性的特质。

环境利益的整体性与社会性决定了享有环境利益的主体的整体性与社会性。环境利益的享有者不是个体意义上的自然人，也绝非个体意义上的所谓生态人。传统权利的主体是个体意义上的自然人或依据自然人而拟制的法人或非法人组织，乃至作为个体存在的国家。传统权利的主体，尤其其基础主体，是依据人的私利性和理性而建构起来的法律主体，体现的是人的自然属性特质。环境利益的享有者是作为整体的社会公众。作为整体的社会公众是因享有和维护社会公共利益而形成的整体，体现的是人的社会属性特质。环境权的主体是社会公众整体，体现的是人的社会属性；传统权利的主体是自然人个体或组织个体，体现的是人的自然属性。这是环境权与传统权利在权利主体上的区别。

环境权是对社会公众享有环境利益的法律承认。这是一种整体意义上的承认。因为环境利益的不可分性、不可私有性决定了法律不能就环境利益依据社会公众成员进行一个个的个体承认。依据这种整体性的承认，社会公众成员可以分享而不能独占其公共环境利益。质言之，由于整体性的环境权的存在，社会公众成员享有了分享公共环境利益的环境成员权。环境成员权不是一项独立的权利，不是自然人享有的个体权利，而是整体性的环境权所衍生的权利内容。没有社会公众的环境权就不存在公众成员的环境成员权。同时，公众的环境权并非所有环境成员权在数量上的加总。公众成员的环境成员权是公众成员分享环境公共利益的权利依据。

基于环境权，社会公众的组成人员不仅可以分享环境利益，而且可以参与管理和维护环境利益。由此，环境权在环境成员权基础上再次衍生出成员的环境利益管理权和环境利益维护权。显然，环境利益管理权和环境利益维护权也不是自然人独立享有的个体权利，而是环境成员权的构成内容。公众成员无论行使环境利益管理权还是行使环境利益维护权，仍然需要进一步确立保障措施，如信息知情权、活动参与权、意见发表权、监督权、表决权等。

公众成员行使环境利益管理权是为促进环境利益的良性发展。公众成员促进环境利益良性发展的意愿，可能导致事与愿违的现实结果。因此，环境利益管理权的行使不能交由自然人个体独立行使。公众成员行使环境利益维护权则是为防止环境利益遭受破坏。当他人活动危害到环境利益或有危害之虞时，如果公众成员不能采取个体行为阻止危害活动的进行，环境利益就必将面临损害。为实现环境利益维护效率，公众成员可以依据环境利益维护权采取个体行为阻止危害活动。正如有学者所言，"只有发动每一个个体的环境维权行动，以此约束与威慑每个个体的环境损害不当行为，环境法制才能成为每一个个体愿意关心并能够关心的行动指南"。[1]

---

〔1〕 方印："环境法方法论思考"，载《甘肃政法学院学报》2013 年第 4 期，第 19 页。

第三部分

法学整体主义方法论下环境权的实现

本部分以解决问题为目标。整体主义方法论下，环境权作为新型社会权如何得以实现？设立环境权的目的在于承认和保障环境权主体的环境利益。对环境利益的保障主要体现为两个方面：过程与结果。保障环境利益首先体现为管理环境利益，管理环境利益体现为环境成员权的环境利益管理权，这是环境利益保障的过程体现。保障环境利益还体现为维护环境利益，维护环境利益体现为环境成员权的环境利益维护权，这是环境利益保障的结果体现。环境利益维护权的最终手段是环境公益诉讼。

第七章

环境权的行使：环境决策公众参与

环境权是社会公众享有良好环境利益的权利，如同物权是人们享有物质利益的权利一样，两者都是一种静态的权利。物权体现为物质利益，当这种利益遭受不利影响时，需要有停止侵害、排除妨碍等权利保障措施。环境权体现生态环境利益，当生态环境利益面临不利影响时，也需要有相关权利保障措施。环境权的权利保障措施，从积极意义上讲，表现为环境利益管理权，环境利益管理权旨在管理环境利益以良性发展。从消极意义上讲，则表现为环境利益维护权，环境利益维护权侧重于，在环境利益已经遭受损害或已有重大损害之虞，恢复环境利益或维护环境利益以免遭损害。环境利益管理权与环境利益维护权是环境权实现不可或缺的权利保障机制。

第一节 环境权的积极权能：环境利益管理权

一、环境利益管理权何以可能

无救济即无权利。当物权体现的物质利益遭受不利影响时，物权作为第一性权利就派生出了第二性权利如停止侵害、排除妨碍等权利保障措施（有学者称为权能）。享有物质利益是人们的生存必需，享有环境利益也是人们的生存必需。人们享有物质利益体现为物权，人们享有良好环境利益也理当体现为环境方面的权利。社会公众享有环境利益进而享有环境权利是一个不争的现实需求。物权有其权利保障措施，当环境利益面临不利影响时，环境权利也需要有相应的权利保障措施。在环境利益已经遭受损害或已有重大损害之虞，为防范环境利益遭受损害或为恢复受损的环境利益，环境利益享有人需要针对加害人采取相应措施。针对加害人采取保障措施是公众环境利益维护权的体现。显然，环境利益维护权只是环境利益遭受他人侵害情形下的临时性救济措施。要维护环境利益不减损或积极地使环境获得良性发展，还必须有日常性的环境利益维护措施即公众还需享有环境利益管理权。只有确认公众在日常状态下的环境利益管理权以及在他人侵害环境状态下的环境利益维护权等保障措施，人们享有良好的环境利益才能得到保障。

有学者认为："从公众所享有的实体权利来看，公众不享有任何法定的环境实体管理权。"[1]显然，这一结论颇值质疑。如果公众不享有任何管理环境的实体权利，那么公众凭借什么参与环境活动？没有权利依据，就没有公众参与。而学者提出的公众参与权充其量也只能是一种程序性的权利。公众参与不过是人为活动过程的表象，并非事物发展的本质。而作为程序性权利，公众参与权也必须有其实体权利依据。没有实体权利依据，就没有程序性权利。简言之，实体权利依据是环境公众参与不可或缺的前提。然而，当前法学研究过度关注了公众参与的表象，而明显忽视了对公众参与本质的研究。忽视甚至回避公众参与本质的研究是当前环境公众参与制度研究的短板。

当然，忽视甚至回避公众参与本质的研究是传统法学个体主义方法论的必然。传统法学个体主义方法论下，权利都是个体的权利而不存在整体权利。既然所有的权利都是个体的，能直接行使权利的当然是个体自己。既然个体行使其"自己"的权利，当然就谈不上"参与"了。然而，环境是整体的，环境利益是整体的，为了环境公共利益，政府部门不得不开始"邀请"公众参与环境事务。之所以谓之为"参与"乃是因为人们坚信：环境利益不是自己个人的利益，个人对环境利益不享有权利，因而环境事务不是自己事务而是他人事务，对于他人事务充其量是"参与"。在传统法学的这种个体主义方法论下，参与必然是缺乏实体权利依据的，因为公民个体是不可能对某一环境整体利益而独立享有权利的。如同环境权研究面临"主体与内容不明"的困境一样，环境公众参与同样面临缺乏实体权利依据的困境。然而，环境公众参与是以环境利益为核心的，环境利益是整体利益。因此，对环境公众参与的科学研究就无法坚守传统法学个体主义方法论，而应当以整体作为研究对象。以整体作为研究对象，那么享有环境整体利益的是作为整体（而非作为个体）的社会公众，对环境整体利益享有环境权利的也是作为整体的社会

---

〔1〕 张辉："美国环境公众参与理论及其对中国的启示"，载《现代法学》2015 年第 4 期，第 148～156 页。

公众。当然，公众享有环境权利不能仅仅表现为"静态地"享有环境利益，更需要有"动态地"维护与管理环境公共利益的措施，即公众环境权利所派生的公众环境利益管理权等第二性权利保障措施。那么，作为公众环境利益与环境权利的保障措施，"公众环境利益管理权何以可能？"就是一个必须解决的理论课题。本部分拟从国家与社会关系的发展、管理权利与管理权力关系的发展、个体理性到公共理性的发展等三大基础方面证成公众环境利益管理权的成立。

二、公众环境利益管理权的社会基础：国家与社会关系的发展

环境问题是社会问题，环境问题所反馈的环境利益是社会公共利益。因此，环境利益管理既非纯粹的个人事务，也非纯粹的国家事务，而是社会公共事务。作为社会公共事务，对环境利益管理事务的处理必然关涉国家与社会之间的关系。

（一）奴隶制与封建制国家——"国家之外无社会"

"国家并不是从来就有的。曾经有过不需要国家，而且根本不知国家和国家权力为何物的社会"，[1]即原始社会。原始社会的氏族是国家产生之前人类社会的组织形式。氏族议事会是氏族的组织机构，是氏族所有成员平等表达意见的集会。氏族公社制解体后阶级出现，奴隶制生产关系建立。处于"非人"状态下的奴隶反抗奴隶主成为奴隶制社会的主旋律。为了镇压奴隶反抗，奴隶主专政国家建立。无论是东方的君主制、古罗马和斯巴达的贵族制，还是希腊雅典所谓的民主制，奴隶制国家都以奴隶主阶级专政与奴隶主对奴隶的阶级镇压为核心。"国家无非是一个阶级镇压另一个阶级的工具。"[2]为了维护奴隶主阶级专政，奴隶主不断强化军队、监狱、法庭等国家机构。"奴隶制国家的对内职能主要是镇压奴隶和自由民的反抗。"[3]奴隶阶级是奴隶制国家的镇压对象，奴隶个人就失去了"为人"的资格。奴隶必须为奴隶主提供劳动，不仅没有劳动报酬而且没有人身自由，不仅生产资料被奴隶主占有而且奴隶自身也被奴隶主占有。奴隶的"非人"地位更表现为奴隶可以被奴隶

---

〔1〕《马克思恩格斯选集》（第4卷），人民出版社1995年版，第174页。

〔2〕《马克思恩格斯选集》（第3卷），人民出版社1995年版，第13页。

〔3〕周平主编：《政治学导论》，云南大学出版社2007年版，第58页。

主任意买卖和杀害。被视为"会说话的工具"的奴隶虽然自然属性是人却全然没有法律意义上的人格，谈不上为"人"。其实，不仅仅是作为被统治阶级的奴隶不具有人格，作为统治阶级的奴隶主也无法独立为个人。因为"每个人必须在国家里执行一种最适合他天性的职务"。[1]人被视为天生的政治动物。在古希腊城邦等奴隶制国家里，所谓的市民不过是国家的组成部分，作为统治阶级的奴隶主也被政治化而溶化在了国家机器里，难以称之为独立的个人。

社会是由个人组成的，没有独立的个人就没有社会。在古希腊等奴隶制国家里，没有独立的个人。因此，"在希腊人那里，根本不存在国家、法律与社会的关系问题"。[2]古希腊城邦国家之外是没有社会的。古罗马奴隶制国家也是如此。家庭是古罗马奴隶制国家的基本组成单位。"罗马家庭是单纯由权力联合在一起的人的集合体"，[3]是独立的权力机构。"国由众多的家组成，个人被遮蔽在家之下。"[4]简言之，古罗马的家庭并非现代意义上的家庭，而是纯粹的政治统治机构，个人被完全消解在这一政治统治机构之中。个人被政治统治机构消解，个人组成的社会也在这种消解中相应消弭。无论古希腊还是古罗马，奴隶制国家中无个人，也无社会，只有国家。"人们必须服从国家，以国家的意志和目的为自己的意志和目的，并把自己统一在国家整体之中。个体组成的社会也必须从属于国家，一旦社会出了问题，也必须借助国家的力量来解决，社会不能自行其是。"[5]这就是奴隶制社会的"国家主义"。

奴隶制国家是奴隶主阶级专政过程中不可取代的公共力量。国家成为一切个人的基础，是凌驾于个人之上的公共权力。为实现奴隶主阶级专政，国家成为解决国家与社会一切问题的机器，是万能的机构。"自然经济结构的简单化、封闭的社会体系等决定了此时的社会公共事务种类少、范围小、性质简单。因而，政府的主要精力集中在对政权的巩固上，基本的职能就是维护

---

〔1〕 ［古希腊］柏拉图：《理想国》，郭斌和、张竹明译，商务印书馆 1986 年版，第 154 页。

〔2〕 谷春德、吕世伦编写：《西方政治法律思想史》，辽宁人民出版社 1981 年版，第 16 页。

〔3〕 ［意］彼德罗·彭梵得：《罗马法教科书》，黄风译，中国政法大学出版社 1992 年版，第 114 页。

〔4〕 徐国栋："'人身关系'流变考（上）"，载《法学》2002 年第 6 期，第 49 页。

〔5〕 杨艳主编：《公共管理》，国家行政学院出版社 2005 年版，第 127 页。

统治阶级的统治地位，主要表现在征收赋税、劳役和兵役上。"[1]由此，所有的问题都是国家问题，所有的社会公共事务问题也都归结为国家问题。

以"国家主义"为根本的奴隶制国家中，社会失去了其存在的前提。奴隶制国家崩溃后，取而代之的是建立在封建土地所有制基础上的封建地主阶级专政国家。封建制国家仍然以阶级专政为核心，以"国家主义"为根本。

西方封建制国家实现的是分封割据制与等级制，封建领主的土地主要通过分封而得到，土地不能买卖。而中国封建地主则主要通过购买获得土地，中国封建社会以中央集权制与官僚制为特征。无论是西方封建土地领主占有制还是中国封建土地地主占有制，都是享有特权的大土地占有者占据着所有土地。在超经济强制下，耕种他人土地的农民必须把自己的剩余劳动无偿交给地主阶级。为维护封建地主阶级专政，封建制国家就成为对农民阶级实行专政的必然工具。"封建制国家对内以镇压农民和其他劳动者的反抗，维护地主阶级的统治为主要职能；金字塔式的等级制度是封建社会的政治关系和政治统治的重要特点；宗教思想、宗法思想是封建国家统治人民的重要武器。"[2]

封建制国家的日耳曼法规定，"个人行使权利和承担义务不以个人的意志为依据，要受到团体的约束"。[3]个人必须忠于团体，个体利益必须服从团体利益。所谓团体主要指家庭、公社等。在封建家庭中，家长权仍然表现为夫权和父权。[4]在夫权和父权之下，个人丧失了其独立的人格。而依据封建制国家教会法，也莫不如此。家长对子女的人身和财产拥有完全的支配权，妻子依附于家长、从属于夫权。[5]无论依据日耳曼法还是教会法，在封建制国家中的个人都被所谓的家庭、公社等团体消解，最终被国家整体所消解。个体意义上的个人仍然没有生存空间。个人被消解，由独立个人组成的社会就无法形成。可见，在封建制国家中仍然无个人，仍然无社会，只有国家。因此，在以封建土地所有制为基础的封建社会即"传统农业社会中，国家与政府并没有明确的区分，基本上是合二为一的。政府的行为与国家的职能是重

---

〔1〕　杨艳主编：《公共管理》，国家行政学院出版社 2005 年版，第 91 页。
〔2〕　周平主编：《政治学导论》，云南大学出版社 2007 年版，第 59 页。
〔3〕　何勤华、魏琼主编：《西方民法史》，北京大学出版社 2006 年版，第 151 页。
〔4〕　王文主编：《外国法制史》，南海出版公司 2001 年版，第 43 页。
〔5〕　里赞主编：《外国法制史》，四川大学出版社 2006 年版，第 51 页。

合的。这在东方传统农业社会中表现得更为明显：政府职能以政治统治职能为最基本的形式"。[1] 在这种"只重政治统治职能"的封建制国家中，其"国家主义"特征明显："只见国家不见社会"。

奴隶制国家与封建制国家的"国家主义"消解了所有个体意义上的个人，个人完全隶属于国家，个人成为国家的成分与附属物；须由个人组成的社会也被政治国家所消融，社会完全被溶解于国家之中。简言之，国家之外没有个人，更没有社会。在这种"只见国家不见个人""只见国家不见社会"的状态下，国家是万能的，国家对整个社会进行全面管理与控制，一切社会问题都必须通过国家才能解决。在这种"国家主义"下，社会公共事务失去了其生存环境。更由于生产力低下，奴隶制和封建制社会中人类行为对自然生态环境所施加的破坏性影响十分有限，环境事务作为社会公共事务就更没有了其产生基础，以环境事务为对象的权利就更无从谈起。

（二）资本主义国家开始"国家之外有社会"

"国家主义"实践是国家与社会之间关系的极端表现之一，另一极端表现是"无政府主义"理论。"无政府主义"理论认为国家是社会的祸害，主张以个人自由的自治社会取代国家与政府。得益于文艺复兴对人的思想解放，"无政府主义"看到了作为个体的"个人"的重要性，但是，"无政府主义"过度强调了人的自由，只看到了人的自然属性而无视人的社会属性，从而走向了"只见社会不见国家"的另一极端。

文艺复兴运动与资产阶级革命对结束"国家主义"实践功不可没。文艺复兴从思想上解放了人，"个人"得到了尊重。资产阶级高举"个人主义"旗帜从政治上解放了人，建立了以"个人"为基本前提的资产阶级国家。资产阶级国家秉承自由主义精神，强调个人权利，人人得以"为人"。在资产阶级国家"人人得以'为人'"及"自由放任"下，独立的个人开始组成社会，社会开始在国家之外而独自存在。

然而，在社会的成长之初，社会就一直面临难以消解的困境。自由资本主义强调个人权利、注重个人自由，极大促进了经济的发展。但是，自由资本主义只看到个人权利与个人自由的积极性，却没有看到个人权利与个人自由的极大扩张性和入侵性。个人权利与个人自由首先入侵的就是既不体现为

---

[1] 杨艳主编：《公共管理》，国家行政学院出版社 2005 年版，第 92 页。

国家利益也不体现为私人利益的社会公共利益，因为这一利益缺乏法律意义上的权利主体与利益自我维护力量。蒸汽机与内燃机开启了近代资产阶级工业革命及其机械化，为资本主义带来了"个体"经济迅速发展的动力，但同时也带来了"个体"极大的破坏力，西方各国 19 世纪以来的诸如环境、卫生、贫困等社会问题日趋严重。所谓社会问题，既非国家政治问题也非个人问题，而是社会公共利益损害的问题，是关于社会整体的问题。一方面，社会正在由"人人得以'为人'"的个体人开始组合而产生；另一方面，处于产生阶段中的社会也开始被享有个人权利与个人自由的个体人所侵蚀。而在社会产生过程中，自由资本主义国家作为"守夜人"守护的只是"人人得以'为人'"的个人，在这个国家眼里只看到了个人而没有社会。最终，"社会"以"问题"的方式开始呈现，进而开始被人们认识。可见，"社会问题"不过是个人权利与个人自由入侵社会公共利益的结果，是自由资本主义国家"只见个人与国家而无视社会"的结果。

日益凸显的环境保护、社会保障等"社会问题"给资产阶级的政治统治与社会稳定带来了十分不利的影响，资产阶级国家不得不开始处理社会事务。1929 年至 1933 年的世界经济危机加快了资产阶级国家处理社会事务的步伐，尤以失业和老年保障为甚。然而，"社会问题"却被学者从经济学角度称为"市场失灵"。由此，"社会问题"出现后对环境事务、社会保障等社会事务的处理被演变为资本主义国家对"市场失灵"的"政府干预"。所谓"政府干预"实质是国家对社会事务大包大揽，将社会事务全部归属于国家。"例如环境污染。市场机制不能充分保护自然资源和生态环境免遭破坏，必须借助政府的力量，通过直接管制或者实行收费，将污染降低到显小，减轻过度使用等问题。"[1]由此，环境事务等社会事务都因为"市场失灵"不加分辨地被纳入到了国家事务之中，"社会问题"事实上也被全部归属于国家范畴，社会被完全归置在国家之下。

资本主义国家职能"既包括执行由一切社会的性质产生的各种公共事务，又包括由政府同人民大众相对立而产生的各种特殊职能"。[2]"市场失灵"之前，资本主义国家的主要职能在于阶级统治，"市场失灵"即"社会问题"产

---

〔1〕　杨艳主编：《公共管理》，国家行政学院出版社 2005 年版，第 99 页。
〔2〕　《马克思恩格斯全集》（第 25 卷），人民出版社 1974 年版，第 432 页。

生之后，资本主义国家开始重视"政府干预"即重视国家的社会公共管理职能。然而，这种大包大揽的"政府干预"并没有解决所谓的"市场失灵"——"社会问题"。20世纪60、70年代，资本主义国家出现的大规模经济停滞与高失业等现象验证了"政府失灵"的必然结果。"政府失灵"是大包大揽式"政府干预"的失败，是大包大揽式国家社会公共管理职能的失败，是将"社会问题"完全作为国家事务处理的失败。

"政府失灵"促使资本主义国家反思其大包大揽式的社会公共管理，而试图调整为所谓"福利国家"。社会事务管理方面，一改大包大揽式国家管理方式，而采取如社会中介组织、共同参与社会公共事务管理等管理方式，资本主义国家开始实行社会公共管理的社会化，环境公众参与等公众参与制度也由此产生。社会公共管理社会化是社会公共事务由"国家管理"转向"国家管理+社会管理"的过程。社会公共管理社会化的本质在于还"权"于社会，社会对于社会公共事务的管理权利开始彰显。在这一过程中，社会作为一个独立的力量开始得到国家的认可，社会开始真正独立。"社会是政府法定管理范围之外与公民个人自主权限范围之外的公共部分，也就是说，它既不应该由政府直接管理，也不是公民个人完全自主管理的问题。"[1]社会是独立于国家、区别于个人的公共整体，而环境事务等社会公共事务是社会自己的事务，社会公共事务不具有政治统治性而具有社会性。

社会公共事务的社会性决定了社会公共事务不能由政府包揽式管理而纯粹体现为国家管理权力，也不能由个人管理而体现为个体权利。社会公共事务管理不能离开社会，不能缺少公众的社会管理权利。"仅仅依靠政府主导社会管理、政府包办解决所有社会矛盾已经越来越不能适应社会发展的新形势，越来越不能满足社会发展的新期待。"[2]为顺应社会与国家的相互独立关系，《中共中央关于全面深化改革若干重大问题的决定》指出："正确处理政府和社会关系，加快实施政社分开，推进社会组织明确权责、依法自治、发挥作用。"环境问题等"社会问题"是社会自己的问题，环境事务管理等社会公共事务是社会自己的事务。环境事务等社会公共事务不能完全交由国家管理、不能只体现国家权力，这是历史的经验与教训。国家的社会公共管理职能固

〔1〕 李文良主编：《WTO与中国政府管理》，吉林人民出版社2003年版，第98页。
〔2〕 谢远学："新时期人民内部矛盾问题及其对策"，载《人民论坛》2013年第14期，第61页。

然是国家的基础职能，但社会公共事务毕竟是社会的事务，社会是社会公共事务管理中不可或缺的力量，还"社会利益管理权利"于社会是正确处理国家与社会之间关系的最佳选择。对环境事务而言，社会对环境事务的管理权利就是公众的环境利益管理权。

三、公众环境利益管理权的政治基础：管理权利与管理权力关系的发展

自"政府干预""社会问题"以来，环境问题就被视为国家事务。环境事务管理也因"政府干预"而开始权力化，形成了环境管理国家权力的传统。那么，在环境管理权力的传统中，新生的公众环境利益管理权利是否还有其生存空间？

（一）社会公共利益管理权利与管理权力的分离

权力是支配他人意志和行为、使他人意志服从权力所有者意志的强制力。权力源自原始社会氏族制度。氏族是相同血缘的人的集合。作为人的集合，氏族需要就人的各种利益关系做出安排，进而产生了氏族管理机构。氏族管理机构是所有氏族成员共同意志的结果。这一共同意志不仅产生了氏族管理机构，更产生了属于全体氏族成员的公共权力。全体氏族成员的公共权力不仅决定着氏族重大事务，也赋予了氏族首领部分权力。全体氏族成员服从于这些权力。学者认为，尽管首领享有公共权力，但其与普通氏族成员地位平等。[1]氏族公共权力是管理氏族社会公共利益的产物，其目标是全体氏族成员的共同利益。氏族公共权力之所以能够管理氏族社会公共利益，是因为全体氏族成员是社会公共利益的共同享有者与管理者。质言之，全体氏族成员是社会公共利益的共同权利人。全体氏族成员共同管理公共利益的权利派生了氏族公共权力。没有全体氏族成员的共同权利就没有氏族公共权力。氏族公共权力必须完全依赖于全体氏族成员的权利，氏族公共权力与氏族成员权利在利益基础上没有区别。可以说，氏族公共权力不过是氏族成员的权利集合。

"国家是以一种与全体固定成员相脱离的公共权力为前提的。"[2]随着私有财产的出现、私有思想的深入，公共权力被"私有化"为统治阶级所有，

---

〔1〕　参见陈振明主编：《公共管理学——一种不同于传统行政学的研究途径》，中国人民大学出版社 2003 年版，第 67 页。

〔2〕　《马克思恩格斯选集》（第 4 卷），人民出版社 1972 年版，第 91 页。

国家产生，公共权力转化为国家权力。国家成为一个阶级镇压另一个阶级的力量，成为凌驾于社会之上的主宰力量。然而，并非所有的利益都可以"私有化"为个人所有或为国家所有，如环境利益等社会公共利益。社会公共利益是关乎被统治阶级也关乎统治阶级的利益，是不具有政治属性的、所有人的共同利益。在利益基础上，国家权力开始与全体成员的共同利益相分离，国家权力不再完全依赖于全体成员的权利。质言之，权力不再是全体成员的权利集合，而只是统治阶级权益的代表。对于社会公共利益，国家权力只会站在国家利益或者是统治阶级利益的角度，而不是站在所有社会成员的社会公共利益的角度。

20世纪60年代，西方发达国家环境污染、公共卫生、社会保障等"社会问题"的频发促使人们开始对以阶级统治为核心的政府行为、国家权力的反思。这种反思促成了"新公共行政"理论。[1]"新公共行政"理论既不强调国家也不强调个人而是强调社会，强调政府行政的公共利益目的，强调政府管理的公共性质，力主"社会正义和社会公平"。质言之，"新公共行政"的宗旨是"民主行政"，即尊重公众意愿、尊重社会公共利益、强调管理权力的公共利益目标、强调公众参与。"新公共行政"清楚地意识到：社会公共利益是独立于国家公共利益的利益形态，国家权力以国家公共利益为核心，而社会公众以社会公共利益为基础。该理论"强调公众参与政府行政"是在国家管理权力过程中承认社会管理权利的思想萌芽，是将社会公共利益管理权利"还权于民"的理论改良思想。

20世纪70年代，西方国家经济停滞、通货膨胀等状况发生，在理论改良思想的影响下最终推动了行政管理改革运动。这场改革运动的基本特征是"权力转移"[2]或者说是"权力分散化"。[3]"权力转移"的结果是对社会公共利益的管理不再是"政府管理"而是"政府治理"。有学者认为，好的治理包括四个要素即合法性、说明义务、能力、尊重法律和保护人权。[4]说明

---

〔1〕 张国庆："公共行政的典范革命及其启示"，载《北京大学学报（哲学社会科学版）》2000年第5期，第81~89页。

〔2〕 OECD："Governance in Transition: Public Management Reforms in OECD Countries", Paris: OECD, 1995, p. 3.

〔3〕 C. A. Hool, "Public Management for All Seasons?" *Public Administration*, 1991, pp. 3~19.

〔4〕 参见张钢：《公共管理学引论》，浙江大学出版社2003年版，第100页。

义务是政府对其拟采取或不采取的行动做出说明的义务。说明义务与保护人权等要素要求下的"政府治理"不再唯政府权力，而更强调政府义务与社会公众的权利。如果说"政府管理"是国家管理权力的纯粹体现，那么"政府治理"则是国家管理权力与社会管理权利的综合。权力与权利并举才是"政府治理"的本质。概而言之，从"政府管理"到"政府治理"是社会公共利益管理上"国家权力→国家权力+社会权利"的过程，是国家管理权力中认同社会管理权利的过程。在"政府治理"中，社会公众对社会公共利益的管理权利逐渐从国家权力中分离并独立。

环境利益等社会公共利益是社会公众作为整体而享有的共同利益，社会公众是社会公共利益的最终享有者、实际享有人。作为利益享有人，社会公众管理自己的社会公共利益是理所当然之事。质言之，社会公众是社会公共利益的最终权利主体，社会公众管理社会公共利益本就是公众权利的体现。"政府治理"不过是在国家管理权力的基础上重新发现了公众对社会公共利益的管理权利而已，是还"权"于民。

（二）环境利益管理权利与管理权力的协调

从"政府管理"到"政府治理"实现了在社会公共利益管理上从唯政府权力到政府权力与社会公众权利并举的转变。那么，社会公共利益管理上的政府权力与社会公众权利如何才能并举和协调呢？

马克思认为，"政治统治到处都是以执行某种社会职能为基础的，而且政治统治只有在执行了它的这种社会职能时才持续下去"。[1]质言之，政治统治离不开以社会公共利益为目标的社会管理，社会管理并非政治统治的内容却是政治统治的根基。作为阶级统治工具，国家不仅需要政治统治权力更需要社会管理权力，国家对诸如环境利益等社会公共利益的管理权力不可或缺。国家的社会管理权力往往体现在国家对社会公共事务的具体管理过程之中。对社会公共利益的国家管理有两大过程（以管理环境利益为例）：一是关乎环境利益的决策（以下简称"环境决策"）制定；二是环境决策的执行。

环境决策的制定都有程序性的要求。首先，任何决策都是从问题开始并以解决问题为归宿，因而发现问题成了环境决策的起点和首要环节。发现问题过程需要对所发现的环境问题的时间、地点、条件和外在表现等进行分析。

---

〔1〕《马克思恩格斯选集》（第3卷），人民出版社1972年版，第219页。

只有全面了解环境问题的所有信息，才能认识环境问题的性质、程度、影响及原因。只有掌握了环境问题的性质与原因才能有针对性地找到解决环境问题的途径。环境决策的最终目标是解决环境问题，目标的确定就成了环境决策的第二个程序环节。无疑，环境问题的决策目标需要考虑对社会公众利益的影响。环境决策目标出现偏差可能酿成大错而损害公众利益。因此，环境决策的目标必须具体、确定、有针对性，能够切中解决环境问题的要害。环境决策的第三个程序环节是拟定备选方案。备选方案以环境决策目标为根据、以可行性为前提，充分考量环境决策目标的各种有利与不利因素。备选方案还需明确决策成本效益、决策风险及副作用。拟定备选方案过程中还涉及方案的评估问题。方案评估是对方案进行分析、权衡利弊、综合评价的过程。就环境问题，环境影响评价就属于对解决环境利益问题备选方案的评估内容。环境决策过程的最后程序就是选择最佳方案。

而环境决策的执行则是将环境决策方案付诸实施从而实现环境决策目标的过程。有学者称之为行政执行，是"国家行政机关及其工作人员依据行政决策的目标，调动一切人力、物力、财力达到预期的目标的活动"，[1]包括行政指挥、行政沟通、行政协调和行政监控等内容。也有学者认为，决策执行包括决策宣传、决策分解、物质和组织准备、政府实验、全面实施等五个环节。[2]无论决策执行具体如何进行，环境决策执行过程都是环境决策方案的具体操作过程。

环境决策的制定与执行是国家对环境利益的社会管理过程，也是国家对环境利益的社会管理权力的体现过程。然而，不可否认的是，执行社会管理权力的只是某一政府部门及其公务人员。从经济学角度看，公务人员首先是经济人，他们都以个体私利的最大化为目标，因而存在滥用权力的倾向。质言之，具体公务人员以损害环境利益等社会公共利益为代价以换取个人私利的可能性无法排除。此外，公务人员的个体认识局限性、个体能力有限性等原因，"好心办坏事"而导致不利社会公共利益的可能性也无法排除。政府部门本身是经济人，"在政治市场上，任何政治决定都是一种经济行为，他们的

---

〔1〕 杨艳主编：《公共管理》，国家行政学院出版社 2005 年版，第 193 页。
〔2〕 参见周晓红主编：《公共管理学概论》（第 2 版），中央广播电视大学出版社 2009 年版，第 95 页。

交易行为也受某些契约关系的制约"。[1]可见，在处理社会公共事务上，具体政府部门与公务人员所拥有的权力与社会公众所享有的共同利益之间存在差异。因此，仅以权力应对"社会问题"，"政府失效"也就难以避免。质言之，对社会公共事务的管理，必须在国家的社会管理权力行使过程中"嵌入"社会公众的管理权利。就环境管理而言，就是在环境决策的制定过程中和环境决策的执行过程中"嵌入"公众的环境利益管理权利。

然而，环境决策的执行是微观上的具体权力运行过程，无论是包括行政指挥、沟通、协调和监控，还是包括决策宣传、分解、物质和组织准备、政府实验、全面实施等内容，公众环境利益管理权都难以插足其中。环境决策的执行是具体行政行为。具体行政行为是行政机关依职权就特定事项、针对特定自然人或组织而作出的、影响该自然人或组织的权利义务的单方行为。具体行政行为不能不以时效性和灵活性为基本准则。在环境决策执行的具体行政行为过程中，如果公众环境利益管理权可以事无巨细地参与，即公众针对具体的事项、具体的当事人而作为，环境决策将无法及时而有效地获得执行。这将最终导致环境决策执行目标的落空。简言之，公众环境利益管理权不能"镶嵌"在环境决策的执行过程中。

"管理就是决策，决策是行政的心脏。"[2]作为环境利益的实际享有人，社会公众没有理由放任其环境利益实现的核心——环境决策的制定。因为决策的制定是社会利益管理的核心，是实现公众的社会利益的关键。从环境决策本质而言，环境决策是对环境利益问题做出结论性的决定。这一决定是对环境利益的处分。处分环境利益的合法主体理当首先是环境利益的最终享有者——社会公众。就环境利益管理而言，公众理当在环境决策的制定过程中发挥其作为利益享有人的核心作用。"如果政府应该对每个人的幸福给予同等的考虑，那么，为什么不能给予所有成年人以参与权利，让他们自己决定何种法律和政策能够最有效地达到他们所希望的目的，而不论他们的目的关注的是非常狭隘的个人的幸福，还是全体人民的幸福？"[3]作为环境利益的最终享有者，社会公众参与环境决策的制定，体现了公众环境利益管理权的正当

---

〔1〕 张良编著：《公共管理学》，华东理工大学出版社 2001 年版，第 37~38 页。

〔2〕 吴元其等：《公共决策体制与政策分析》，国家行政学院出版社 2003 年版，第 64 页。

〔3〕 [美] 罗伯特·达尔：《论民主》，李柏光、林猛译，商务印书馆 1999 年版，第 83 页。

性。事实上，从发现环境问题到确定环境决策目标、从拟定备选方案到选择最佳方案的整个决策过程，社会公众都是不可小觑的有益力量。在环境决策的制定过程中，从发现环境问题到分析环境问题、再到解决环境问题，社会公众都有着"人多力量大"、集思广益等天然优势。环境决策需要公众集思广益等作用。这是环境决策科学性的要求，也是公众环境利益管理权利合理性的体现。概而言之，在公众环境利益管理权参与到国家管理权力制定环境决策的过程中，不仅有其正当性更具其合理性。

既然公众不能在环境决策的执行过程中，却能够且应当在环境决策的制定过程中管理其环境利益，即公众环境利益管理权与国家管理权力在环境决策的制定过程中才能实现"共生"，那么学界所称的"环境公众参与"就应当明确为"环境决策公众参与"。2015 年 9 月开始实施的《环境保护公众参与办法》第 2 条规定，[1]公众可以参与行政许可或者行政处罚等一切环境保护公共事务，环境公众参与是"环境保护公众参与"。该办法似乎给了公众最为广泛的权利，实则公众并没有获得任何实质性的权利内容。[2]显然，环境公众参与只是表象，其实质是公众行使其环境利益管理权而管理其环境利益。然而，公众无法"全程"管理其环境利益，而只能在某些阶段上"参与"管理。公众的环境利益管理权不能在环境决策的执行过程中产生有意义的效果，而只能在环境决策的制定过程中发挥积极作用，那么环境公众参与就只能是环境决策公众参与。简言之，环境公众参与只能针对环境决策的制定。事实上，国际条约早已认识到环境公众参与的有限性。1998 年《奥胡斯公约》[3]第 6 条以 "PUBLIC PARTICIPATION IN DECISIONS ON SPECIFIC ACTIVITIES（公众参与关于具体活动的决策）" 为题，将环境公众参与限制在了 "DECI-

---

〔1〕《环境保护公众参与办法》第 2 条规定："本办法适用于公民、法人和其他组织参与制定政策法规、实施行政许可或者行政处罚、监督违法行为、开展宣传教育等环境保护公共事务的活动。"

〔2〕《环境保护公众参与办法》第 4 条规定："环境保护主管部门可以通过征求意见、问卷调查、组织召开座谈会、专家论证会、听证会等方式征求公民、法人和其他组织对环境保护相关事项或者活动的意见和建议。公民、法人和其他组织可以通过电话、信函、传真、网络等方式向环境保护主管部门提出意见和建议。"该办法其他条文几乎都是围绕该条款、对"意见征询办法"作出的具体规定。

〔3〕 联合国欧洲经济委员会于 1998 年在丹麦的奥胡斯城，通过了关于环境公众参与的国际立法，即 "CONVENTION ON ACCESS TO NFORMATION, PUBLIC PARTICIPATION IN DECISION - MAKING AND ACCESS TO JUSTICE IN ENVIRONMENTAL MATTERS"（《在环境问题上获得信息、公众参与决策和诉诸法律的公约》，简称《奥胡斯公约》）。

SIONS（决策）"的层面，即社会公众有权参与对可能造成重大环境影响的拟议活动所进行的决策。《奥胡斯公约》以可能造成重大环境影响为依据，在附件一中将能源部门、金属生产和加工、矿业、化工业等 19 项活动的决策列入公众参与范围，仅将"国防目的"的环境决策排除在公众参与之外。社会公众参与前列拟议活动的决策，目的只有一个即保障环境决策不牺牲公众的环境利益，而这正是公众环境利益管理权运用的根本。

综合前述，在社会公共利益管理上，"政府治理"对政府权力与社会公众权利并举中，公众的环境利益管理权与国家的环境管理权力可以在环境决策的制定过程中实现协调与配合。

四、公众环境利益管理权的理性基础：个体理性到公共理性的发展

就个人权利而言，个人出生即享有权利，但出生的个人并不能立即行使其权利。因为权利的行使必须以理性为基础。精神病人等缺乏理性的人是无法行使个体权利的。公众环境利益管理权是公众积极管理环境利益的权利，以行使为必要。公众环境利益管理权的行使也无法不以理性为先决条件。

（一）个体理性与环境公共利益之间关系的不可调和性

文艺复兴以来的时代不再是神的理性时代，而是人的理性时代。理性是运用理智进行逻辑推理并作出合理判断的能力。为反对封建神权，文艺复兴高举人的理性旗帜直面蒙昧主义，倡导人的幸福私利直面禁欲主义。文艺复兴从思想上解放了人，解放了作为个体的个人，倡导了个人的个体理性和个体私利。

作为一种运用理智的能力，人的个体理性是有限的。个体的人不可能全面认知所有事物，因而其推理与判断也难免出现偏差。纵使个体对某些事物能够进行全面认知，也存在无法全面记忆的缺陷。而且，认知能力与知识记忆能力的局限性也将导致诸如价值偏见等情形，反过来价值偏见等情形又必将对个体的认知能力与知识记忆能力产生限制。[1]因此，个体理性只能是非完全理性，是有限理性。所谓有限理性就是人的知识的有限性及推理能力的

---

[1] Miller, G., "the Magical Number Seven plus or minus Two: some Limits on our Capacity for Processing Information", *Psychological Review*, 1956, pp. 87~90.

有限性。[1]人因性别、肤色、种族、教育文化、社会制度等各种因素而体现出差异性，人在其认知及记忆能力上也必然表现出差异性。个体的认知不同以及记忆能力的不同表明个体理性不仅是有限的更是具有个体差异性的。

此外，个人不仅具有个体理性还具有个体私利性。个体理性与个体私利性的结合，终将使其个体理性服从于个体私利，个体理性必以个体私利为宗旨。个人终将成为以个体私利为唯一追求、以自身利益最大化为核心目标的经济人。

环境利益是社会公共利益，个体私利与社会公共利益之间当然存在统一关系，因为个体私利的增加能够促进社会公共利益的增加。然而，个体私利与社会公共利益之间更是一种对立关系，因为个体私利的增加也可能导致社会公共利益的减损，个体私利的获得可能以牺牲社会公共利益为手段。正如亚里士多德所言："凡是属于多数人的公共事物常常是最少受人照顾的事物，人们关怀着自己的所有，而忽视公共的事物；对于公共的一切，他至多只留心到其中对他个人多少有些相关的事物。"[2]个人的经济人本性决定了其个体理性只会唯命于个体私利而不会完全"臣服"于环境利益等社会公共利益。"有理性的、寻求自我利益的个人不会采取行动以实现他们共同的或集团的利益。"[3]

环境利益等社会公共利益是公众的整体利益，以个体私利为宗旨的个体理性无法承载公众的整体利益。首先，个体理性的有限性即个体知识的有限性及推理能力的有限性等表明，就环境利益等社会公共利益问题，个体理性无法保障正常的逻辑推理并做出合理的判断；其次，个体理性具有个体差异性，就环境利益等社会公共利益问题，因为知识与推理能力的差异，不同的个体就有着不同的逻辑推理与不同的结果判断；最后，个体理性与个体私利性是人的自然属性，两者的结合注定了个体理性的追求个体私利的核心目标。环境利益等社会公共利益都是私利之外之物，因而不是个体理性的核心追求。在私利与公共利益二者只能择其一时，个体理性选择私利是其人性的体现。

---

[1] Scott, K., "Bounded Rationality and Social Norms: Concluding Common. *Journal of Institutional and Theoretical Economics*", 1994, p. 318.

[2] [古希腊] 亚里士多德：《政治学》，吴寿彭译，商务印书馆1965年版，第132页。

[3] [美] 曼瑟尔·奥尔森：《集体行动的逻辑》，陈郁、郭宇峰、李崇新译，格致出版社、上海三联书店、上海人民出版社1995年版，第2页。

综合可见，个体理性与环境利益等社会公共利益之间关系不可调和，个体理性与社会公共利益之间存在着天然冲突。质言之，环境利益管理权的行使无法以个体理性为基础。

（二）公共理性是环境利益管理权的行使基础

理性"是人类的属性，也是人类信仰和行为的属性"，[1]"只要我们是理性的，我们就会创造出公共社会的框架"。[2]支撑这一公共社会框架的理性就是公共理性。

"人是最名副其实的社会动物，不仅是一种合群的动物，而且是只有在社会中才能独立的动物。"[3]人的社会性为自然之人转向社会之人提供了条件，也为作为社会的成员——公民提供了公共理性的基础。由于人的社会性，人在理性的运用上开始"从一个人独自为每一个人设想，转向容纳每一个人立场的相互性思维"。[4]由此，公共理性产生。公共理性是在多样性的个体理性中寻求认同和整体性共识。"公共理性以公民自我理性的认知维度为出发点，其最终取向是社会理性维度，目的在于寻求沟通、实现合作、达成共识、塑造公共话语平台。"[5]这是在公民具有个体理性基础上的公民社会理性，它源于个体理性但又不同于个体理性。个体理性是个人作为自然存在物的理性，它关注的是作为个体的私人利益，自己只是作为"个体"的自然人。公共理性不是作为个体的理性而是作为社会成员的理性。公共理性是具有社会属性的公民的理性，是作为社会存在物的理性，关注的是公共利益与社会整体之善。公共理性中，自己不是作为个体的人而是作为社会整体中的成员——公民。公共理性是这样的理性，"我们不能每一个人都运用自己的理性或良知去判断，而要运用公众的理性，也就是要运用上帝的最高代理人的理性去判断"。[6]

公共理性并不以个体作为思考的逻辑起点，而是以与个体不可分割的整

---

〔1〕［英］戴维·米勒、［英］韦农·波格丹诺、邓正来主编：《布莱克维尔政治学百科全书》（修订版），中国政法大学出版社 2002 年版，第 678 页。

〔2〕［美］约翰·罗尔斯：《政治自由主义》，万俊人译，译林出版社 2002 年版，第 56 页。

〔3〕《马克思、恩格斯、列宁的社会学思想》（试编本），人民出版社 1989 年版，第 3 页。

〔4〕谭安奎："公共理由、公共理性与政治辩护"，载《现代哲学》2011 年第 6 期，第 69 页。

〔5〕方盛举、蒋小杰："公共理性范畴的历史演进及其内涵"，载《学习与探索》2008 年第 2 期，第 68 页。

〔6〕［英］霍布斯：《利维坦》，黎思复、黎廷弼译，商务印书馆 1985 年版，第 354~355 页。

体作为思考的起点，是一种社会性的而非个体性的逻辑思维。它"从私人利益的思考转向公共利益的思考；在公权层面从统治走向共治，在私权层面从私民走向公民，最终使两者交集于公共场域，形成善治"。[1]作为社会公民的理性，公共理性"是那些共享平等公民身份的人的理性。他们的理性目标是公共善"，[2]关注的是公共性的利益。"公共善"是公民作为"集体"所期待的目标。

"公共领域原则上向所有公民开放。公共领域的一部分由各种对话构成，在这些对话中，作为私人的人们来到一起，形成了公众。"[3]环境利益是公共利益、整体利益，环境领域是公共领域。共同享有环境整体利益的私人组成了社会公众。这些私人不再是个体意义上的自然人，而是社会整体意义上的公民。质言之，是公民组成了社会公众。在公众的公共领域中，公众的公共理性就有了成长的空间。公民对环境公共事务有了充分合作的可能，因而有着产生公共的"共治效果的能力"。[4]公共理性使表现为异质性特征的个人能够在同一个公共领域中基于社会公民身份进行对话与商谈，通过协商民主达成"重叠共识"。

环境利益是公共利益，环境事务是公共事务。罗尔斯认为，公开性能确保公民明确他们相互期望的行为界限，何者可为，何者不可为。处于环境公共领域的社会公众在管理环境事务过程中，也就不会坚守其自己所确信的"完备性学说"，而是站在关乎社会整体环境利益的高度即"公共善"，寻求集体性的态度。如此，社会公众也就有了就环境管理事务进行公共推理的实践理性能力。"公共理性是处理公共生活的一种方式，它意味着公共主体以负责任的态度进行公共推理，达成对公共事务的共识。"[5]在这种实际理性能力

---

〔1〕 钱弘道、王梦宇："以法治实践培育公共理性——兼论中国法治实践学派的现实意义"，载《浙江大学学报（人文社会科学版）》2013年第5期，第20页。

〔2〕 〔美〕约翰·罗尔斯：《政治自由主义》，万俊人译，译林出版社2002年版，第225页。

〔3〕 〔德〕哈贝马斯："公共领域"，载汪晖、陈燕谷主编：《文化与公共性》，生活·读书·新知三联书店1998年版，第125页。

〔4〕 寇东亮："公共理性及其道德意义：康德与罗尔斯的诠释"，载《伦理学研究》2012年第5期，第50页。

〔5〕 黄建洪：《公共理性视野中的当代中国政府能力研究》，中国社会科学出版社2009年版，第11页。

的推动下，遵循"相互性标准"，[1]社会公众就环境管理事务能够形成"重叠共识"。能够达成"重叠共识"，社会公众作为整体就能够管理环境事务，公众行使环境利益管理权也就有了其理性基础，社会公众依据其公共理性行使环境利益管理权。

五、结语：作为社会自治的公众环境利益管理权

以权力制约权力是公权力制度上的设计，是权力制度的内在要求，以维护国家利益为根本。以个体权利制约权力则是私权利制度上的设计，是以实现"个人自治"为目标，以维护个体私利为宗旨。无论以权力制约权力还是以个体权利制约权力，尽管都有相应效果但都有其各自的局限因素。就环境利益等社会公共利益而言，这些利益并非纯粹的国家利益也非纯粹的个人利益。以权力制约权力、以个体权利制约权力在环境事务等社会公共事务管理上难奏其效。让社会"自立"，赋予社会以权利，以公众的环境利益管理权——社会整体权利制约权力，才能够从根本上维护诸如环境利益等社会公共利益，实现"社会自治"。

"社会自治"需要有社会性新型权利。公众环境利益管理权并非传统意义上的权利，它是在国家与社会关系的发展变化过程中、公共利益管理权利与管理权力的分离与协调过程中以及公共理性的产生和发展过程中孕育发展起来的社会性新型权利。它以管理环境公共利益为目标，以制衡环境利益国家管理权力为表现形式。公众环境利益管理权在奴隶制与封建制社会（"国家主义"无社会）状态下无法产生，资本主义制度中社会独立于国家后才有了其社会基础。面临"社会问题"，近代以来社会公共管理方面的权利与权力的分离是环境利益管理权的政治基础，但公众环境利益管理权利只能嵌入在国家环境管理权力中环境决策的制定过程而非环境决策的执行过程。近代以来倡导的个体理性与环境公共利益是一对不可调和的矛盾。人的自然属性彰显个体理性和个体私利性，人的社会属性彰显公共理性与社会公共利益，公众的公共理性是公众环境利益管理权的行使基础。

---

〔1〕　李海青："当代政治哲学视域中的公共理性———种规范性的分析"，载《哲学动态》2008年第6期，第42页。

第二节　环境利益管理权运用：环境决策公众参与

一、从《环境保护公众参与办法》说起

《环境保护公众参与办法》（以下简称《参与办法》）经原环境保护部发布，自 2015 年 9 月 1 日起施行。《参与办法》站在环保部门的角度为环境保护公众参与作出了诸多探索，但不足也较为明显：

第一，《参与办法》的基本立场是环保部门的职权而不是公众的权益。《参与办法》第 1 条虽然明确地将"保障公众参与环境保护权利"列为立法目的，然而其余条款几乎都为"环保部门如何获取公众意见"而设计。《参与办法》的基本思想是实现政府的管理职权而非保障公众的参与权利。

第二，在环境行政职权的立场下，参与主体——社会公众被虚化。依据《参与办法》第 4 条，环保部门可以通过问卷、座谈、专家论证会、听证会等方式征求意见。然而，纵观《参与办法》都没有向"谁"征求意见的内容，既无"谁是公众"的说明也无"公众是谁"的解释。对社会公众的虚化处理留给了环保部门巨大的自由操作空间。

第三，《参与办法》模糊了参与对象而架空了参与制度。《参与办法》第 1 条规定，保障"获取环境信息、参与和监督环境保护的权利"。"获取环境信息"是公众参与的必要前提，不足以道。而监督行政行为是所有公民的基本权利，是权力制度的必要内容。因而"监督环境保护"并非环境公众参与的实质性内容。"参与环境保护"与第 2 条规定"参与环境保护公共事务的活动"一致。公众参与的只是环保等部门的环境管理事务、政府环境管理事务中的部分事务。《参与办法》对"公众参与环境保护"的泛化处理模糊了公众参与对象，回避了环保部门的何种具体活动应当被公众参与的问题。

第四，《参与办法》规避了环保部门对保障公众参与的义务与责任。公众参与的是环保部门的环境管理事务，而实际控制环境管理事务的是环保等部门。没有环保部门对公众参与的配合与保障，公众是无法参与到环保部门的环境管理事务中去的。《参与办法》并没有对环保部门提出保障义务，更没有设置相应的法律责任。

第五，《参与办法》没有确认公众参与的法律效果，公众意见作为所谓的

参与结果处于被搁置状态。《参与办法》第 9 条规定，环保部门应当在作出环境决策时"充分考虑"公众意见。"充分考虑"并非法律用语，更不具有法律意义。是否"充分考虑"的最终决定权在环保部门。

环境事务是社会公共事务，是国家的社会公共管理职能的内容而非政治统治职能的内容。国家的社会公共管理可以分为两大过程即决策的制定和决策的执行。决策的执行是行政机关依职权针对特定当事人就特定事项而作出的具体行政行为。显然，公众不能参与决策的执行，否则决策将无法及时而有效地获得执行。但是，"管理就是决策"，[1]决策的制定是对社会公共利益问题作出结论性的决定。决定的实质是对社会公共利益的处分。社会公共利益是社会公众的共同利益，作为利益的最终享有者——公众是处分该利益的适格主体。对于决策的制定，公众还有着"人多力量大"、集思广益等天然优势。概而言之，公众理当参与决策的制定而不能参与决策的执行。就环境事务管理而言，公众只参与环境决策的制定而不参与环境决策的执行。所谓的"环境公众参与"应为"环境决策公众参与"。其实，早在 1998 年《奥胡斯公约》就已将环境公众参与限制在"decisions（决策）"层面。

既然公众只能参与环境决策，那么环境决策公众参与问题就可以简化为"'谁''怎样'参与环境决策产生'什么效力'？"由此，"公众是谁""怎样参与""什么效力"就是环境决策公众参与制度所必须解决的基本问题。

二、环境决策公众参与的"公众"确认问题

"没有关于'公众'的界定"[2]被认为是环境公众参与的一大遗憾。无疑，解决"公众是谁"的问题是公众参与环境决策的先决条件。只有明确参与主体才能建立参与制度。那么，如何明确参与主体呢？

（一）环境利益相关原则

显然，要判断"公众是谁"不能从"公众"入手，而应从公众"为什么"参与入手。"人们奋斗所争取的一切，都与他们的利益有关。"[3]公众之所以参与环境决策是因为环境决策影响了他们的环境利益。如果环境决策与

---

〔1〕 吴元其等：《公共决策体制与政策分析》，国家行政学院出版社 2003 年版，第 64 页。

〔2〕 吕忠梅、张忠民："环境公众参与制度完善的路径思考"，载《环境保护》2013 年第 23 期，第 19 页。

〔3〕 《马克思恩格斯全集》（第 1 卷），人民出版社 1956 年版，第 83 页。

公众的环境利益无关，那么公众既无参与的理由更无参与的动力。公众是环境利益受环境决策影响的人。质言之，环境决策影响其环境利益是决定"公众是谁"的核心因素。当然，环境利益受环境决策的影响存在程度上的不同，既可能是直接影响也可能是间接影响。那么，影响程度是否是判断"公众是谁"的因素呢？直接影响与间接影响是以受影响人为考察对象的。一般而言，受影响人距离环境决策作用地（或者说环境污染与破坏地）越远，其环境利益受影响程度就越小，反之则越大。但是，人不是静止物，人的活动不可能固定于某个区域。当原本受决策间接影响的人前往环境决策作用地时，环境决策对其环境利益的影响程度则由间接转变为直接。人的社会性决定了人的交往性，人的交往性决定了人随时可能处于"直接影响"之中。因此，从整体而言，对于潜在的受影响人是难以划分出环境决策对其环境利益的影响程度的：直接抑或是间接。"关于公共项目管理的见解很少会有人会比那些项目实施者深刻，也没有哪位项目效果评论员的洞察力会比深受其影响的公民更敏锐。"[1]可见，其环境利益受环境决策影响的人比其他任何人都更有洞察力，对环境决策更应当有话语权。而"那些可能被一项决策影响的人应该有一个平等的参与决策的机会"。[2]因此，环境决策的潜在受影响人均有权参与环境决策，而不需考虑是直接影响还是间接影响。

人只有具备了自主能力即相应的智力与体力才能正常行为并承担相应责任。[3]法律上，个人因出生即可取得个体权利，但却因欠缺足够的智力与体力尚不能自行行使其个体权利。在私法领域中，个人只有成年且具备了足够的个体理性才能实现意思自治。公法领域也不例外，公民的选举权与被选举权也建立在具备个体理性的基础之上。理论上，公众享有环境利益即有权管理其自身的环境利益，参与环境决策是公众管理环境利益的体现。但是，任何管理都是以理性为基础的。环境决策作为环境管理的核心更需要理性基础。因此，虽然受决策影响的人都应当是环境决策的参与人，但是参与环境决策

---

〔1〕［美］詹姆斯·W. 费斯勒、唐纳德·F. 凯特尔：《行政过程的政治——公共行政学新论》，陈振明等译校，中国人民大学出版社 2002 年版，第 268 页。

〔2〕［澳］杰弗里·斯多克："协商民主和公民权利"，载陈剩勇、何包刚主编：《协商民主的发展——协商民主理论与中国地方民主国际学术研讨会论文集》，中国社会科学出版社 2006 年版，第 46 页。

〔3〕参见［英］莱恩·多亚尔、伊恩·高夫：《人的需要理论》，汪淳波、张宝莹译，商务印书馆 2008 年版，第 67 页。

的个人如果缺乏理性是无法完成决策参与的。质言之，只有具备了理性条件的环境利益相关者即理性成年人才能作为公众成员参与环境决策。

如果对环境事务的处理只有利好结果而无不利因素，自然就谈不上环境决策。之所以需要环境决策是因为对某项环境事务的处理可能导致环境利益的不利结果。环境利益是公众的整体利益，不同于经济利益。环境利益与经济利益之间往往表现为对立关系，即环境整体利益的维持可能妨碍个体经济利益的增加、个体经济利益的增加可能导致环境整体利益的减损。在环境整体利益与个体经济利益的对立关系中，理性的自然人只会选择个体经济利益甚至不惜损害环境整体利益以获取个体经济利益，这是人的自然本性。可见，与环境事务有着经济利益关系的个体在参与环境决策时是不可能与仅以环境利益为目标的公众同心同德的。这种个体在环境决策上只会"同室操戈"而与环境利益背道而驰。这个与环境事务有着经济利益关系的成年理性人应当被排除在决策参与者之外。《环境影响评价中信息公开和公众参与技术导则》将"参与规划或建设项目编制、投资、设计和施工建设"的人员排除在公众之外是值得肯定的。

需要追问的是，社会组织是否属于环境利益相关者范畴？答案是否定的，将社会组织列为公众是泛化公众内涵的表现。公众能够参与环境决策的根据在于公众享有环境利益、享有环境利益管理权利。人类的生存需要"各种自然条件，地质条件、地理条件、气候条件以及人们遇到的其他条件"。[1]"各种自然条件"是人类的自然生存环境，是环境利益的表现形式。环境利益的彰显肇始于环境问题的严重性。环境问题中无论环境污染还是环境破坏，损害的都是人类自然生存条件，是对生态系统的破坏。人类自然生存条件的破坏即生态系统的破坏的最终结果是公众的生命与健康损害。正是这种以公众生命与健康损害为代价的近代环境问题凸显了人类对自然生存条件的依赖、需要与利益，人们才有了良好环境利益的主张以及环境权的主张。简言之，环境利益与环境权是对环境问题的反思结果，但其最终根据却是人类自然生存条件、公众的生命与健康。这一最终根据曾经引导了诸多学者期望将环境权纳入人身权范畴。确实，作为公共的环境利益具体到个体之后最终体现为个人的基本生存利益即个人的生命与健康利益。生命与健康利益非生物所不

---

〔1〕《马克思恩格斯全集》（第3卷），人民出版社1960年版，第23页。

能享有。另一方面，因为环境利益关乎所有个体的生命与健康利益，诸多学者甚至企图将环境权的主体从当代人扩展到后代人乃至所有的地球生物。然而，环境利益关乎生命体的生命健康利益但并不等于个体人的生命健康利益，环境利益无法个体化而生命健康利益一定是个体的利益。事实上，环境利益是个人生命与健康利益的基础，是个人生存利益的基石。没有环境利益，就没有个体的生命健康利益。质言之，环境利益是个体生命健康利益的共同延伸、共同平台，是属于作为生命体的"人"的公共利益。这种利益所体现的权利也是作为自然人的社会公众的环境权利。社会组织不具有生命体的基本属性，不以环境利益更不以生命健康利益为存在前提。无法享有环境利益，就无法享有环境权利。无法享有环境权利，社会组织自然也无法享有管理环境利益的权利。如同社会组织不享有公法领域的选举权与被选举权一样，不享有环境利益管理权的社会组织也就失去了参与环境决策的权利根据。简言之，社会组织自身无权参与环境决策，纵使以社会公益事业为基本目的，甚至如 NGO 等直接以环境维权为目的的社会组织也不例外。当然，社会组织自身没有参与环境决策的权利但不排除其获得公众成员的授权而取得权利依据。

专家论证会在我国当前法律规定中出现的频率越来越高，在环境法律中尤甚。那么，专家是不是参与环境决策的公众？专家论证会是否是公众参与环境决策的方式？专家是在某一方面具备专业知识与专业技能的人。专家本是公众中的一员，之所以称之为专家是因为他"专业"——术有专攻。因为术有专攻，政府部门才有利用其专业价值的前提。政府部门利用专家的专业价值只有一个目的，即更好地履行行政职权或职责。利用专家的专业优势是政府行政能力增长的表现，也是政府部门作为公权力机关应尽的职责。我国《环境影响评价法》第 21 条规定，在报批建设项目环境影响报告书前应当召开专家论证会，听取专家意见。显然，听取专家意见是对政府行政行为的要求，是增强政府行政能力的措施，与公众参与无关。质言之，专家论证会只是政府部门获得专业支持的一种方式，专家只是政府行政行为的智力支持，专家制度或专家论证会制度的立足点是政府部门而非专家，更非公众。专家并非作为"公众成员"参与到政府活动之中，而是作为"智力支持"为政府部门所用而已。只有不以专家身份而以公众成员身份出现时，专家才享有参与环境决策的权利。

公众之所以参与环境决策是因为公众享有相应的环境利益，与环境事务处理存在环境利益上利害关系的社会成员都是参与主体，都是"公众"。鉴于参与环境决策是理性行为，只有理性的"公众"成员才能真正参与环境决策。环境利益是生存利益、是个人生命健康利益的平台，环境利益非自然人所不能共享，因此社会组织并非"公众"成员。专家只是政府行政的智力支持，专家论证会并非环境公众参与的形式。专家并非"公众"成员。

（二）环境决策在场原则

"应选择谁作为公众"似乎是当前学术研究难以给出答案的难题。然而，从公众立场来看，这却是一个伪命题。因为"应选择谁作为公众"是以政府管制为立场的思考，是权力支配思想的延伸，是"只见政府权力不见公众权利"的体现。它回答的是"谁是公众""谁代表公众"的问题。政府权力固然重要，但公众权利不可忽视。环境决策公众参与应当解答的是"公众是谁"的问题。"公众是谁"是环境决策影响了谁的环境利益的问题，是"谁有权利参与环境决策"的问题，即公众的权利问题。公众成员之所以参与环境决策，原因在于公众与环境决策有着环境利益上的利害关系。与环境决策有环境利益利害关系的理性自然人是公众成员，有权利参与环境决策。有权利参与也意味着有权利不参与。参与与否全凭个体意愿，是权利人权利的体现。公众成员有权利参与或不参与环境决策，表明公众成员不存在被他人选择参与或被他人排除不能参与的问题，也不存在"应选择谁作为公众"的问题。因此，公众不存在"选择"或"代表"的问题，公众参与制度中不存在应该选择谁作为公众或"参与公众具有代表性"[1]等问题。

一般而言，决策过程可以分为发现问题、确定目标、拟定备选方案、选择最佳方案等四步。[2]第一、二个步骤可以合并称为情报活动，第三、四个步骤分别被称为设计活动、抉择活动。任何决策都是从发现问题开始的，没有问题就没有决策。所有环境利益相关者都存在发现环境问题的可能性。但环境问题不可能由所有环境利益相关者同时发现，而往往是具体的个别成员。质言之，发现环境问题依赖于公众但并不依赖于所有的公众成员个体。环境问题发现后是环境问题的分析过程，需要认识问题的性质、程度、影响及原

---

〔1〕　罗文燕："论公众参与建设项目环境影响评价的有效性及其考量"，载《法治研究》2019年第2期，第60页。

〔2〕　参见杨继昭、李桂凤、王金编著：《行政管理基础》（第2版），中国人民大学出版社2009年版，第130页。

因等情况以找到解决问题的途径并确认决策目标。这一过程尽管是一个群策群力的过程，但也绝非"人越多、力越大"。质言之，这一过程并不需要所有的环境利益相关者都参加。决策目标确定之后，依据可行性原则拟定备选方案并对方案进行评估分析的过程也是一个集思广益的过程。但无论如何让所有的环境利益相关者都必须参与整个过程也是不具可能性的。事实上，从发现环境问题、确定决策目标到拟定备选方案，都是发挥公众集体作用的过程，是群策群力、共同出谋划策的过程。这一过程并不强调公众成员中所有"个体"的作用，而是需要公众作为"整体"的作用。在这个"整体"作用中，部分公众成员不参与环境决策的情报活动与设计活动不仅正常而且合理，部分公众的不参与并不影响环境决策的有效进行。这就是公众参与环境决策的"在场原则"。在场或不在场是公众成员作为权利主体的自由。"在公共意见的表达上……实现'在场'的直接民主，公众的参与以自由参与对公共事务的讨论的方式进行。"[1]"在场"表达了参与者对环境权益的重视，也体现了参与者对环境决策事务的关心。

环境决策的最后程序是选择最佳方案或称抉择活动。选择环境决策最佳方案的实质是通过对环境决策方案的抉择"处分"其环境利益。方案的抉择决定了环境利益的增加、维持或者减损，关乎的是社会公众的切身利益。如同环境决策的情报活动与设计活动一样，公众成员有权利参与也有权利不参与环境决策活动。部分公众成员不参与环境决策活动是放弃参与"处分"环境利益的体现，应当得到尊重。因此，由"在场者"确定环境决策最佳方案不仅合理而且有效率。因为有效参与以自主、自我实现和自我教育为条件。[2]

与"在场原则"相对应的是著名的"搭便车"现象。奥尔森认为，"大部分人都是搭便车者，并不愿承担集体行动的组织成本"。[3]搭便车者就是不在场者。所谓"搭便车"就是不在场者期望在场者解决他们的共同问题。显

---

〔1〕 苏振华、郁建兴："公众参与、程序正当性与主体间共识——论公共利益的合法性来源"，载《哲学研究》2005 年第 11 期，第 67 页。

〔2〕 参见 ［美］乔·萨托利：《民主新论》，冯克利、阎克文译，东方出版社 1993 年版，第 121 页。

〔3〕 ［美］曼瑟尔·奥尔森：《集体行动的逻辑》，陈郁、郭宇峰、李崇新译，格致出版社、上海三联书店、上海人民出版社 1995 年版。

然，如果在场者不能达到公众所期望的决策结果，便无法实现搭便车者的预期目的。基于其维护其利益的天然本性，所有公众成员都会尽可能地选择在场而不是不在场。那么，为什么仍然存在"搭便车"现象？根源在于在场有成本。让在场者个体承担集体行动的组织成本违背了个体作为自然人追逐私利的天然本性。集体行动的组织成本当然应当由集体承担，是自然人的人性使然。因此，制度上应当确保集体行动的成本由集体承担。集体行动的成本由集体承担的制度安排并非要杜绝"搭便车"现象，而是要确保不损害在场者的私利，不打击在场者的在场积极性。科恩认为，从长远而言，民主最终要依靠公众的参与愿望，而不是外在的任何约束。[1]就环境利益管理而言，参与环境决策是公众的权利而非义务，不在场是环境利益相关者作为权利人的自由。如果在场者足以达到公众期望的环境决策公众参与结果，那么要求所有公众都必须参与决策则是无效率的，甚至"人数越多，集体做出错误决定的风险越大"。[2]质言之，"在场原则"不鼓励"搭便车"但也不反对"搭便车"。事实上，公众参与环境决策的关键并不是所有公众是否都参与，而是公众作为整体能否形成一致思想。

"在场原则"基本反映了参与公众对环境决策所涉利益的关系远近以及对所涉利益的关心程度。与环境决策利害关系越大的公众，"在场"的可能性就越大。越是关心环境事务的公众，参与环境决策的概率也会越高。"在场原则"是公众参与自由的体现，更是环境利益相关的体现。"在场者原则"与环境利益相关者原则相辅相成。环境利益相关者原则是开放性的，"在场者原则"则是封闭性的。这"一开一闭"的配合，"公众是谁"的问题就可以得到解决，公众的内涵就可以得到明确。人们不需要去考虑谁是公众、谁可以代表公众的问题，更无需担忧"代表产生机制不健全"。[3]

三、环境决策公众参与的政府义务问题

对于当前公众参与的缺陷，有学者认为是因为公众参与意识不强、能力

---

〔1〕 参见［美］科恩：《论民主》，聂崇信、朱秀贤译，商务印书馆1988年版，第19页。

〔2〕 Marquis De Condorect, "Essay on the Application of Mathematics to the Theory of Decision-making", In: Baker (ed), *Selected Writings*, London: Macmillan Pub Co, 1976, p.49.

〔3〕 姬亚平："行政决策程序中的公众参与研究"，载《浙江学刊》2012年第3期，第167页。

不足、动力不足。[1]而意识不足、能力不强[2]在部分学者眼中似乎是当前公众参与的核心问题。然而，"公众主体意识日益觉醒"[3]也是一个不争的事实。学者认为的参与渠道偏少、参与方式被动、参与自上而下的问题，[4]根源显然不在公众而在政府。因为传统的决策模式是政府管制模式，"行政机关被视为公共利益的代表"。[5]环境利益是公共利益，环境决策被认为是政府部门的职权，与公众无关、与个人无关。当政府部门认为它是环境公共利益的代表、环境决策是其职权时，公众实质性地参与环境决策对政府部门而言是"干扰与妨碍"。对于"干扰与妨碍"，政府部门是不会"心甘情愿"地主动配合的，甚至可能以妨碍公务等理由予以阻止。然而，公众参与的是政府部门的职权活动，没有政府部门的支持就不可能有公众参与。没有政府部门对公众参与每一个过程的保障义务，公众参与终将无法进行。可见，公众"怎样"参与的关键不在公众而在政府部门。政府部门必须承担保障公众方便、合理、正常地参与环境决策的法定义务，包括环境决策公众参与平台的建设义务以及环境决策相关信息的提供义务。

（一）公众参与平台建设义务

依当前认识，公众参与似乎就是指征求意见、问卷调查、座谈会、专家论证会、听证会等以及"通过电话、信函、传真、网络等方式向环境保护主管部门提出意见和建议"（《参与办法》第4条）等方式。座谈会、论证会、听证会都是以会议形式存在的，而会议是有规模限制的。会议规模的限制意味着不可能让所有有意愿的公众成员都参加。质言之，听证会等会议面向的只是有限个体而不是社会公众。而所谓征求意见、问卷调查等方式也只能针对有限的个体而无法针对广泛的公众，"通过电话、信函、传真、网络等方式

---

〔1〕 参见秦书生、张泓："公众参与生态文明建设探析"，载《中州学刊》2014年第4期，第87~88页。

〔2〕 参见宋煜萍："公众参与社会治理：基础、障碍与对策"，载《哲学研究》2014年第12期，第92页。

〔3〕 段晓红："公众参与社保基金预算：法理、条件与路径"，载《中南民族大学学报（人文社会科学版）》2015年第2期，第105页。

〔4〕 参见陈东、刘细发："社会管理的公众参与机制及其路径优化"，载《湖南社会科学》2014年第3期，第7页。

〔5〕 王锡锌、章永乐："我国行政决策模式之转型——从管理主义模式到参与式治理模式"，载《法商研究》2010年第5期，第3页。

提出意见”就更是个体行为了。可见，诸如座谈会、征求意见、电话信函等所谓的参与方式不过是政府部门向个别公民“征询意见”的方式。所谓的参与不过是披着参与外衣的意见征询，主动权在政府部门而不在社会公众。这些所谓的参与方式混淆了个体被征询意见的被动性与公众参与决策的主动性，将不是参与的参与视为公众参与，体现的是政府部门的需要而不是社会公众的权益。这些所谓的参与将个体等同于公众、将个体行为视为公众行为，非得从公众中选出代表人的想法自然就产生了，“代议制民主”也就成了其理论支撑。

　　然而，代表不等于公众，公众参与不是代表参与，代议制民主与公众参与制度并不匹配。公众参与是与协商民主相伴而生的。科恩在《论民主》中指出：“凡生活受到某项决策影响的人，就应该参与那些决策的制定过程。”[1]协商民主“主张公民平等参与，就公共事务理性交流、争辩、协商，最终形成符合公众意志的决策。协商民主理论积极倡导公民理性参与，强调参与主体地位平等、参与过程合法”。[2]协商民主强调公众通过“协商”达成“共识”，“协商”的方式是公众平等地参与、共同地决定。公众参与是协商民主的形式。协商民主要求公众能够广泛了解所有观点、意见与立场，广泛参与公共讨论，在公共交流中寻求共识，达成可行方案。协商民主和公众参与只有在公共讨论平台中才能进行。这个公共讨论平台是针对所有公众的平台，不是部分个体的平台，也不是少数代表们的平台。每一个公众成员都可以无例外地参与到该平台之中争辩与协商。在这个公共平台中，所有公众都能“就公共事务理性交流、争辩、协商，最终形成符合公众意志的决策”。[3]可见，公共参与平台是公众参与的先决条件。政府部门只有确保公共参与平台，公众参与才能进行。

　　就环境决策公众参与而言，政府部门的义务不是提供论证会、听证会等，而是依协商民主的要求搭建公众参与平台。通过公众参与平台，政府部门应当将与环境决策相关的所有信息公之于众。依赖公众参与平台，公众可以实

---

　　〔1〕　[美]科恩：《论民主》，聂崇信、朱秀贤译，商务印书馆1988年版，第15页。

　　〔2〕　王莹、王义保：“公众参与：政府信任提升的动力机制”，载《学术论坛》2015年第6期，第48页。

　　〔3〕　王莹、王义保：“公众参与：政府信任提升的动力机制”，载《学术论坛》2015年第6期，第48页。

现对政府部门的监督与约束，"政府对公众参与的反馈滞后"[1]问题可迎刃而解。"公众参与环境决策就是系统表达公众环境利益的问题。在协商视角下，强调通过协商过程来发展对共同利益的共有理解，而要寻求解决办法。"[2]因此，公众参与平台不仅是政府部门的信息公布平台、公众的监督平台，更是公众了解相关信息并进行交流、争辩与协商的平台，是公众在充分协商的基础上形成共识性决策意见的平台。这个平台是公众主导性的平台、政府辅助性的平台。

无疑，环境决策公众参与平台的建设必须以环境决策所需程序为依据，适用于环境决策的整个过程。环境决策的第一程序是发现环境问题，公众参与平台首先需要围绕发现环境问题进行建设，确保公众通过公众参与平台提出环境问题或了解环境问题。提出环境问题的权限不能局限于政府部门，而应当属于可能发现环境问题的所有环境利益相关者。而公众只有通过平台了解环境问题才能通过平台对环境问题进行分析、交流与讨论，在获知信息中交流讨论，在交流讨论中获知信息。通过平台上的充分交流与讨论，在场公众才能就环境问题是否需要进行环境决策而形成"共识"。需要进行环境决策的"共识"就自动开启了环境决策的下一程序——目标确定。这种以公众为主导的平台中不再有"行政决策程序中公众参与的启动权缺失"[3]问题。在目标确定阶段，公众通过公众参与平台可以获取所有相关信息并充分发表意见与争辩，在交流与争辩的协商过程中形成"重叠共识"找到解决问题的途径，确定决策目标。确保平台提供充分交流的"协商"机会、确保平台形成"重叠共识"机制，是政府平台建设义务在环境决策第一阶段——情报活动阶段的核心体现。

环境决策的设计活动与抉择活动进程同样需要公众参与平台的保障。在设计活动即拟定备选方案过程中需要公众的集思广益、群策群力的作用。公众参与平台需保障每一个在场公众成员就设计活动所做的努力能够在平台上得以呈现，确保每一个在场公众成员所集的"思"与所出的"策"在平台上

〔1〕 陈东、刘细发："社会管理的公众参与机制及其路径优化"，载《湖南社会科学》2014年第3期，第7页。

〔2〕 赵闯、姜昀含："环境决策中公众参与的有效性及其实现"，载《大连理工大学学报（社会科学版）》2019年第1期，第116页。

〔3〕 姬亚平："行政决策程序中的公众参与研究"，载《浙江学刊》2012年第3期，第168页。

能够处于"众所周知"的状态。这种"集思"与"群策"的过程就是公众交流、争辩、协商的过程，备选方案的成本效益、决策风险、利弊分析、综合评价等基础得以清晰，最终在场公众成员可以通过平台形成"共识性"的最佳方案即环境决策的确定。如同情报活动过程一样，政府部门建设公众参与平台的关键在于确保平台能够引导公众"协商"、整合公众"共识"，这是政府建设公众参与平台的核心义务。

"协商"与"共识"是公众参与的本质，以实现"协商"与"共识"为目标的公众参与平台建设是环境决策公众参与的关键。在公众参与平台中，人人得以发表意见、提供方案，人人可以对他人意见与方案提出赞同或质疑。在这些支持或反对意见的阐述与协商中，"共识"得以产生。可见，公众参与平台是公众的互动平台、公众权利的平衡平台。当然，公众参与平台也是政府职责与公众权利的协作互动平台。环境决策以环境信息为基础，政府部门不仅应当确保所有环境信息的提供，更应当在环境决策过程即平台运行过程中确保平台引导公众"协商"、整合公众"共识"的作用。公众参与平台的运行过程也是公众权利与政府权力的互动过程，是"社会制约与决定国家"[1]的过程。概而言之，公众参与平台是政府"从权力导向型向规则导向型转变""从管制型政府向服务型政府转变"[2]的平台。

（二）相关信息提供义务

从发现环境问题到确定目标、从拟定备选方案到选择最佳环境方案等环境决策的每一个进程中，决策者都离不开对环境决策相关信息的掌握。没有环境决策相关信息，就没有环境决策。离开了环境决策相关信息，也谈不上环境决策公众参与。环境问题是专业问题，环境决策相关信息的获得大多以相应专业知识为基础。政府部门因其权力属性而具有环境信息获取的天然优势，环境决策相关信息往往掌握在政府部门手中。如若不能得到政府部门对环境决策相关信息的支持，公众参与环境决策时就必然表现出对环境决策的"无知"以及参与能力的"低下"。没有解决公众的环境决策相关信息获取问题，公众参与必将成为无本之木。质言之，由于政府部门与社会公众之间的信息不对称，政府部门应当承担向社会公众提供环境决策相关信息的法定义

---

〔1〕《马克思恩格斯全集》（第4卷），人民出版社1995年版，第196页。

〔2〕程琥："公众参与社会管理机制研究"，载《行政法学研究》2012年第1期，第70页。

务。2007年国务院颁布的《政府信息公开条例》和原环境保护部颁布的《环境信息公开办法（试行）》（已失效，下同）为公众参与环境决策获得相关信息提供了相应的法律保障，但就公众参与环境决策而言，这种保障仍显不足。《环境信息公开办法（试行）》第1条虽将立法目的明确为维护公众环境信息知情权以推动公众参与，但该办法将公众参与对象（环境决策）泛化为"环境保护"，环境决策信息也就被"大而泛"的环境保护信息所遮蔽。环境决策不仅需要大而泛的环境信息，更需要环境决策相关的专业信息。政府部门的决策相关信息提供义务是环境决策公众参与的基本前提。政府部门不仅应当承担环境决策公众参与平台的建设义务，更要承担环境决策相关信息的提供义务。如果说公众参与平台的建设义务是"硬件建设"义务，那么决策相关信息的提供义务则是"软件服务"义务。

公众参与环境决策依赖于公众参与平台，在公众参与平台中协商民主得以进行。因此，环境决策相关信息的提供不能脱离公众参与平台，政府部门应当在公众参与平台中及时、全面地提供环境决策相关信息，并贯穿于环境决策过程的始终。《环境信息公开办法（试行）》所列的政府环境信息与企业环境信息是公众在进入环境决策程序之前需要了解的信息。这些信息应当由政府部门公布在公众参与平台。进入环境决策程序后，政府部门则应当根据环境决策各阶段所需及时、全面调查和收集相关信息，并及时公布于公众参与平台。具体而言，在环境问题发现阶段，政府部门应当提供不同专家就环境问题所做的专业分析意见。在方案设计过程，政府部门应当邀请不同专家提供不同的建议方案，并对方案拟解决问题、可行性、利与弊因素、可能利好与不良后果等情况作出说明。在备选方案阶段，政府部门应当就不同备选方案邀请不同专家进行评估与综合评价，对备选方案的成本效益、决策风险及副作用作出专业说明。所有的评估信息、专家建议方案、专家意见与说明等详尽内容应当由政府部门及时、全面地公布于公众参与平台。在决策过程中，政府部门提供的专家意见不能只局限于环境科学方面，环境决策可能涉及社会学、公共卫生学、经济学、管理学、法学等相关科学问题时还应当提供相关科学的专家意见。当然，公众对专家意见的获取并不限于政府部门，专家可以通过公众参与平台直接向公众提供专家意见。

只有广泛获取环境决策相关信息，公众才能在公共理性基础上进行协商从而共识性地选择环境决策方案。政府部门相关信息提供义务的恰当履行是公众"协商"与"共识"的基本保障。以协商民主为基本目标，政府部门履行环境信息提供义务应当以便民、客观为原则。所谓便民是指信息提供应以公众参与环境决策所需为宗旨、以方便公众及时获得为根本。详尽、及时、集中地提供环境信息是其基本要求。政府部门不得选择性地提供信息，更不得隐瞒相关信息。所谓客观是指政府部门提供信息时应坚持客观立场，不得主观误导公众，更不得要求专家提供违背其本意的专家意见。总之，政府部门履行信息提供义务时必须坚守政府治理的服务精神，以及时、全面、客观地满足公众参与环境决策所需信息为目标。

　　当前的环境决策由政府部门独自决定，但政府部门对于环境决策结果是不承担法律责任的。由此，"行政责任虚化"[1]遭到学者的一致批评。然而，让政府部门对环境决策后果承担法律责任也是不切实际的，因为政府部门无法向公众承担这样的法律后果。法律责任是违反法律义务的不利后果，没有法律责任作为保障的义务不是法律义务。在环境决策公众参与过程中，政府部门承担了公众参与平台的建设义务以及相关信息的提供义务，那么政府部门应当对违反平台建设义务与信息提供义务承担法律责任。环境决策公众参与是公众协商并共识性地选择决策方案的协商民主过程。在这一过程中，政府部门不能对决策结果作出决定，因此也不应对环境决策结果承担法律责任。可见，在环境决策公众参与中，政府部门的法律责任不体现在决策结果上而只体现在决策过程中。在决策过程中，强化政府部门环境决策公众参与平台的建设义务以及相关信息的提供义务，落实政府部门对义务违反的法律责任，才能切实保障公众参与环境决策的实现。这不仅能解决环境决策中政府部门责任虚化问题，也能促进习惯于传统管制与权力的政府向服务型、治理型的政府转变，在环境保护事务上"扩大有序参与、推进信息公开、加强议事协商、强化权力监督为重点，拓宽范围和途径，丰富内容和形式，保障人民享有更多更切实的民主权利"。[2]

----

[1]　江必新、李春燕："公众参与趋势对行政法和行政法学的挑战"，载《中国法学》2005 年第6 期，第 53 页。

[2]　胡锦涛：《坚定不移沿着中国特色社会主义道路前进　为全面建成小康社会而奋斗——在中国共产党第十八次全国代表大会上的报告》（2012 年 11 月 8 日）。

四、公众参与环境决策的法律效力问题

我国当前的环境决策是自主式管理决策模式，[1]环境决策过程与决策结果的控制权均掌握在政府部门手中。这种模式下，公众处于无实质参与状态，公众对环境决策结果也不产生影响力，公众参与只有形式上的意义。但是，如果公众参与对决策结果产生影响力，那么在决策结果的决定上政府与公众之间必然产生冲突。为解决这种冲突，有学者提出了"半公众参与决策模式"。[2]仅从语言表达上，"公众参与"已经被"打半折"。这种"半公众参与决策"本质上仍然是传统的封闭式政府决策，并没有实质性地解决政府与公众之间权力与权利的本质冲突，更没有关注到公众之所以能够参与环境决策不仅仅是因为公众享有程序上的参与权更是因为公众享有实体上管理环境利益的权利。公众参与只是表象，公众管理环境利益才是本质。

（一）公众参与环境决策的实质是"决定"决策内容

无疑，公众意见如果能够得到充分的尊重，"他们将会尽力贡献自己的聪明才智，积极为政府出谋划策"。[3]显然，这是站在政府立场上思考问题的方式。站在政府立场，决策必然是政府部门的单方意志，而公众意见充其量是政府决策的参考。因此，政府部门对公众参与就只能提供诸如咨询会、论证会、听证会等方式。这些并非参与的参与方式决定了公众只是被咨询甚至仅仅是被告知的被动地位。这种所谓的参与对于环境决策内容的确定不可能产生法律上的影响力。这是环境决策中公众话语权的欠缺、公众立场的缺失。其结果只能是公众参与的积极性消失殆尽。

环境问题是近代以来才彰显的社会问题。自由资本主义社会高举个人主义和自由主义旗帜，强调个体权利，推行放任政策。无节制的个体权利带来的是无视社会公共利益的后果：环境危机凸显、卫生问题堪忧、贫困问题严重等。表现为上述后果的"市场失灵"给资产阶级的政治统治与社会稳定带

---

〔1〕〔美〕约翰·克莱顿·托马斯：《公共决策中的公民参与》，孙柏琪等译，中国人民大学出版社2010年版，第27页。

〔2〕参见黄振威："'半公众参与决策模式'——应对邻避冲突的政府策略"，载《湖南大学学报（社会科学版）》2015年第4期，第132~136页。

〔3〕张泽想："论行政法的自由意志理念——法律下的行政自由裁量、参与及合意"，载《中国法学》2003年第2期，第180~181页。

来了极为不利的影响，资本主义国家不得已开始了"政府干预"之旅。但是，大包大揽的"政府干预"并没有解决"市场失灵"下的环境问题等社会问题。反思"政府失灵"而形成了 20 世纪 60、70 年代"新公共行政"的理论，并发起了政府改革运动。政府改革运动中，官僚制的"政府管理"开始向公众参与的"政府治理"过渡。这种过渡的本质是社会与国家的分离，是国家将社会利益归还于社会公众、政府将社会权利归还于社会公众的"还权于民"的过程。环境利益等社会公共利益本质上是社会公众的共同利益，并非国家利益。作为整体的社会公众是这种利益的最终享有人。就环境利益而言，环境是公众的环境而不只是政府的环境，社会公众是环境利益的当然权利主体。公众作为权利主体管理其环境利益是公众行使权利的体现。因此，在环境事务等社会公共事务管理上，不能只有国家权力的运用，更需要有社会公众权利的行使。质言之，公众之所以要参与环境决策、之所以能够参与环境决策，是因为公众本就享有环境利益管理权。公众参与环境决策不过是政府"还权于民"后公众行使环境利益管理权的表现方式。

权利是为或不为一定行为、要求他人为或不为一定行为的能力，权利人享有"法律上的力"。更有学者认为，公众享有参与权而公众参与权具有权力属性，可以"强化政府保障公众行政参与权的义务与责任等"。[1]然而，公众参与权不过是公众环境利益管理权在公众参与过程中表现出来的程序性权利。公众享有环境利益管理权不仅意味公众可以参与环境行政行为更意味着公众对其环境利益享有"自主权"与"处分权"。因此，公众参与环境决策绝非要"形式性"地应付政府部门如何作出环境决策，而是要自主地作出环境决策以"决定"自己的环境利益。因为"自然资源作为一种公共财产，它本质上为全民所有，公民自然有权利参与其中"。[2]简言之，公众之所以参与环境决策是要"决定"环境决策的内容。这是环境决策公众参与的根本目的，才是真正的公众参与。[3]所谓"参与"不是指参与到政府决策之中，而是参

---

〔1〕　邓佑文："论公众行政参与权的权力性"，载《政治与法律》2015 年第 10 期，第 74 页。

〔2〕　张牧遥："论国有自然资源权利配置之公众参与权的诉权保障"，载《苏州大学学报（哲学社会科学版）》2018 年第 1 期，第 69 页。

〔3〕　国外学者认为，所谓的公众参与表现为不是参与的参与、象征性的参与以及行使民主权利的参与。只有公众行使民主权利的参与才是真正的参与。笔者认为，公众行使的不是权力而是权利。只有行使了公众权利的参与才是真正的参与。参见［美］谢尔·阿斯廷："公民参与的阶梯"，载贾西津主编：《中国公民参与：案例与模式》，社会科学文献出版社 2008 年版，第 249 页。

与到整个行政过程之中。在整个行政过程中"截取"部分过程而交由公众负责，由此谓之为"公众参与"。"截取"行政过程中的决策制定过程由公众负责即是"决策公众参与"。所谓"交由公众负责"是指所"截取"的部分过程不再只是政府权力的天空而更是公众自行行使权利的领域。因此，环境决策公众参与首先指的是公众参与到了整个环境行政过程之中，其次指的是环境行政过程之中的环境决策制定过程不再属于政府职权范畴而属于公众权利范畴。环境决策公众参与中，公众关注的是公众自己的环境公共利益，行使的是环境利益管理权，目的在于"决定"环境决策内容以"处分"其环境公共利益。

当前在"环境立法中的'义务本位'"[1]下，公众参与环境决策的效果不佳。然而，社会是公众的社会，是公众的自主领域，是社会公共利益的展台。"社会……既不应该由政府直接管理，也不是公民个人完全自主管理的问题。"[2]社会需要的是社会自主治理。就环境公共利益而言，社会自主治理是社会公众基于环境利益管理权自主决定环境决策内容。质言之，环境决策公众参与绝非只是单纯意义上的"参与其中"而是社会公众自主治理的体现。

（二）环境决策过程中公众参与的具体效力

有学者认为，"对公众意见的回应机制并未确立"[3]是当前公众参与的缺陷之一。然而，对公众意见作"回应"意味着公众参与中决策内容的决定权仍在政府部门而不在社会公众。如果决定权在社会公众也就无需政府"回应"。可见，"回应机制"仍然立足于政府管理而非社会治理，忽视了公众作为环境公共利益真正享有人应有的权利主体地位，忽视了公众之所以能够参与环境决策的最终权利依据——环境利益管理权。当社会自主管理环境利益时，公众环境利益管理权除了具有对政府部门的约束力外，更具有了对环境决策的决定力。

环境决策包括环境问题发现、环境目标确认、拟定备选方案以及选择最佳方案等四个过程，公众参与环境决策的法律效力也应当体现在这四个过程之中。在发现环境问题阶段，并非所有发现的问题都是环境问题，也非所有的环境问题都需要大张旗鼓地通过公众决策予以解决。对某一环境问题是否

---

〔1〕 彭峰："中国环境法公众参与机制研究"，载《政治与法律》2009年第7期，第99页。

〔2〕 李文良主编：《WTO与中国政府管理》，吉林人民出版社2003年版，第98页。

〔3〕 朱谦："公众环境行政参与的现实困境及其出路"，载《上海交通大学学报（哲学社会科学版）》2012年第1期，第39页。

通过公众环境决策方式予以解决，是环境利益的处理问题。环境利益是公众共同的社会利益，是否通过公众环境决策方式解决环境问题直接影响了环境利益的享有人——社会公众。因此，是否通过公众环境决策方式解决环境问题的决定权应当归属于公众。这是公众参与环境决策在第一个程序上的法律效力。决策目标的确定直接影响着环境决策的方向，决定了环境问题的最终解决。决策目标的错误不仅不能解决已有的环境问题，而且可能给公众带来难以恢复的环境利益损害。决策目标的确定左右着公众的环境利益。可见，作为环境利益的享有者——公众当然享有对决策目标的决定权。这是公众参与环境决策的第二个程序上的法律效力。

在拟定备选方案阶段，如果备选方案由政府部门单方提供，那么决策结果就能够被政府部门所操纵，环境决策公众参与也就成了形式。环境决策备选方案应当是公众在专家意见的基础上通过协商民主的方式、集思广益地形成的"共识"。环境决策的备选方案应当是公众的"共识"，是环境决策公众参与应有的法律效力。当然，备选方案毕竟只是备选，最终方案的选择才更具有核心意义。从备选方案中选择最佳方案以作最终决策结果，是直接决定公众环境公共利益的过程。这一决定权当属于环境公共利益的享有人即社会公众。这是环境决策的最终决定权，是公众环境利益管理权的核心体现。这是公众参与环境决策在最后程序上的法律效力。

综合可见，从环境问题的发现到环境目标的确认、从拟定备选方案到选择最佳方案是公众通过争辩、协商的方式达成"共识"的过程，是公众不断达成"共识"决定每一个决策进程的过程，是公众"决定权"在各个步骤中发挥作用的过程。纵使在无法达成"共识"时，公众可以"在论辩中深思熟虑，不断地修正自身偏好，最终在相互理解中以民主投票的形式作出决定"。[1]这实际上也是一种共识，只是以在场者公众多数决的方式作出选择而已。[2]公众的"共识"决定了环境决策的进程，决定了公众的环境利益。这是公众环境利益管理权的体现，是环境决策公众参与效力的体现。

---

〔1〕　宋方青、宋尧玺："论我国公众有序参与立法的模式与实现路径"，载《法制与社会发展》2012年第6期，第146页。

〔2〕　多数决与协商民主并不矛盾。科恩认为，在公众协商无法形成共识时，多数决就是产生"共识"的手段。See Joshua Cohen, "Deliberation and Democratic Legitimacy", in: James Bohman and William Rehg, *Deliberative Democracy: Essays on Reason and Politics*, Massachusetts: The MIT Press, 1997, p. 75.

五、结语：决策制定上公众的管理权利与政府的辅助义务

当前政府部门提供的参与方式并非真正意义上的公众参与。环境决策公众参与并非为政府出谋划策而是为保障公众自身的环境利益。公众只能是能够享受环境利益的自然人、与相关环境决策存在环境利益利害关系的自然人。环境决策是理性行为，参与环境决策是公众行使环境利益管理权的表现。因此，实际参与决策的公众成员只能是理性的意愿参与者——在场者。公众参与的本质是协商民主。在公众参与过程中，公众不仅需要获得足够的相关信息，还需要充分、公开、平等地发表意见、提出质疑与共同协商进而在决策各环节形成"共识"。在这一公众环境利益管理权的行使过程中，政府承担着公众参与平台的建设义务与决策相关信息的提供义务。义务决定责任，政府对环境决策的法律责任只体现在决策过程中而不体现在决策结果上。对决策结果的"决定"效力源于公众环境利益管理权而非政府的管理权力。概而言之，环境决策公众参与的核心内容是公众的管理权利与政府的法定义务。

第八章

环境权的维护：环境公益诉讼

第一节　环境公益诉讼理论与实践的反思

一、环境公益诉讼实务问题表现：司法与立法的困惑

我国环境公益诉讼的问题不仅体现在司法实务上，也体现在立法实务上。

（一）环境公益诉讼司法实务的迷茫

我国环境公益诉讼司法实务较之于理论研究似乎更令人瞩目。瞩目之处一在于其诉讼失败；二在于其诉讼成功。

因诉讼失败而引人关注的典型案例，如"中华环保联合会诉海南天工生物工程公司环境污染公益诉讼案"（以下简称"中华环保联合会案"）、"任某刚诉超彩钛白（安徽）科技有限公司环境污染案"（以下简称"任某刚案"）等。[1] 2013 年 6 月，中华环保联合会将海南天工生物工程公司等诉至法院，认为被告违法排放超标废水致使罗牛河水体污染和东寨港国家自然保护区内的红树林大面积死亡，要求支付污染赔偿款。海口市中级人民法院立案后又"裁定驳回起诉"。任某刚居住于超彩钛白（安徽）科技有限公司附近，因该公司排污造成环境污染而被任某刚诉至法院。2013 年 10 月和 12 月，铜陵县（今义安区）人民法院和铜陵市中级人民法院分别以本案为公益诉讼为由驳回起诉、驳回上诉。两个典型案例均发生在 2012 年《民事诉讼法》实施之后，驳回起诉的理由均为原告不适格。

2011 年十大公益诉讼案中"昆明环保局诉昆明三农公司、羊甫公司环境

---

〔1〕　"2013 年中国十大公益诉讼评选推荐案例"，载 http://www.pil.org.cn/q_news/q_news_page_3924.html，最后访问日期：2016 年 1 月 1 日。

污染侵权纠纷案"[1]（以下简称"昆明环保局案"），昆明市中院判决两被告立即停止侵权并赔偿环境治理费。2011 年 5 月，云南省高院终审驳回两被告上诉。2012 年十大公益诉讼案中，"蔡某海诉龙兴光环境污染损失赔偿案"[2]（以下简称"蔡某海案"）被认为是以个人名义提起环境公益诉讼第一案，法院于 2012 年 9 月开庭审理了该案。"蔡某海案"以环境利益保护为目标起诉成功，被认为突破了民诉原告的直接利害关系要求。"昆明环保局案"则被认为创新了将原告改称公益诉讼人的做法。其实，无论是称为原告还是称为诉讼人，都只是称谓而已。将原告改称公益诉讼人无非是想达到实现诉讼的目的。"蔡某海案"和"昆明环保局案"都是以诉讼成功引人瞩目的。该两案均以环境保护为目的，法院均认可起诉，认为个人甚至环保局都可以提起环境公益诉讼。

如果说"任某刚案"被拒绝立案是因为《民事诉讼法》修改，那么"中华环保联合会案"被拒绝立案，则似乎与《民事诉讼法》修改并无关联性。为什么环境公益诉讼司法实务上在立案阶段就出现如此大的差异呢？显然，这是因为司法实务对究竟何为环境公益诉讼存在认识上的偏差。

被称之为 2014 年《环境保护法》后环境公益诉讼第一案的"北京市朝阳区自然之友环境研究所、福建省绿家园环境友好中心诉谢某锦等四人破坏林地民事公益诉讼案"（以下简称"南平破坏林地公益诉讼案"），高调地以诉讼成功形象引人注目。该案被最高人民法院于 2015 年底作为十大环境侵权典型案例而冠名为"破坏林地民事公益诉讼案"。诉讼的成功形象容易掩饰案件存在的问题，"南平破坏林地公益诉讼案"中并非没有可质疑的问题。同为最高人民法院公布的十大环境侵权典型案例的"中华环保联合会诉德州晶华集团振华有限公司大气污染民事公益诉讼案"以及"常州市环境公益协会诉储某清、常州博世尔物资再生利用有限公司等土壤污染民事公益诉讼案"（以下简称"常州土地污染公益诉讼案"）均为环境污染案件，该两案中的环境污染损害事实是根据原环境保护部发布的《关于开展环境污染损害鉴定评估工

---

[1] "2011 年中国十大公益诉讼"评选推荐案例，载 http：//www. pil. org. cn/q_ news/q_ news_ page_ 2751. html，最后访问日期：2016 年 1 月 1 日。

[2] "2012 年中国十大公益诉讼案"，载 http：//www. pil. org. cn/q_ news/q_ selectlist. jsp，最后访问日期：2016 年 1 月 1 日。

作的若干意见》及其附件《环境污染损害数额计算推荐方法》作出鉴定结论的。[1]但是，无论从文件名称还是文件内容都可以看出，该文件及其附件仅仅是针对"环境污染"产生的损害进行鉴定评估，不包括对"环境破坏"造成的损害。"南平破坏林地公益诉讼案"显然不是环境污染案件而是环境破坏案件，那么该案损害事实是不能根据前述文件作出评估与鉴定的。由此不难发现，环境污染与环境破坏行为究竟产生何种环境公益损害，在司法实务中是含糊的。质言之，环境公益诉讼中被告行为究竟侵害了什么，在环境公益诉讼司法实务中是模糊的。

查阅北大法宝、中国裁判文书网以及各省法院网站关于环境公益诉讼的裁判文书，判决书就损害事实多表述为造成"环境损害"或"环境污染"，部分表述为造成"生态环境损害"或"破坏生态环境"，个别使用了"环境公共利益损害"。那么，"环境损害"或"环境污染"等是不是环境公益损害？而"环境公共利益损害"究竟损害了什么公共利益？裁判文书的表述含糊与不统一反馈了司法实务对环境公益内涵的迷惑。

纵观环境公益诉讼司法实务，从立案上的不统一到裁判上的用语模糊，无不体现出司法实务对环境公益诉讼认识上的迷惑，不仅迷惑于究竟何为环境公益，也迷惑于究竟谁享有环境公益。从而，表现为立案上对原告身份的纠结，对于裁判文书表达上的含糊其辞。

（二）环境公益诉讼立法实务的困惑

2012年《民事诉讼法》第55条的规定无疑具有历史性意义，它开启了我国公益诉讼规定的先河。但是，该条规定将环境公益诉讼仅仅限制于"污染环境"情形，似乎将"环境破坏"情形排除在导致环境公益损害之外。显然，"南平破坏林地公益诉讼案"所涉问题不是"环境污染"而是"环境破坏"。此外，该条规定只列了法定机关和有关组织为原告，直接排除了自然人（或者公众）原告。笔者不禁要问的是：环境污染等行为究竟损害了谁的环境公益？自然人（或者公众）难道不享有环境利益？究竟什么是环境公益？该条规定寥寥53个字却清楚地展示了该法对何为环境公益、谁享有环境公益问题的迷惑与

---

〔1〕 依据《关于开展环境污染损害鉴定评估工作的若干意见》，环境污染损害鉴定评估是综合运用经济、法律、技术等手段，对环境污染导致的损害范围、程度等进行合理鉴定、测算，出具鉴定意见和评估报告，为环境管理、环境司法等提供服务的活动。

不解。

《民事诉讼法》第 55 条将公益诉讼理由表述为损害"社会公共利益"是合理的，因为公益诉讼不仅可以针对环境污染行为，还针对侵害众多消费者权益等其他侵害行为。然而，2014 年《环境保护法》第 58 条直接"抄袭"《民事诉讼法》"社会公共利益"，表述为"对污染环境、破坏生态，损害社会公共利益的行为"却是颇让人费解的。污染环境或者破坏生态究竟损害了"何种"社会公共利益，《环境保护法》显然是应当予以明确的，这是环境公益诉讼的核心内容。对此核心问题的回避反馈出《环境保护法》立法实务上对"环境公益"问题的困顿。

当然，《环境保护法》第 58 条在《民事诉讼法》第 55 条"污染环境"的基础上增加了"破坏生态"，有一定进步意义。但是，将"污染环境"与"破坏生态"并列进一步反映了《环境保护法》立法实务的困惑。"污染环境"是不是不会导致"生态破坏"？"破坏生态"是不是不包括"污染环境"？而一般认为，"污染环境"是导致"生态破坏"的情形之一。《环境保护法》的这种表达更进一步地反映了立法实务对环境方面的"社会公共利益"内容的困惑。没有明确环境方面的"社会公共利益"是什么，就无法解释环境方面的"社会公共利益"的享有者。这种困惑进一步导致对环境公益诉讼起诉人的限制：将《民事诉讼法》规定的法定机关以及其他组织均被排除在外，只剩社会组织才能起诉。然而，究竟为什么只有专门从事环境保护公益活动的组织才能起诉，恐怕立法者也难以说明。

2015 年《最高人民法院关于审理环境民事公益诉讼案件适用法律若干问题的解释》（以下简称《环境公益诉讼解释》）为环境公益诉讼审判实务提供了诸多操作性的指导，对司法实务的意义不可小觑。然而，通观解释内容也不难发现该解释对环境公益诉讼的困惑。

因《民事诉讼法》第 55 条、《环境公益诉讼解释》第 1 条将"法律规定的机关和有关组织"确认为可以提起环境公益诉讼。然而，该解释在具体内容上则完全依据《环境保护法》第 58 条，只确认"社会组织"才能提起环境公益诉讼，并在第 11 条进一步确认检察机关等机关与组织只能"支持起诉"。此为《环境公益诉讼解释》在起诉主体上的困惑。因袭《环境保护法》的表述，《环境公益诉讼解释》第 1 条规定为：对造成"社会公共利益"损害或有重大损害风险的"污染环境、破坏生态"行为提起诉讼，法院应予受理。该解释仍然回避了污染环境等行为究竟损害了"何种"社会公共利益的问题。这一回避带来了诸多问题：污染环境行为是否可能"仅仅"导致公共财产权利的损害？而这种情形是否可以导致环境公益诉讼？如果污染环境行为"仅仅"导致了较多的确定主体"人身权利"的损害，是否属于损害了社会公共利益？是否可以导致环境公益诉讼？对上述问题，依据该解释第 1 条、第 8 条以及第 9 条，答案似乎是肯定的。然而，将"仅仅"导致"非环境方面"社会公共利益的损害行为列入环境公益诉讼范畴，显然与以环保为目标的环境公益诉讼不相符。值得注意的是，该解释第 15 条对"生态环境修复"与"生态环境受到损害"作出了特别说明，第 21 条特别明确了"生态环境受到损害的赔偿"。该解释第 15 条和第 21 条似乎将社会公共利益理解为生态环境利益。以上显示了《环境公益诉讼解释》在"环境公益"内涵理解上的不确定性。没能解释什么是环境公益、谁享有环境公益，《环境公益诉讼解释》自然无法正确确认环境公益诉讼的起诉主体。

纵观环境公益诉讼立法实务，从 2012 年《民事诉讼法》第 55 条到 2014 年《环境保护法》第 58 条，再到 2015 年《环境公益诉讼解释》和《最高人民法院关于适用〈中华人民共和国民事诉讼法〉的解释》（注：该两解释在环境公益诉讼上的规定无差别），均因为无法解释"环境公益"的内涵，从而无法确立环境公益的享有人与环境公益诉讼的起诉人，体现出了环境公益诉讼立法实务上的困惑。

二、环境公益诉讼实务问题的理论症结：环境公益诉讼理论不自洽

实践需要理论指导。作为新型诉讼，环境公益诉讼实务更需要有相应的理论为基础。环境公益诉讼不仅涉及实体法内容，也涉及程序法内容；不仅是环境法学的研究内容，也是宪法与行政法学以及诉讼法学的研究内容。然而，环境公益诉讼理论研究并没有为立法与司法实务提供足够的理论基础。相反，理论上的不自洽进一步加剧了环境公益诉讼立法与司法实务上的困惑。

（一）"公益"与"诉讼"分别在宪法行政法学与诉讼法学中的失落

宪法与行政法学研究对于环境公益诉讼的贡献主要体现在对公共利益的研究上。源于国外学者观点——公共利益是一个"不确定法律概念"，[1]我

----

〔1〕　［德］卡尔·恩吉施：《法律思维导论》，郑永流译，法律出版社 2004 年版，第 133 页。

国宪法与行政法学研究中形成了"公共利益最主要及最复杂的特征就是其受益对象的不确定性"[1]的基本认识。因此，学术中几乎不讨论公共利益的享有主体，而只着力于公共利益的界定主体、[2]判断标准[3]等。鉴于对公共利益的不确定性认识，有学者另辟蹊径绕开实体内容而从程序角度进行论证，尝试通过"民主商谈"方式来确定公共利益的内容，[4]或者为行政机关以公共利益名义行使行政权时设置公众参与程序，[5]或者主张"从'公共利益'的理论界定转移到制度建设"。[6]无论是实体上还是程序上，宪法与行政法学研究由于无法形成对于公共利益内涵的共识，因而没有深入探讨公共利益的外延和类型化问题。究竟哪些利益属于公共利益，仍然是宪法与行政法学研究在公共利益上的短板。由于公共利益用语主要体现在我国宪法与相关行政法的征收和征用条款中，宪法与行政法学研究对公共利益的研究主要集中在土地征用、拆迁补偿、行业垄断等问题上。虽然环境公共利益当属公共利益范畴，但是环境公共利益并没有得到宪法与行政法学研究的关注。由此，环境公共利益内涵问题没能在宪法与行政法学研究中得到解决。

我国诉讼法学研究对环境公益诉讼的贡献主要体现在诉讼程序的内容方面。《中国律师》1999 年第 10 期刊发了我国第一篇以"公益诉讼"为题的论文，[7]2001 年开始出现以"行政公益诉讼"为题的论文，[8]2002 年开始出

---

[1] 胡鸿高："论公共利益的法律界定——从要素解释的路径"，载《中国法学》2008 年第 4 期，第 61 页。

[2] 参见张千帆："'公共利益'的困境与出路——美国公用征收条款的宪法解释及其对中国的启示"，载《中国法学》2005 年第 5 期，第 44~45 页。王本宏、高志宏："公共利益界定主体研究"，载《学术界》2012 年第 8 期，第 85~95 页。

[3] 参见王景斌："论公共利益之界定——一个公法学基石性范畴的法理学分析"，载《法制与社会发展》2005 年第 1 期，第 133 页。

[4] 参见房绍坤："论征收中'公共利益'界定的程序机制"，载《法学家》2010 年第 6 期，第 46~52 页。

[5] 参见倪斐："公共利益法律化：理论、路径与制度完善"，载《法律科学（西北政法大学学报）》2009 年第 6 期，第 47 期。

[6] 张千帆："'公共利益'的困境与出路——美国公用征收条款的宪法解释及其对中国的启示"，载《中国法学》2005 年第 5 期，第 36 页。

[7] 参见韩志红："公益诉讼制度：公民参加国家事务管理的新途径——从重庆綦江'彩虹桥'倒塌案说开去"，载《中国律师》1999 年第 10 期。

[8] 参见谢红星："行政公益诉讼初探"，载《湘潭工学院学报（社会科学版）》2001 年第 4 期；于安："行政诉讼的公益诉讼和客观诉讼问题"，载《法学》2001 年第 5 期；龚雄艳："我国应该建立行政公益诉讼制度"，载《法学杂志》2001 年第 6 期。

现"民事公益诉讼"的论文。[1]从此，诉讼法学研究似乎有了一个不成文的规定：公益诉讼包括民事公益诉讼与行政公益诉讼。当然，此后还有个别学者提出了刑事公益诉讼问题，但响应者寥寥。毕竟，刑事诉讼本身就站在国家公共利益角度上才得以产生。

其实，无论是民事诉讼还是行政诉讼，起诉者都是作为个体的自然人或法人等组织，都以维护自然人或法人等组织的个体利益为目的。这种以维护个体私利为目的的诉讼或可以简称为"私益诉讼"。公益诉讼顾名思义是以维护公共利益为目标的。在实体上尚没有解答何为公共利益、程序上尚不能明确谁是公益诉讼原告的情形之下，直接以被告身份来划分诉讼类型，并直接将公益诉讼归入民事诉讼或行政诉讼，是不符合理性精神的。显然，公益诉讼的核心问题并不在于被告是谁，而在于原告是谁。只有明确了公益诉讼的原告，才能明确公益诉讼的实体法律关系，才能最终明确公益诉讼的类型。而要明确公益诉讼原告是谁，就必须明确公益是什么。因此，鉴于"公益"内涵不明，诉讼法学研究对于公益诉讼原告的研究可以说是苦不堪言，研究观点也不一而足。有学者认为，"我国民事公益诉讼应采取民事公诉为主导"[2]的模式。有学者认为"公益无主"，因此公益诉讼是"为无主公益而特别设定的担当人诉讼"，法律应赋予特定机关和有关组织为原告。[3]然而，在没有明确何为公益、谁享有公益的前提下只研究公益诉讼的原告，其结果是可想而知的。其实，对于公益诉讼，诉讼法学研究自始就步入了一个误区：将公益诉讼归入行政诉讼或者民事诉讼，无视公益诉讼与行政诉讼、民事诉讼等之间的本质区别，从而导致纠结于公益诉讼原告问题而忽视了对公益诉讼本质的研究。可以说，诉讼法学研究并没有对环境公益诉讼提供多少理论上的支持。

应当说，宪法与行政法学研究对于环境公益诉讼的贡献应当主要集中在

---

[1]　"民事公益诉讼"论文，参见陈文曲："民事公益诉讼简释"，载《长沙航空职业技术学院学报》2002年第4期。董伟威："民事公益诉讼人的法律问题"，载《人民司法》2002年第12期，第44~48页。与此同时还出现了"环境公益诉讼"为题的论文，参见仲崇玉、徐以祥："论环境公益诉讼"，载《凉山大学学报》2002年第2期。

[2]　肖建国："民事公益诉讼的基本模式研究——以中、美、德三国为中心的比较法考察"，载《中国法学》2007年第5期，第129页。

[3]　许尚豪："无主公益的特殊诉讼——我国民事公益诉讼的本质探析及规则建构"，载《政治与法律》2014年第12期，第97页。

"公益"上，而诉讼法学研究则应当主要集中在"诉讼"上。但是，宪法与行政法学研究在公共利益"不明确法律概念"思维下对"公益"的研究存在利益内容不具体倾向，偏离了对公益具体内容的研究。而诉讼法学研究则自始将公益诉讼归类于民事诉讼或行政诉讼，无视它们在"诉讼"本质上的区别。无论在"公益"上的研究还是在"诉讼"上的研究都没有给环境公益诉讼研究奠定足够的理论基础。

（二）"环境利益"研究悖论在环境法学中被忽视

环境法学研究专门针对"环境公共利益""环境公益"或者"环境利益"的研究并不多见。对于环境公益的研究主要围绕环境权而展开。20世纪80年代，自我国重新开启环境法学研究伊始，学者就指出环境法的公益属性。[1]20世纪90年代，有学者进一步将这种公益归属于社会利益。[2]但是，随着环境权研究，环境的公益性和环境法的公益性逐渐被忽视和淡化。

蔡守秋教授在1982年指出，环境权包括狭义上的公民环境权和广义上的国家和法人的环境权，是"法律赋予法律关系的主体在其生存的自然环境方面享有的某种权益"。[3]在此基础上，学者们进一步认为环境权既包括生态性权利又包括经济性权利，具体如日照权、通风权、安宁权、清洁空气权以及水权、眺望权、观赏权等。[4]这些观点在20世纪90年代几乎成为共识。不难发现，在环境权研究兴起之际，环境权所蕴含的环境利益内容是十分广泛的，不仅体现在如健康权、眺望权等人格利益方面，还体现在财产利益、审美利益方面，甚至也体现为新型利益——生态利益。除人格利益内容外，这种利益内容与政治经济学所讨论的环境利益是相符合的。政治经济学认为，环境利益包括环境生态利益、环境经济利益、环境审美利益。[5]当然，随着科研的深入，环境经济利益遭到质疑，有学者认为环境法中环境利益不包括

---

〔1〕 参见凌相权、蔡守秋："论环境法的公益性"，载《法学评论》1983年第Z1期，第51～58页；蔡守秋："论法及环境法的概念、特征和本质"，载《法学评论》1987年第2期。

〔2〕 参见吕忠梅："论环境法的本质"，载《法商研究（中南政法学院学报）》1997年第6期。

〔3〕 蔡守秋："环境权初探"，载《中国社会科学》1982年第3期，第29～39页。

〔4〕 参见陈泉生："环境权之辨析"，载《中国法学》1997年第2期，第61～69页。吕忠梅："论公民环境权"，载《法学研究》1995年第6期，第60～67页。李艳芳："环境权若干问题探究"，载《法律科学（西北政法学院学报）》1994年第6期，第61～64页。

〔5〕 参见王强、张森林："马克思恩格斯关于环境利益的阐释"，载《中国青年政治学院学报》2010年第4期，第124页。

经济性利益。[1]而这一认识又成为新的共识。

那么，环境法中环境利益是否包括人身与财产利益呢？答案似乎是肯定的。因为我国《环境保护法》以保障公众健康为根本立法目的，而且绝大部分环境犯罪也都以造成人身伤亡或重大财产损害为要件。尽管环境法学研究没有对此提出论证，但也没有人提出质疑。确实，环境问题之所以严重到促生了环境保护法，就是因为环境污染与破坏最终导致了公众的生命健康损害和财产损害。由此，有学者认为，环境损害不仅包括对环境本身的损害还包括最终的人身和财产损害。[2]可见，在环境法学者眼中，环境利益包括人身财产利益。然而，不可争辩的是，公民的人身利益与财产利益都是私人的个体利益，而环境利益是被公认为属于公众的公共利益。作为公众所有的环境利益和作为公民个人所有的人身财产利益是无法存在包含与被包含关系的。可是，环境公共利益包含公民人身财产利益的悖论并没有引起环境法学研究的关注。

环境法学研究对悖论的忽视是有其根源的。因为在环境法学者看来，这种包含关系的假设可以架起环境公益与个体私益之间的桥梁。故而，如学者所言，开启了"从环境公共利益的保护转向个人环境基本权利的保护。环境权的确认有效解决了环境利益代表机制的困境：每一个人既是个人环境基本权利的拥有者，也是环境公共利益的合法代表者，这就为环境保护提供了不竭的动力"。[3]从而，环境权不仅体现公众的环境利益，同时也体现个体的私人利益。

对悖论忽视的更深层次原因是，环境法学研究直接将环境等同于环境要素，而对于环境只看到环境要素的有用性。由此，环境保护就是保护环境要素。例如，我国1989年制定的《环境保护法》第2条就将诸如水、大气、土地、草原、矿藏、遗迹、自然保护区、城市和乡村等环境要素的总体视为环境。环境要素在经济学上被认为是具有非排他性的公共物品。非排他性的环境要素作为自然资源归国家所有，而国家是公共利益的代表。由此，水体、

---

〔1〕　参见吴卫星："环境权内容之辨析"，载《法学评论》2005年第2期，第140~144页。徐祥民："对'公民环境权论'的几点疑问"，载《中国法学》2004年第2期，第109~116页。

〔2〕　参见王小钢："以环境公共利益为保护目标的环境权利理论——从'环境损害'到'对环境本身的损害'"，载《法制与社会发展》2011年第2期，第54页。

〔3〕　吴卫星："从环境公共利益到环境基本权利——环境保护基本模式的转型"，载《绿叶》2012年第5期，第20页。

空气、土地等经济学上的公共物品（即环境要素）就是环境法学上的公共利益。众所周知，环境要素对于人的有用性毋庸置疑，而环境要素对于人的有用性多体现为作为个人的有用性，即人的个体利益。由此，在环境即环境要素、环境利益即环境要素利益之下，个人利益被包含在环境要素利益即环境利益之中。

而且，法律中的权利都是个体的权利。因此，环境利益如果不能转化为个体利益，从而上升为个体权利，就不可能产生法律上的权利义务关系。质言之，环境利益如果不能转化为个人利益，在当前法律下就永远没有出头之日。从这一意义上，环境利益包含作为个人的人身财产利益也就在情理之中。然而，这无疑为正确解释环境利益制造了一个巨大的无形障碍。因为作为公共利益的环境利益无法私有化，是一个不争的客观事实。

（三）环境利益主体在环境法学中的无所适从

由于对环境利益本质的认识尚在探索之中，环境法学研究对环境利益主体并没有集中多少精力，零散的研究也主要体现在对环境权和环境公众参与的研究之中。

尽管学界对于环境权至今没能达成共识，但基本认可公众享有良好环境的权利。既为权利就有权利主体。权利是利益的外化，离开了利益就谈不上权利。因此，环境权的主体实际上就是享有环境利益的主体。我国首次提出环境权概念时，环境权的主体包括公民、法人和国家。当然，尽管少数学者就国家环境权作出过论证，[1]但国家环境权慢慢淡出了学者的视野。而对于法人，学界似乎一开始就不看好这一主体，并没有以"法人环境权"或"组织环境权"为题的学术研究。从这一发展变化来看，环境权主体即享有环境利益的主体只有公民，对公民环境权的研究就成了环境权研究的主战场。进一步，学者对公民环境权的"公民"内涵有了新的认识，认为包括当代人和后代人在内的所有人都是公民。[2]但是，随着学界对超出法律能力所及范畴

---

〔1〕 参见郑少华："略论国家环境权"，载《上海环境科学》1992年第3期；张梓太："论国家环境权"，载《政治与法律》1998年第1期，第37~41页。

〔2〕 参见陈泉生："公民环境权刍议"，载《福建学刊》1992年第1期，第58~63页；吕忠梅："论公民环境权"，载《法学研究》1995年第6期，第60~67页；陈泉生："环境权之辨析"，载《中国法学》1997年第2期，第61~69页；吕忠梅："再论公民环境权"，载《法学研究》2000年第6期，第129~139页。

的后代人提出的质疑，后代人慢慢被排除在当前法律范畴之外。简言之，21世纪初环境利益主体被框定在当代人。众所周知，当代人仍然不是法律上的概念，学者由此开启了环境权私权化的思考，[1] 欲将环境利益的主体确认为个人。然而，随着"环境权是环境法确认和保护的社会权，而非由民法确认和保护的私权"[2] 等反对声音的出现，学界重新反思了一个基本现实：环境利益不是个人利益而是社会利益，具有整体性或者说是公益性，是公众的利益。然而，"公众"这一不确定性概念着实让学者困惑不已，尽管我国新《环境保护法》第 1 条立法目的将"保障公民健康"修改为"保障公众健康"。

　　无独有偶，在环境法中公众还存在于另一个制度中——公众参与。据可查资料显示，关于公众参与的学术资料最早可追溯到 1981 年《城市规划汇刊》第 3 期刊发的"借助公众参与　完善城市规划"。1983 年首次出现环境法意义上关于公众参与的学术讨论。[3] 但在 20 世纪 80 年代到 90 年代，公众参与并没有引起环境法学者的太多关注，直至 21 世纪才成为环境法学术热点。1983 年学者就认为，"谁是'公众'呢？他们是所有的人，是一般的大众。"[4] 尽管公众参与成了学术热点，但究竟公众是谁的问题却并没有得到理论上的解决。参与只是表象而不是本质。公众参与是一种工作机制、一种工作形式。就公众参与论公众，是无法理解公众的本质的。公众参与的实质在于公众为什么能够参与？从法律角度而言，公众之所以能够参与环境事务显然是因为公众享有了参与权。而公众享有了这种程序上的法律权利的前提自然是公众必须享有环境上的实体权利。由此，公众参与再次回到公众环境权问题上。换句话说，环境公众参与的潜台词是：公众是环境利益的享有主体。

　　不难发现，无论是环境权还是环境公众参与，其所反映的环境利益是公众的环境公共利益。环境公益的享有主体就是公众。然而，在当前法律体系下，公众的不确定性决定了公众无法成为当前法律中的法律概念。由此，学

---

〔1〕　参见吕忠梅：《沟通与协调之途——论公民环境权的民法保护》，中国人民大学出版社 2005 年版。

〔2〕　朱谦："论环境权的法律属性"，载《中国法学》2001 年第 3 期，第 65 页。

〔3〕　参见［美］Katherine Montague、Peter Montague："公众参与放射性核废物管理的一个方案"，王平译，载《地下空间》1983 年第 5 期，第 55~63 页。

〔4〕　参见［美］Katherine Montague、Peter Montague："公众参与放射性核废物管理的一个方案"，王平译，载《地下空间》1983 年第 5 期，第 55~63 页。

者甚至认为，公益是无主的，[1]公众就是无主。无论是公众还是无主，都充分反映了环境利益主体问题给环境法学者带来的苦闷。

在实体意义上尚没能对环境公益及其享有主体给出满意解答之下，环境公益诉讼又急切地登上了学术舞台。如同诉讼法学研究困惑于公益诉讼原告一样，环境法学研究也一直陷于对环境公益诉讼原告的研究困境。对于环境公益诉讼原告，环境法学界有赞同也有反对检察机关作为原告的，[2]有学者认为仅有社会组织才能作为原告，[3]还有个别学者认为仅有私人或社会团体才能成为适格原告。[4]在研究中，大部分学者似乎预设了一个前提：公益是公众的利益，公众的利益不是个人的利益，因此个人与公益诉讼无关。这个前提预设与前述环境利益包含个体人身财产利益的观点形成了截然相反的对立。可见，对环境公益诉讼原告的研究困境源自对环境公益的研究困惑。

如果说宪法与行政法学研究和诉讼法学研究对于环境公益诉讼的研究贡献应当分别集中在"公益"和"诉讼"上的话，那么环境法学研究则应当主要体现在"环境"上。然而，环境法学研究却并不尽如人意，"何为环境公益"问题在环境法学界没有得到解决，环境公益诉讼的原告问题自然也无法解决。无论是宪法与行政法学研究还是诉讼法学研究，抑或是环境法学研究，都没有为环境公益诉讼提供自洽的基础理论。而不自洽的理论导致了立法实务上的困顿。立法实务上的困顿则导致司法实务上的迷乱。环境公益诉讼一直处于理论困惑与立法、司法实践需求之间的矛盾之中。

三、环境公益诉讼理论症结的方法论偏离

环境公益诉讼的目的在于维护环境利益，环境利益才是环境公益诉讼的

---

〔1〕 许尚豪："无主公益的特殊诉讼——我国民事公益诉讼的本质探析及规则建构"，载《政治与法律》2014 年第 12 期，第 97~105 页。

〔2〕 参见杨秀清："我国检察机关提起公益诉讼的正当性质疑"，载《南京师大学报（社会科学版）》2006 年第 6 期，第 37~41 页。王社坤："检察机关提起环境公益诉讼的现状与建议"，载《环境经济》2013 年第 4 期，第 51~54 页。孙洪坤："检察机关参与环境公益诉讼的实证分析"，载《苏州大学学报（法学版）》2014 年第 4 期，第 89~111 页。

〔3〕 参见郭雪慧："论公益诉讼主体确定及其原告资格的协调——对《民事诉讼法》第 55 条的思考"，载《政治与法律》2015 年第 1 期，第 157 页。

〔4〕 参见蔡守秋："从环境权到国家环境保护义务和环境公益诉讼"，载《现代法学》2013 年第 6 期，第 3~20 页。

核心。环境利益是整体利益、公共利益。作为整体性的公共利益与以往法学只关注的个体利益，是不在同一层面上"两个世界"的内容。因此，无法以对待个体利益的方式对待整体利益。

（一）独霸地位的个体主义方法论是环境公益诉讼等法学研究的方法论

"法律科学不应如同现在多数人所认为的那样从司法官颁布的法令中推演出来，而应是从哲学的最深内核推演出来。"[1]哲学上的方法论是人们认识世界、改造世界的根本方法，是解决问题的基本立场。个体主义方法论与整体主义方法论是哲学上方法论的两极表现。个体主义方法论立足于个体，将个体作为分析问题的基点与逻辑起点，是一种无论整体、集体、群体或者团体都按个体活动和个体关系加以分析的方法论。整体主义方法论则完全相反，它以整体作为研究的基点。

为反对中世纪封建神权与禁欲主义，文艺复兴掀起了个体主义思潮，注重个性解放，强调个人自由。个体主义是近代西方"以权利观念为核心的制度化的政治个体主义，是在反对整体专断权力的意义上来给自己定位的"。[2]在个体主义眼中，只有个体没有整体。17世纪至18世纪，霍布斯、洛克、孟德斯鸠、休谟、爱尔维修、霍尔巴赫等思想家更进一步将个体主义渗入法律领域，形成个体权利思想，即所有的权利是个体的权利，权利与个体（个人或者法人等组织都是个体）不可分割。换言之，自近代法学伊始，法学方法论就是个体主义方法论，是文艺复兴对作为个体人思想解放的必然结果。这一方法论为近现代个体解放（即个人的解放）以及个体权利的发展提供了强大的动力。可以说，没有法学个体主义方法论，就没有近现代的法学权利理论，甚至可以说就没有近现代意义上的法学。近代以来，整个法学研究都是以个体作为逻辑起点的，无论是传统意义上的民商法学、行政法学、诉讼法学等，还是晚近兴起的环境法学。因循法学个体主义方法论，环境法学自兴起之时就没有偏离以个体为基点的传统。

然而，个体主义方法论是一种"只见树木不见森林"的立场。社会固然由个人组成，整体固然由个体组成，但是"社会并不是个人相加的简单总和，而是由个人的结合而形成的体系，而这个体系则是一种具有自身属性的独特

---

〔1〕［古罗马］西塞罗：《国家篇 法律篇》，沈叔平、苏力译，商务印书馆1999年版，第157页。

〔2〕储智勇："近代个人主义的兴起及其品性"，载《浙江社会科学》2008年第8期，第80页。

的实在。……如果我们从孤立的个人出发去研究，我们就完全不能了解团体内部发生的一切"。〔1〕个体主义方法论不是万能的方法论，这种"只见树木"的方法论无法解析作为社会整体的"森林"。"社会作为一个整体获得了比这个'总和'更多的属性，即结构属性。这种结构属性既不是来源于个体本身，也不是个体的属性可以解释得了的。"〔2〕"不见整体"是个体主义方法论的天然缺陷。

人不仅有其自然属性更有其社会属性，人不仅需要有个体利益也需要有社会公共利益。人的自然属性体现出了人的个体利益，而人的社会属性体现出了公共利益的存在。个人逐利自然属性的极端化只会导致社会公共利益的损害。在个体主义发展过程中，人们逐渐意识到人的社会属性与社会公共利益的重要性。由此，近代法律开始了所谓的法律社会化过程，即所有权的限制、契约自由的限制以及无过错责任原则的产生等。然而，社会化的法律仍然是以个体主义方法论为立场的，是以个体为目标的法律。法律的社会化并不能够改变法律的这一基本立场。因此，法律的社会化并不能从根本上解决体现为整体性的社会公共利益保护问题。

（二）环境利益与个体主义方法论之间存在不可调和的矛盾

环境利益是公共利益，是环境法学界的基本共识。尽管理论界至今没能够对公共利益给出明确具体的公认定义，但是公共利益不是私人利益却是十分明确的。公共利益是人人可以享有且不排除他人享有的利益，即具有共享性和非排他性。那么，公共利益为什么具有共享性且非排他性呢？显然，从利益享有人角度是无法解答这一问题的。利益是需要的外在表现，而需要是人的需要。对人的需要的满足以供给对象的有用性为前提。换句话说，供给对象对人的有用性才是利益提供的关键。一块面包能够满足人的生理需要，因而是一种利益。但是，这种利益只能是独占性的，因为当一人享用了这块面包即享有了这种利益，任何其他人都将无法再享有了。可见，某种意义上，决定某种利益是个体利益还是公共利益的关键，在于供给对象的特殊性。公共利益之所以具有共享性，其原因在于供给对象的不可独占性。如环境利益

---

〔1〕 ［法］E. 迪尔凯姆：《社会学方法的准则》，狄玉明译，商务印书馆1995年版，第119页。

〔2〕 王宁："个体主义与整体主义对立的新思考——社会研究方法论的基本问题之一"，载《中山大学学报（社会科学版）》2002年第2期，第128页。

之所以是共享且非排他的是因为环境的不可分性与不可独占性。环境的可共享性利用事实决定了法律上环境利益的非独占性，而环境不可专属性利用的事实表现出了环境的整体性。换句话说，因为环境具有整体性即不可个体化，环境利益才表现为其公共利益属性与整体性。

　　然而，我国"传统法律对于'环境'没有整体的认识，更缺乏对'环境'生态属性的整体定位和界定"。[1]1979年《环境保护法（试行）》将"环境"解释为水、土地、矿藏等，甚至将野生动植物、水生生物、温泉等均作为环境。1989年和2014年的《环境保护法》仍然将水、土地、矿藏、野生生物等列为环境。从广义上说，除人之外的世间万事万物都是组成环境的成分。但是，水是每一个个体的生活必需，房产所占土地也是个体化了的土地，取得了采矿权事实上意味着某些矿藏已经归属于个体，而野生生物（除国家规定的珍稀生物外）就更是执行了物权法的"无主先占原则"而任由其个体化。当一杯水、一只野兔在事实上个体化，在法律上确认为个体所有，那么这杯水和这只野兔就不再是环境法中的环境范畴而是物权法的物的范畴。同理，一套住房所包围的空间（空气）也无法成为环境法的环境，而是私法范畴的空间。这些在法律上个体化了的内容体现的不是环境利益而是纯粹的经济利益。环境利益是不可分化的整体利益，被个体化的内容是无法被归属为环境内容的。将这种个体化或者说私有化了的利益内容归属于环境利益是不合情理的。

　　那么，为什么说环境具有整体性而不可以个体化呢？这是因为环境本身不是一个物质，也不是多个物质的简单叠加，而是一定空间内生物与非生物之间的物质循环、能量流动和信息传递的统一整体。这个表现为生态系统的统一整体即生态环境才是环境法中的环境。"任何生态系统都是在生物与环境的相互作用下完成能量流动、物质循环和信息传递的过程，以维持系统的稳定和繁荣。"[2]生态环境不是大气、水体、土地等所谓"静态"的环境要素，而是"动态"的统一整体。环境问题促生了环境法，"环境问题是指由自然的或人为的原因引起生态系统破坏，直接或间接影响人类生存和发展的一切现实的或潜在的问题"。狭义上仅指由于人为原因引起的。[3]环境问题的实质是

---

〔1〕　李挚萍："环境法基本法中'环境'定义的考究"，载《政法论丛》2014年第3期，第48页。
〔2〕　张丽萍编著：《自然资源学基本原理》，科学出版社2009年版，第77页。
〔3〕　参见吴彩斌、雷恒毅、宁平主编：《环境学概论》，中国环境科学出版社2005年版，第5页。

人们向自然界过度索取或过度排泄而超出了自然界的生态阈值，导致了生态系统无法及时自我修复。因此，与其说是环境问题、环境危机，不如说是生态问题、生态危机。这种无法及时自我修复的生态系统导致系统中的人与环境要素之间的物质循环、能量流动和信息传递的紊乱，从而威胁到人的生存，最终造成群体性的生命与健康损害。可见，以解决环境问题为目标的环境法所要维护的是生态环境的正常运行，所要保护的利益是由生态系统所决定的整体性的生态利益。

曾有学者反对环境的生态性，"将生态学的环境概念贯彻到环境法，无疑给人类现有的法学理论出了难题"，将导致非人的所有生物都成为法律权利的主体。[1]显然，这是对生态环境与权利主体之间关系的一种误读。因为承认生态环境的客观事实与承认人的主体地位之间并没有本质联系。生态环境是事实判断问题，而人的主体地位是价值判断问题。1989年《环境保护法》第1条表述为"为保护和改善生活环境与生态环境"；2014年《环境保护法》第1条表述为"为保护和改善环境，……推进生态文明建设"，足见一定程度上学界对环境的生态性认识。尽管一定程度上认识到了环境的生态本性，[2]并竭力建设生态补偿制度，但是环境的生态性并没有引起环境法学研究者足够的重视。

"具有正当性的环境法律应该遵循自然生态规律。"[3]环境法中的环境是生态环境。生态环境所满足的人的需要是生存需要，所提供的利益是生态利益。生态环境是整体的，环境利益或称生态利益也是不可分的。然而，环境的整体性与环境利益的不可分性在传统的法学个体主义方法论下自觉与不自觉地被遮蔽。环境法学研究跟随传统法学研究个体主义方法论，以个体作为

---

〔1〕 参见周训芳："环境概念与环境法对环境概念的选择"，载《安徽工业大学学报（社会科学版）》2002年第5期，第12页。

〔2〕 参见周训芳："环境概念与环境法对环境概念的选择"，载《安徽工业大学学报（社会科学版）》2002年第5期，第12页。参见周珂：《生态环境法论》，法律出版社2001年版。曹明德："生态法的理论基础"，载《法学研究》2002年第5期，第98~107页。曹明德："论生态法的基本原则"，载《法学评论》2002年第6期，第60~68页。吴贤静、蔡守秋："生态法：修改《环境保护法》的新视角"，载《福建政法管理干部学院学报》2008年第4期，第32~36页。李爱年、陈程："生态整体观与环境法学方法论"，载《时代法学》2008年第4期，第3~10页。徐祥民、高益民："从生态文明的要求看环境法的修改"，载《中州学刊》2008年第2期，第76~79页。

〔3〕 蔡守秋："论环境法的正当性的依据"，载《政法论丛》2010年第6期，第36页。

逻辑起点，寻求环境法中个体的权利与义务，企图以个体利益与个体权利的方式破解整体性的利益。然而，作为整体利益的环境利益是不可分的、不可个体化的，这是不可更改的客观规律。在环境利益与个体主义之间存在着整体与个体之间的绝对矛盾，"只见个体"的个体主义方法论无法解构"森林"整体。个体主义方法论在企图解构整体性的环境生态利益时，其天然缺陷就暴露无遗：个体主义方法论对于环境整体利益而言是一种"牛头不对马嘴"的方法论立场。

环境法的有效性"在一定程度上受经济规律制约，但主要的、根本的是受自然规律、生态规律的制约"。[1]个人主义方法论与环境的自然规律、生态规律背道而驰。以个体主义方法论解析环境法中的生态属性的环境利益，不仅无法解释环境利益的本质，也无法解释环境利益的享有人。最终，个体主义方法论下的环境利益与环境权利的享有人只能是令人伤感的"无主"。个体主义方法论与环境利益乃至环境权利之间是一对不可调和的矛盾。个体主义方法论不仅无法解析环境利益，也无法解析环境利益在法律的体现——环境权利，不仅无法解析环境权利的内容，更无法回答环境权利的主体。总之，法学个体主义方法论决定了以环境利益为根基的环境公益诉讼制度在理论上无法自洽，在实务上就只能困境重重。

四、总结：法学个体主义方法论是环境公益诉讼问题的症结

环境利益不是个体利益，也无法个体化。传统法学个体主义方法论对环境利益"霸王硬上弓"的最终结果是，环境利益本质的模糊化与环境利益主体的朦胧化。例如"福建闽侯'环境难民'集团诉讼案"[2]。该案终审判决福建某公司因污染事实赔偿给394名村民的农作物损失、人身伤害等近600万元。显然，这600万元是作为个体的个人利益，是394名村民的人身财产利益的加总，而并非对生态利益的赔偿。可见，该案件是纯粹为个体利益的传统民事诉讼，而非公益诉讼。公益诉讼以公益为基础，环境公益诉讼以环境利益为基础。环境利益是公共利益、整体利益。对于整体利益不能采取

---

〔1〕　金瑞林主编：《环境法学》（第3版），北京大学出版社2013年版，第29~31页。
〔2〕　"2014年中国十大公益诉讼评选推荐案例"，载http://www.pil.org.cn/q_news/q_se-lectlist.jsp，最后访问日期：2016年1月1日。

"只见树木不见森林"的个体主义方法论立场。正如学者所言，"环境法要想有效应对现代环境危机，必须以承认地球生态系统的整体性为前提，从个体主义走向整体主义"。[1]环境整体利益需要整体主义方法论立场，环境公益诉讼也应以整体作为分析的逻辑起点。"公共利益、社会利益问题，作为整体主义方法论分析的一个维度，自有其存在的理由与逻辑，否则，像环境保护之类的社会问题就无人关注。"[2]只是学界并没有践行环境法学研究的整体主义方法论。而环境利益的整体性、公共性决定了只能以整体主义方法论应对环境公益诉讼问题。

第二节　以环境权为基础的新型环境公益诉讼[3]

当前，环境公益诉讼的立法实务回避了环境公益享有人作为起诉人的资格问题，司法实务则迷惑于谁享有环境公益。实务上的困顿源自理论上的不自洽，理论不自洽根源于法学研究个体主义方法论的独霸地位，因为法学个体主义方法论与环境整体利益之间的矛盾不可调和。本部分内容拟抛开传统法学个体主义方法论而以整体为研究对象，分析环境公益诉讼的新型权利依据、新型法律关系及新型诉讼目标，以探讨环境公益诉讼不在传统诉讼之列的"另类"本质以及该"另类"本质的制度价值，以期为环境公益诉讼问题回归到整体主义方法论立场之上做些许探讨。

一、环境检察公益诉讼的问题

环境问题是社会问题。自社会问题被视为"市场失灵"并被"政府干预"以来，环境事务就被视为国家事务。当环境事务成为国家事务时，国家就成了环境利益的唯一代表，环境利益由此开始了利益国家化倾向。在环境利益国家化影响下，我国环境公益诉讼的立法司法实务及理论研究均回避了环境利益实际享有人的起诉人资格问题，甚至力推检察机关作为诉讼原告。

---

〔1〕　刘卫先："也论生态整体主义环境法律观"，载《政法论丛》2013年第2期，第38页。

〔2〕　胡玉鸿："论个人主义方法论在法学研究中的应用"，载陈金钊、谢晖主编：《法律方法》（第1卷），山东人民出版社2002年版，第89页。

〔3〕　本部分研究成果以论文《论环境公益诉讼的非传统性》，首次发表于《法律科学（西北政法大学学报）》2019年第1期。

环境利益的真正享有人在法律上的权利被遮蔽。另一方面，当前的环境公益诉讼理论遵循的是传统法学以个体为研究对象的方法论立场。然而，环境和环境利益等却是无法个体化的整体，以个体为研究对象的方法论立场与环境利益等的整体性之间是一对不可调和的矛盾。这对矛盾注定了当前法学研究在环境问题上的"霸王硬上弓"以及"硬上弓"后环境公益诉讼理论的不自洽。对以整体性为基本特征的环境问题，法学研究需要整体主义方法论立场。

二、环境公益诉讼的新型权利依据：生态公益及其成分利益下的环境权及其成员权

生态危机的严峻性催促着我国环境公益诉讼急切地登上了实务舞台。在突破"直接利害关系人"原则要求起诉者享有实体权利的基础上，借鉴德国团体诉讼中"非政府环保组织"原告制度以及英美法系检举人诉讼中"私人检察总长制度"，[1]我国环境公益诉讼制度只留下了两类原告：环保组织、检察机关。"直接利害关系人"原则的突破昭示着环境公益诉讼在实体法上的"权利空白"，两类原告并不享有环境公益上的实体权利。尽管部分学者为环境公益诉讼设计了环境权，[2]但因当前学术上环境权由公民享有而诉讼实务否认公民个人原告身份，显然也无法成为其权利依据。缺乏实体权利依据的环境公益诉讼实务背离了权利义务的对立统一关系，造成了司法权和行政权在环境公益救济上的混乱；其排除公民原告身份更是违反了我国《环境保护

---

〔1〕　德国法上的团体诉讼源于 1908 年《防止不正当竞争法》赋予产业团体制止不正当竞争的起诉资格。后扩展到环境法领域，赋予被官方认可的非政府环保组织保护自然的起诉资格。参见夏云娇："西方两大法系环境行政公益诉讼之比较与借鉴"，载《湖北社会科学》2009 年第 5 期，第 160 页。美国 "私人检察总长" 理论认为，"在出现官吏的违法行为时，为了制止这种违法行为，国会可以授权一个公共官吏，例如，检察总长，主张公共利益提起诉讼，这时就产生了一个实际存在的争端。同时，国会也可以不授权一个官吏提起诉讼，而制定法律授权私人团体提起诉讼，制止官吏的违法行为。这时，像检察总长的情况一样，也有一个实际的争端存在。宪法不禁止国会授权任何人，不论是官吏或非官吏提起这类争端的诉讼，即使这个诉讼的唯一目的是主张公共利益也可以。得到这样授权的人可以说是一个私人检察总长"。参见王名扬：《美国行政法》，中国法制出版社 1995 年版，第 627～628 页。英国法官也认为："法律必须设法给没有利害关系或没有直接利害关系的居民找到一个位置，以便防止政府内部的不法行为，否则没有人能有资格反对这种不法行为。" 参见［英］威廉·韦德：《行政法》，徐炳等译，中国大百科全书出版社 1997 年版，第 365 页。

〔2〕　学者认为，环境权是维护公众环境利益的法律基础和依据；环境公益诉讼是因侵犯环境权而引起的诉讼，是对受到侵犯的环境权进行救济的主要途径。参见蔡守秋："从环境权到国家环境保护义务和环境公益诉讼"，载《现代法学》2013 年第 6 期，第 3 页。

法》第 53 条规定，公民享有参与和监督环境保护的权利，更背离了第 1 条"保障公众健康"的立法目的。理论准备的不足导致了立法实务的不完备，环境公益诉讼的权利依据究竟是什么？"人们奋斗所争取的一切，都同他们的利益有关。"[1]环境公益诉讼既以救济环境公益为宗旨，其权利依据只能从环境公益说起。

（一）生态公益所衍生的整体权利"环境权"是环境公益诉讼的根本依据

世间万事万物皆可称为环境。宏观而言，整个地球是一个环境。微观而言，一杯水、一间居室也是一个环境，但一杯水或一间居室并非环境法意义上的环境，因为这种环境已被个体化，其产生的利益也已被私有化。利益被私有化了的环境是传统民事法律的权利客体，没有环境法进行调整的余地。能够被个体化或私有化的环境不能成为环境法意义上的环境，环境法意义上的环境就只能是以公共性为基本特征的环境即公共环境。在哲学意义上，环境不仅具有经济利益、审美利益，还具有生态利益。经济利益在法律上被确认为财产权利，要么归属于个人或社会组织，要么归属于国家。从享有各自利益角度而言，国家、社会组织或个人都属于个体的范畴。环境的经济利益完全被个体化并在法律上体现为个体财产权利。环境的审美利益是指环境带给人们心理上的享受。作为心理享受，环境的审美利益只能是作为个体的自然人才能享有，因而也只能是个体利益。审美利益作为个体利益在法律上也被确认为诸如眺望权等个体权利。环境的经济利益与审美利益已经完全被私有化了，且被诸如物权等财产权利和眺望权等人身权利所涵盖，仅表现出经济利益和审美利益的环境已经成了传统法律的权利客体，不是环境法意义上的环境。在环境的三大利益表现中，只有生态利益才是不能被个体化或私有化的公共利益，生态利益即生态公益。可见，表现出生态公益的环境即生态环境，才具有环境法意义上环境的公共性特征，才是环境法意义上的环境。申言之，环境法意义上，环境利益是指环境的生态利益，生态利益以公共性为基本特征即生态公益。因而，环境利益无私益之说，环境利益即环境公益。

生态公益的公共性仅表现为社会公共性，而不表现为国家公共性。"公共利益不独国家的利益，社会的利益亦包括在内"，[2]公共利益包括国家公共利

---

[1] 《马克思恩格斯选集》（第 2 卷），人民出版社 1972 年版，第 87 页。

[2] 史尚宽：《民法总论》，正大印书馆 1980 年版，第 31 页。

益（简称为"国家利益"）和社会公共利益（简称为"社会利益"）。国家作为政治统治机构，政治利益是国家利益的当然内容，领土完整、国家主权和文化完整是国家利益的核心内容。社会利益则是与政治统治无关的，在一定时空范围内社会成员基于共同需求而产生的公共利益。生态公益是社会成员的共同生存利益，无阶级统治属性，与政治统治无关，不能为国家利益所涵盖。作为生态利益的载体，生态系统是各种生物与非生物进行能量流动、物质循环和信息传递的统一整体，是"在一定范围内由生物群落中的一切有机体与其环境组成的具有一定功能的综合统一体……是生物与环境之间构成的一个功能整体"。[1]这是一个无法个体化的整体。生态系统的良性运行为一定时空范围内的人"类"提供了共同的基本生存前提，体现出以公共性为特征的生存利益即生态公益。该生态公益是以"类"的形态而存在的整体利益。作为人"类"共同拥有的生存基础，生态公益不是具体的个人利益而是个人利益得以存在的基础平台。离开了生态公益平台就无从谈起个体利益，生态公益是一切个体利益的基础与前提。生态公益的"类"的形态、整体属性与平台属性清楚地呈现出生态公益的非政治性、非国家性。"人类的利益与生态系统的利益是同一的……判断善恶的标准不在乎于个体，而在乎于整个生命共同体。"[2]作为统治者与被统治者的共同需求，生态公益是人们在生态环境上的、与政治统治无关的社会公共利益。社会公共性是生态公益的基本特征。

然而，传统法学"权利主体是个体"的预设无法应对生态公益的社会公共性，因而数十年的环境权研究只留下"环境权主体与内涵不明"的结果。整体性的生态系统孕育的是整体性的生态公益，这种无法私有化的整体性生态公益决定了生态公益享有主体的无法个体化。生态公益享有主体的无法个体化与传统权利主体的个体化预设之间的矛盾天成，决定了生态公益是无法通过传统个体权利形态获得保障的。因此，尽管"现实的个人不但具有个体性，而且还具有社会群体性和人类性"，[3]人们不仅需要个体私利还需要社会公益，尽管个体私利获得了权利形态的法律确认，社会公益也应得到权利形态的法律保障，但在传统以权利为表征的个人主义思想下，生态公益等社会

---

〔1〕　李爱贞编著：《生态环境保护概论》，气象出版社 2005 年版，第 42 页。

〔2〕　［美］纳什："自然的权利"，转引自汪劲：《环境法律的理念与价值追求——环境立法目的论》，法律出版社 2000 年版，第 209 页。

〔3〕　武天林：《马克思主义人学导论》，中国社会科学出版社 2006 年版，第 65 页。

公共利益是无法实现权利化的。

　　"法律不是创造利益，而是对新出现的利益的确认和维护，并最终通过设定权利和义务进行分配从而实现对社会的控制。"[1]生态公益是近代以来随着环境危机的频频爆发才呈现出来的新型利益。生态危机的频频爆发强调着"新出现"的生态公益亟须法律确认与维护的急迫性，强调着生态公益法律权利化的迫切性。如同财产利益被确认为财产权一样，人们对于环境的生态公益也亟须被确认为环境权（或称为生态权更为确切）。然而，生态公益之"新"不仅在于其"新出现"，更在于其"异于传统的社会公共性"。以社会公共性为基本特征的生态公益是不可分割、不可化约为个体的整体。生态公益的整体性决定了生态公益的享有主体只能是作为整体的社会公众，是不可化约为个体的公众整体。生态公益享有主体的不可化约性决定了生态公益的权利化结果即环境权享有主体的不可化约性，环境权的权利主体只能是享有生态公益的公众整体，而不是作为个体的自然人或组织。生态公益"异于传统的社会公共性"之新昭示着生态公益的权利化结果即环境权之新，环境权绝非传统意义上的个体权利，而只能是一定时空范围内公众整体就整体性的生态公益所享有的新型权利，一种区别于传统个体权利的整体权利、公共权利。整体性、社会公共性是环境权的基本特征。

　　当环境公益即生态公益在法律上被确认为环境权时，以维护环境公益为目标的环境公益诉讼就有了权利依据。环境权的确立是环境公益诉讼的逻辑前提，而环境权受害则是提起环境公益诉讼的事实前提。以生态损害导致生命健康权受害或受害之虞为由提起的诉讼不是环境公益诉讼。以生态损害导致生命健康权受害为由提起诉讼，其立足点是个体生命健康权，当属于私益诉讼范畴。以生态损害导致生命健康权受害之虞为由提起要求停止侵权、恢复原状、排除妨碍等诉讼，虽然在维护个体权益同时也能实现维护生态公益的效果，但其立足点仍然是个体权利，仍属私益诉讼范畴。环境公益诉讼只能是依据环境权而提起的诉讼。生态公益是个体利益得以存在的整体基础，环境权则是个体权利存在的公共平台。当环境权的权利状态圆满时，个体的生命健康权就有了基本保障；当环境权遭受侵害时，个体的生命健康权就将面临危害。环境公益诉讼不是对个体私利的维护，而是对一定时空范围内个

---

　　〔1〕　［美］罗斯科·庞德：《法理学》（第3卷），廖德宇译，法律出版社2007年版，第17页。

体私利得以存在的公共平台即生态公益的维护。因而，环境公益诉讼依据的不是个体权利，而只能是个体权利得以存在的前提即公众环境权。只有基于环境权以维护生态公益为目的而提起的诉讼才是环境公益诉讼。

（二）环境成分利益所衍生的成员权"生态公益维护权"是环境公益诉讼的直接依据

在传统法学个体主义方法论下，成员权（有学者称为社员权）[1]是一个理论发展十分微弱的权利形态，乃至被民事权利化。有学者认为，作为民事权利，成员权包括非经济性的共益权与经济性的自益权，"在公益性社团，社员的社员权以非经济性的为主，而且权利不是'利己的'，具有公益的性质"。[2]然而，传统法学中的权利都是个体且利己的，并不具有利他性，将成员权解释为民事权利并认为其具有利他性是相互矛盾的，共益权的共益性与民事权利的私有性也是无法相容的。被民事权利化的成员权不仅无法囊括所谓的共益权内容，共益权本质上是新型的整体权利的权利内容，甚至也无法包含所谓的自益权内容，自益权不过是个体成员在整体权利上的利益分享，这种利益并不一定体现为经济利益。仅以个体为研究对象的传统法学无法解析成员权，因为成员权并非独自成立的权利，而是其所依赖的整体权利所派生的第二性权利。

个体主义方法论认为，社会整体不过是个体的简单加总，个体才是社会的真实本体，才是科学研究的逻辑起点。因而，不存在独立意义上的公众整体。整体主义方法论认为，整体由个体组成但不能化约为个体，而是由个体联合而成的独立实体。一定时空范围内的公众整体就是由公众个体成员联合而成并独立于个体的真实实体。近代以来，传统法学奉行个体主义方法论，

---

〔1〕 当前，成员权或社员权的研究十分薄弱，我国成员权的主要研究集中于两项内容：一是农村集体的成员，二是建筑物区分所有权下的成员权利。除国家之外，享有土地所有权的只有农村集体。在农村集体这个整体性概念下，农村集体成员（可能是个人还可能是家庭户）的权利究竟是什么，至今没能达成合乎逻辑的共识。在仅有的学术研究中，农村集体成员权多被定性为人身权或财产权等民事权利。而建筑物区分所有权难以说明业主的整体性、所涉问题的公共性，其成员权也被完全锁定在民事权利范畴之内。德国法上的成员权主要体现在《德国民法典》第 38 条，也明显表现出民事权利属性。作为整体权利的派生权利、作为公共利益中无法独自成立的成分利益的权利化结果，成员权被民事权利化的实质是对农村集体、小区集体等整体的否认，是对整体的个体化化约，是对公共性的整体权利的"强行"私有化。农村集体经济的没落与成员权的没落存在正相关关系。

〔2〕 谢怀栻："论民事权利体系"，载《法学研究》1996 年第 2 期，第 76 页。

整体概念几乎被全部排斥在法律之外。但追溯世界法律史，在以"团体主义"为基本特征的日耳曼法中仍然可以看到诸如"共同态"等整体性内容的概念。"中世纪初期之共同态，皆系以一定之事实为前提，因有此种事实关系，即当然成立。……盖初期之共同态原以现存生活利益之维护防卫为目的。"[1]"共同态"是公众整体的表现形式，是基于事实状态、为维护防卫现存生活利益为目的而当然形成的整体。中世纪并无环境问题，也不可能产生环境方面的"共同态"。但近代以来，环境污染与破坏严重危害着生态系统，整体性的生态公益逐渐凸显，一定时空范围内的公众整体已是一种事实存在，为维护防卫现存生态公益在事实上已经形成了环境"共同态"。在环境"共同态"中，对不可分割的生态公益，公众整体共同享有一个完整的权利即环境权。公众整体享有环境权不仅表现为有权"静态"地享有生态公益，还表现为"动态"地为"现存生活利益之维护防卫"而享有维护防卫性权利。如同"静态"的物权派生出"动态"的消除危险请求权、恢复原状请求权等物上请求权（物上请求权是一种维护防卫性的权利）一样，这种维护防卫性权利是为保障环境权的权利圆满状态而由环境权所派生的第二性权利。所不同的是，物权所派生的物上请求权别无选择地只能交由物权人自己行使，而环境权所派生的维护防卫性权利则可以交由公众整体或公众成员行使。生态公益是所有个体利益存在的基础前提，环境权是个体权利存在的公共平台。环境权平台一旦受害，平台上的个体权利必将受害。要想切实维护个体权利，平台上的个体就必须享有先行维护公共平台即环境权的权利。先行维护环境权平台的权利是环境权平台上所有个体成员的当然权利。可见，公众成员当然地享有环境权派生的维护防卫性权利。显然，公众成员行使对环境权的维护防卫性权利，并不是公众成员享有了一项独立的权利，而是公众成员分享了环境权内部的部分权利内容而已。

然而，公众成员享有环境权内部的部分权利内容并非因为独立的个体利益而产生，而是因为环境公共利益（即环境公益）以及该公益中个体成员的利益成分（或可称为"成分利益"）而产生。环境公益是公众的共同利益，公众成员则分享着该公益中的成分利益。成分利益不是个体利益。个体利益是独立存在的利益，成分利益虽由个体分享，但是无法独立存在而只能存在

---

[1] 李宜琛：《日耳曼法概说》，中国政法大学出版社 2003 年版，第 32 页。

于公共利益之中。成分利益是公共利益的构成成分，但公共利益不是成分利益的简单加总，公共利益也无法分割为一个个独立的成分利益。当环境公共利益权利化为公众环境权时，环境公共利益中的个体成分利益则权利化为环境成员权。同时，环境成分利益与环境公共利益之间的关系也体现为环境成员权与环境权之间的关系。环境成员权不是独立存在的传统个体权利，而是一种无法独立存在而只能存在于整体环境权之中的权利形态。环境成员权存在于环境权之中，离开了环境权就谈不上环境成员权。环境权虽是一种独立的整体权利，但环境权由环境成员权联合而成，离开了环境成员权也就谈不上环境权。环境权与环境成员权之间的关系是整体与部分的关系。

作为整体，当公众因环境权而有权享有、管理与维护生态公益时，作为部分，公众的组成人员自然也有权分享生态公益、参与管理和维护生态公益。有权分享生态公益就是公众成员享有生态公益分享权，有权参与管理和维护生态公益就是公众成员为"维护防卫"生态公益而享有生态公益管理权和生态公益维护权。生态公益分享权、生态公益管理权和生态公益维护权就是环境成员权的具体权利内容。生态公益分享权是公众成员"静态地"分享生态公益的权利，是公众成员最基本的权利分享。为保障环境权的权利圆满状态，生态公益管理权和生态公益维护权是公众成员围绕"生态公益之维护防卫"目的而"动态地"参与环境管理和维护生态公益的权利分享。为分享对生态公益的管理，公众成员参与到环境管理之中，是当前学者热衷的环境公众参与。环境公众参与是公众成员行使生态公益管理权的结果。行使生态公益管理权是对生态公益的积极作为，积极作为的目的是增益生态公益或防止生态公益减损。然而，这一目的并非总能实现，因为不符合生态规律的积极作为只会导致不利于生态公益的结果。可见，成员生态公益管理权的行使对环境权整体而言是风险行为，具有风险性的生态公益管理权的行使显然不能任由个体成员各自而独立地行使，而只能由公众整体集中行使。所谓集中行使是指将成员的生态公益管理权行使意思集中而形成合力，即通过公众整体意思表示完成生态公益管理。

然而，生态公益维护权的行使并不同于生态公益管理权的行使。生态公益维护权针对的是给生态公益已经产生不利结果或有产生不利结果之虞的环境侵害行为，要求加害人恢复生态公益或制止正在进行中的环境侵害行为。要求恢复生态公益或制止环境侵害行为对公众的生态公益而言只有利好而无不利。对环境权整体而言，只要有成员愿意行使生态公益维护权就是一种裨益。该成员权行使效率越高，环境权得到维护的可能性就越大。相反，如果将成员生态公益维护权的行使强制性地集中为公众整体意思表示，这种耗时的"意思集中"对于环境权维护而言是十分无效率的。另一方面，生态公益是成员的个体生命健康私益的基础，为了保障自己的生命健康利益，公众成员有着行使生态公益维护权的内在动力。可见，公众成员独自行使生态公益维护权是最有效率的。利益的最终维护手段是诉讼，公众成员行使生态公益维护权的最终手段就是环境公益诉讼，生态公益维护权就成了公众成员为维护生态公益而提起环境公益诉讼的直接根据。

"法律不仅是规则和逻辑，它也有人性，离开了社会环境，法律将是不可理解的。"[1]成员对生态公益维护权的行使体现了人性的要求，能够实现利己和利他的统一。利己是所有生物的自然本性。在人的利己本性下，人无节制的逐利行为是导致环境超出生态阈值、产生生态公益损害的根本原因。当作为公共生存平台的生态系统遭受破坏，个体的逐利行为实质上已危及众多其他个体的生命健康利益。同样，在利己的本性下，其他个体也将采取行动维护个人利益。然而，等到其生命健康利益遭受实质性损害后才采取维护行动显然为时已晚。为预防其生命健康私利受害，其他个体的最佳选择是维护其赖以生存的生态平台。由此，以维护私利为动机，公众成员开始行使生态公益维护权，维护的最终手段环境公益诉讼得以运用。针对环境侵害行为，公众成员行使生态公益维护权，既实现了维护个体生命健康利益的利己动机，也实现了维护生态公益的利他结果，在结果上实现了利己和利他的统一。利己（维护生命健康私益）是利他（维护生态公益）的内在驱动力，这是生态公益维护权等成员权的人性基础。当然，权利的行使是有成本的。以追逐私利为自然本性的个体自然人不具有承担成员权行使成本的本性。为维护生态公益、保障环境权的实现，必须从制度上保障成员权行使成本的个体补偿。只有弥补了个体行使权利的成本，公众成员才有行使成员权的积极性。由此，维护私益的内在动力、弥补成本后的行使积极性，两者足以促使公众成员积极提起环境公益诉讼，部分成员的可能搭便车现象因此也就不在需要考虑之

---

〔1〕 〔美〕唐·布莱克：《社会学视野中的司法》，郭星华等译，法律出版社 2002 年版，第 1 页。

列。当公众成员积极地行使生态公益维护权乃至提起环境公益诉讼时，环境侵害行为就如人人喊打的过街老鼠而陷入了"人民战争"的汪洋大海，生态公益能够得到切实保护。虽然"当利益被聚焦于生态环境保护的中心位置，虽有理性护航，但对利益孜孜不倦追逐的人只能是利己主义的生物人"，[1]但是，当这种生物人遭遇其他同样以利己为动机并通过环境公益诉讼维护生态公益的同类时，他必将受制于同类的生态公益维护权等成员权，并遵守社会规则、承认和尊重生态公益等整体利益的神圣性。

三、环境公益诉讼的新型基础关系：整体权利下的新型法律关系

（一）环境公益诉讼的"整体对整体"与"整体对个体"基础法律关系

法律关系是权利义务关系，权利的救济必须以法律关系为基础。诉讼作为权利的最终救济方式无法脱离其法律关系基础。民事诉讼以自然人、社会组织之间的民事法律关系为基础，行政诉讼以自然人、社会组织与行政机关之间的行政法律关系为基础，而刑事诉讼则以国家与犯罪人之间的刑事法律关系[2]为基础。

文艺复兴开启了个人的思想解放，近代资产阶级革命带来了个人的政治解放，个人成为近代以来世界的主体。在以个人为主体的世界中，权利首先是个人的权利，其次是由个人组成的却仍然作为个体存在的组织的权利。无论是个人的还是组织的权利，权利主体都是个体。当权利主体只是个体时，主体之间的民事法律关系就只有个体权利人与个体义务人之间或个体权利人与整体义务人之间的两种关系。如债权债务关系是个体权利人（债权人）与个体义务人（债务人）之间的关系即"一对一"的关系，而物权关系则是个体权利人（物权人）与整体义务人（物权人之外的其他所有人形成的整体）之间的关系即"一对整体"的关系。侵权行为发生后，民事法律关系也只有权利人与侵权人之间"一对一"的关系。当权利主体只是个体时，主体之间

---

〔1〕　李勇强、孙道进："生态伦理证成的困境及其现实路径"，载《自然辩证法研究》2013年第7期，第73~77页。

〔2〕　学界对刑事法律关系的主体存在多种观点：（1）国家与犯罪人说，参见刘生荣："论刑事法律关系"，载《中外法学》1993年第2期，第16~20页。（2）司法机关为代表的国家与犯罪人说，参见［苏］Л. B. 巴格里-沙赫马托夫：《刑事责任与刑罚》，韦政强、关文学、王爱儒译，法律出版社1984年版，第22页。（3）控罪主体与被控主体说，参见杨兴培："刑事法律关系评说"，载《法律科学（西北政法学院学报）》1999年第1期。这些学说中，国家与犯罪人说更具有代表性。

的行政法律关系也只有个体权利人与个体行政义务人之间的法律关系即"一对一"的关系，而别无其他。国家与犯罪人之间的刑事法律关系则被简化为作为个体的公检侦查起诉部门与作为个体的犯罪（嫌疑）人之间的关系，也是"一对一"的关系。个体的近代解放让个体成为世界的主体，也让个体成为近现代法律的唯一主体，法律上的权利都是个体的权利，法律关系也只有权利人与义务人之间"一对一"或"一对整体"两种关系。

法律关系是法律调整社会关系所形成的特殊关系。社会关系不仅体现为个体与个体之间的关系、个体与整体之间的关系，也体现为整体与个体之间的关系、整体与整体之间的关系。用数学符号"∞"表示整体的话，社会关系至少包括"$1:1$""$1:\infty$""$\infty:1$""$\infty:\infty$"等四类。近现代法律关系体系中只有权利主体与义务主体之间"一对一"或"一对整体"两种关系的事实，从另一个角度告诉人们：近现代法律仅对四种社会关系中两种即"$1:1$""$1:\infty$"进行了规范和影响。那么，"$\infty:1$"或"$\infty:\infty$"的社会关系为什么被拒在传统法律的调整大门之外呢？当"$1:1$"或"$1:\infty$"的社会关系被规范为权利主体与义务主体之间"$1:1$"或"$1:\infty$"的权利义务关系时，可以清楚地看到该两类法律关系中前面的"1"是权利主体。或者说，在传统法律关系中，权利都是个体的权利。近代资产阶级革命以后，个人主义是社会的主旋律，以个体为研究对象的传统法学只能建构个体的权利。在没有以整体形式存在的权利主体下，权利主体与义务主体之间"整体对整体"或"整体对一"的关系是无法成就法律关系的。

然而，生态公益是整体的，享有生态公益的公众也是整体的，整体才是环境法学的研究基点。作为整体的公众享有环境整体利益，其所演化的整体性的法律权利即环境权完全区别于传统个体利益所演化的个体权利。环境权的权利主体只能是作为整体的公众而非作为个体的个人。在整体权利下，权利主体与义务主体之间"整体对整体"或"整体对一"（即"$\infty:\infty$"或"$\infty:1$"）的新型法律关系得以成就。对"$\infty:\infty$"或"$\infty:1$"社会关系的法律调整空白得以弥补。作为整体"∞"的公众因生态公益而享有的环境权是绝对权，绝对权的义务主体是由众多义务人所构成的整体即公众"∞"，权利主体与义务主体之间是"$\infty:\infty$"的静态法律关系。当义务主体"∞"中的一员侵害了环境权或有侵害环境权之虞，在权利主体的公众"∞"与义务主体的个体"1"之间即产生"$\infty:1$"的侵权法律关系。在"$\infty:1$"侵权法律关系下，针对侵权人"1"提起维护环境生态公益的诉讼，就是环境公益诉讼。简言之，在环境权这一整体权利下，权利主体与义务主体之间"∞：∞"及"∞：1"的新型法律关系才是环境公益诉讼的基础。

无疑，权利主体与义务主体之间"1：∞"与"1：1"的传统法律关系只能产生以救济权利主体"1"的个体利益的传统诉讼，而无法产生以救济社会公共利益为目的的新型诉讼。整体权利下的"∞：∞"及"∞：1"新型法律关系也无法产生以救济个体权利为目标的传统诉讼。基础法律关系的不同决定了环境公益诉讼与民事诉讼、行政诉讼等传统诉讼的迥异。环境公益诉讼既不归属于民事诉讼也不归属于行政诉讼，更无法在传统诉讼下进行环境行政公益诉讼与环境民事公益诉讼的区分。以整体权利及新型法律关系为基础的环境公益诉讼是一种完全独立于传统诉讼的"另类"诉讼。

（二）环境公益诉讼基础关系的特殊逻辑进路

为维护自身利益，权利人不仅可以采取自力救济方式，也可以采取诉讼等公力救济方式。民事诉讼自不待言，行政诉讼的唯一目的也是保护起诉人的合法利益。[1]但是，保护起诉人利益的前提是"定分"。《商君书·定分》载："一兔走，而百人逐之，非以兔可以分为百，由名分未定也。夫卖者满市而盗不敢取，由名分已定也。故名分未定，尧、舜、禹、汤且皆如鹜而逐之；名分已定，贪盗不取。""定分"是对利益归属的确认，是对归属利益赋予法律效力（即权利）的明确。利益只有上升为权利才能得到法律的切实保障。传统法律关系以权利主体与义务主体之间"1：1"或"1：∞"的方式而存在，个体利益在实体法上被"定分"为个体权利，权利主体是个体。程序法上，民事诉讼与行政诉讼都要求起诉人与起诉事项有直接利害关系，实质上是要求起诉人在实体法上有其"定分"的权益依据。依据其"定分"的权益，个体提起民事诉讼与行政诉讼，诉讼的利益结果自然也只能归属于起诉者个体。由此可见，传统民事诉讼和行政诉讼的逻辑进路是"个体利益→个体权利（→个体直接利害关系）→个体起诉→诉讼利益归属个体"。其中，个体直接利害关系是连接实体法内容与程序法内容的桥梁。在这种逻辑进路中，个体利益不仅是传统民事诉讼与行政诉讼的逻辑起点也是其逻辑终点，个体

---

〔1〕　参见马怀德主编：《行政诉讼原理》（第2版），法律出版社2009年版，第69~72页。

是这两种诉讼的逻辑基点。民事诉讼与行政诉讼是典型的私益诉讼。[1]

刑事诉讼不同于前述典型的私益诉讼。尽管犯罪行为可能仅仅针对被害人个体，但犯罪后果不仅仅是对个体利益的损害更是对国家公共利益即国家利益的侵害。国家利益作为统治阶级共同的核心利益，有着优先于其他利益的特殊支配地位，因而经宪法确认为具有特别强制力的是国家权力，而不是平等意义上的权利。基于其国民安全保障职能，更基于国家利益的保护需要，利用国家机器追诉并制裁犯罪行为就成了国家不可或缺的职责。由此，刑事诉讼形成了"国家追诉原则"。[2]国家追诉的主要目的是惩罚犯罪[3]以实现预防犯罪。然而，实际行使国家追诉权力的是代表国家的相应国家机关如我国检察机关。国家追诉中，国家是唯一的，但代表国家行使追诉权力的国家机关却是众多的。换言之，刑事诉讼中名义上的起诉者只有一个即国家，但实际行使追诉权力的起诉者却为数众多。综合可见，刑事诉讼的逻辑进路是"国家利益→国家权力（→具体为个体权力）→个体权力起诉→诉讼利益归属国家"。国家追诉权力具体为国家机关的个体追诉权力是连接宪法内容与刑诉法内容的关键。就国家享有利益的"私有"独立性而言，国家是个体的。在刑事诉讼的逻辑进路中，其逻辑起点与逻辑终点都是"国有化"了的国家公共利益，作为个体的国家是其逻辑基点。刑事诉讼是一种非典型的私益诉讼。

生态公益不是个体利益也不是国家利益，而是社会利益。个体利益有其最佳代表——个体自己，国家利益也有其最佳代表——国家。个体以追逐私利为终极目标，而国家不仅有其个体私利特性更有其"政府失灵"的社会现实，因而个体与国家都不是社会利益的适格代表。社会利益是社会公众的共同利益，利益的实际享有者是作为整体的公众，该利益的最佳代表应当是公

---

〔1〕《民事诉讼法》第2条规定："中华人民共和国民事诉讼法的任务，是保护当事人行使诉讼权利，保证人民法院查明事实，分清是非，正确适用法律，及时审理民事案件，确认民事权利义务关系，制裁民事违法行为，保护当事人的合法权益，教育公民自觉遵守法律，维护社会秩序、经济秩序，保障社会主义建设事业顺利进行。""保护当事人的合法权益"是民事诉讼的核心。《行政诉讼法》第1条规定："为保证人民法院公正、及时审理行政案件，解决行政争议，保护公民、法人和其他组织的合法权益，监督行政机关依法行使行政职权，根据宪法，制定本法。""保护公民、法人和其他组织的合法权益"是行政诉讼的核心。无论行政诉讼还是民事诉讼，都以保护作为个体的公民或组织的合法权益为宗旨，是典型的私益诉讼。

〔2〕魏东主编：《刑法观与解释论立场》，中国民主法制出版社2011年版，第42页。

〔3〕陈光中、徐静村主编：《刑事诉讼法学》（修订2版），中国政法大学出版社2002年版，第38页。

众自己。公众由成员组成，公众享有社会公共利益，成员则分享了其成分利益。当个体利益权利化为个体权利、生态公益权利化为环境权时，成员的成分利益则权利化为成员权。基于个体成员分享良好环境公益的需要，公众成员享有生态公益维护权等环境成员权。基于生态公益的维护权，公众成员为维护生态公益可以提起环境公益诉讼。而由于生态公益的不可分属性即社会公共性，环境公益诉讼结果最终只能归属于生态公益的享有人——公众整体。可见，环境公益诉讼的逻辑进路是"公众整体利益→整体权利（成员的成分利益→生态公益维护权等成员权）→个体成员起诉→诉讼利益归属公众整体"。作为整体利益的组成部分，个体成员的成分利益所衍生的生态公益维护权等成员权即整体环境权所派生的环境成员权，是连接实体法内容与程序法内容的核心因素。在环境公益诉讼的逻辑进路中，其逻辑起点与逻辑终点都是公众的生态公益即社会利益，公众整体是其逻辑基点。

以社会利益为目标的环境公益诉讼与以国家利益为目标的刑事诉讼因其利益的公共性特点而有其相似之处。如刑事诉讼中名义上的起诉者是国家，而实际行使追诉权的起诉机关为数众多；环境公益诉讼名义上的起诉者只有一个即公众整体，而实际上享有起诉权的是众多的公众成员。然而，在统治阶级利益优先下，国家利益上升为国家权力；而社会利益是无法个体化（国有化）的公共利益，只能以纯粹的公共利益形式而存在，因而只能被确认为公共性的整体权利。因而，在两者的逻辑进路上，刑事诉讼的追诉依据是国有化了的、具有强制支配力的公共权力，而环境公益诉讼的起诉依据则是公共性的环境权及其派生成员权。综合可见，传统三大诉讼的逻辑起点与逻辑终点都是个体利益（包括国家利益），个体是传统三大诉讼的逻辑基点。但个体无法成为环境公益诉讼的逻辑基点，环境公益诉讼的逻辑起点与逻辑终点是整体利益。

四、环境公益诉讼的新型目标：生态损害填补到生态损害预防

（一）当前环境公益诉讼填补损害目标的非逻辑性

近代文艺复兴与资产阶级革命从思想与政治上解放了个人，倡导了个体的自由平等，更发展了个体权利、个体主义。"个人至上"的推崇在近现代生产力迅猛发展的推动下最终导致人与自然的不协调：对自然界的过度索取和过度排放。过度索取和过度排放导致了自然界中物质能量循环的失衡，环境问题产生。环境问题即"由自然的或人为的原因引起生态系统破坏，直接或

间接影响人类生存和发展的一切现实的或潜在的问题"。[1]"环境问题的发生，表明环境功能不能正常实现。"[2]简言之，环境问题是生态功能及生态系统的损害。当环境问题恶化为生态危机，甚至连原告主体都尚不明确之际，环境公益诉讼实务就急急登台了。急急登台的环境公益诉讼实务只能以民事诉讼、行政诉讼等传统诉讼模式为蓝本而展开，乃至分为环境民事公益诉讼和环境行政公益诉讼。[3]传统民事诉讼与行政诉讼是典型的私益诉讼，是个体权利的救济手段。而个体权利的近代创始人格老秀斯将"有约必践，有害必偿，有罪必罚"[4]视为古典自然法的基本原则。在古典自然法基本原则的影响下，传统私益诉讼遵循的是填补损害原则："损害必须完全填补。"以该私益诉讼为蓝本，"损害必须完全填补"思想顺其自然地被移植到环境公益诉讼实务之中。从而，环境公益诉讼将诉讼对象框定在已经导致生态损害的环境侵害行为上，将诉讼目标锁定在"填补生态损害"上。以传统民事与行政诉讼模式为蓝本，环境公益诉讼虽然名义上仍然为公益诉讼，事实上却没有走出传统私益诉讼的视野，尤其在"填补损害"目标上。

生态损害不同于传统个体利益的损害。对自然界的过度排放即环境污染只是导致生态损害的一个方面，对自然界的过度索取即环境破坏也是不可忽视的另一面。2011年原环境保护部《关于开展环境污染损害鉴定评估工作的若干意见》只关注过度排放的生态损害而忽视过度索取的生态损害，是对生态损害认识不足所致。环境污染与环境破坏都只是生态损害的发生原因，生态损害是环境要素损害导致生态功能的破坏并导致生态系统的紊乱，其本质是生态利益的损害。环境要素的损害是环境要素发生了不利变化，如森林被烧毁、河水被污染等，是生态损害的初步表现。但是，如果环境要素的不利变化没有超出环境的生态阈值，环境凭借自我修复能力是不会导致生态功能和生态系统损害的。换句话说，环境要素的损害可能仅仅导致环境的经济利益和审美利益的损害，并不一定导致环境的生态利益的损害。只有"过度"

〔1〕 吴彩斌、雷恒毅、宁平主编：《环境学概论》，中国环境科学出版社2005年版，第5页。

〔2〕 刘庸主编：《环境经济学》，中国农业大学出版社2001年版，第15页。

〔3〕 当前的环境公益诉讼实务，一方面遵循着传统民事诉讼和行政诉讼模式，将环境公益诉讼分为环境民事公益诉讼和环境行政公益诉讼；另一方面却又背离了传统诉讼的基础，否认了传统民事诉讼和行政诉讼中自然人的诉讼主体资格。

〔4〕 ［荷］格老秀斯：《战争与和平法》，载法学教材编辑部、《西方法律思想史》编写组编：《西方法律思想史资料选编》，北京大学出版社1983年版，第139页。

的环境要素损害才能导致生态功能与生态系统的破坏，只有对自然界的索取或排放"过度"即超出生态阈值，环境的生态功能才会失调，生态功能的失调才会最终表现为生态系统的失衡。而生态系统是一定时空范围内人"类"的生存平台，生态功能与生态系统无法正常运行，处于该生态系统中的人"类"便会失去其生存的前提利益即生态利益。简言之，生态功能与生态系统的紊乱才会导致环境的生态利益的损害，才是生态损害的核心。虽然环境要素损害不一定导致生态利益损害，但生态利益损害一旦发生即生态功能与生态系统遭到破坏，环境要素的损害就会到了难以挽回的地步。从这一意义上说生态损害可以表现为环境要素的损害和生态功能与系统的破坏。

就环境要素损害而言，填补可以有两种方式。对于过度索取环境要素，侵害人应予恢复环境要素。对于过度排放而污染环境要素，侵害人则应当清除排放物、消除污染因素等。这是对环境要素"恢复原状"式的填补。但是，环境要素的"恢复原状"并不总能奏效，因而填补环境要素损害还需有替代方式即赔偿损失。环境要素以物质形式存在，本身具有经济价值。因而，环境要素的损害体现为经济利益的损失。在不能恢复环境要素的情形下，环境要素的填补损害可以通过经济价值补偿方式得以实现。环境要素的填补损害似乎是符合传统填补损害原则的。

然而，对环境要素进行价值赔偿与生态系统良性运转之间并没有必然联系。环境有经济利益、审美利益和生态利益等三大利益内容。填补了环境要素的经济利益损失不等于填补了环境的生态利益损害，填补了经济利益损失并不能阻止生态功能与生态系统损害即生态利益损害的进一步发生。纵使将价值赔偿完全用于生态系统的改良，也可能因人力作用的有限性而无济于事。可见，对环境要素损害的价值填补并非就是对生态利益损害的填补。生态利益损害的核心是生态系统及其生态功能的损害，生态系统层面的恢复与填补才应当是生态损害填补的核心内容。然而，人们对生态功能与生态系统的认识是十分有限的，对生态功能与系统的恢复或填补绝大部分是超出了当前人力所能支配范围的，通过人力恢复生态系统与生态功能难有余地。而生态利益是"生态系统对人类非物质性需求的满足的利益"，[1]这种"非物质性的

---

〔1〕　邓禾、韩卫平："法学利益谱系中生态利益的识别与定位"，载《法学评论》2013 年第 5 期，第 109 页。

利益"是无法进行经济价值化的利益。对生态系统与生态功能的"人力支配不能"决定生态利益的无法劳动价值化。众所周知，恢复原状或金钱填补都是劳动价值的体现，对无法劳动价值化的生态系统进行价值化的恢复原状或金钱填补是负心违愿的。而如果仅仅对环境要素的经济利益损害进行填补而不对生态利益损害进行填补，这种填补显然是言与心违、事与愿违的。可见，当前环境公益诉讼的填补生态损害目标是不符合事实要求，更不符合逻辑推理的。

（二）环境公益诉讼预防生态损害的应然目标

对于损害，人们习惯于"赔偿"思维，似乎赔偿能够弥补一切损害。然而，"损害必须完全填补"思维在传统私法领域中本身也存在短板现象，如生命损害无法填补，[1]健康损害也莫不如此。不可否认，并非所有的损害都可以填补，填补损害以"损害可以填补"为基本前提。物质性损害可以经济价值化，自然可以通过经济价值进行填补。然而，生态损害一旦发生，则往往超出了人力所能支配的范围。生态损害有着难以填补性甚至无法填补的特性。

生态损害的难以填补性甚至无法填补性主要表现在两个方面：一是生态系统与生态功能损害即生态利益损害的难以弥补，二是加害人对环境要素损害的超巨额金钱赔偿的无法支付。生态损害是生态系统中包括所有生物与非生物在内的环境要素在能量流动、物质循环和信息传递上的紊乱。当前人们对生态系统的认知尚不足以自如应对生态系统的紊乱状态，对受害生态系统与功能进行恢复就更超出了当前人力所能控制的范围。生态系统与功能的破坏对于当前人力而言本身就具有难以修复性甚至是无法修复性。此外，生态系统自身"具有自维持、自调控功能"。[2]对自然界的排放与索取、对环境要素造成的破坏只要不超过其生态阈值是不会破坏生态系统与生态功能的。然而，生态系统一旦遭到破坏，就是系统内多维度、大范围环境要素的破坏。仅就经济价值而言，多维度、大范围环境要素的破坏所造成的经济损失必将是难以计量的，难以计量的环境要素损害带给加害人的是难以计量的金钱赔偿。难以计量的金钱赔偿对于加害人而言必将是难以支付或无法支付的。超

---

〔1〕　参见刘清生："论侵害生命权的损害赔偿"，载《西南交通大学学报（社会科学版）》2008年第6期，第128~137页。

〔2〕　柳劲松、王丽华、宋秀娟编：《环境生态学基础》，化学工业出版社2003年版，第90页。

巨额赔偿金的无法支付终将使生态损害中环境要素价值的赔偿目标落空。为解决环境要素的超巨额赔偿金的无法支付问题，有学者提出了环境损害赔偿社会化的思路。[1] 然而，这种损害赔偿社会化的本质是将加害人责任转嫁给社会公众，背离了赔偿责任对加害人的惩戒与制衡意义，是对赔偿法律责任本质的背弃。环境损害赔偿社会化不仅无法实现对生态利益损害的赔偿，更使环境要素的损害赔偿失去了赔偿的应有内涵。总之，生态损害的两个方面生态系统与生态功能损害即生态利益损害、环境要素的超巨额经济利益损害，无一能够得到填补。

　　2015 年《生态环境损害赔偿制度改革试点方案》（已失效）规定："生态环境损害无法修复的，实施货币赔偿，用于替代修复。"该试点方案在一定意义上意识到了生态损害的无法修复性，却仍然将环境保护的愿望寄托于金钱货币赔偿制度。生态损害的难以修复性或无法修复性决定了金钱货币在生态损害修复上的难以奏效，决定了赔偿责任在生态损害修复上的无能为力。事后救济只能作为生态损害既成事实情形下不得已的权宜之计、无奈之举。"侵权行为制度之理想，不仅在事后之补救，而对现在及将来之侵害，须有排除及预防之方法，始可达其目的。"[2] 对于难以修复或无法修复的生态损害，任何事后救济都将无济于事、为时已晚。事前预防生态损害的发生才是生态损害救济制度的上上之策。我国《环境保护法》确立了"预防为主"原则，遗憾的是"预防为主"原则自确立以来一直都被传统事后填补损害思想所遮蔽。2015 年中共中央、国务院《关于加快推进生态文明建设的意见》再次强调了生态"保护优先"原则。"预防为主"原则、生态"保护优先"原则是生态损害的难以填补性或无法填补性的体现。生态损害的难以填补性或无法填补性决定了生态损害预防的前置性和先决性。只有在损害事实发生之前采取措施防范生态损害的发生，才能真正维护好人类赖以生存的生态平台。作为维护生态平台的最终手段——环境公益诉讼也只有坚守生态损害事前预防的先决性，才能真正实现生态公益的保护目的，才能将生态公益维持在其应有的状态。在事后救济制度无法将生态公益恢复到事前的应有状态时，环境公益

---

　　〔1〕　参见黄中显："环境侵害救济社会化制度的路径选择"，载《学术论坛》2014 年第 1 期，第 125~128 页。

　　〔2〕　史尚宽：《债权总论》，中国政法大学出版社 2000 年版，第 207 页。

诉讼只能将保护的时间起点由"损害发生后"提前到"损害发生之虞"。看到了生态公益事后救济的无效性，美国环境公益诉讼就允许民众在生态被污染或被破坏之虞即可提起诉讼，将危害生态环境的行为扼杀在萌芽状态。[1] 应当说，为切实保护生态公益，预防生态损害是环境公益诉讼目标的不二之选。

传统民事诉讼和行政诉讼以个体权利为依据，以维护个体私益为宗旨，"填补损害"是其根本目标。"填补损害"目标是要回到"倘若损害事件没有发生时应处的状态"。[2]传统刑事诉讼以国家权力为依据，以维护国家利益为宗旨，"惩戒"侵害人则是刑事诉讼的根本目标，"刑事诉讼是落实国家刑罚权的活动"。[3]然而，环境公益诉讼既无法实现"倘若损害事件没有发生时应处的状态"也无法"落实国家刑罚权"，而只能将难以填补或无法填补的生态损害消灭在萌芽状态，以确保生态公益处于"损害事件没有发生时应处的状态"。根源于环境公益损害的特殊性"难以填补甚至无法填补"，环境公益诉讼的"预防损害"目标已全然"异类"于传统诉讼的"填补损害"或"惩戒"目标。

无论表现形式如何，预防损害的实质是停止正在进行的、有产生损害之虞的侵害行为。然而，有产生生态损害之虞的侵害行为往往是行为人的经济行为。行为停止得当，生态利益得到保护；行为停止不当，个体经济利益受到损害。判断侵害行为是否有产生生态损害之虞，就显得格外重要。如果被诉行为将导致难以恢复或无法修复的生态损害，那么停止被诉行为就具有了充分理由，环境公益诉讼就有了其正当性。在英美法系国家，预防损害主要表现在禁令制度（Injunction）中。永久性禁令以侵害后果不可恢复（Irretrievable）为基本条件，永久性禁令制度与环境公益诉讼预防目标有着异曲同工之妙。由此，有学者提出在环境公益诉讼中引进禁令制度。[4]而实务中，昆明市检察院与中级人民法院的《关于办理环境民事公益诉讼案件若干问题的意

---

〔1〕 胡中华："论美国环境公益诉讼中的环境损害救济方式及保障制度"，载《武汉大学学报（哲学社会科学版）》2010 年第 6 期，第 930~935 页。

〔2〕 曾世雄：《损害赔偿法原理》，中国政法大学出版社 2001 年版，第 14~16 页。

〔3〕 张建伟主编：《刑事诉讼法》，浙江大学出版社 2009 年版，第 6 期。

〔4〕 参见李义凤："论环境公益诉讼中的'诉前禁令'"，载《河南社会科学》2013 年第 6 期，第 16~18 页。

见（试行）》以及昆明市检察院与公安局的《关于办理环境保护刑事案件实行集中管辖的意见（试行）》也开创了全国首例"禁令"制度。然而，如果没有解决停止被诉行为的正当性问题，法院颁布禁令的合理性就颇值得怀疑。如果解决了被诉行为的正当性问题，对于有产生生态损害之虞的行为，法院无论是采取传统裁判方式还是采取英美法系的禁令方式都不影响预防损害目标的实现，再行引进禁令制度就颇值得质疑。

五、结语：非传统性对环境公益诉讼制度建构的价值体现

传统民事诉讼和行政诉讼以维护个体利益为根本，刑事诉讼虽以维护国家利益为根本，但国家利益因其国家私有性也可谓为个体利益。可见，传统三大诉讼都是以个体利益为逻辑起点和终点的，围绕个体的权利（权力）而展开，以个体为逻辑基点。然而，生态公益是无法私有化的整体，享有生态公益的公众也是无法个体化的整体，公众的生态公益是环境公益诉讼的逻辑起点和终点，公众整体是其逻辑基点。以整体为逻辑基点，新型的权利依据、新型的法律关系以及新型的诉讼目标清楚地呈现出环境公益诉讼"另类"于传统诉讼的非传统性。环境公益诉讼的非传统性要求环境公益诉讼制度建构不能因袭传统，而应因事而异。

第一，必须明确环境公益诉讼的"另类"本质，将环境公益诉讼与传统三大诉讼区分开来。传统行政和民事诉讼是典型的私益诉讼，环境公益诉讼没有民事之说也没有行政之说，不能区分为环境民事公益诉讼与环境行政公益诉讼。传统刑事诉讼是为维护国家利益的诉讼，在环境公益诉讼上不能混淆国家公共利益层面的"公诉权"与社会公共利益层面的"公（益）诉权"，前者是权力而后者是权利。

第二，应当区分环境公益诉讼的实质原告与形式原告。环境公益诉讼是公众环境权受害的救济手段。当侵权人侵害环境权或有侵害环境权之虞，环境权主体即公众"∞"与侵权人"1"之间形成的法律关系是环境公益诉讼的基础关系。因此，侵权人"1"是被告，公众"∞"是原告。同时，公众成员因成分利益而享有生态公益维护权等环境成员权，有权提起环境公益诉讼，也享有原告身份。但在环境公益诉讼的逻辑进路中，公众整体是逻辑基点，诉讼利益归于公众而不归于公众成员。公众成员提起环境公益诉讼只是架起了贯通侵权人与公众整体之间关系的桥梁。这是公众成员为公众整体

"出头"的诉讼。可见，公众成员只是形式原告而公众整体才是实质原告。实质原告与形式原告之分源自公众的生态公益与成员的成分利益之分，两者也是整体与部分之间的关系。[1]生态公益与成分利益之分在"直接利害关系"上体现为出两种利害关系，一是整体意义上一定时空范围内公众对生态公益的利害关系，二是部分意义上公众成员对生态成分利益的利害关系。

形式原告为数众多，但在实质原告唯一情形下，个别成员提起诉讼后，征求其他成员参与诉讼就成了环境公益诉讼的必经程序。同时，由于形式原告仅享有成分利益而不独立享有生态公益，处分生态公益的行为超出了形式原告的成员权边界，在民事诉讼中因"当事人有权在法律规定范围内处分自己的民事权利和诉讼权利"[2]而当然成立的自认、反诉、和解等制度，在环境公益诉讼中无法存在。[3]由于人的私利本性，诉讼成本是阻碍形式原告提起环境公益诉讼的关键，转移形式原告的诉讼成本因而不可或缺。首先应当免除形式原告缴纳诉讼费用的义务。这是对形式原告起诉的激励，也是国家为维护社会利益应有的财政支持。其次应当由败诉的被告承担形式原告的所有诉讼成本包括诉讼费用。这是败诉的被告侵害社会公益理应承担的侵权成本。当然，形式原告败诉后应当自负其他诉讼成本。这是对形式原告可能滥诉行为的应有制约。

第三，必须建构以预防为目标的责任制度即预防责任制度。诉讼制度以责任制度为基础，责任制度以诉讼制度为保障。责任制度是诉讼目标实现的前提。传统赔偿责任制度是实现事后"填补损害"目标的基础，预防责任制度则是实现事前"预防损害"目标的基础。环境公益诉讼以"预防损害"为目标，需要确立预防责任制度基础，需要明确停止侵害等预防责任形式。只

---

[1] 以维护国家公共利益为目的的刑事诉讼也有类似内容，即检察机关作为公诉人是形式原告而国家才是实质原告。所不同的是，公诉机关依据公诉权力，环境公益诉讼中公众成员依据成员权。成员代表公众起诉、检察机关代表国家起诉不同于民事诉讼法中的代表人诉讼。代表人诉讼是以个体利益为基础、以个体权利为依据的私益诉讼，其"A代表B"的关系是相互独立的个体之间的关系。在以社会或国家公共利益为基础、以整体权利或公共权力为依据的诉讼中，成员代表公众、国家机关代表国家则是部分与整体的关系。

[2] 张艳、张建华、刘秀凤：《民事诉讼法学》，北京大学出版社2009年版，第12页。

[3] 反诉是民事诉讼的特有现象。将环境公益诉讼分为环境公益民事诉讼和环境公益行政诉讼。基于传统民事诉讼思维，当前的环境公益诉讼实务就不得不考虑反诉问题。由此，《环境公益诉讼解释》第17条专门作出了禁止反诉的规定。其实，如同刑事诉讼、行政诉讼一样，环境公益诉讼本身并不存在反诉问题。

有明确了预防责任，公众及其成员才能通过环境公益诉讼手段"优先保护"生态公益，实现"预防为主"目标。可见，确立预防责任制度是环境公益诉讼"预防损害"由目标转化为现实的必要前提。

预防责任是对生态公益保护与行为人的经济行为自由进行价值判断与衡量的结果。在无法填补的生态公益和个体的经济行为自由之间，生态公益具有当然的优先性，而经济行为自由则以不损害生态公益为前提。由此可见，经济行为人负有证明其经济行为不会导致生态公益损害的义务。这一义务在传统程序法上表现为举证责任倒置，在当前实体法上则主要表现在环境影响评价制度上。无论表现形式如何，该义务的本质是预防生态损害的发生。显然，违反该义务的责任即预防责任，是防止正在进行的环境影响行为导致生态公益的实质性损害。当然，正在进行的行为是否将导致生态公益的实质性损害，有赖于未来生态损害鉴定制度的支持。未来生态损害鉴定制度是针对进行中的经济行为，而环境影响评价制度则是经济行为发生之前的制度。可见，环境公益诉讼"预防损害"由目标转化为现实，不仅需要环境影响评价制度、举证责任倒置制度的支持，还需要有未来生态损害鉴定制度等的配套。

总之，环境公益诉讼的非传统性要求建构环境公益诉讼制度不能因循守旧而应革故鼎新。只有遵从其非传统性，环境公益诉讼制度才能有其实体权利依据，不会因"权利空白"而罔顾真正利益享有人。只有遵从其非传统性，环境公益诉讼制度才能建构其自有的系统性，不会以所谓"诉权社会化"而将公益诉讼进行私益化制度建构。也只有遵从其非传统性，环境公益诉讼制度才不会将传统"填补损害"奉为圭臬而将"先污染后治理"进行到底，更不会罔顾法律关系基本理论而致使公益诉讼制度理论不自洽。

第九章

环境权的保障：环境责任的特殊性

第一节　环境责任内涵及其法学误读

一、侵害环境权的环境责任内涵

环境权不是个人个体的权利而是公众整体的权利，是公众整体对环境公共利益享有的非传统性权利。所谓环境公共利益是指以生态利益为内容的、以整体性为基本特征的环境生态利益。对环境生态利益即环境公共利益的损害就是对环境权的侵害。侵害环境生态利益即侵害环境权，既可以表现为污染环境，也可以表现为破坏环境。对环境的污染或破坏行为如果最终不能造成生态利益的损害，那么该污染行为或破坏行为尚不构成污染环境或破坏环境的行为。然而，"污染行为的社会危害性应当从污染环境产生的三方面损害事实着手：一是环境本身遭受破坏的后果；二是因环境污染而导致的人身财产权利方面的损害后果；三是因环境污染而导致的社会公共损害后果"。[1]污染环境或破坏环境的损害后果并不限于造成环境生态利益的损害，还包括因污染环境或破坏环境导致的人身利益和财产利益等个体利益损害以及大范围人员转移、大范围饮用水水源取水中断等社会利益损害。污染环境或破坏环境导致个体性利益损害是对个人或组织等个体造成的损害，是侵害个人或组织等个体的民事权利的结果。污染环境或破坏环境造成的环境生态利益损害是对公众环境公共利益的损害，是侵害公众环境权的结果。污染环境或破坏环境导致的诸如大范围饮用水水源取水中断等社会利益损害是对公众其他社会公共利益的损害，是侵害公众其他公共权利的结果。总之，污染环境或破坏

---

[1]　刘清生："论污染环境罪的司法解释"，载《福州大学学报（哲学社会科学版）》2013年第5期，第72页。

环境是以侵害环境权、导致环境生态利益损害为基础，从而造成侵害民事权利和其他公共权利、导致个体利益和社会公共利益损害为结果的，是侵害多种权利、造成多种性质损害后果的行为。

我国《环境保护法》第64条规定："因污染环境和破坏生态造成损害的，应当依照《中华人民共和国侵权责任法》的有关规定承担侵权责任。"该法第64条将污染环境或破坏环境的侵权责任引向了《侵权责任法》的规定。《侵权责任法》（现已为《民法典》取代）专设环境污染责任一章，并在第65条规定："因污染环境造成损害的，污染者应当承担侵权责任。"从该章及相关规定来看，只有污染环境才有侵权责任，破坏环境是没有侵权责任的。由此，《环境保护法》第64条关于破坏生态的侵权责任落空。另一方面，作为民事法律，《侵权责任法》仅针对民事权益损害情形。《侵权责任法》第2条第1款规定："侵害民事权益，应当依照本法承担侵权责任。"由此，《环境保护法》第64条规定的侵权责任只能是民事侵权责任，即侵害个人或组织等个体的人身权益或财产权益的民事责任。这一责任形式仅仅响应了污染环境（或破坏环境）造成人身权益和财产权益等个体民事权益的情形。

《环境保护法》"法律责任"章中第69条规定："违反本法规定，构成犯罪的，依法追究刑事责任。"在该法律责任章节中，除第64条和第69条提及的民事和刑事责任外，其他规定都是不服从行政管理行为而产生的行政责任内容。无疑，行政责任的规定并非针对污染环境（或破坏环境）造成个体民事权益损害，也不针对所造成的环境生态利益损害以及所造成的其他社会利益损害。关于刑事责任的规定，也绝大部分都是针对污染环境或破坏环境造成严重侵害人身财产权益的内容。而就污染环境或破坏环境造成大范围人员转移、大范围饮用水水源取水中断等社会利益损害的刑事责任内容，仅在最高人民法院、最高人民检察院《关于办理环境污染刑事案件适用法律若干问题的解释》有所涉及。在该司法解释的2016年版本中体现了污染环境造成三大损害的情形，其第1条中关于人身损害或财产损害的规定是污染环境导致个体民事权益的损害情形，第1条第（十一）项取水中断和第（十四）项疏散或转移群众的规定是其他社会公共利益的损害情形，第1条第（十）项"造成生态环境严重损害"则是生态损害的情形。可见，《环境保护法》关于法律责任的规定是一种以传统责任形式即民事责任、行政责任和刑事责任为逻辑内容的法律责任规定形式。而在污染环境或破坏环境可能造成的环境生态利益损害、个体人身财产权益损害和其他社会公共利益损害等三大损害中，导致环境生态利益损害的法律后果仅仅体现在污染环境罪的司法解释中，即除可能产生刑事责任外而别无其他法律责任。然而，污染环境或破坏环境造成环境生态利益的损害是造成个体民事权益和其他社会公共利益损害的前提，是污染环境或破坏环境行为的内核，是污染环境或破坏环境行为侵害环境权的实质所在。污染环境或破坏环境行为导致环境生态损害从而造成个体人身财产利益的损害是侵害民事权益的结果，是民事责任问题。而污染环境或破坏环境行为造成环境生态利益等社会公共利益的损害则是侵害环境权的结果，是环境责任问题。环境责任是侵害环境权导致或有导致环境生态利益损害之虞的法律责任。环境责任并非民事责任，也非行政责任。传统法律责任以民事责任、行政责任和刑事责任为形式。民事责任、行政责任都以民事权益为基础，二者的区别主要在于民事责任针对横向的平等主体，行政责任则针对纵向的隶属关系的主体。而刑事责任一定意义上是对民事责任或行政责任在度量上的加重责任，是该两类责任更为严厉的责任形式。概而言之，环境责任是传统民事责任和行政责任之外的新型责任类型，环境责任也非刑事责任。刑事责任一定意义上也是对环境责任在度量上的加重责任，刑事责任是针对民事责任、行政责任、环境责任等不足以惩戒责任人的最为严厉的责任类型。

二、环境责任民事责任化之误

环境责任是因环境生态方面的社会公共利益损害而产生的责任，民事责任是因个体人身财产权益损害而产生的责任，两种责任有着本质区别。环境责任不是民事责任，也不是民事责任、行政责任和刑事责任的综合概括，而是独立于民事责任、行政责任和刑事责任的新型责任类型。然而，环境法学界却将环境责任作为民事责任、行政责任和刑事责任的综合概括，将环境责任区分为"环境行政责任""环境刑事责任""环境民事责任"，并将研究的着力点放在所谓的"环境民事责任"上。因为环境责任的前述认识面临了一个难以解决的难题。这一难题是，污染环境或破坏环境导致环境生态利益的损害后果，如果能够以经济利益计算，其数额往往是异常巨大乃至是无法计量的，而导致环境生态利益损害的侵权人在客观事实上是无法承担如此异常巨大乃至无法计量的赔偿金额的。

面对"环境民事责任"的难题，环境法学界又开辟了社会化的研究思路。

早在 1926 年，我国学者许藻熔就探讨过损害赔偿社会化问题，其论文"损害赔偿之社会化"发表于《法律评论》。[1]环境法学者将这种损害赔偿社会化理论扩展到生态损害问题上，对个体造成的生态损害通过社会承担方式得以填补，即由生态加害人以外的主体承担生态损害填补责任。[2]当前，"环境民事责任"社会化似乎成了环境法学界的主流认识，也似乎成了环境责任的未来发展方向。的确，就填补损害而言，社会化思路无疑是一剂良药。然而，环境责任毕竟不是民事责任，将环境责任归结为"环境民事责任"与生态保护要求背道而驰。而且，社会化并非民事责任的应有内涵，传统民事责任社会化理论并不能运用到环境责任上，将所谓"环境民事责任"进行社会化处理在背弃生态保护的路上越走越远。环境责任区别于传统民事责任不仅体现在责任性质的个体性与整体性区别上，也体现为责任核心目标的填补性与预防性区别上。环境责任的整体性决定了预防性责任形式才是环境责任的主要责任形式，而非填补性责任形式。

三、"环境民事责任"社会化之误

（一）"环境民事责任"社会化背弃了民事责任的功能

法律责任是行为人因其不当行为而应当承担的不利后果。作为民事法律责任，填补损害[3]的完整表达是：加害人应当填补因其不当行为给受害人造成的损害。填补损害不仅关涉受害人的损害也关涉加害人的行为，不仅是对受害人损害的填补也是对加害人行为的惩戒。作为法律责任，填补损害不仅仅旨在填补受害人的损害，更在于对包括加害人在内的可能行为人形成威慑力而达到预防损害的目标。但是，"环境民事责任"社会化仅仅站在受害人角度考量其损失的填补问题，在加害人角度却背离了法律责任的本质功能。

自从人的理性得到承认、人的自利性得到认可之后，人就作为一个完整而独立的人在法律中得以确立。正因法律视野中的人都是理性而独立自主之人，意思自治才成为民事法律领域的基石。意思自治不仅意味着主体可以自我决定更意味着主体应当自我负责。在这一意义上，责任自负才成了法律责

---

〔1〕　转引自王卫国：《过错责任原则：第三次勃兴》，中国法制出版社 2000 年版，第 97 页。

〔2〕　竺效：《生态损害的社会化填补法理研究》，中国政法大学出版社 2007 年版，第 163 页。

〔3〕　依据我国《民法典》，"填补损害"的法律责任形式主要有：返还财产，恢复原状，修理、重作、更换，赔偿损失，支付违约金等。

任的基本原则。除非有特别而充分的理由，作为民事责任，填补损害当然应当遵循加害人责任自负原则。法律责任是加害人应当承担的后果，更是法律强制加害人承担的不利后果。这种后果不仅体现为不利益性，更体现为法律对加害行为的否定和对加害人的处罚。简言之，法律责任本质上是一种处罚。"法律责任的大小、处罚的轻重应当与其侵权或违约行为的轻重相适应。"[1]正是由于法律责任具有处罚性，责任与处罚相当原则才能够成立。可见，填补损害作为法律责任虽外观上表现为对受害人损失的填补，但本质上是对加害人的处罚。

责任自负、责任与处罚相当是法律责任的基本原则，也应当是环境保护法律责任的基本原则。我国《环境保护法》"损害担责"原则就是在生态环境责任方面对责任自负原则的确认。"环境民事责任"社会化以加害人无力承担赔偿为由，将加害人损害填补责任转由社会公众承担，其本质是将侵权人的金钱给付责任转嫁给非侵权的社会公众。这种转嫁不仅违反了环境保护法乃至所有法律的责任自负原则，更不符合环境公平的基本理念。转嫁的结果近乎于免除了加害人的民事责任，免除了法律对行为人的处罚。由此，社会公众作为"无辜的受害人应自我承担生命中的不幸与损害"。[2]"环境民事责任"社会化完全背离了责任自负原则，社会化的转嫁本质对加害人而言已全然失去了法律责任的惩罚功能，对所有其他行为人而言也失去了法律的预防功能和教育功能。在"环境民事责任"社会化下，生态环境对于行为人而言只有经济意义而无生态内涵，因为只要签署了所谓的行业风险分担协议、投保了环境责任保险、缴纳了生态损害填补金等，行为人就完全无需考虑其行为可能导致的生态损害。"环境民事责任"社会化将填补责任转嫁于社会架空了法律对行为人的规制作用，不仅不能威慑加害人以防范生态损害的发生，反而潜在地为加害人提供了损害生态的便利——降低其损害生态的成本，纵容其生态损害行为。概而言之，"环境民事责任"社会化对于行为人而言，已丧失了法律责任的应有目的。

（二）"环境民事责任"社会化违背了生态损害的无法填补性

"环境民事责任"社会化不仅在加害人角度背离了法律责任的本质功能，

---

〔1〕 张文显主编：《法理学》，高等教育出版社、北京大学出版社1999年版，第174页。

〔2〕 陈聪富：《侵权归责原则与损害赔偿》，北京大学出版社2005年版，第7页。

在受害人角度也违背了生态损害后果的无法填补性。"环境民事责任"社会化以发生生态损害后果为基础。生态损害后果不仅包括生态本身的损害，还包括因生态损害而导致的财产损失及人身伤亡等。生态本身的损害是生态系统[1]动态平衡的破坏，是生态功能的损毁。生态系统的复杂性决定了生态本身损害后果的难以估量性。生态系统所涉因素非常广泛，不仅包括生物因素也包括非生物因素，不仅涉及能量转化还涉及物质循环与信息交换。生态系统是整体的，生态系统遭到破坏也意味着系统所涉的物质因素将因此而遭受相应的损害。仅就经济利益而言，生态系统所涉及物质因素非常广泛，这些物质因素的损害赔偿无疑是巨额的。此外，生态系统的破坏也将导致系统内大范围的公众生命健康的损害。更由于生态利益提供的长期性、生态损害的潜在性，所导致公众的生命健康损害还具有难以量化的特性。难以估量的生态本身损害、巨额的财产损害、难以量化的人员伤亡，决定了生态损害后果的无法填补性。然而，依传统民事责任理论，填补损害是民事责任的基本原则，损害必须完全填补。由此，生态损害事实上的无法填补与传统民法理论上的必须填补，便构成了在生态损害赔偿实务中一对难以调校的矛盾。

当生态损害完全表现出来之时，就是大面积的财产损害及群体性的公众健康乃至生命损害之时，也是事实上无法填补与理论上必须填补之间矛盾的呈现之时。本着法律的有损害必有救济原则，必须填补必然得到重视。更鉴于社会"人多力量大"，行为人无法承担的赔偿责任转由社会公众承担似乎成了唯一选择。可见，"环境民事责任"社会化是"必须填补损害"传统民事责任的自然延伸。如学者认为，在保持传统民事侵权法固有基因和基本理论框架的前提下，为了能够给予新型的生态本身所遭受的损害以填补救济，需另辟蹊径即社会化。而这一社会化蹊径的核心根据就是"环境责任的个体承担难以实现矫正正义"。[2]然而，"个体难以承担"只是个体能力问题，是行为人无能力填补的问题。"环境民事责任"社会化只看到"行为人无力承担巨额赔偿"意义上的"无法填补性"，却没有看到"人力无法填补损害"意义

---

〔1〕 环境法所涉生态系统仅指关系社会公共利益的生态系统，是宏观意义上的生态系统。微观意义上的生态系统如一杯水的生态系统、一个鱼塘的生态系统等只关乎个体利益而不关乎社会利益，因而不是环境法所涉内容。

〔2〕 贾爱玲：《环境侵权损害赔偿的社会化制度研究》，知识产权出版社2011年版，第13~22页。

上的"无法填补性"。

生态损害后果的"无法填补性"不仅表现为行为人无能力承担后果，更表现为生态损害后果因无法进行经济价值化而不能进行价值填补。生态损害本身有着难以进行经济价值计量的特点，对无法价值计量的生态损害后果自然是无法进行价值填补的。纵使能对生态损害进行经济价值评估，生态损害的长期性与潜伏性也决定了对生态损害进行经济价值计量的欠科学性。更由于超出了人类的认识范畴，当前对于某些生态损害的所谓恢复也只是"头痛医头、脚痛医脚"，并不能对生态系统进行全面而系统的填补修复。另外，生命与健康是无法以经济价值予以衡量的。生态损害从而造成公众的生命健康损害也是无法以经济价值进行衡量的。正是生态本身损害及其导致的生命健康损害无法经济价值化，决定了这种损害本质上的"无法填补性"。

生态损害后果的"无法填补性"与传统民事责任的"必须填补"之间不只是一对难以调校的矛盾，更是一对不可调和的矛盾。在这对矛盾中最终只有一个结果，即生态损害后果无法填补。"环境民事责任"社会化坚守传统民事责任"必须填补"的主观意愿却违背了"无法填补"的客观规律。坚守"必须填补"一定程度上确实有利于对受害人的救济，但这种消极的事后补救不过是一种"为了赔偿而赔偿"的无奈之举，是损害既成事实下的权宜之计。对于无法填补的生态本身损害和生命健康损害而言，"为了赔偿而赔偿"并不具有实质性裨益，一定意义上是非道德的。这是一个无视生态价值优先于财产价值、无视生命健康价值优先于财产价值的伪科学命题。众所周知，一般意义上，导致生态损害的行为都是追求经济价值的行为，这种追求经济价值的行为造成的却是生命健康与生态价值的丧失。在经济价值与生命健康及生态价值之间，价值取向上只能选择生命健康和生态价值。然而，"环境民事责任"社会化立足于传统民事思维仅仅关注经济价值及经济价值填补问题，却无视了生命健康与生态价值的不可填补性和价值优先性，不仅与人类伦理相违背，也与生态保护相背离。可见，"环境民事责任"社会化不过是"先污染后治理"传统环境思想在法律责任上的反映。

第二节　环境责任的损害预防本质

社会科学研究都需要一定的方法论为立场，或者是个体主义方法论或者是整体主义方法论。个体主义方法论坚持通过个体及其互动来解说社会，整体主义方法论则主张通过某种宏观整体来解释社会。个体主义方法论与整体主义方法论在哲学意义上是对立的方法论。方法论立场不同，研究结果也必然迥异。

一、环境责任性质的非传统性

（一）个体主义方法论下传统民事责任的个体性

个体主义方法论的近代确立源自文艺复兴的人性解放。文艺复兴人性解放以反对禁欲主义与反对蒙昧主义为核心，人得以被发现，人的个体地位开始确立。文艺复兴对人的发现推动了兴起于 12 世纪的罗马法复兴运动进入到人文主义法学派阶段（1400—1600 年）。人文主义法学派将文艺复兴"人文主义精神"注入罗马法，并对罗马法进行了人文主义改造。"到 1600 年资产阶级私法的主要原则，即个人之间在契约、所有权等方面的法律，即使在实践中尚未完全取代，却也已在理论上取代了人际封建关系。"[1]作为自然状态下的人、作为独立个体的人真正进入了法律思想领域与法律实践领域。在人文主义法学阶段，个人开始被真正视为价值的衡量尺度，并成为法学研究的中心，法学个体主义方法论开始确立。

承继人文主义法学派以人为本的法学思想，古典自然法学代表人物格老秀斯认为，"自然法之母就是人性，社会交往的感情就产生于此，并非由于其他缘故"，[2]并提出了财产权观念。而洛克以财产权为基础，进一步提出了"生命、自由和财产"三大自然权利思想。文艺复兴反对禁欲而主张人的私利性在法学思想中开始彰显为财产权，反对蒙昧而主张人的理性则开始彰显为自由权等。财产权、自由权等权利思想都深刻反映了人的本性的需要。"古典自然法学家将这些人的本性宣称为'权利'，指出权利出自于自然，出自于人的本性，不是谁赐予的，每个人都具有这种自然权利。"[3]可见，以人本主义为基础，古典自然法学也以自然个体之人作为研究的逻辑起点。以个体主义为方法论，人文主义法学派与古典自然法学"所倡导的自由主义、个人主义

---

〔1〕　[美]泰格·利维：《法律与资本主义的兴起》，纪琨译，学林出版社 1996 年版，第 175 页。

〔2〕　[荷]格老秀斯：《战争与和平法》，载法学教材编辑部、《西方法律思想史》编写组编：《西方法律思想史资料选编》，北京大学出版社 1983 年版，第 139 页。

〔3〕　程波：《西方法律思想史——法治源流》，中国传媒大学出版社 2005 年版，第 170 页。

和法治精神已深深地根植于现代西方人的价值观念之中"。[1]个体主义方法论下，个人是独立的个体，个人个体是解释群体、社会等整体的起点，群体、社会等整体不过是保障个体的手段。在法律意义上，个人个体具有私利性，个体利益是法律的目的。同时，个人个体具有理性，个体可以通过自己理性实现自我利益。

古典自然法学的人本思想及其个体主义方法论，通过洛克的信徒——托马斯·杰弗逊开始向法律实践转化。[2]1776 年 7 月 4 日，杰托马斯·弗逊起草了美国《独立宣言》，生命权、健康权、自由权和财产权等个人权利思想在美国首先成为现实。大陆法系国家中，法国取得资产阶级革命胜利后颁布了《人权宣言》，并于 1804 年颁布《法国民法典》，个人权利思想在大陆法系国家植根。学者认为："如果没有理性主义支配下的对演绎方法论的强调利用，及 19 世纪个人主义方法论的广泛传播和盛行，就不可能有《法国民法典》，那么以民法为核心的许多现代私法理论和私法制度也无从产生和发展。"[3]其实，"无从产生和发展"的何止是现代私法而是现代社会的整个法律制度。人文主义法学派和古典自然法学为近现代英美法系和大陆法系注入了共同的法律血统：个体主义方法论下的个人权利思想。

随着人本主义法学思想及其个体主义方法论的深入，个体成为法律的唯一核心，近代法制凸显了个体性特征——个人本位。个体主义方法论通过个体及其互动来阐明社会关系，个体主义方法论下的法律关系都是立足于个体而产生的关系。确切地说，是以个体为出发点，以个人权利为中心，通过规范个体的权利和义务来规范整个法律关系的。作为个人本位的核心代表——民法已然成为纯粹的私法。作为个人本位之法，民法形成了三大原则即私权神圣、契约自由和自己责任（过错责任）。民法的个体主义方法论立场清晰可见：以个体利益为目标，以个体理性为依归，以个体权利为手段。

个体利益、意思自治、自己责任是以个人个体为中心的民法内核。个体利益、意思自治与自己责任不仅体现出权利的个体性和义务的个体性，更蕴含着个体义务下责任的个体性。责任是义务不履行的必然结果，责任承担的

---

[1] 何勤华主编：《西方法律思想史》，复旦大学出版社 2005 年版，第 101 页。

[2] 徐爱国、李桂林、郭义贵：《西方法律思想史》，北京大学出版社 2002 年版，第 177 页。

[3] 刘水林：《经济法基本范畴的整体主义解释》，厦门大学出版社 2006 年版，第 52、63 页。

个体性是义务履行个体性的必然结果。责任是意思自治的结果，意思自治是个体权利的体现，意思自治的责任作为自己责任原本就是个体责任。可见，近现代法学意义上的民事责任本质上是一种个别责任，是个体对个体承担的责任，是一对一的责任。这种责任的逻辑演变是：个体主义方法论—个体权利—个体义务—个体对个体的责任。民事责任的个体性是近现代法学个体主义方法论的逻辑结果。

（二）整体主义方法论下环境责任的整体性

自文艺复兴从思想上解放人以来，个人就成了社会科学研究的核心，个体成了问题分析的逻辑起点。社会科学中个体主义方法论获得了霸主地位。然而，个体主义方法论并非万能。西方社会中，个人权利大获全胜乃至形成洪水横流之势而集体利益与国家权威却如日食般逐渐被消溶、湮灭。这是个体主义方法论"只见树木不见森林"天然缺陷的体现。仅以个体作为逻辑起点分析与认识世界，结果必然是只有个体利益而无社会整体利益。

18 世纪下半叶以来，西方发达国家进入工业文明时代。随着社会化大生产的不断深入，系列社会问题开始涌现。为应对社会问题，法律也开始"社会化"。响应法律社会化要求，近代民法三大原则开始对个体进行限制：私权神圣受限、契约自由受限、无过错责任产生。"与人的本质一样，在法律上也存在个人法与社会法的差别。这是因为，人作为个人在其是一种独立的存在体的同时，也是构成社会的成员。"[1]相应，法律的个人本位思想动摇，社会本位思想出现。无论是法律社会化实践还是法的社会本位思想，还是与个人法相对应的社会法，其基础已然不是个体及个体利益了。马克思主义认为："社会不是由个人构成，而是表示这些个人彼此发生的那些联系和关系的总和。"[2]人的本质"是一切社会关系的总和"。[3]个人个体是社会的基础，但社会不是个人的简单加总，而是区别于个人个体的独立整体。应对社会问题，法学不能不考虑以社会整体作为问题分析的逻辑起点。

众多的社会问题中较为突出的是环境问题。环境问题凸显了环境的整体性，也彰显了环境整体大于环境部分之和的特质。环境的整体性决定了环境

---

[1]　刘水林：《经济法基本范畴的整体主义解释》，厦门大学出版社 2006 年版，第 52、63 页。

[2]　《马克思恩格斯选集》（第 46 卷），人民出版社 1972 年版，第 220 页。

[3]　《马克思恩格斯选集》（第 1 卷），人民出版社 1972 年版，第 18 页。

问题的法学应对不能以个体主义为方法论,而应当以环境整体、社会整体等作为问题分析的逻辑起点,应当以社会整体利益作为目标而不是以个体利益作为目标。权利是利益的外化形式。公共利益包含国家公共利益(即国家利益)和社会公共利益(即社会利益)。国家利益的代表——国家可以为国家利益提供强大的保护力量。然而,社会公共利益不仅没有明确的界限,更缺乏强有力的后盾保障。[1]环境利益是社会公共利益。对于社会公共利益,无法从个体的角度进行把握而只能从整体的角度出发。以整体性为特征的环境提供整体性的环境公共利益,享受整体性环境公共利益的公众也以整体形式而存在。环境公共利益彰显的权利是公众作为共同体的权利,是公众整体(或称为"公众共同体")享有某一环境公共利益的整体权利。显然,基于环境公共利益而产生的权利即环境权不是个体基于个体利益而享有的权利。

权利以义务为基本条件,以责任为保障措施。公众享有环境权以所有个人或组织承担不侵害环境公共利益的不作为义务为基础。一旦存在侵害公众环境公共利益的行为,侵权人则应当对环境公共利益享有人——公众承担不利后果即承担环境责任等法律责任。环境责任是环境权的基本保障。由于环境公共利益是整体利益,环境权享有人是作为整体的社会公众,而侵权人则一定是个人或组织等个体,侵害环境权的法律责任显然不再是传统意义上的侵权人个体对权利人个体的责任,而是侵权人个体对权利人整体的责任。这种个体对整体即"一对众"的责任形态已完全不同于传统权利下个体对个体即"一对一"的责任形态。个体对个体即"一对一"的传统责任形态是:法学个体主义方法论—个体权利—个体义务—个体对个体的责任。而个体对整体即"一对众"的责任形态的逻辑演变则是:整体主义方法论—整体权利—个体义务—个体对整体的责任。不同于传统民事责任的环境责任是一种整体性的责任,是法学整体主义方法论的逻辑结果。

二、环境责任目标的预防性

(一)传统民事责任的填补损害目标及其固有缺陷

公元前 20 世纪的《苏美尔法典》规定:"推撞自由民之女,致堕其身内

---

[1] 孙笑侠:"论法律与社会利益——对市场经济中公平问题的另一种思考",载《中国法学》1995 年第 4 期,第 53~54 页。

之物者，应赔偿银十舍客勒。"〔1〕《十二铜表法》第 8 表第 2 条规定："如果故意伤人肢体，而又未与（受害者）和解者，则他本身亦应遭受同样的伤害。"《十二铜表法》第 8 表第 3 条规定："如用手或棒子打断自由人的骨头，则应缴纳罚金三百阿司，如为奴隶，则为一百五十阿司。"〔2〕对于人身伤害，除了同态复仇方式外，古代法律几乎都是以命价方式予以处理。所谓命价就是支付给被害人或其亲属的、根据被害人社会地位所确定的人身损害赔偿金额，〔3〕包括生命丧失的赔命价和健康损害的赔血价。命价制度是以人等制度为基础的、以人的不同身份计算赔偿金额的人身损害赔偿制度。人等制度是文艺复兴人本思想所抨击的对象，与新兴资产阶级的自由平等思想相违背，是现代社会所不能容忍的。命价制度因文艺复兴思想解放运动与资产阶级政治解放运动而终结。随同命价制度终结的是人身损害赔偿制度。人等制度应当革除，但命价制度的实质是人身损害赔偿制度。

前述《苏美尔法典》规定："倘牛伤害栏中之牛，则应以牛还牛。"〔4〕这是"损失什么就赔偿什么"的最早法律表达。在文艺复兴人本主义思想影响下，这一思想在古典自然法学中得到强调。格老秀斯认为，自然法内容是"他人之物，不得妄取；误取他人之物者，应该以原物和原物所生之收益归还原主，有约必践，有害必偿，有罪必罚"。〔5〕格老秀斯的"有其所有、偿其所负"思想符合资产阶级的财产权利需求，财产权是资产阶级不可或缺的基础。"有其所有"体现为财产权，"偿其所负"则体现为侵害财产权的结果。随着"有其所有"即财产权在资产阶级国家法律中的确立，"偿其所负"也在近代资产阶级国家法律中得到认可。所谓"偿其所负""有害必偿"即填补损害、完全赔偿。"偿其所负"即填补损害以"有其所有"即财产权为前提的。不

---

〔1〕 法学教材编辑部、《外国法制史》编写组编：《外国法制史资料选编》（上册），北京大学出版社 1982 年版，第 1~2、152 页。

〔2〕 法学教材编辑部、《外国法制史》编写组编：《外国法制史资料选编》（上册），北京大学出版社 1982 年版，第 1~2、152 页。

〔3〕 刘清生："论侵害生命权的损害赔偿"，载《西南交通大学学报（社会科学版）》2008 年第 6 期，第 130~132 页。

〔4〕 法学教材编辑部、《外国法制史》编写组编：《外国法制史资料选编》（上册），北京大学出版社 1982 年版，第 1~2、152 页。

〔5〕 ［荷］格老秀斯：《战争与和平法》，载法学教材编辑部、《西方法律思想史》编写组编：《西方法律思想史资料选编》，北京大学出版社 1983 年版，第 139 页。

难发现，填补损害是针对财产损害而言的，并不针对人身损害。近代的人身损害赔偿问题因人等制度的废弃，随着命价制度的终结画上了休止符。

就财产损害而言，如何具体进行"偿其所负""有害必偿"有待进一步明确。针对"偿其所负"，莫姆森在1855年提出了差额说，[1]即损害是损害发生之前与之后相比较而言的不利益差额。王泽鉴教授认可这一观点，认为"损害系指权利或利益受到侵害时所生之不利益"。[2]显然，莫姆森的差额说仅限财产损害。正如学者所言，差额说的缺陷就在于将不具有经济价值的内容排除在赔偿之外。[3]然而，正是建立在具有经济价值的财产损害基础之上，差额说才能以损害的名义"生动地表达了完全赔偿原则"。[4]当然，仅立足于财产损害的差额说有其自身不足，因此产生了直接损害说、客观损害说等学说。直接损害说提出损害是行为作用于标的致使标的直接毁损灭失，客观损害说则倡导损害是依据权益的客观价值进行计算的结果，但直接损害说和客观损害说都是以客观价值来计算损害的。可见，从差额说到直接损害说、客观损害说，所谓损害都是指经济价值的损失。以损害的经济价值为基础，损害才有填补的可能，才有赔偿的余地。损害的经济价值属性也即损害的可填补性是填补损害、完全赔偿的客观基础。

然而，现实损害并非只有财产损害，更包括人身损害和其他损害等。为了弥补莫姆森仅限财产损害赔偿的差额说缺陷，将无法以经济价值计算的人身损害等内容纳入填补范畴，相继又出现了死伤损害说、劳动能力丧失说、规范损害说等。死伤损害说对无法用金钱计量的生命健康等人身损害采取"强行"进行经济价值评价。劳动能力丧失说则将人身损害替换为劳动能力损害，通过对劳动能力损害评估来实现对人身伤亡的经济价值评估。而规范损害说则对损害进行了抽象化处理，从事实概念上升为规范概念，认为损害并不以现实损害为前提而以法益受损为前提。然而，损害是现实的，不以人的意志为转移。规范损害说将客观损害替换为法益受损是对损害现实的欲盖弥

---

〔1〕 Friedrich Mommsen, "Zur Lehre von dem Interesse", *Beiträge zum Obligationenrecht. Abt.* , 1855.

〔2〕 王泽鉴：《债法原理——不当得利》（第2册），中国政法大学出版社2002年版，第34页。

〔3〕 ［德］迪特尔·梅迪库斯：《德国债法总论》，杜景林、卢谌译，法律出版社2004年版，第432页。

〔4〕 Sourlas, "AdHquanztheorieund Normzwecklehrebeider Begrtlndungder Haftungnach §823 Abs. IBGB", Berlin, 1974, p. 63.

彰，而劳动能力丧失说的劳动能力丧失并不等值于人身损害，死伤损害说对无法进行经济价值计量的人身损害强行进行价值评价显然是非理性的。劳动能力丧失说、规范损害说与死伤损害说都没有从根本上解决对人身损害进行价值填补的科学性。人身损害之所以无法进行价值填补，其根本在于人身损害无法经济价值化。生命与健康的无法经济价值化是一种不可违背的客观规律。填补损害的目标是回到"倘若损害事件没有发生时应处的状态"。[1]对于生命健康损害而言，期望填补损害以回到损害发生前是无法实现的。

综合而言，差额说、直接损害说与客观损害说立足的是财产损害，民法学说中的填补损害即完全赔偿只能针对可以经济价值化即具有可填补性的财产损害。而死伤损害说、劳动能力丧失说、规范损害说企图将无法进行经济价值化的人身损害囊括其内，却已完全背弃了损害的可填补性前提。尽管人身损害有着不可填补的客观特征，但各种学说都企图以财产损害完全填补为基础，极力将人身损害纳入财产填补即完全赔偿范围。由此，传统民事责任的单向性思维模式开始形成：受害人损害都可以进行经济价值计量，只要填补了受害人经济价值损失即填补了其损害。从而，学者将民事责任制度的主要目的概括为填补受害人的损害。[2]在传统民事责任的单向性思维下，加害人的侵害行为被忽视，既不问侵害行为进展程度，也不问行为的故意或者过失。这种只关注损害结果不考虑侵害行为的单向思维不仅导致了民法中的过错要素失去了其应有的意义，[3]也导致了民事责任中的预防性责任形式被虚置，填补损害事实上成了民事责任的唯一形式。不难发现，当前填补损害民事责任的缺陷根源于将无法经济价值化的损害硬性纳入损害填补责任中。

(二) 无法填补前提下环境责任预防损害目标的确立

无疑，填补损害制度已经发挥了而且还将发挥其相当的积极作用。"有损害就有救济"是法律定律。基于这一定律思维，人们面对生态损害首先考虑的就是填补损害：造成多大生态损害就承担多大的赔偿责任。然而，法律定律"有损害就有救济"的前提是损害已经发生。对环境损害进行填补意味着

---

〔1〕　曾世雄：《损害赔偿法原理》，中国政法大学出版社 2001 年版，第 14~16 页。

〔2〕　丁海俊："私权救济论"，西南政法大学 2005 年版博士学位论文，第 69~71 页。

〔3〕　刑法中的过错不仅是刑事责任的成立条件也是刑事责任大小的影响因素，民事侵权中的过错也是影响责任大小的关键因素。认为过错不影响民事责任大小的传统认识值得质疑。参见刘清生："论民事侵权中的过错"，载《大连海事大学学报（社会科学版）》2009 年第 2 期，第 96~100 页。

环境损害后果已经事实发生，填补环境损害的消极性呈现：环境损害不仅表现为无法弥补的生态利益损害和大范围的人身伤亡，还表现为无力弥补的巨额财产损失。

生态利益与经济利益均来自环境资源，但生态利益不同于经济利益。经济利益是可以私有化、可以经济价值化的利益，而生态利益是无法私有化、无法经济价值化的利益。生态利益是"生态系统对人类非物质性需求的满足的利益"。[1]生态系统并非仅仅指大气、土地、野生生物等静态意义下的天然或人工的自然因素，而是一个贯穿于生物与非生物间的能量循环、物质循环和信息交换的动态整体，是一定空间内生物与非生物相互影响、相互制约而共同构成的动态统一体。作为整体的生态系统为人们提供的非物质性利益即生态利益必然体现出整体性、系统性的特质。另一方面，系统内生物与非生物之间能量物质信息的动态循环也非立竿见影之事，这一长期动态循环过程才能产生的生态利益也体现出了生态利益生产的长期性。更鉴于人类知识的有限性，关于生态系统如何提供生态利益的知识大部分尚在人类探索过程中，如何恢复遭受破坏的生态利益也大都在人类认知范围之外。生态利益的系统性和生产长期性、生态利益知识的有限性，决定了生态利益损害的无法恢复性。

更由于生态利益损害具有其潜在性，环境损害后果往往要待多年后出现的大面积的财产损害和人身伤亡作为表征。因此，依据传统民事责任，填补责任只能等待生态损害、人员伤亡、财产损害等三种环境损害后果全面呈现后才能正常进行。然而，填补损害既不能适用于无法进行经济价值化的生命健康损害，也不能适用于不能以经济价值所替代的生态损害。环境损害的三大后果中，两大损害后果无法进行经济填补。可以进行经济填补的财产损害则因生态系统破坏所牵涉面广泛而异常巨大，这种天文数字的财产赔偿金额使得行为人无法填补。概言之，环境损害不具有可填补性。填补损害的传统责任以损害的可填补性为前提，填补损害无法成为环境责任的核心目标。

经济学上，环境和生态系统是公地，公地悲剧似乎是不变的真理。1968年哈丁教授就认为：当一项资源归多数人拥有，而每个人都有使用权时，每个人都倾向于过度使用；被竞争性地过度使用或侵占的最终结果是作为公共

---

[1]　邓禾、韩卫平："法学利益谱系中生态利益的识别与定位"，载《法学评论》2013 年第 5 期，第 109 页。

物品的资源枯竭。环境或生态系统作为公共物品具有非排他性、不可分性、无竞争性特征。由于环境的外部不经济性，有使用权的所有人都将对环境进行过度利用，环境公地悲剧——生态损害成为必然。为解决公地悲剧难题，经济学界主要提供了两种方案：一是征收税费方案，即国家对排污、自然资源开发等消极利用环境的行为征收排污费或环境税等；二是明晰公地产权，即依科斯定理确定公地产权，企图通过产权方式保护公地。然而，这些方式都没能解决公地悲剧问题，第一种方案即"庇古税方案"存在难以计算污染治理成本，甚至在短期内无法计算[1]的问题，第二种方案存在作为公共物品的产权难以明晰的问题。这些经济学方案都以外部性为根据，以先予利用为基础，企图通过干预个体行为实现避免公地悲剧的目的。然而，这些方案都以个体作为解决问题的立足点，将公地悲剧问题的解决建立在个体行为基础上。而作为自然生物之人都有着追逐私利的生物必然性，"当人被利益这一生物必然性所支配与绑架，呵护自然甚或多大程度去呵护自然的标准只能是'利己主义'这一人的非本质规定了"。[2]在追逐私利的生物必然性下，这些经济学方案都以放任损害发生为前提，无法解决环境公地悲剧问题。因为这些经济学方案是传统"先破坏再填补"思维的结果，没有看到生态损害的不可填补性，没有认识到预防生态损害的重要性。

经济学方案是在干预个体行为过程中"放任"环境损害的发生，法学的民事责任及其社会化则是在"等候"环境损害的发生。两者的共性在于都没有认识到环境的整体性以及环境损害的不可填补性。当环境损害不可填补，对于已经发生的环境损害而言，任何的行为干预和损失填补都是无意义的。因此，对于损害无法填补的环境侵害行为，法律的选择只能是防患于未然而不是事后填补。侵害环境权的实质是侵害公众的生态利益，只有侵害了环境权才可能在生态利益损失基础上导致大范围的人员伤亡和巨额财产损失，环境损害的三大表现形式才能呈现。生态利益的无法填补性决定了环境权侵权行为的法律后果也只能选择防患于未然而不能选择事后填补。质言之，侵害环境权的法律责任即环境责任应当以预防生态损害为核心目标。

---

〔1〕　严晓萍、戎福刚："'公地悲剧'理论视角下的环境污染治理"，载《经济论坛》2014年第7期，第174页。

〔2〕　李勇强："生态人学的双重意涵：生态文明理论的人学之维"，载《重庆理工大学学报（社会科学）》2015年第3期，第90页。

20 世纪 80 年代，我国学者提出"与其在环境问题出现后治理，不如在未出现前就预防"。[1]环境法学界很早就认识到了预防损害的重要性，并将损害预防作为环境保护法的基本原则。各国的环境保护法中也大多确认了损害预防原则。然而，损害预防原则并没有在环境保护法中得到落实，环境责任在环境法学界被引向了民事责任领域并落实为损害赔偿制度，而损害预防原则一直停留在环境保护法的基本原则层面，而没有落实在环境责任等制度之中。所谓基本原则是指贯穿于法律的始终并体现该法律基本价值的原则。损害预防原则不仅应当落实在资源利用行为制度中，更需要体现在环境责任制度中。只有将损害预防原则落实到环境责任制度中，作为受害人的公众才有预防损害发生的法律措施，损害预防才能真正成为现实，填补损害的传统民事责任目标才能向预防损害的环境责任目标转化，"损害的预防胜于损害补偿"[2]才能真正实现。

第三节　环境责任的特殊责任形式与构成要件

一、环境预防责任形式

填补损害民事责任是针对行为人的行为结果而采取的补救措施，这是一种以行为结果为思维基础的救济模式，可简称为结果控制模式。结果控制模式仅仅针对行为结果而不针对行为过程，仅仅考虑对已经发生的损害填补而不考虑对可能导致损害的行为阻止，因而无法实现预防损害的目的。作为无法填补的生态损害的救济方式，环境责任目标只能是预防损害而不是填补损害，因而，环境责任救济模式只能选择过程控制而不能依赖结果控制。过程控制模式是对污染或破坏环境行为进行控制，以防范无法填补性生态损害的发生。从结果控制转向过程控制，环境责任的责任形式和构成要件也体现出不同于传统民事责任的预防特质。

在因果关系意义上，有因才有果，无因则无果。要防止不可填补性损害结果的发生，就要阻止致害原因的发生或发展。导致环境生态损害结果的原

---

[1]　程正康：《环境法概要》，光明日报出版社 1986 年版，第 49 页。

[2]　王泽鉴：《侵权行为法——基本理论　一般侵权行为》（第 1 册），中国政法大学出版社 2001 年版，第 10 页。

因可能表现形态万千，但法律意义上造成环境生态损害的主要原因是环境侵害行为。环境侵害行为是因，环境生态损害是果。因此，要想抑制无法填补性环境生态损害的发生，就需要对环境侵害行为进行法律干预。法律意义上，对环境侵害行为进行法律干预就是课加行为人相应的法律责任——环境责任。这种环境责任不是在环境生态损害结果发生后的事后弥补，而是针对损害后果发生前的事前行为预防，故而可以称为环境预防责任。发挥了环境预防责任的功能，就能控制环境侵害行为，从而控制人为生态损害结果的发生。

造成环境生态损害的行为被概括为环境污染或环境破坏行为。显然，没有环境污染或环境破坏行为就不会产生生态损害后果，消除了这些环境污染或环境破坏行为就能产生立竿见影的生态损害预防效果。然而，法律意义上人的行为是意志行为，其动机清晰、目的明确，行为人是不会主动终止环境污染或环境破坏行为的。因此，客观上要实现终止环境污染或环境破坏行为的目的，只能依赖于利害关系人具有法律约束力的阻止行为。所谓利害关系人阻止行为具有法律约束力，是指利害关系人阻止行为人的环境污染或破坏行为时，行为人必须遵照执行。而行为人遵照执行的前提是行为人负有停止其行为的法律责任即"停止侵害行为"责任。"停止侵害行为"责任是行为人停止正在进行或即将进行的不当行为的法律责任。环境侵害行为人承担该责任，能有效预防环境生态损害的发生。

当然，仅有"停止侵害行为"法律责任尚不能完全消除生态损害后果的发生原因。如果不当行为已经实施完毕，停止侵害行为则失去意义。例如，不当处置危废品的行为实施完毕后，危废品的不当存在就成为生态损害发生的直接因素。实施完毕的侵害行为可能给生态损害注入千奇百怪的发生因素。这些因素可能表现为物理学、化学、生物学等不同方面，但从法学角度考量有着同一特性，即都是导致环境生态损害的危险因素、都是环境侵害行为所注入。因此，要有效消除生态损害的发生原因，还必须消除实施完毕的环境侵害行为所蕴含的危险因素，行为人承担"消除危险因素"法律责任就是环境责任不可或缺的内容。

生态损害发生原因的因素不仅有主观因素也有客观因素。生态损害原因的主观因素是行为，生态损害原因的客观因素则是环境要素的自身属性。针对生态损害的主观原因，环境预防责任是停止侵害行为，针对生态损害的客观原因，环境预防责任则是消除危险因素。从行为过程而言，环境侵害行有着行为前、行为中和行为后三个阶段。针对侵害行为发生之中与发生之前，加害行为人承担的是停止侵害行为责任。针对行为发生之后，行为人承担的是消除危险因素责任。可见，停止侵害行为是环境预防责任的主要形式，消除危险因素则是停止侵害行为的辅助形式，是行为人无法承担停止侵害行为责任或承担停止侵害行为责任仍然于事无补后的补救措施。

二、环境预防责任构成

停止正在进行或即将进行的不当行为在我国民事责任中被称为停止侵害，在英美法系中体现为禁令。因此，将环境责任的重点由事后的填补损害转移到事前的预防损害，就需要明确停止侵害行为和消除危险因素等环境预防责任的核心构成要件。尽管传统法学认为，侵权责任的一般构成要件有四个即违法行为、损害事实、因果关系、主观过错，[1]但违法性要件遭到质疑，[2]当前一般认为侵权责任由损害事实、因果关系和主观过错等构成。对于环境侵权的概念，学界尚未形成统一认识。民法学意义上（如《民法典》"环境污染责任"的规定）的环境侵权是指因侵害生态利益而导致个体人身和财产利益的损害，其实质是个体民事权益的侵害。鉴于该民事权益的损害因生态利益的损害而造成，而生态利益损害的发生有着复杂的因果关系，民法学意义上的环境侵权被认为应当适用无过错责任原则。环境侵权还有一种超越民法范畴之上的内涵（或可以称为环境法学意义上的环境侵权），是指对环境权的侵害，是对生态利益的侵害。环境法学意义上的环境侵权是民法学意义上环境侵权的前置条件。民法学意义上的环境侵权适用无过错责任原则是因为生态利益损害的复杂性，而环境法学意义上的环境侵权就是生态利益的侵害，因而如果类推民法学上的归责原则的话，环境法学意义上的环境侵权也应当适用无过错责任原则。如此，在环境法学意义上的环境侵权中，环境责任构成要件就只剩损害事实与因果关系值得关注。

王泽鉴教授认为，侵权法是行动自由与社会安全之间的价值平衡法。[3]

---

〔1〕 杨立新：《侵权法论》（第2版），人民法院出版社2005年版，第149~155页。

〔2〕 刘清生："论侵权责任构成要件'违法性'之伪"，载《西南交通大学学报（社会科学版）》2010年第3期，第138页。

〔3〕 王泽鉴：《侵权行为法——基本理论 一般侵权行为》（第1册），中国政法大学出版社2001年版，第13页。

行为人的行动自由与公众的社会安全之间应当是一种动态的平衡关系。然而，行为人的行动自由具有主动性而公众的社会安全则具有被动性，行动自由与社会安全之间的动态平衡就不能不考量被动的社会安全可能造成的损害后果。如果损害可以价值化、可以进行价值填补，那么行为人填补受害人的价值损失，社会安全能够得到保障。这种事后承担填补价值损失的责任既能实现社会安全的保障目的，又能实现行动自由的保障目的。但如果损害无法价值化、无法进行价值填补，则意味着社会安全无法通过价值填补方式得到维护。为维护社会安全，法律就必须对行动自由进行限制，以实现两者的平衡。可见，平衡行动自由与社会安全的关键因素是损害的可价值化和可填补性。因此，如果环境侵害行为仅仅导致可填补性损害，那么受害人的损害则应当通过价值填补的方式获得救济，而不得要求行为人承担环境预防责任。在受害人的可填补性权益与行为人的行动自由之间，优先选择行为人的行动自由价值。但当环境侵害行为将导致难以不可弥补的生态损害时，价值填补已无法为受害人提供有效救济，行为人必须为其行为承担环境预防责任即行动自由受限。可见，损害的不可填补性或不能填补性是行为人承担环境预防责任的核心要件。损害的不可填补性是就损害本身属性而言的，损害的不能填补性则是就行为人的能力而言的。

环境侵害后果不仅包括生态损害还包括财产损害、公众生命健康损害。其中，财产损害和部分健康损害具有可填补性，但可能因行为人无力承担巨额赔偿而体现出不能填补性。生命损害、部分健康损害和生态损害是不可填补性损害。损害的不可填补性、不能填补性意味着侵害行为的极度危险性，对于极度危险性的行为理当予以事前限制。因此，只要能够确认环境侵害行为将导致不能填补的财产损害或健康损害，或将导致不可填补的生态损害或生命损害，行为人就应当承担停止侵害行为、消除危险因素等环境预防责任。损害的不可填补性或不能填补性是环境预防责任的核心构成条件。

法经济学的"汉德公式"认为，当预防措施的负担大于或等于损害发生概率与损害程度之积，则应当承担预防责任；反之则不承担。[1]显然，这是建立在损害程度可供计量的前提之上。对于不可填补性即不可计量性损害而

---

[1] Patrick J. Kelley, "The Carroll Towning Campany Case and the teaching of tortlaw", *St. Louis University Law Journal*. 2001, p. 733.

言，汉德公式是无计可施的。然而，汉德公式至少说明了损害发生概率对预防责任的重要性。如果损害不可填补或不能填补，但损害发生概率几乎为零，在此情形下要求行为人承担环境预防责任显然是不合理的。由于损害发生的不确定性，仅有损害的不可填补性或不能填补性条件尚不足以成立环境预防性责任。停止侵害行为、消除危险因素等环境预防责任还需有不可填补性和不能填补性损害发生的盖然性要求。当然，损害发生的盖然性问题属于自然科学的范畴，但在环境预防责任的构成上，对不可填补性生态损害和生命损害的发生概率要求，不能设置得太高，应以低概率要求为原则。如果概率设置得太高，环境预防责任将失去其预防意义。损害发生概率，从法学角度，谓为因果关系。环境预防责任在因果关系上只能以损害发生低概率为要求。综合前述，环境预防责任的构成条件有两个：一是在损害事实角度上，损害的不可填补性或不能填补性；二是在因果关系角度上，不可填补性或不能填补性损害发生的低概率性。

史尚宽先生认为："侵权行为制度之理想，不仅在事后之补救，而对现在及将来之侵害，须有排除及预防之方法，始可达其目的。"[1]对于不可填补性或不能填补性损害，事后补救只是无奈与权宜，事前预防才是万全之策。在行动自由和社会安全两个价值之间，就不可填补性或不能填补性损害而言，只能选择社会安全。环境侵害所导致的不可填补性或不能填补性损害决定了环境责任不能是环境填补责任而是环境预防责任。只有确立环境预防责任，《环境保护法》的预防原则才能真正落实，"保护优先"[2]的生态文明目标才能真正实现。

---

〔1〕 史尚宽：《债权总论》，中国政法大学出版社 2000 年版，第 207 页。

〔2〕 中共中央、国务院《关于加快推进生态文明建设的意见》（2015 年 4 月 25 日）第一次明确将"保护优先"作为生态保护的基本原则。

一、论证逻辑的回顾

当前环境权学说表现各异。环境权人类权说将人类设为环境权的主体，已经严重背离传统权利主体理论的基础。环境权私权说赞成者较多，却难以论证作为公共利益的环境何以成就私权、私人如何行使这种公共利益的环境权。环境权权利权力结合说将环境权解析为"国家权力"，环境权权利义务结合说却又将环境权解析为"义务"，然而权利与权力、义务存在本质上的不同。环境权实体程序混合说通过"重程序"的方式进行论证，却回避了对环境权实质内容的探讨。环境权人权说虽获得较多的认同，但西方人权本质的缥缈无法给实在法上的环境权作出具体而有益的解答。社会权说的论证者提出了一种崭新的解析环境权的路径，但因对社会权的研究不足而造成了环境权本质的证成困难。前述环境权学说分别从通往权利的可能途径（权利的对立面——权力、权利的对应面——义务、权利的扩展面——人权、实体权利的对应面——程序等）进行了尝试论证，然而均没有能够对环境权作出合理的理论解析。数十载环境权研究进展寥寥，环境权理论至今无法解答环境权作为权利存在的两大难题：一是环境权主体范围无法形成一致认识；二是环境权客体范围无法明确。由此，环境权否定论公然登上了历史舞台。那么，在现代生态文明下，作为公共利益的环境究竟能否成就为权利？对此问题的思考，不仅需要反思当前环境权学说中的主体与客体问题，更应当从哲学层面上思考环境利益的整体性而传统权利之间是否具有相容性问题，传统权利究竟是一种何种性质的权利。由此，不能不从哲学层面反思传统法学研究的方法论问题。

本书遵循"提出问题→分析问题→解决问题"的逻辑思路谋篇布局。在问题提出阶段，以"传统法学个体主义方法论下环境权研究为何无果"为中心，对当前环境权研究所坚守的个体主义方法论进行反思：环境的整体性与传统法学个体主义方法论并不相融。整体性问题需要整体主义方法论，环境权研究需要以整体主义为方法论重新审视。

在问题分析阶段，围绕"法学整体主义方法论下环境权何以可能"问题，站在整体主义方法论立场上分别分析论证了环境权的利益基础、主体基础以及权利基础。在利益基础、主体基础以及权利基础上，环境权的本质呈现：不同于传统个体自然权利的新型社会权。

在解决问题阶段，基于环境利益的整体性、享有环境利益主体的整体性，以"整体主义方法论下环境权作为新型社会权如何得以实现"为线索以解决环境权的实现问题。环境权不仅包含权利人对环境利益的静态享有，也包含权利人对环境利益的动态管理与维护。由此，公众环境权衍生了环境成员权，也衍生了环境利益管理权、环境利益维护权。环境利益管理权主要体现在公众参与环境管理上，而环境利益维护权的最终手段则是环境公益诉讼。

通过环境权研究问题的递进深入即"环境权研究为何无果 → 法学整体主义方法论下环境权何以可能 → 整体主义方法论下环境权作为新型社会权何以实现"，环境权研究内容"环境权与传统法学个体主义方法论不相容 → 整体主义方法论重新审视下环境权本质是区别于传统个体权利的新型权利形态 → 作为新型权利形态，环境权的实现在整体主义方法论下也有别于传统个体权利"等也渐次获得论证。

二、核心观点的整理

围绕"环境权研究为何无果 → 法学整体主义方法论下环境权何以可能 → 整体主义方法论下环境权作为新型社会权何以实现"三大问题，本书形成了如下三大基本结论。

第一，当前环境权理论与传统法学个体主义方法论存在无法调和的矛盾。环境权学术研究需要以整体主义为方法论即以整体作为基本研究单元。

个体主义方法论以个体的主体性作为研究社会现象的基本立场，将个体作为学科分析的逻辑起点与基本研究单元。整体主义方法论以整体的客观性作为研究社会现象的基本立场，将整体作为学科分析的逻辑起点与基本研究单位。两种方法论之间的争论持续百年有余，至今仍未停息。但两种方法论经百年争论产生了两种方法论的强弱分类，两种方法论分别向对方作出相当的让步与妥协。然而，两种方法论的百余年争论并没有引起现代法学对哲学意义上方法论的关注。现代法学将"应以个体还是应以整体作为基本研究单元"的方法论归为"具体论证方法的运用"，"方法论"被视为"论方法"。究竟应当"以个体还是以整体作为法学基本研究单元"的问题被名为"方法论"实为"论方法"的著作所遮蔽。该问题成了法学研究的处女地。

古希腊法学围绕城邦政治而展开。研究柏拉图、亚里士多德学派及伊壁鸠鲁学派与斯多葛学派思想可以发现：个人并不作为独立个体而存在而仅仅是城邦国家的构成部分，法学整体主义方法论在古希腊法学中流行。古罗马王政时期"只见氏族不见个人"、共和国时期"只见家庭不见个人"，古罗马法学也呈现出明确的整体主义方法论立场。当然，在古希腊斯多葛学派中开始出现个体主义方法论的萌芽思想，以西塞罗为代表的罗马法学在古罗马共和国末期和帝国时期再度兴起。但在中世纪，家庭是日耳曼社会的基本法律单位，封建法制中的人身依附关系吞噬了人的独立性、个体性。而神学自然法思想不是从人与人的关系而是从人与神的关系角度分析法律，以神取代人在法律中的作用。在日耳曼世俗法与封建法思想、神学自然法学与教会法学思想中，中世纪法学是自始至终持整体主义方法论立场。古希腊和古罗马萌发的个体主义方法论在中世纪被彻底掐灭。

罗马法复兴与文艺复兴的结合掀起了古罗马法学个体主义方法论的复兴。罗马法复兴中人文主义法学派专注于罗马时期西塞罗等个体理性思想和个体精神，对罗马法学采取批判地继承的态度，法学个体主义方法论再度复兴。古典自然法学派取代人文主义法学派也继承了人文主义法学思想。自格老秀斯创始古典自然法学以来，经过霍布斯、洛克、孟德斯鸠和卢梭等学者的思想深化，古典自然法学所倡导的自由主义、个人主义和法治精神已深深地根植于西方价值观念中。当然，德国古典哲理法学深化并拓展了古典自然法学思想，进一步推动了法学个体主义方法论的发展。经由近代法学者的努力，个体主义方法论也深深植根于近代法学之中。可以说，没有个体主义就没有近现代资本主义；没有个体主义方法论也就没有近代西方法学理论。由此，近代社会的发展可以说是一个"从整体主义到个体主义"的进步，而近代法学的发展是一个"从整体主义方法论到个体主义方法论"的进步。

然而，只能从个人个体研究社会整体的偏执下，个体主义方法论不可避免地存在致命缺陷，即片面夸大个体作用而无视社会整体的客观存在，"只见树木不见森林"。以个体主义为方法论分析与认识世界，避让导致无视社会利益、无视整体利益的结果。社会是人的社会，人才是社会的基础。固然，社会科学研究无法也不可能回避个体。个体必然成为社会科学研究的起点。但另一方面，人是社会的人，人无法脱离社会整体而存在。社会作为人的集合体并不是人在数量上的简单相加，社会具有其自身的独立性。社会整体需要整体主义方法论。整体主义方法论虽"不见树木"但却"能见森林"，它看到了社会的整体性。

法学个体主义方法论下，自然人追逐私利的自然属性获得法律尊重，而人的社会属性至今缺失法律承认。自然人追逐私利的自然属性获得法律尊重，传统个体自然权利得以确立，自然人作为法律主体得到尊重。个体追逐私利的自然属性获得法律承认为个体自然权利，追逐私利的个体主义思想盛行，危害社会利益的事件频频发生，社会问题凸显。环境问题就是这些社会问题的核心问题之一。环境是整体环境，环境利益也是整体环境利益，以维护整体环境利益为宗旨的环境权，因而无法在"只见个体不见整体"的法学个体主义方法论下成就为现代权利。社会整体问题需要整体主义方法论，人的社会属性需要获得法律的尊重。由此，现代中国法学研究需要个体主义方法论与整体主义方法论的优势互补。这是中国社会主义法制从移植型向自主型转变的方法论基础。

第二，整体主义方法论下环境权有利益基础、主体基础和权利基础等三大成立基础。环境利益是整体性的、社会性的公共利益，不同于传统私有利益。传统权利主体是自然人个体或组织个体，新型权利主体是社会公众整体。传统权利是以人的自然属性为基础的个体自然权利，新型权利是以人的社会属性为基础的整体意义上的社会权利。环境权是区别于传统个体自然权利的新型社会权。社会公众的整体环境权衍生公众成员的环境成员权。环境权与环境成员权是整体与部分的关系。

从1973年第一个环境保护文件《关于保护和改善环境的若干规定（试行草案）》到2014年修改的《环境保护法》，中华人民共和国环境法史呈现出环境与资源关系不清。环境概念的乱象导致环境法内涵和外延的不清。工业革命是环境法产生的外在原因，向自然界过度索取与排放造成生态破坏才是环境法产生的内在根本。环境法的产生不是为了保护生态要素或称环境要素，而是为了保护生态要素之间正常的物质能量循环即生态系统。生态环境才是环境法产生和存在的根本。生活环境有别于生态环境。生活环境只体现直接使用价值、有形的资源价值而不体现为生态价值的环境，是人的各种活动或衣食住行等周围的自然条件和自然情况。生活环境的民事属性与传统民法契合，生活环境是环境法不能承受之重。

生态环境是环境利益的物质基础。环境利益是区别于传统利益的新型利益，它体现出生态性、公共性和社会性即非政治性等三大基本属性。环境问题的实质是生态利益损害问题。环境科学中的环境利益内涵十分广泛，包括审美利益、经济利益与生态利益。但环境所提供的审美利益已归属于传统民事法律，不属于新兴环境法的内容，而排他性的环境经济利益上升为法律权利时，也只能归属于民商法等私法范畴。因为环境的审美利益与经济利益并非环境法中的环境利益。环境法中的环境利益是生态利益。生态环境对于个体并不表现为最初的环境利益而最终表现为物质与生命健康利益。环境的整体性、不可独占性、不可私自处分性决定了环境生态利益的公共性，即环境生态利益无法个体化、无法私有化，也决定了环境生态利益无论对于统治阶级还是对于被统治阶级都具有无差异性，即环境生态利益的非政治性即社会性。然而，在国社不分的背景下，社会公共利益被视为国家公共利益，环境生态利益的社会性被国家性所淹没，环境生态利益被国家利益所替代。明确环境生态利益的社会性，才能为环境权救济寻求正确的解决方案。

就主体基础而言，环境法学不宜以生态人假设作为环境权主体的理论基础。在伦理学影响下，环境法学生态人假设似有"一片倒"的认同倾向。然而，环境法学生态人假设不仅缺乏人性基础，伦理学生态人理论也不能成为其根基，生态人假设不能成立。为证成生态人假设而否认的经济人假设本身存在问题，所否认的社会人假设也并非现实。经济人和社会人不能而生态人能解决生态危机的观点更缺乏依据。环境法学生态人假设的方法论与环境整体利益不吻合。环境法学生态人假设意义微弱，更不具有学科研究基石的意义。环境法学生态人假设跨出了法学范畴而最终走向了伦理学领域。

人性是社会科学研究的基础。人性决定了人的形象，也决定了法学理论乃至法律实践的走向。法学史经历了古代政治人向近代自然人的转变，现代社会公共利益下亟须社会人对自然人的制衡。古代奴隶社会中，所有个人都被遮蔽在国或家等政治统治机构中：古希腊"只见城邦国家不见个人"，古罗马"只见家庭不见个人"，而古代西欧封建社会则是另一景象下的"只见家庭不见个人"。近代文艺复兴解放了人的私利性与理性。人的私利性与理性的结合是追逐私利的自然属性。以追逐私利为自然属性之人是生物意义上也是近现代法律所承认的自然人。然而，个体追逐私利的自然属性与社会公共利益之间存在天然矛盾，社会公共利益屡遭破坏，社会问题爆发。人的自然性有余而社会化不足，获得法律承认的自然人属性亟须人的社会属性的天然制约。人的社会属性只有获得法律的承认和尊重才能形成对人的自然属性的制约力量，但人的社会属性不会自然形成而需要社会培育。由此，在"维护成本为零"下，自然人的私利性（利己≠利他）可以向社会人的公利性（即利他＝利己）转化；在制度保障下，自然人的个体理性可以促生社会人的公共理性。如果说近代以来传统法学的人性基础是人的自然属性，那么基于社会公共利益的环境法学等新型法学学科的人性基础则是人的社会属性。人的自然属性下的人是个体意义上的自然人，而人的社会属性下的人则是整体意义上的社会人即社会公众。

中世纪，人的理性被蒙昧主义所扼杀，人的私利性被禁欲主义所消灭，人呈现出人性被湮灭的"非人"形象。文艺复兴以自由为名解放了人的理性、以欲望为由解放了人的私利性。私利性与理性相结合的个体个人获得思想上的解放。古典自然法学以自然人性为基础，以天赋人权为方式，将自然状态下的天赋予人的自然属性转变为社会状态下的天赋予人的自然权利。作为近代资产阶级革命胜利成果，人的私利性由法律承认为个体自然权利，人的理性由法律承认为人的行为能力以作为自然权利行使的能力，而个人则由法律尊重为享有权利能力的主体。人的理性是个人的理性，人的私利性是个人的私利性，以理性和私利性为基础的自然权利也是个人的权利。近代以来，传统个体主义方法论下形成的传统权利是个体的自然权利。质言之，传统权利是个体的权利。

人的私利性与理性的结合是追逐私利的自然属性。当自然人追逐私利的自然属性获得法律的承认和尊重，自然人追逐私利便有了实在法上的根据，逐渐呈现出无节制的野性发展态势。在人的自然属性与社会利益之间的天然矛盾中，社会利益浩劫就在人的自然属性获得政治解放后不久的 19 世纪成了现实。人的社会属性即人的公利性和公共理性亟须法律的承认和尊重。法律对人的社会属性的承认和尊重方式是赋予人的社会属性以权利名义。犹如法律对人的自然属性的承认和尊重方式是赋予人的自然属性以自然权利之名，法律对人的社会属性的承认和尊重方式是赋予人的社会属性以社会权利之名。人的私利性（及其所体现的个体利益）以及人的个体理性成就传统的个体意义上的自然权利，人的公利性（及其所体现的社会公共利益）以及人的公共理性成就的是新型的整体意义上的社会权利。新型社会权是作为整体的社会公众对社会公共利益所享有的非个体性的权利（可简称为"社会权"）。社会公共利益是新型社会权的客体，社会公众是新型社会权的主体。新型社会权的整体性是区别于传统个体自然权利的根本。

环境利益是社会公共利益的一种表现形式，环境权也是社会权的一种表现方式。环境权是社会公众享有环境公共利益的权利依据。社会公众对环境公共利益的享有是一种整体性的享有，社会公众成员对于整体性的环境公共利益有分享的权利，即公众成员有分享环境公共利益的环境成员权。环境成员权不是独立的个体权利而是整体环境权衍生的权利。环境权也不是环境成员权在数量上的加总。环境权与环境成员权之间是整体与部分的关系。当然，公众成员不仅可以分享环境公共利益的权利，也有对环境公共利益进行管理和维护的权利，即环境利益管理权、环境利益维护权。环境利益管理权、环境利益维护权也体现在环境成员权之中。

第三，环境权是法律承认和尊重环境公共利益的现代方式。在整体主义方法论下，环境权需要通过环境利益管理权和维护权等成员权的行使才能得以实现。环境公众参与只是表象并非本质，其效力是自主决定决策内容，其权利根据是环境利益管理权。环境公益诉讼司法实务与立法实务均处于困顿状态，实务上的困惑源于理论上的不自洽。权益基础、实体法律关系基础、诉讼目标基础等决定了环境公益诉讼是传统三大诉讼之外的新型诉讼。

环境利益管理权是有其成立基础的，即公众环境利益管理权的社会基础——国家与社会关系的发展，政治基础——权利与权力关系的发展，理性基础——个体理性到公共理性的发展。公众参与只是表象并非本质，环境公众参与的根据在于公众的环境利益管理权。环境利益管理权在奴隶制与封建制社会"国家主义"无"社会"状态下无法产生，在资本主义制度"社会"独立于国家后，才有了存在的社会基础。环境利益管理权的政治基础在于近代以来管理方面权利与权力的分离，环境决策的制定而非决策的执行是环境利益管理权利与管理权力的协调空间。近代以来倡导的个体理性与环境公共利益是一对不可调和的矛盾，人的社会性决定的公共理性是环境利益管理权的行使基础。

公众享有环境利益管理权是环境决策公众参与的基础。而"谁""怎样"参与、产生"什么"效力是环境决策公众参与制度必须解决的基本问题，《环境保护公众参与办法》对此尚未解答。环境决策公众参与中，应依环境利益相关者原则和在场者原则确认"公众"：理性的环境利益相关者可成为公众成员，但因决策可能获经济利益者除外；社会组织及专家身份的专家不是公众成员；有效参与以自主为条件，在场者原则是公众权利的体现，"搭便车"属合理现象。"怎样"参与依赖于政府部门的建设环境决策公众参与平台及提供环境决策相关信息义务：传统参与方式立足于政府部门，属于不是参与的"参与"；公众参与与协商民主相伴而生，以公众参与平台为必要，以政府部门提供相关信息义务为条件；信息提供义务以便民、客观为原则，应贯穿于环境决策的始终；环境决策政府责任不在决策结果而在决策过程。参与只是表象，管理环境利益才是本质。行使环境利益管理权，公众参与环境决策的效力是自主决定决策内容，是社会治理的体现，应体现在环境决策的整个过程。

环境利益维护权的实现首先体现在环境公益诉讼上。然而，环境公益诉讼司法实务迷惑于究竟何为环境公益、谁享有环境公益；立法实务回避环境公益的内容与享有主体，没有确立环境公益的享有人为环境公益诉讼的起诉人。环境公益诉讼司法实务与立法实务均处于困顿状态。实务上的困惑源于理论上的不自洽。对环境公益诉讼，不仅宪法行政法学研究与诉讼法学研究各自偏离了对"公益"与"诉讼"的研究，环境法学研究也忽视了对环境利益研究的悖论并对环境利益主体无所适从。环境公益诉讼理论不自洽的症结根源于法学研究个体主义方法论的独霸地位，个体主义方法论与环境利益之间存在着不可调和的矛盾。对环境利益、环境公益诉讼等法学研究以整体主义方法论为基础立场才是正道。

在整体主义方法论下，环境权的救济即环境利益维护权的实际运用过程——环境公益诉讼有着区别于传统诉讼的权益根据、特殊标的与表现以及诉讼目标三大基础。环境是整体的，公众也是整体的，作为整体的公众享有环境整体利益是整体主义方法论下的"共同态"。没有权益就没有诉讼。环境公益诉讼的利益根据是无法个体化的生态利益，权利根据是公众环境权及其成员权。传统法学个体主义方法论下，只有个体权利下的权利主体与义务主体之间"1：1"与"1：∞"的实体法律关系。而环境公益诉讼的诉讼标的是整体权利下的权利主体与义务主体之间"∞：∞"与"∞：1"的新型实体法律关系。环境公益的损害是生态系统的损害，环境公益赔偿是生态损害赔偿，只能用于该生态系统的填补。生态损害的难以恢复性决定了环境公益诉讼的核心目标不是损害赔偿而是"预防损害"，区别于传统私益诉讼的"填补损害"诉讼目标、传统刑事诉讼的"惩戒"诉讼目标。权益、实体法律关系、诉讼目标三大基础决定了环境公益诉讼本质上是传统三大诉讼之外的新型诉讼。

三、主要创新的说明

本书的创新点体现在学术思想、学术观点以及研究方法论上。

首先是学术思想的创新。本书在学术思想上的创新主要体现为：本书认为，环境权研究难成正果，根源于传统法学将个体主义方法论奉为圭臬。整体主义方法论下，环境利益的整体性、享有环境利益主体的整体性促生异于传统个体权利的新型社会权。这是被人们日渐遗忘的日耳曼法"共同态"的体现。新型权利下的新型法律关系也异于传统法律关系，是权利主体与义务主体之间"∞：∞"及"∞：1"两种关系（1代表个体，∞代表整体）。

其次是学术观点的创新。学术观点的创新主要表现为以下方面：

一是，近代史赋予了法学个体主义方法论的霸主地位，其固有缺陷是"只见个体不见整体"，也成就了近现代法学的个体权利理论。

二是，环境权研究难题根源在于近现代法学奉为圭臬的个体主义方法论及个体权利理论。环境利益的整体性、享有环境利益主体的整体性与传统法学奉为圭臬的个体主义方法论及个体权利理论相悖。

三是，古代整体主义方法论下的人性假设是政治人，是"只见整体（如国或家）不见个人"。近代以来个体主义方法论下的人性基础是自然人即理性人，是"只见个人不见整体"，乃人之自然属性的体现。环境利益等社会整体利益下，整体主义方法论下的人性基础是社会人（非生态人），乃人之社会属性的体现，是对理性人（即传统法学中的自然人）的补充。

四是，传统个体权利下，产生权利主体与义务主体之间"1：1"（如债权关系）与"1：∞"（如物权关系）两种法律关系。整体主义方法论下，环境权等社会新型权利异于个体权利，环境权产生的法律关系是权利主体与义务主体之间"∞：∞"与"∞：1"的新型关系。

五是，社会公众作为整体享有整体性的社会利益的权利是区别于传统个体权利的新型社会权。环境权是新型社会权的一种表现方式，是社会公众整体对整体性的生态公共利益享有的整体性权利。环境权是生命健康权、物质财产权利等传统权利的基础、前提或平台。

六是，作为新型社会权，环境权的实现需要环境权派生的环境利益管理权及维护权的运用。环境利益管理权有国家社会关系发展的社会基础、权利与权力关系变化的政治基础、区别于个体理性的公共理性基础。环境利益管理权是环境决策公众参与的基础，是环境权运用的核心体现。

七是，环境权维护的最终手段是环境公益诉讼，其核心目标并非赔偿而是预防损害。权益基础、法律关系、诉讼目标三大基础决定了环境公益诉讼本质上区别于传统三大诉讼，是环境权实现的最终法制保障。

最后是研究方法论的创新。区别于传统法学研究的个体主义方法论，本书以整体（而非个体）作为研究的逻辑起点，运用整体主义方法论是本书的最大尝试。

参考文献

Reference

一、中文译著类

[1]《马克思、恩格斯、列宁的社会学思想》（试编本），人民出版社 1989 年版。

[2]《马克思恩格斯全集》（第 19 卷），人民出版社 1963 年版。

[3]《马克思恩格斯全集》（第 1 卷），人民出版社 1956 年版。

[4]《马克思恩格斯全集》（第 21 卷），人民出版社 1965 年版。

[5]《马克思恩格斯全集》（第 25 卷），人民出版社 1974 年版。

[6]《马克思恩格斯全集》（第 3 卷），人民出版社 1960 年版。

[7]《马克思恩格斯全集》（第 42 卷），人民出版社 1979 年版。

[8]《马克思恩格斯全集》（第 4 卷），人民出版社 1995 年版。

[9]《马克思恩格斯文集》（第 7 卷），人民出版社 2009 年版。

[10]《马克思恩格斯选集》（第 1 卷），人民出版社 1972 年版。

[11]《马克思恩格斯选集》（第 2 卷），人民出版社 1972 年版。

[12]《马克思恩格斯选集》（第 3 卷），人民出版社 1972 年版。

[13]《马克思恩格斯选集》（第 4 卷），人民出版社 1972 年版。

[14]［爱尔兰］J. M. 凯利：《西方法律思想简史》，王笑红译，法律出版社 2002 年版。

[15]［英］卡尔·波普：《历史决定论的贫困》，杜汝楫、邱仁宗译，华夏出版社 1987 年版。

[16]［奥］A. 哈耶克编著：《个人主义与经济秩序》，贾湛等译，北京经济学院出版社 1989 年版。

[17]［比］希尔德·德·里德-西蒙斯主编：《欧洲大学史：近代早期的欧洲大学（1500-1800）（第 2 卷）》，贺国庆等译，河北人民出版社 2008 年版。

[18]［法］阿尔贝特·史怀泽：《敬畏生命》，陈泽环译，上海社会科学院出版社 1992 年版。

[19]梁志学主编：《费希特著作选集》（第 2 卷），商务印书馆 1994 年版。

[20]［德］古斯塔夫·拉德布鲁赫：《法律智慧警句集》，舒国滢译，中国法制出版社 2001 年版。

［21］［德］古斯塔夫·拉德布鲁赫:《法学导论》,米健、朱林译,中国大百科全书出版社 1997 年版。

［22］［德］黑格尔:《法哲学原理》,范扬,张企泰译,商务印书馆 1961 年版。

［23］［德］黑格尔:《哲学史讲演录》（第 2 卷）,贺麟、王太庆译,商务印书馆 1959 年版。

［24］［德］黑格尔:《哲学史讲演录》（第 3 卷）,贺麟、王太庆译,商务印书馆 1959 年版。

［25］［德］卡尔·恩吉施:《法律思维导论》,郑永流译,法律出版社 2004 年版。

［26］［德］卡尔·拉伦茨:《德国民法通论》（上册）,王晓晔等译,法律出版社 2013 年版。

［27］［德］柯武刚、史漫飞:《制度经济学——社会秩序与公共政策》,韩朝华译,商务印书馆 2000 年版。

［28］［德］康德:《法的形而上学原理——权利的科学》,沈叔平译,商务印书馆 1991 年版。

［29］［德］康德:《历史理性批判文集》,何兆武译,商务印书馆 1990 年版。

［30］［德］卡尔·拉伦茨:《法学方法论》,陈爱娥译,商务印书馆 2003 年版。

［31］《马丁·路德文选》,马丁·路德著作翻译小组译,中国社会科学出版社 2003 年版。

［32］［德］马克思:《1844 年经济学哲学手稿》,人民出版社 2008 年版。

［33］［德］马克思:《资本论》（第 1 卷）,中共中央马克思、恩格斯、列宁、斯大林著作编译局译,人民出版社 1975 年版。

［34］［德］马克思:《资本论》（第 3 卷）,中共中央马克思、恩格斯、列宁、斯大林著作编译局译,人民出版社 1975 年版。

［35］［德］马克斯·韦伯:《经济与社会》（下卷）,林荣远译,商务印书馆 1997 年版。

［36］［德］汉斯·萨克塞:《生态哲学:自然——技术——社会》,文韬、佩云译,东方出版社 1991 年版。

［37］［法］E. 迪尔凯姆:《社会学方法的准则》,狄玉明译,商务印书馆 1995 年版。

［38］［法］埃米尔·迪尔凯姆:《社会学方法的规则》,胡伟译,华夏出版社 1999 年版。

［39］［法］邦雅曼·贡斯当:《古代人的自由与现代人的自由》,阎克文、刘满贵译,商务印书馆 1999 年版。

［40］［法］莱翁·狄骥:《宪法论——法律规则和国家问题》（第 1 卷）,钱克新译,商务印书馆 1959 年版。

［41］［法］托克维尔:《论美国的民主》（下卷）,董果良译,商务印书馆 1988 年版。

［42］［法］勒内·达维德:《当代主要法律体系》,漆竹生译,上海译文出版社 1984 年版。

［43］［法］卢梭:《社会契约论》,何兆武译,商务印书馆 1980 年版。

［44］［法］孟德斯鸠：《论法的精神》（上册），张雁深译，商务印书馆 1961 年版。

［45］［古罗马］奥古斯丁：《忏悔录》（上），冯强译，远方出版社 2006 年版。

［46］［罗马］查士丁尼：《法学总论——法学阶梯》，张企泰译，商务印书馆 1989 年版。

［47］［古罗马］盖尤斯：《法学阶梯》，黄风译，中国政法大学出版社 1996 年版。

［48］［古罗马］西塞罗：《国家篇 法律篇》，沈叔平、苏力译，商务印书馆 1999 年版。

［49］［古罗马］西塞罗：《论共和国 论法律》，王焕生译，中国政法大学出版社 1997 年版。

［50］［古希腊］柏拉图：《法律篇》，张智仁、何勤华译，上海人民出版社 2001 年版。

［51］［古希腊］柏拉图：《理想国》，郭斌和、张竹明译，商务印书馆 1986 年版。

［52］［古希腊］亚里士多德：《政治学》，吴寿彭译，商务印书馆 1965 年版。

［53］［荷］格老秀斯：《战争与和平法》，［美］A. C. 坎贝尔英译，何勤华等译，上海人民出版社 2005 年版。

［54］［美］E. 博登海默：《法理学：法律哲学与法律方法》，邓正来译，中国政法大学出版社 1999 年版。

［55］［美］弗·卡普拉：《转折点——科学·社会·兴起中的新文化》，冯雷等编译，中国人民大学出版社 1989 年版。

［56］［美］伯尔曼：《法律与革命——西方法律传统的形成》，贺卫方等译，中国大百科全书出版社 1993 年版。

［57］［英］弗里德里希·奥格斯特·冯·哈耶克：《通往奴役之路》，王明毅等译，中国社会科学出版社 1997 年版。

［58］［美］霍尔姆斯·罗尔斯顿：《环境伦理学》，杨通进译，中国社会科学出版社 2000 年版。

［59］［美］科恩：《论民主》，聂崇信、朱秀贤译，商务印书馆 1988 年版。

［60］［美］罗伯特·达尔：《论民主》，李柏光、林猛译，商务印书馆 1999 年版。

［61］［美］罗纳德·德沃金：《认真对待权利》，信春鹰、吴玉章译，中国大百科全书出版社 1998 年版。

［62］［美］罗纳德·哈里·科斯：《企业、市场与法律》，盛洪等译，上海三联书店 1990 年版。

［63］［美］罗斯科·庞德：《法理学》（第 3 卷），廖德宇译，法律出版社 2007 年版。

［64］［美］罗斯科·庞德：《通过法律的社会控制》，沈宗灵译，商务印书馆 1984 年版。

［65］［美］曼瑟尔·奥尔森：《集体行动的逻辑》，陈郁、郭宇峰、李崇新译，格致出版社、上海三联书店、上海人民出版社 1995 年版。

［66］［美］罗伯特·诺齐克：《无政府、国家与乌托邦》，何怀宏等译，中国社会科学出版社 1991 年版。

［67］［美］乔·萨托利：《民主评论》，冯克利、闫克文译，东方出版社 1993 年版。

［68］［美］乔治·霍兰·萨拜因：《政治学说史》（下册），刘山等译，商务印书馆 1986 年版。

［69］［美］泰格·利维：《法律与资本主义的兴起》纪琨译，学林出版社 1996 年版。

［70］［美］唐·布莱克：《社会学视野中的司法》，郭星华等译，法律出版社 2002 年版。

［71］［美］约翰·罗尔斯：《正义论》，何怀宏、何包钢、廖申白译，中国社会科学出版社 1988 年版。

［72］［美］约翰·罗尔斯：《政治自由主义》，万俊人译，译林出版社 2002 年版。

［73］［美］詹姆斯·W. 费斯勒、唐纳德·F. 凯特尔：《行政过程的政治——公共行政学新论》，陈振明等译校，中国人民大学出版社 2002 年版。

［74］［日］原田尚彦：《环境法》，于敏译，法律出版社 1999 年版。

［75］［日］中村宗雄、中村英郎：《诉讼法学方法论》，陈刚、段文波译，中国法制出版社 2009 年版。

［76］［瑞士］雅各布·布克哈特：《意大利文艺复兴时期的文化》，何新译，商务印书馆 1979 年版。

［77］［苏］B.B. 索柯洛夫：《文艺复兴时期哲学概论》，汤侠生译，北京大学出版社 1983 年版。

［78］［苏］Л.B. 巴格里·沙赫马托夫：《刑事责任与刑罚》，韦政强、关文学、王爱儒译，法律出版社 1984 年版。

［79］《阿奎那政治著作选》，马清槐译，商务印书馆 1969 年版。

［80］［意］彼德罗·彭梵得：《罗马法教科书》，黄风译，中国政法大学出版社 1992 年版。

［81］［意］布鲁诺：《论原因、本原与太一》，汤侠声译，商务印书馆 1984 年版。

［82］［意］马基雅维里：《君主论》，张志伟等译，陕西人民出版社 2001 年版。

［83］［意］朱塞佩·格罗索：《罗马法史》，黄风译，中国政法大学出版社 1994 年版。

［84］［英］F.A. 冯·哈耶克：《个人主义与经济秩序》，邓正来译，生活·读书·新知三联书店 2003 年版。

［85］［英］J.S. 密尔：《代议制政府》，汪瑄译，商务印书馆 1982 年版。

［86］［英］奥斯丁：《法理学的范围·伦敦》（英文版），英国全盛出版社 1954 年版。

［87］［英］边沁：《道德与立法原理导论》，时殷弘译，商务印书馆 2000 年版。

［88］［英］卡·波普尔：《历史主义贫困论》，何林等译，中国社会科学出版社 1998 年版。

［89］［英］戴维·米勒、［英］韦农·波格丹诺、邓正来主编：《布莱克维尔政治学百科全书》（修订版），中国政法大学出版社 2002 年版。

［90］［英］丹尼斯·哈伊：《意大利文艺复兴的历史背景》，李玉成译，生活·读书·新知三联书店 1988 年版。

[91]［英］蒂姆·海沃德：《宪法环境权》，周尚君、杨天江译，法律出版社 2014 年版。

[92]［英］莱恩·多亚尔、伊恩·高夫：《人的需要理论》，汪淳波、张宝莹译，商务印书馆 2008 年版。

[93]［英］霍布斯：《利维坦》，黎思复、黎廷弼译，商务印书馆 1985 年版。

[94]［英］昆廷·斯金纳：《现代政治思想的基础》，段胜武等译，求实出版社 1989 年版。

[95]［英］洛克：《政府论》（上篇），瞿菊农、叶启芳译，商务印书馆 1964 年版。

[96]［英］洛克：《政府论》（下篇），叶启芳、瞿菊农译，商务印书馆 1964 年版。

[97]［英］马克·布劳格：《经济学方法论》，黎明星等译，北京大学出版社 1990 年版。

[98]［英］梅因：《古代法》，沈景一译，商务印书馆 1959 年版。

[99]［英］塞缪尔·斯迈尔斯：《人生的职责》，李柏光、刘曙光、曹荣湘译，北京图书馆出版社 1999 年版。

[100]《莎士比亚全集》（第 7 卷），朱生豪等译，时代文艺出版社 2010 年版。

[101]［英］史蒂文·卢克斯：《个人主义》，阎克文译，江苏人民出版社 2001 年版。

[102]［英］休谟：《人性论》（上册），关文运译，商务印书馆 1980 年版。

[103]［英］亚当·斯密：《国富论》（下卷），杨敬年译，陕西人民出版社 2011 年版。

[104]［英］约翰·穆勒：《政治经济学原理——及其在社会哲学上的若干应用》（上卷），赵荣潜等译，商务印书馆 1991 年版。

[105]［英］约翰·密尔：《论自由》，许宝骙译，商务印书馆 1959 年版。

[106]［葡］叶士朋：《欧洲法学史导论》，吕平义、苏建译，中国政法大学出版社 1998 年版。

二、中文著作类

[1]北京大学西语系资料组：《从文艺复兴到十九世纪资产阶级文学家艺术家有关人道主义人性论言论选辑》，商务印书馆 1971 年版。

[2]蔡守秋主编：《环境资源法教程》，高等教育出版社 2004 年版。

[3]蔡守秋主编：《环境资源法学教程》，武汉大学出版社 2000 年版。

[4]曹磊：《德国古典哲理法学》，法律出版社 2006 年版。

[5]曹茂君：《西方法学方法论》，法律出版社 2012 年版。

[6]曹明德：《环境侵权法》，法律出版社 2000 年版。

[7]曹明德：《环境与资源保护法》，中国人民大学出版社 2013 年版。

[8]常杰、葛滢编著：《生态学》，浙江大学出版社 2001 年版。

[9]陈复主编：《中国人口资源环境与可持续发展战略研究》，中国环境科学出版社 2000 年版。

［10］陈光中、徐静村主编：《刑事诉讼法学》（修订 2 版），中国政法大学出版社 2002 年版。

［11］陈弘毅：《法治、启蒙与现代法的精神》，中国政法大学出版社 1998 年版。

［12］陈泉生、张梓太：《宪法与行政法的生态化》，法律出版社 2001 年版。

［13］陈泉生主编：《环境法》，厦门大学出版社 2013 年版。

［14］陈泉生等：《环境法学基本理论》，中国环境科学出版社 2004 年版。

［15］陈剩勇、何包刚主编：《协商民主的发展——协商民主理论与中国地方民主国际学术研讨会论文集》，中国社会科学出版社 2006 年版。

［16］陈小川等：《文艺复兴史纲》，中国人民大学出版社 1986 年版。

［17］陈新民：《德国公法学基础理论》，山东人民出版社 2001 年版。

［18］陈英旭主编：《环境学》，中国环境科学出版社 2001 年版。

［19］陈振明主编：《公共管理学——一种不同于传统行政学的研究途径》，中国人民大学出版社 2003 年版。

［20］程波：《西方法律思想史——法治源流》，中国传媒大学出版社 2005 年版。

［21］程胜高、罗泽娇、曾克峰主编：《环境生态学》，化学工业出版社 2003 年版。

［22］程正康：《环境法概要》，光明日报出版社 1986 年版。

［23］戴东雄：《中世纪意大利法学与德国的继受罗马法》，元照出版公司 1999 年版。

［24］邓晓芒、赵林：《西方哲学史》，高等教育出版社 2005 年版。

［25］鄂振辉：《自然法学》，法律出版社 2005 年版。

［26］法学教材编辑部、《西方法律思想史》编写组编：《西方法律思想史资料选编》，北京大学出版社 1983 年版。

［27］付淑娥：《环境权私法保护研究》，黑龙江教育出版社 2014 年版。

［28］高家伟：《欧洲环境法》，工商出版社 2000 年版。

［29］高岚、田明华、吴成亮主编：《环境经济学》，中国林业出版社 2007 年版。

［30］葛洪义主编：《法律方法论》，中国人民大学出版社 2013 年版。

［31］公丕祥：《马克思法哲学思想论述》，河南人民出版社 1992 年版。

［32］谷春德、吕世伦编写：《西方政治法律思想史》，辽宁人民出版社 1981 年版。

［33］顾呈坤：《公民环境权的基本人权性质及其法律回应》，西南政法大学出版社 2006 年版。

［34］杭州大学历史系、《世界古代中世纪史》编写组编：《世界古代中世纪史》，上海教育出版社 1984 年版。

［35］何勤华、魏琼主编：《西方民法史》，北京大学出版社 2006 年版。

［36］何勤华主编：《西方法律思想史》，复旦大学出版社 2005 年版。

［37］侯怀霞：《私法上的环境权及其救济问题研究》，复旦大学出版社 2011 年版。

［38］胡锦涛：《坚定不移沿着中国特色社会主义道路前进　为全面建成小康社会而奋斗——在中国共产党第十八次全国代表大会上的报告》，人民出版社 2012 年版。

［39］胡玉鸿：《法学方法论导论》，山东人民出版社 2002 年版。

［40］黄恒学主编：《公共经济学》（第 2 版），北京大学出版社 2009 年版。

［41］黄建洪：《公共理性视野中的当代中国政府能力研究》，中国社会科学出版社 2009 年版。

［42］黄锡生、李希昆主编：《环境与资源保护法学》，重庆大学出版社 2002 年版。

［43］贾西津主编：《中国公民参与——案例与模式》，社会科学文献出版社 2008 年版。

［44］江伟钰、陈方林：《资源环境法词典》，中国法制出版社 2005 年版。

［45］金瑞林主编：《环境法学》，北京大学出版社 2013 年版。

［46］金瑞林主编：《环境与资源保护法学》，北京大学出版社 2006 年版。

［48］李爱贞编著：《生态环境保护概论》，气象出版社 2005 年版。

［49］李克国主编：《环境经济学》（第 2 版），中国环境科学出版社 2007 年版。

［50］李文良主编：《WTO 与中国政府管理》，吉林人民出版社 2003 年版。

［51］李秀清：《日耳曼法研究》，商务印书馆 2005 年版。

［52］李宜琛：《日耳曼法概说》，中国政法大学出版社 2003 年版。

［53］里赞主编：《外国法制史》，四川大学出版社 2006 年版。

［54］梁慧星主编：《为权利而斗争》，中国法制出版社 2000 年版。

［55］梁漱溟：《中国文化要义》，学林出版社 1987 年版。

［56］林纪东：《行政法》，三民书局 1977 年版。

［57］林榕年主编：《外国法制史新编》，群众出版社 1994 年版。

［58］刘富起、吴湘文：《西方法律思想史》，吉林大学出版社 1985 年版。

［59］刘京焕、陈志勇、李景友编著：《财政学原理》，中国财政经济出版社 2005 年版。

［60］刘日明：《法哲学》，复旦大学出版社 2005 年版。

［61］刘瑞复：《法学方法与法学方法论》，法律出版社 2013 年版。

［62］刘耀中、刘益民、程甫主编：《心理学》，科学出版社 2000 年版。

［63］刘艺工、王继忠主编：《外国法律史》，中国人民大学出版社 2008 年版。

［64］刘庸主编：《环境经济学》，中国农业大学出版社 2001 年版。

［65］柳劲松、王丽华、宋秀娟编：《环境生态学基础》，化学工业出版社 2003 年版。

［66］吕世伦主编：《西方法律思潮源流论》，中国人民大学出版社 2008 年版。

［67］吕忠梅主编：《超越与保守：可持续发展视野下的环境法创新》，法律出版社 2003 年版。

［68］吕忠梅：《沟通与协调之途——论公民环境权的民法保护》，中国人民大学出版社 2005 年版。

［69］ 吕忠梅：《环境法新视野》，中国政法大学出版社 2000 年版。

［70］ 马怀德主编：《行政诉讼法原理》（第 2 版），法律出版社 2009 年版。

［71］ 孟庆涛：《环境权及其诉讼救济》，法律出版社 2014 年版。

［72］ 莫雷主编：《心理学》，广东高等教育出版社 2000 年版。

［73］ 潘华仿：《英美法论》，中国政法大学出版社 1997 年版。

［74］ 戚道孟主编：《环境法》，南开大学出版社 2001 年版。

［75］ 启良：《神论：从万物有灵到上帝之死》，花城出版社 2002 年版。

［76］ 任凤珍、张红保、焦跃辉：《环境教育与环境权论》，地质出版社 2010 年版。

［77］ 沈宗灵主编：《法学基础理论》，北京大学出版社 1988 年版。

［78］ 史尚宽：《民法总论》，正大印书馆 1980 年版。

［79］ 舒国滢主编：《法学方法论》，厦门大学出版社 2013 年版。

［80］ 舒国滢等：《法学方法论问题研究》，中国政法大学出版社 2007 年版。

［81］ 孙振钧、王冲主编：《基础生态学》，化学工业出版社 2007 年版。

［82］ 汤维建主编：《民事诉讼法学》，北京大学出版社 2008 年版。

［83］ 唐士其：《西方政治思想史》，北京大学出版社 2002 年版。

［84］ 陶广峰、刘艺工编著：《中西法律学说发展历程》，兰州大学出版社 1994 年版。

［85］ 法学教材编写部、《外国法制史》编写组：《外国法制史资料选编》（下册），北京大学出版社 1982 年版。

［86］ 汪晖、陈燕谷主编：《文化与公共性》，生活·读书·新知三联书店 1998 年版。

［87］ 汪劲：《环境法律的理念与价值追求——环境立法目的论》，法律出版社 2000 年版。

［88］ 汪劲：《环境法学》（第 3 版），北京大学出版社 2014 年版。

［89］ 汪来杰等：《公共服务——西方理论与中国选择》，河南人民出版社 2007 年版。

［90］ 王利明：《法学方法论》，中国人民大学出版社 2012 年版。

［91］ 王利明：《人格权法》，中国人民大学出版社 2009 年版。

［92］ 王利明：《物权法研究》，中国人民大学出版社 2004 年版。

［93］ 王文主编：《外国法制史》，南海出版公司 2001 年版。

［94］ 王曦：《美国环境法概论》，武汉大学出版社 1992 年版。

［95］ 王哲：《西方政治法律学说史》，北京大学出版社 1988 年版。

［96］ 魏东主编：《刑法观与解释论立场》，中国民主法制出版社 2011 年版。

［97］ 吴彩斌、雷恒毅、宁平主编：《环境学概论》，中国环境科学出版社 2005 年版。

［98］ 吴元其等：《公共决策体制与政策分析》，国家行政学院出版社 2003 年版。

［99］ 武天林：《马克思主义人学导论》，中国社会科学出版社 2006 年版。

［100］ 周辅成编：《西方伦理学名著选辑》（上卷），商务印书馆 1987 年版。

［101］ 谢文郁：《自由与生存：西方思想史上的自由观追踪》，张秀华、王天民译，世纪出

版集团、上海人民出版社 2007 年版。

[102] 徐爱国、李桂林、郭义贵：《西方法律思想史》，北京大学出版社 2002 年版。

[103] 徐嵩龄主编：《环境伦理学进展：评论与阐释》，社会科学文献出版社 1999 年版。

[104] 徐祥民等：《环境权环境法学的基础研究》，北京大学出版社 2004 年版。

[105] 徐轶民编著：《简明外国法律史》，中央广播电视大学出版社 1987 年版。

[106] 许明月、宋宗宇、邵海：《公民环境权的民事法律保护》，西南师范大学出版社 2005
年版。

[107] 严存生主编：《新编西方法律思想史》，陕西人民教育出版社 1989 年版。

[108] 阎章荣、陈洪涛：《神学主义法学》，法律出版社 2008 年版。

[109] 颜运秋：《公益诉讼理念研究》，中国检察出版社 2002 年版。

[110] 杨晴波主编：《杨度集》，湖南人民出版社 1986 年版。

[111] 杨海坤主编：《跨入新世纪的中国宪法学——中国宪法学研究现状与评价》（上），
中国人事出版社 2001 年版。

[112] 杨继昭、李桂凤、王金编著：《行政管理基础》（第 2 版），中国人民大学出版社
2009 年版。

[113] 杨仁寿：《法学方法论》，中国政法大学出版社 2013 年版。

[114] 杨艳主编：《公共管理》，国家行政学院出版社 2005 年版。

[115] 杨奕华：《法律人本主义——法理学研究诠论》，汉兴书局有限公司 1997 年版。

[116] 叶俊荣：《环境问题与法律》，元照出版公司 2002 年版。

[117] 余谋昌：《生态学哲学》，云南人民出版社 1991 年版。

[118] 喻中：《法学方法论》，法律出版社 2014 年版。

[119] 张钢：《公共管理学引论》，浙江大学出版社 2003 年版。

[120] 张建伟主编：《刑事诉讼法》，浙江大学出版社 2009 年版。

[121] 张丽萍编著：《自然资源学基本原理》，科学出版社 2009 年版。

[122] 张良编著：《公共管理学》，华东理工大学出版社 2001 年版。

[123] 张乃根：《西方法哲学史纲》（增补本），中国政法大学出版社 2002 年版。

[124] 张尚仁：《欧洲哲学史便览》，江苏人民出版社 1986 年版。

[125] 张文显：《二十世纪西方法哲学思潮研究》，法律出版社 1996 年版。

[126] 张文显主编：《法理学》，高等教育出版社、北京大学出版社 1999 年版。

[127] 张文显：《法学基本范畴研究》，中国政法大学出版社 1993 年版。

[128] 张艳、张建华、刘秀凤：《民事诉讼法学》，北京大学出版社 2009 年版。

[129] 张宇燕：《经济发展与制度选择——对制度的经济分析》，中国人民大学出版社 1992
年版。

[130] 张震：《作为基本权利的环境权研究》，法律出版社 2010 年版。

[131] 张梓太主编:《环境与资源保护法学》,北京大学出版社 2007 年版。

[132] 赵云芬主编:《环境法》,中国政法大学出版社 2014 年版。

[133] 郑杭生主编:《社会学概论新修》(第 3 版),中国人民大学出版社 2003 年版。

[134] 郑少华:《生态主义法哲学》,法律出版社 2002 年版。

[135] 《中共中央关于全面深化改革若干重大问题的决定》,人民出版社 2013 年版。

[136] 中国大百科全书总编辑委员会《法学》编辑委员会、中国大百科全书出版社编辑部编:《中国大百科全书·法学》,中国大百科全书出版社 1984 年版。

[137] 周珂、高桂林、楚道文主编:《环境法》(第 4 版),中国人民大学出版社 2013 年版。

[138] 周珂主编:《环境与资源保护法》(第 3 版),中国人民大学出版 2015 年版。

[139] 周珂:《生态环境法论》,法律出版社 2001 年版。

[140] 法学教材编辑部、《罗马法》编写组:《罗马法》,群众出版社 1983 年版。

[141] 周平主编:《政治学导论》,云南大学出版社 2007 年版。

[142] 周晓红主编:《公共管理学概论》(第 2 版),中央广播电视大学出版社 2009 年版。

[143] 周训芳:《环境权论》,法律出版社 2003 年版。

[144] 朱寰、王建吉:《世界古代中世纪史》,北京大学出版社 1993 年版。

三、中文论文类

[1] [美] Katherine Montague Peter,Montague:"公众参与放射性核废物管理的一个方案",王平译,载《地下空间》1983 年第 5 期。

[2] 白平则:"论环境权是一种社会权",载《法学杂志》2008 年第 6 期。

[3] 蔡守秋、吴贤静:"论生态人的要点和意义",载《现代法学》2009 年第 4 期。

[4] 吴贤静、蔡守秋:生态法:"修改《环境保护法》的新视角",载《福建政法管理干部学院学报》2008 年第 4 期。

[5] 蔡守秋:"从环境权到国家环境保护义务和环境公益诉讼",载《现代法学》2013 年第 6 期。

[6] 蔡守秋:"环境权初探",载《中国社会科学》1982 年第 3 期。

[7] 蔡守秋:"环境权实践与理论的新发展",载《学术月刊》2018 年第 11 期。

[8] 蔡守秋:"论法及环境法的概念、特征和本质",载《法学评论》1987 年第 2 期。

[9] 蔡守秋:"论环境法的正当性的依据",载《政法论丛》2010 年第 6 期。

[10] 蔡守秋:"论环境权",载《金陵法律评论》2002 年第 1 期。

[11] 蔡守秋:"确认环境权,夯实环境法治基础",载《环境保护》2013 年第 16 期。

[12] 蔡守秋:"生态法学方法论的要点",载高鸿钧、王明远主编:《清华法治论衡》(第

13 辑），清华大学出版社 2010 年版。

［13］曹明德："论生态法的基本原则"，载《法学评论》2002 年第 6 期。

［14］曹明德："生态法的理论基础"，载《法学研究》2002 年第 5 期。

［15］陈伯礼、余俊："权利的语境变迁及其对环境权入宪的影响"，载《法律科学（西北政法大学学报）》2009 年第 6 期。

［16］陈东、刘细发："社会管理的公众参与机制及其路径优化"，载《湖南社会科学》2014 年第 3 期。

［17］陈光华："社会利益在法益二元结构中的地位与经济法理论'二调'难题成因"，载《现代财经（天津财经大学学报）》2010 年第 4 期。

［18］陈海嵩："环境权实证效力之考察：以宪法环境权为中心"，载《中国地质大学学报（社会科学版）》2016 年第 4 期。

［19］陈海嵩："健康环境权之溯源与辨正——司法适用的视角"，载《法学论坛》2017 年第 6 期。

［20］陈茂云："论公民环境权"，载《政法论坛》1990 年第 6 期。

［21］陈泉生、何晓榕："生态人与法的价值变迁"，载《现代法学》2009 年第 2 期。

［22］陈泉生、林龙宗："论环境时代法学生态人模式的建构"，载《东南学术》2012 年第 1 期。

［23］陈泉生："公民环境权刍议"，载《福建学刊》1992 年第 1 期。

［24］陈泉生："环境权之辨析"，载《中国法学》1997 年第 2 期。

［25］陈文曲："民事公益诉讼简释"，载《长沙航空职业技术学院学报》2002 年第 4 期。

［26］储智勇："近代个人主义的兴起及其品性"，载《浙江社会科学》2008 年第 8 期。

［27］邓佑文："论公众行政参与权的权力性"，载《政治与法律》2015 年第 10 期。

［28］董伟威："民事公益诉讼人的法律问题"，载《人民司法》2002 年第 12 期。

［29］钭晓东："论环境保护责任社会化的契合——以温州模式为例"，载《求索》2002 年第 6 期。

［30］段培君："方法论个体主义的三种诠释及其合理性"，载《自然辩证法研究》2002 年第 9 期。

［31］段晓红："公众参与社保基金预算：法理、条件与路径"，载《中南民族大学学报（人文社会科学版）》2015 年第 2 期。

［32］范进学："定义'公共利益'的方法论及概念诠释"，载《法学论坛》2005 年第 1 期。

［33］范进学："宪法上的环境权：基于各国宪法文本的考察与分析"，载《人权》2017 年第 5 期。

［34］方盛举、蒋小杰："公共理性范畴的历史演进及其内涵"，载《学习与探索》2008 年

第 2 期。

[35] 方印："环境法方法论思考"，载《甘肃政法学院学报》2013 年第 4 期。

[36] 房绍坤："论征收中'公共利益'界定的程序机制"，载《法学家》2010 年第 6 期。

[37] 丰子义："生态文明的人学思考"，载《山东社会科学》2010 年第 7 期。

[38] 葛新斌："试论人性假设问题的管理学意义"，载《华南师范大学学报（社会科学版）》1998 年第 2 期。

[39] 龚雄艳："我国应该建立行政公益诉讼制度"，载《法学杂志》2001 年第 6 期。

[40] 巩固："环境权热的冷思考——对环境权重要性的疑问"，载《华东政法大学学报》2009 年第 4 期。

[41] 谷德近："论环境权的属性"，载《南京社会科学》2003 年第 3 期。

[42] 谷凤翔："近代法律的社会化"，载《法令月刊》1990 年第 10 期。

[43] 顾智明："论'生态人'之维——对人类新文明的一种解读"，载《社会科学》2004 年第 1 期。

[44] 郭雪慧："论公益诉讼主体确定及其原告资格的协调——对《民事诉讼法》第 55 条的思考"，载《政治与法律》2015 年第 1 期。

[45] 韩大元："宪法文本中'公共利益'的规范分析"，载《法学论坛》2005 年第 1 期。

[46] 韩卫平、黄锡生："论'环境'的法律内涵为环境利益"，载《重庆理工大学学报（社会科学）》2012 年第 12 期。

[47] 韩志红："公益诉讼制度：公民参加国家事务管理的新途径——从重庆綦江'彩虹桥'倒塌案说开去"，载《中国律师》1999 年第 10 期。

[48] 何勤华："法国人文主义法学派述评"，载《中国法学》1996 年第 4 期。

[49] 何勤华："历史法学派述评"，载《法制与社会发展》1996 年第 2 期。

[50] 何晓榕、陈泉生："从'生态人'视角探析环境权理论"，载《福州大学学报（哲学社会科学版）》2009 年第 1 期。

[51] 侯怀霞："关于私法环境权问题"，载《理论探索》2008 年第 2 期。

[52] 侯怀霞："论人权法上的环境权"，载《苏州大学学报（哲学社会科学版）》2009 年第 3 期。

[53] 胡鸿高："论公共利益的法律界定——从要素解释的路径"，载《中国法学》2008 年第 4 期。

[54] 胡锦光、王锴："论我国宪法中'公共利益'的界定"，载《中国法学》2005 年第 1 期。

[55] 胡静："环境权的规范效力：可诉性和具体化"，载《中国法学》2017 年第 5 期。

[56] 胡玉鸿："论个人主义方法论在法学研究中的应用"，载陈金钊、谢晖主编：《法律方法》（第 1 卷），山东人民出版社 2002 年版。

［57］胡中华："论美国环境公益诉讼中的环境损害救济方式及保障制度"，载《武汉大学学报（哲学社会科学版）》2010 年第 6 期。

［58］黄振威："'半公众参与决策模式'——应对邻避冲突的政府策略"，载《湖南大学学报（社会科学版）》2015 年第 4 期。

［59］黄中显："环境侵害救济社会化制度的路径选择"，载《学术论坛》2014 年第 1 期。

［60］黄忠顺："论公益诉讼与私益诉讼的融合——兼论中国特色团体诉讼制度的构建"，载《法学家》2015 年第 1 期。

［61］姬亚平："行政决策程序中的公众参与研究"，载《浙江学刊》2012 年第 3 期。

［62］江必新、李春燕："公众参与趋势对行政法和行政法学的挑战"，载《中国法学》2005 年第 6 期。

［63］姜素红："环境权构成要素研究"，载《求索》2011 年第 1 期。

［64］寇东亮："公共理性及其道德意义：康德与罗尔斯的诠释"，载《伦理学研究》2012 年第 5 期。

［65］李爱年、陈程："生态整体观与环境法学方法论"，载《时代法学》2008 年第 4 期。

［66］李承宗："'生态人'的价值观评述"，载《武汉大学学报（人文科学）》2007 年第 2 期。

［67］李承宗："从价值论看'生态人'的合法性"，载《自然辩证法研究》2006 年第 9 期。

［68］李旭东："环境权私权化理论的检讨与启示"，载《社会科学战线》2013 年第 2 期。

［69］李艳芳："环境权若干问题探究"，载《法律科学（西北政法学院学报）》1994 年第 6 期。

［70］李艳芳："论环境法的本质特征"，载《法学家》1999 年第 5 期。

［71］李义凤："论环境公益诉讼中的'诉前禁令'"，载《河南社会科学》2013 年第 6 期。

［72］李印："环境侵权损害赔偿及其社会化制度建设思考"，载《法学杂志》2010 年第 8 期。

［73］李印："再论环境权的性质和特点"，载《中国社会科学院研究生院学报》2016 年第 4 期。

［74］李勇强、孙道进："生态伦理证成的困境及其现实路径"，载《自然辩证法研究》2013 年第 7 期。

［75］李勇强："生态人学的双重意涵：生态文明理论的人学之维"，载《重庆理工大学学报（社会科学）》2015 年第 3 期。

［76］李友根："社会整体利益代表机制研究——兼论公益诉讼的理论基础"，载《南京大学学报（哲学·人文科学·社会科学版）》2002 年第 2 期。

［77］李挚萍："环境法基本法中'环境'定义的考究"，载《政法论丛》2014 年第 3 期。

［78］梁中和："'人'的发现与超越——意大利文艺复兴第一哲学家斐奇诺的'人'的哲学"，载《世界哲学》2013 年第 6 期。

［79］凌相权、蔡秋守："论环境法的公益性"，载《法学评论》1983 年第 Z1 期。

［80］刘海鸥、张小虎："宪法位阶的环境法：南非宪法环境权条款及其启示"，载《湘潭大学学报（哲学社会科学版）》2016 年第 3 期。

［81］刘华："法律与伦理的关系新论"，载《政治与法律》2002 年第 3 期。

［82］刘生荣："论刑事法律关系"，载《中外法学》1993 年第 2 期。

［83］刘卫先："也论生态整体主义环境法律观"，载《政法论丛》2013 年第 2 期。

［84］罗丽："日本环境权理论和实践的新展开"，载《当代法学》2007 年第 3 期。

［85］罗文燕："论公众参与建设项目环境影响评价的有效性及其考量"，载《法治研究》2019 年第 2 期。

［86］吕大吉："概说宗教禁欲主义"，载《中国社会科学》1989 年第 5 期。

［87］吕忠梅、廖华："论社会利益及其法律调控——对经济法基础的再认识"，载《郑州大学学报（哲学社会科学版）》2003 年第 1 期。

［88］吕忠梅、刘超："环境权的法律论证——从阿列克西法律论证理论对环境权基本属性的考察"，载《法学评论》2008 年第 2 期。

［89］吕忠梅、张忠民："环境公众参与制度完善的路径思考"，载《环境保护》2013 年第 23 期。

［90］吕忠梅："保护公民环境权的民法思考"，载《清华法学》2003 年第 2 期。

［91］吕忠梅："关于物权法的'绿色'思考"，载《中国法学》2000 年第 5 期。

［92］吕忠梅："环境法回归　路在何方？——关于环境法与传统部门关系的再思考"，载《清华法学》2018 年第 5 期。

［93］吕忠梅："环境权入宪的理路与设想"，载《法学杂志》2018 年第 1 期。

［94］吕忠梅："论公民环境权"，载《法学研究》1995 年第 6 期。

［95］吕忠梅："论环境法的本质"，载《法商研究（中南政法学院学报）》1997 年第 6 期。

［96］吕忠梅："再论公民环境权"，载《法学研究》2000 年第 6 期。

［97］马波："生态时代环境法上'生态人'模式的一种图景言说"，载《甘肃政法学院学报》2012 年第 2 期。

［98］马骧聪："关于环境法、自然资源法和国土法的思考"，载《法学研究》1989 年第 6 期。

［99］毛利霞："疾病、社会与水污染——在环境史视角下对 19 世纪英国霍乱的再探讨"，载《学习与探索》2007 年第 6 期。

［100］那力、杨楠："环境权与人权问题的国际视野"，载《法律科学（西北政法大学学

报）》2009 年第 6 期。

[101] 倪斐："公共利益法律化：理论、路径与制度完善"，载《法律科学（西北政法大学学报）》2009 年第 6 期。

[102] 牛庆燕："'魅'之视野下自然观的历史嬗变生态难题"，载《中国石油大学学报社会科学版》2011 年第 1 期。

[103] 彭峰："中国环境法公众参与机制研究"，载《政治与法律》2009 年第 7 期。

[104] 彭运朋："环境权辨伪"，载《中国地质大学学报（社会科学版）》2011 年第 3 期。

[105] 钱弘道、王梦宇："以法治实践培育公共理性——兼论中国法治实践学派的现实意义"，载《浙江大学学报（人文社会科学版）》2013 年第 5 期。

[106] 钱水苗、杨慧芬："环境权的法制尴尬及其出路探析"，载《浙江工商大学学报》2009 年第 6 期。

[107] 钱水苗："论公民环境权"，载《杭州大学学报（哲学社会科学版）》1994 年第 2 期。

[108] 秦鹏："论环境资源法中人的法律形塑"，载《重庆大学学报（社会科学版）》2009 年第 1 期。

[109] 秦书生、张泓："公众参与生态文明建设探析"，载《中州学刊》2014 年第 4 期。

[110] 宋方青、宋尧玺："论我国公众有序参与立法的模式与实现路径"，载《法制与社会发展》2012 年第 6 期。

[111] 宋煜萍："公众参与社会治理：基础、障碍与对策"，载《哲学研究》2014 年第 12 期。

[112] ［美］苏木杜　阿塔帕图："健康生活权还是消除污染权？——国际法视野下良好环境权的兴起"，杨朝霞、林禹秋译，载《中国政法大学学报》2018 年第 6 期。

[113] 苏振华、郁建兴："公众参与、程序正当性与主体间共识——论公共利益的合法性来源"，载《哲学研究》2005 年第 11 期。

[114] 孙洪坤："检察机关参与环境公益诉讼的实证分析"，载《苏州大学学报（法学版）》2014 年第 4 期。

[115] 谭安奎："公共理由、公共理性与政治辩护"，载《现代哲学》2011 年第 6 期。

[116] 王本宏、高志宏："公共利益界定主体研究"，载《学术界》2012 年第 8 期。

[117] 王焕生："西塞罗的义务观评析"，载《比较法研究》1999 年第 Z1 期。

[118] 王建娥："从文艺复兴到启蒙运动——人性解放的伟大历程"，载《西北师大学报（社会科学版）》1993 年第 4 期。

[119] 王景斌："论公共利益之界定——一个公法学基石性范畴的法理学分析"，载《法制与社会发展》2005 年第 1 期。

[120] 王锴："环境权在基本权利体系中的展开"，载《政治与法律》2019 年第 10 期。

[121] 王明远："论环境权诉讼——通过私人诉讼维护环境公益"，载《比较法研究》2008年第 3 期。

[122] 王明远："略论环境侵权救济法律制度的基本内容和结构——从环境权的视角分析"，载《重庆环境科学》2001 年第 2 期。

[123] 王宁："个体主义与整体主义对立的新思考——社会研究方法论的基本问题之一"，载《中山大学学报（社会科学版）》2002 年第 2 期。

[124] 王强、张森林："马克思恩格斯关于环境利益的阐释"，载《中国青年政治学院学报》2010 年第 4 期。

[125] 王社坤："环境权理论之反思与方法论重构"，载《山东科技大学学报（社会科学版）》2012 年第 1 期。

[126] 王社坤："检察机关提起环境公益诉讼的现状与建议"，载《环境经济》2013 年第4 期。

[127] 王文奎："管理学'人性假设'理论实践困境批判——基于马克思主义'实践人性论'对应的角度"，载《东南大学学报（哲学社会科学版）》2012 年第 5 期。

[128] 王锡锌、章永乐："我国行政决策模式之转型——从管理主义模式到参与式治理模式"，载《法商研究》2010 年第 5 期。

[129] 王曦、唐瑭："对'环境权研究热'的'冷'思考"，载《上海交通大学学报（哲学社会科学版）》2013 年第 2 期。

[130] 王小钢："以环境公共利益为保护目标的环境权利理论——从'环境损害'到'对环境本身的损害'"，载《法制与社会发展》2011 年第 2 期。

[131] 王孝哲："论人的社会属性"，载《天府新论》2006 年第 1 期。

[132] 王莹、王义保："公众参与：政府信任提升的动力机制"，载《学术论坛》2015 年第 6 期。

[133] 王兆平："环境公众参与权的法律保障机制研究——以《奥胡斯公约》为中心"，武汉大学 2011 年博士学位论文。

[134] 吴卫星："从环境公共利益到环境基本权利——环境保护基本模式的转型"，载《绿叶》2012 年第 5 期。

[135] 吴卫星："环境权的制度保障"，载南京大学–哥廷根大学中德法学研究所编：《中德法学论坛》第 3 辑，南京大学出版社 2005 年版。

[136] 吴卫星："环境权的中国生成及其在民法典中的展开"，载《中国地质大学学报（社会科学版）》2018 年第 6 期。

[137] 吴卫星："环境权内容之辨析"，载《法学评论》2005 年第 2 期。

[138] 吴卫星："环境权入宪的比较研究"，载《法商研究》2017 年第 4 期。

[139] 吴卫星："环境权入宪之实证研究"，载《法学评论》2008 年第 1 期。

［140］ 吴卫星：“环境权主体之探析——国内法层面的考察”，载《南京大学法律评论》2004 年第 2 期。

［141］ 吴卫星：“派生性环境权宪法渊源的比较研究——兼论中国环境权宪法化的路径选择”，载《南京大学法律评论》2016 年第 1 期。

［142］ 吴贤静：“‘生态人’：法律上的人演进之方向”，载《河南教育学院学报（哲学社会科学版）》2013 年第 6 期。

［143］ 吴亚平：“论环境权是一种物权”，载《河北法学》2006 年第 6 期。

［144］ 武建奇：“经济理论与人性假设”，载《河北经贸大学学报》2007 年第 1 期。

［145］ 武建奇：“论马克思关于人性假设的三个维度”，载《经济学家》2008 年第 3 期。

［146］ 武树臣：“移植与枯萎——个人本位法律观在中国的命运”，载《学习与探索》1989 年第 2 期。

［147］ 肖建国：“民事公益诉讼的基本模式研究——以中、美、德三国为中心的比较法考察”，载《中国法学》2007 年第 5 期。

［148］ 谢红星：“行政公益诉讼初探”，载《湘潭工学院学报（社会科学版）》2001 年第 4 期。

［149］ 谢怀栻：“论民事权利体系”，载《法学研究》1996 年第 2 期。

［150］ 谢远学：“新时期人民内部矛盾问题及其对策”，载《人民论坛》2013 年第 14 期。

［151］ ［日］ 星野英一：“私法中的人：以民法财产法为中心”，王闯译，载梁慧星主编：《民商法论丛》（第 8 卷），法律出版社 1997 年版。

［152］ 徐国栋：“‘人身关系’流变考”（上），载《法学》2002 年第 6 期。

［153］ 徐祥民、高益民：“从生态文明的要求看环境法的修改”，载《中州学刊》2008 年第 2 期。

［154］ 徐祥民、宋宁而：“日本环境权说的困境及其原因”，载《法学论坛》2013 年第 3 期。

［155］ 徐祥民、张锋：“质疑公民环境权”，载《法学》2004 年第 2 期。

［156］ 徐祥民：“对‘公民环境权论’的几点疑问”，载《中国法学》2004 年第 2 期。

［157］ 徐祥民：“环境权论——人权发展历史分期的视角”，载《中国社会科学》2004 年第 4 期。

［158］ 仲崇玉、徐以祥：“论环境公益诉讼”，载《凉山大学学报》2002 年第 2 期。

［159］ 许尚豪：“无主公益的特殊诉讼——我国民事公益诉讼的本质探析及规则建构”，载《政治与法律》2014 年第 12 期。

［160］ 杨朝霞：“论环境权的性质”，载《中国法学》2020 年第 2 期。

［161］ 杨虎涛：“经济学方法论的个体主义、集体主义及其超越”，载《学术月刊》2012 年第 3 期。

［162］杨立雄：" '经济人'还是'社会人'——经济学方法论的个体主义与整体主义之争"，载《经济评论》2002 年第 5 期。

［163］杨兴培："刑事法律关系评说"，载《法律科学（西北政法学院学报）》1999 年第 1 期。

［164］杨秀清："我国检察机关提起公益诉讼的正当性质疑"，载《南京师大学报（社会科学版）》2006 年第 6 期。

［165］杨秀香："论人的社会性与人的共同利益"，载《辽宁大学学报（哲学社会科学版）》1994 年第 2 期。

［166］杨治坤、吴贤静："环境保护法的人性假设——以生态文明建设为背景"，载《江汉大学学报（社会科学版）》2013 年第 3 期。

［167］叶林："私法权利的转型——一个团体法视角的观察"，载《法学家》2010 年第 4 期。

［168］尤佳："团体法视角下业主对公共物业财产权利的性质之反思"，载《法学家》2013 年第 2 期。

［169］于安："行政诉讼的公益诉讼和客观诉讼问题"，载《法学》2001 年第 5 期。

［170］张国庆："公共行政的典范革命及其启示"，载《北京大学学报（哲学社会科学版）》2000 年第 5 期。

［171］张恒龙："论'经济人'假说在微观经济学发展中的作用"，载《经济评论》2002 年第 2 期。

［172］张辉："美国环境公众参与理论及其对中国的启示"，载《现代法学》2015 年第 4 期。

［173］张牧遥："论国有自然资源权利配置之公众参与权的诉权保障"，载《苏州大学学报（哲学社会科学版）》2018 年第 1 期。

［174］张千帆：" '公共利益'的困境与出路——美国公用征收条款的宪法解释及其对中国的启示"，载《中国法学》2005 年第 5 期。

［175］张翔："环境宪法的新发展及其规范阐释"，载《法学家》2018 年第 3 期。

［176］张泽想："论行政法的自由意志理念——法律下的行政自由裁量权、参与及合意"，载《中国法学》2003 年第 2 期。

［177］张震："民法典中环境权的规范构造——以宪法、民法以及环境法的协同为视角"，载《暨南学报（哲学社会科学版）》2018 年第 3 期。

［178］张震："中国宪法的环境观及其规范表达"，载《中国法学》2018 年第 4 期。

［179］张中秋："西方个人本位法变迁述论"，载《江苏警官学院学报》2005 年第 3 期。

［180］张梓太："论国家环境权"，载《政治与法律》1998 年第 1 期。

［181］赵闯、姜昀含："环境决策中公众参与的有效性及其实现"，载《大连理工大学学报

（社会科学版）》2019 年第 1 期。

［182］赵红梅：“私法社会化的反思与批判——社会法学的视角”，载《中国法学》2008 年第 6 期。

［183］征汉年、章群：“利益：权利的价值维度——权利本原解析之一”，载《国家教育行政学院学报》2006 年第 7 期。

［184］郑少华：“略论国家环境权”，载《上海环境科学》1992 年第 3 期。

［185］周敦耀：“论人性假设”，载《广西大学学报（哲学社会科学版）》2000 年第 6 期。

［186］周珂、罗晨煜：“论环境权‘入法’：从人权中来，到人权中去”，载《人权》2017 年第 4 期。

［187］周训芳：“环境概念与环境法对环境概念的选择”，载《安徽工业大学学报（社会科学版）》2002 年第 5 期。

［188］周训芳：“环境权立法的困境与出路”，载《时代法学》2004 年第 2 期。

［189］周训芳：“论可持续发展与人类环境权”，载《林业经济问题》2000 年第 1 期。

［190］周训芳：“欧洲发达国家公民环境权的发展趋势（一）”，载《林业经济问题》2002 年第 6 期。

［191］周佑勇：“裁量基准公众参与模式之选取”，载《法学研究》2014 年第 1 期。

［192］朱谦：“对公民环境权私权化的思考”，载《中国环境管理》2001 年第 4 期。

［193］朱谦：“公众环境行政参与的现实困境及其出路”，载《上海交通大学学报（哲学社会科学版）》2012 年第 1 期。

［194］朱谦：“论环境权的法律属性”，载《中国法学》2001 年第 3 期。

［195］邹雄：“论环境权的概念”，载《现代法学》2008 年第 5 期。

四、外文著作与论文类等

［1］ C. A. Hool，“Public Management for All Seasons？”，*Public Administration*，1991，p. 69.

［2］ Ece GE.，“CONVENTION ON ACCESS TO NFORMATION, PUBLIC PARTICIPATION IN DECISION-MAKING AND ACCESS TO JUSTICE IN ENVIRONMENTAL MATTERS”，International Legal Materials，38（1999）.

［3］ Garrett Hardin，“The Tragedy of the Commons”，*Science*. 162（1968）.

［4］ Gary D. Libecap，“State Regulation of Open access, Common pool Resources”，*International Center for Economic Research Working Paper*，2003.

［5］ Martin Hollis，*The Philosophy of Social Science：An Introduction*. London：Cambridge University Press，2008.

［6］ James Buchanan，*The Theory of Public Choice*，Michigan：The University of Michigan

Press, 1972.

[7] John Bell, "Public Interest: Policy or Principle", In: Roger Brownsword (ed), *Law and The Public Interest*. Stuttgart: Franz Steiner Verlag, 1993.

[8] John Locke, *Two Treatises of Government*. New York: Cambridge University Press, 1960.

[9] Joshua Cohen, "Deliberation and Democratic Legitimacy", in: James Bohman and William Rehg, *Deliberative Democracy: Essays on Reason and Politics*, Massachusetts: The MIT Press, 1997.

[10] KATZ E., *Nature as Subject: Human Obligation and Natural Community*, Maryland: Rowman & Littlefield Publishers, 1997.

[11] Lon L. Fuller, *The Morality of Law* (reviised edition), New Haven: Yale University, 1969.

[12] Marquis De Condorect, "Essay on the Application of Mathematics to the Theory of Decision -making", In: Baker (ed), *Selected Writings*, London: Macmillan Pub Co., 1976.

[13] Miller, G., "the Magical Number Seven plus or minus Two: some Limits on our Capacity for Processing Information", *Psychological Review*, 1956.

[14] OECD, "Governance in Transition: Public Management Reforms in OECD Countries", Paris: OECD, 1995.

[15] Rawls J., *Political Liberalism*, New York: Columbia University Press, 1993.

[16] René Descartes, *The Philosophical Works of Descartes* (Volume 2), Translated by Elizabeth S. Haldane and G. R. T. Ross, London: Cambridge University Press, 1912.

[17] Scott Gordon, *The History and Philosophy of Social Science*, London: Routledge, 1991.

[18] Scott, K., "Bounded Rationality and Social Norms: Concluding Common", *Journal of Institutional and Theoretical Economics*, 1994.

[19] Joseph L Sax, "The Public Trust Doctrine in Natural Resource Law: Effective Judicial Intervention", *Michigan Law Review*, 68 (1970).

[20] James W. Nickel, "The Human Right to a Safe Environment: Philosophical Perspectives on Its Scope and Justification", *Yale Journal of International Law*, 18 (1993).

[21] Grunther Handl, "Human Rights and Protection of the Environment: A Mildly 'Revisionist' View, in: A. Cancado Triandade (ed.) ", *Human Rights and Environmental Protection*. 1995.

[22] Sumudu Atapattu, "The Right to a Healthy Life or the Right to Die Polluted? The Emergence of a Human Right to a Healthy Environment Under International Law", *Tulane Environmental Law Journal*, 16 (2002).

[23] Maguelonne Déjeant-Ponts et Marc Pallemaerts, Doits de l'homme et environnement, Editions du Conseil de l'Europe, 2002.

［24］松浦寛：“環境権の根拠としての日本国憲法 13 条の再検討”，載《榎原古稀記念
現代国家の制度と人権》，法律文化社 1997 年版。

［25］松本和彦：“憲法学から見た環境権”，載《人間環境問題研究会編集．特集 環境権
と環境配慮義務》（環境法研究 31 号），有斐閣 2006 年版。

［26］玉蟲由樹：“環境権の権利構造”，載《福岡大学法学论丛》2014 年第 4 期。